# 大清新法令

## (1901—1911)

## 点 校 本

### 第五卷

宣统新法令·己酉(1909年)正月至五月十八日

上海商务印书馆编译所　编纂

李秀清　王　捷　　点校

商务印书馆

2010年·北京

图书在版编目(CIP)数据

大清新法令　1901—1911　点校本．第5卷/上海商务印书馆编译所编纂．—北京：商务印书馆，2010
ISBN 978-7-100-06810-9

Ⅰ．大… Ⅱ．上… Ⅲ．法律—汇编—中国—清代
Ⅳ．D929.49

中国版本图书馆CIP数据核字(2009)第200964号

所有权利保留。
未经许可，不得以任何方式使用。

大清新法令(1901—1911)
点　校　本
第五卷
宣统新法令·己酉(1909年)正月至五月十八日
上海商务印书馆编译所　编纂
李秀清　王　捷　点校

商　务　印　书　馆　出　版
(北京王府井大街36号　邮政编码100710)
商　务　印　书　馆　发　行
北京市白帆印务有限公司印刷
ISBN 978-7-100-06810-9

2010年10月第1版　　开本880×1230　1/32
2010年10月北京第1次印刷　印张15½
定价：39.00元

华东政法大学法律史研究中心
点校整理
主持人 何勤华

国家重点学科华东政法大学法律史
学科建设项目资助

中国政法大学图书馆提供版本

# 序 一

19世纪末20世纪初,我们的国家正面临亘古未曾有的大变,甲午战败、辛丑条约,到日俄战争竟让外国人在我们的国土上开战,自己倒成了坐上观的看客!"两宫西狩"回銮后,清末的宪政改革便拉开了帷幕。对这场宪政改革的诚意,当今压倒性的舆论是批评和嘲讽甚多,但不可回避的事实是:中国封建社会由此呈现出历史转型的端倪,如果联系中国封建社会的高稳定态问题来思考,就很难再把这场宪政改制完全归结为一场历史闹剧。

在清末凝重的历史环境中,以张元济先生(1867—1959)为核心的商务人秉承"昌明教育、开启民智"的宗旨,全身心地投入到了推动中国社会历史转型的潮流之中。"昌明教育平生愿,故向书林努力来"[①],那一代商务人既是角斗士,也是建设者;他们角斗用的剑是书刊,他们建设用的铲也是书刊。

在端方(1861—1911)、盛宣怀(1844—1916)、沈家本(1840—1913)等有识之士的鼎力襄助下,在张元济先生的倾力主持下,商务印书馆推出两部大型法律汇纂书籍:在预备立宪前夕的1907年,以准确的译文、规整的版式、高雅的函装出版了《新译日本法规大全》

---

[①] 张元济:《七绝》前两句。全诗:昌明教育平生愿,故向书林努力来,此是良田好耕植,有秋收获仗群才。自《商务印书馆馆歌》。

（81册），其后由编译所的专家收集、梳理、编纂，出版了《大清新法令》(《大清光绪新法令》20册、《大清宣统新法令》35册）。

《大清新法令》将"新政"十年生效的法律法规按照类别汇编，使得湮没于浩繁奏章中的成文法公之于众，这包含近代法精神的举措竟出自一民间出版机构，它无疑独领了那个时代的政治风骚，至1911年已连续五次再版，所引起的轰动是可想而知的；同时，全部55册300余万字的图书规模，在今天激光照排、胶版印刷、装订联动的时代的确不算什么大的工程，而考虑到一百年前铅与火的出版条件，其工程的系统庞杂和操作难度是我们今天难以想见的。这皇皇巨著一经问世，就成为我们这个民族长久拥有的一笔精神财富，它给我们的启示在于，一百多年来中华民族艰难复兴的鲜明历史基点就是：始终需要保有一份对外开放，向先进学习的心态。与清政府那半推半就的改制形成鲜明对比，那一代商务人表现出的社会责任和文化担当，是中国社会一百多年来虽多经磨难但终能於汝于成的真正原因所在。

尽管，时光已流过百年，中国社会正在经历前所未有的历史转型，内外部条件与清末比之都发生了翻天覆地的变化，而唯有对法制文明的不懈追求依然如故亦一脉相袭。如果说，百年前出版《大清新法令》是近代中国法律改革、历史转型的需要，那么，商务印书馆的前辈先贤堪称那个时代的弄潮儿，他们敢于站在时代的风口浪尖上，以文化旗帜引领了一个时代。在《大清新法令》（点校本）出版之际，我们缅怀这些仁人志士，我们的前辈们，并且，清楚地知道，他们留下的历史文化遗产需要后人精心守护，并发扬光大。这是商务印书馆历史之使然，也是中国近代文化传承之必然，更是商务印书馆在一百年后又重新启动点校本工程的真正原因。

最后,对我们的合作方、珍贵版本的提供方:华东政法大学校长何勤华先生、中国政法大学图书馆馆长曾尔恕先生均致以诚挚的谢意。*

王　涛

2009 年 12 月 18 日

---

\* 本文原刊于《中国社会科学报》2009 年 9 月 1 日,录入本书时略做增删。

# 序　二

光绪二十四年(戊戌年),即1898年6月11日至9月21日,中国发生了一件惊天动地的大事:以康有为、梁启超、谭嗣同等为首的资产阶级改良派,在光绪皇帝的支持下,进行了一场声势浩大的变法维新运动,史称"戊戌变法"。在光绪皇帝"明定国是"诏书的指示下,短短103天之内,维新派人士颁布了上百个"新政"法令,内容涉及政治、经济、军事、文教等各个方面,[①]开启了中国近代法制转型的先端。

"戊戌变法"最后虽然在以慈禧太后为首的保守派的镇压之下失败了,谭嗣同等"六君子"也壮烈地血洒刑场,但"戊戌变法"百日维新的立法成果却被后人继承了下来。1901年,在八国联军攻占北京、迫使清政府签订丧权辱国的《辛丑条约》、全国民众奋起反抗、统治阶级内部日趋分化、清王朝的统治岌岌可危的形势下,清政府不得不任命沈家本为修订法律大臣,宣布进行修律变法。统治阶级嘴上虽然没有承认,但实际上修律变法的基础,就是"戊戌变法"的立法成果。这说明,以西方先进资本主义国家为模范,修律变法,已经成为中国

---

① 如改革行政机构、裁汰冗员、提倡官民上书言事;设立农工商总局、保护工商业、奖励发明创造,设立矿务铁路总局、修筑铁路、开采矿产,举办邮政、裁撤驿站,改革财政、编制国家预算;裁减旧式军队、训练海陆军、推行保甲制度;改革科举制度、废除八股文,设立学堂、学习西学,设立译书局、翻译外国新书,准许自由创立报馆和学会,派留学生出国等。参见中国史学会主编:《戊戌变法》(四),上海人民出版社1957年版,第557—572页(段昌同执笔)。龚书铎主编:《中国通史》(19),上海人民出版社1999年版,第254—255页。

近代社会的发展趋势，无法抗拒。是年，光绪二十七年是也。

在此之前的1897年，中国第一家出版社商务印书馆宣告成立。在张元济、刘崇杰、陶保霖等一批法政精英的带领下，商务印书馆紧密结合中国的宪政改革和修律变法实践，在推出《新译日本法规大全》（全81册，1907年）的同时，将光绪二十七年以后（1901—1908年）和宣统朝（1909—1911年）的法令汇编成册。前者于1910年出版，取名《大清光绪新法令》，共有20册；后者于1910—1911年出版，即《大清宣统新法令》，共35册。两者基本上涵盖了开始"清末修律"至"辛亥革命"这十年间清政府推行"新政"所颁布实施的几乎所有的法令、法规，不仅成为民国时期法律改革和法律发展的重要历史资源，也成为学术界研究中国近代法制变革的珍贵文献。

《大清光绪新法令》和《大清宣统新法令》（以下合并简称"法令汇编"），作为中国近代出版的规模最为宏大的法规汇编，具有如下四个鲜明的特征。

第一，内容丰富、规模庞大。"法令汇编"涉及领域广泛，有宪政、官制、任用、外交、民政、财政、教育、军政、司法、实业、交通、典礼、藩务、旗务、统计、官报、会议等十几个门类，在每一个门类里面，又有若干个种类，如在"任用"里，还有升转、截取分发、选补、调用、保奖、荫袭、举贡生员出路、毕业学生任用、捐例、俸给、考核惩戒、京察、守制、议叙等，总计成文立法的数量已达2000余件，其规模是空前的。原编辑者强调：之所以这么"不厌其详"地收录所有已经制定的法令包括立法说明，就是因为试图让举国上下"永远遵守"这些"新政"的立法成果。

第二，贴近社会、体现变革。"法令汇编"收录的法令，一方面反映了当时社会发展的要求。比如，在分类上，它将宪政列入首位，体现了清末统治阶级高唱立宪主义、迎合全国民众要求民主、制宪的呼声的社会现实。又如，在财政领域，它强调的是赋税、盐课、土膏捐、印花税、货币、银行、公债、拨款、清理财政办法等规范，反映了清末社会转型期政府干预经济生活的法律政策。另一方面，它也体现了当时社会变革的宏伟历史场景，如在教育方面，它突出了对旧式教育的改造和新式教育的推崇，用了大量篇幅强调学堂章程的规范，并首次规范教科书、劝学所、教育会以及留学生等事项，体现了追随世界潮流、着力新式教育的理念。又如，在实业方面，它所收录的注册、商会、农会、劝业、度量权衡、赛会、陈列所、矿务等法规，以及商律和破产律等，不仅在当时属于变革旧事物、建设新制度的成果，就是在当前也仍然是我们所要追求、完善的法律制度。

第三，模范列强、重点仿日。中国近代的法律体系，是在模范西方列强的基础上建成的，并且主要以法国、德国和日本等大陆法系为主，尤其是大量地照抄、照搬了日本的立法成果。如果我们把"法令汇编"和《新译日本法规大全》[①]对照一下，就可以很清楚地看到，除了一些日本特有的名称和规定，如天皇、大藏省、永代借地、神社、华族和士族、（作为行政单位的）道和府等之外，其他大部分内容都与日本的名称和制度相同或相近、相似，如宪政、宪法大纲、选举、议院、内阁、章程、条约、各国使馆、领事、照会、商标、违警律，民政部、外务部、陆军部、法部等（日本称"部"为"省"），大学、高等小学、初等小学、教员、师范、教科书、留学生，警察、审判，等等。"法令汇编"与《新译日本法规大全》的相似性，可以说是它的一个最大特色。而此特色背后所蕴含的中国近代大量移植日本法律文明成果之现实，则是中国法

---

① 该书已有新的点校本面世，共11卷，由商务印书馆于2008—2009年间出版。

制近代化的重要特征。

第四,继承传统、开启未来。"法令汇编"在彰显中国近代模范列强、变法图强的法制建设实况的同时,也继承了中国古代历次变法运动的传统和成果,如以制定颁布成文法令来推进各项改革(宋代王安石、明代张居正等的改革均是如此),在保留旧制度主干的基础上建立"新政",以及通过渐进式的路径来达到改革的总体目标(如宣统皇帝即位后在预备立宪的时间安排上就有至宣统八年〔1916年〕的初见成效的阶段性目标,因而民政部、吏部、法部、学部、农工商部等纷纷将各部从宣统元年至宣统八年的逐年拟筹备事宜"按年开列缮具清单,恭呈御览"),等等。在这一继承传统的过程中,不乏对旧制度的内容和形式的"温情"传承,如仅就名称而言,中国封建制度中的吏部、礼部、户部、兵部、刑部、度支部(即财政部)、军机处、宗人府、京官、外官、大理寺、都察院、御史、给事中、秋审、知县、县丞、京察、举人、贡生,等等。但就总体而言,清末光绪、宣统时期的"新政"立法改革,追随了世界法律发展的潮流,它对中国传统政制、官制的变革,对中国司法体制的改革,以及在宪政、军政、财政、教育、实业、外交等各个领域的法制追求,都既传承了中国传统的法律文明传统,也开启了中国近现代法律发展的道路。虽然,由于1911年"辛亥革命"的爆发,中断了光绪、宣统两朝修律变法的进程,但其基本方向是进步的,是符合中国乃至世界法律发展之潮流的。

正因为"法令汇编"具有如上特征,因而它也具有了相当的学术价值和重要的现实意义。一方面,对学术界而言,它不仅是我们研究中国近代转型期法制变革的珍贵史料,也是我们研究中国近代社会、经济、政治、军事、教育、工矿产业、交通、人事、外交等一系列领域的重要参考文献。另一方面,上世纪80年代以来,中国实行了改革开放的国策,强调依法治国、建设社会主义法治国家,我们的立法事业以前所未有的速度向前推进。但是在此过程中,立法落后、偏离乃至违背社会发展的问题也随处可见。如何解决这些问题,完善我们的立法活动,就不仅要直面当前社会现实,注重调查研究,也要加强对历史上好的、至今仍然有生命力的立法经验的吸收和借鉴。"法令汇编"中所收录的数千法令及相关文献,因社会变迁而兴、处社会发展而变,在适应、引领社会发展方面还是有相当之现实意义的。

鉴于上述认识,商务印书馆的领导高瞻远瞩,决定将"法令汇编"委托华东政法大学等高校的专家学者重新点校出版。点校本将原来的《大清光绪新法令》和《大清宣统新法令》合并,统称《大清新法令》,共11卷,约300万字。在本书策划、点校的过程中,我们得到了原商务印书馆总经理(现中国出版集团公司党组书记、副总裁)王涛先生的全力支持,王兰萍、李秀清等教授为此书的面世贡献了诸多智慧和心血。本点校本的出版,也得到了上海市人文社科建设基地华东政法大学外国法与比较法研究院、国家重点学科华东政法大学法律史研究中心的经费资助。在此,一并表示我们诚挚的谢意。当然,本书包含了众多的奏折、说明等文献,点校难度要远远高于《新译日本法规大全》,虽然我们都尽力了,但限于我们的水平和功力,书中仍可能会出现一些错误,此点,恳望得到同行及广大读者的批评、指正。

何勤华

于华东政法大学

外国法与比较法研究院

2010年5月1日(上海世博会开园日)

# 总卷数目录

第一卷 光绪新法令① 谕旨 宪政 司法 法律草案
第二卷 光绪新法令 官制 任用 外交
第三卷 光绪新法令 民政 教育 军政
第四卷 光绪新法令 财政 实业 交通 典礼
旗务 藩务 调查统计 官报 会议
第五卷 宣统新法令② 己酉(1909年)正月至五月十八日
第六卷 宣统新法令 己酉(1909年)五月二十八
至十月十四日
第七卷 宣统新法令 己酉(1909年)
第八卷 宣统新法令 庚戌(1910年)
第九卷 宣统新法令 庚戌(1910年)六月至十月十一日
第十卷 宣统新法令 庚戌(1910年)十一月至
辛亥(1911年)二月二十四日
第十一卷 宣统新法令 辛亥(1911年)二月至闰六月

---

① 光绪新法令,原书按照分类排序,本次再版时保持不变。
② 宣统新法令,原书按照年月日排序,每卷分类目录附加于后,本次再版时保持不变。

# 编 辑 说 明

**书名**

《大清新法令》始编辑于1908年,收辑1901年"新政"以来,钦定颁行、通行全国,具有"永远遵守之效力"的各项章程,后以1908年为断,迄更名为《大清光绪新法令》20册。《大清宣统新法令》35册,起于1909年,断至1911年。现使用《大清新法令》(1901—1911)为书名,含《大清光绪新法令》(1901—1908)和《大清宣统新法令》(1909—1911)两部分。

**版本**

《大清光绪新法令》点校整理,依据版本为宣统二年(1910年)七月上海商务印书馆第五版铅印本,由商务印书馆图书馆提供。《大清宣统新法令》点校整理,依据版本主要为上海商务印书馆己酉年(1909年)孟秋第三版和宣统二年(1910年)五月第四版铅印本(接续编纂至宣统三年),由中国政法大学图书馆提供。

**目录**

《大清新法令》(1901—1911),按照现行出版习惯合并原书册、类,组成十一卷,含《大清光绪新法令》一至四卷、《大清宣统新法令》五至十一卷。原书目录有二种,一为按册编目录,二为按法规类别,如宪政、司法、官制、任用、外交、财政、民政、实业、教育、军政、典礼等编分类目录。现除保留原书目录外增加每卷目录,并以合并原书册目录为原则汇编卷目录。如果原书册目录编制不统一时,那么就仿原书已有目录的编制意图增补齐全,并就此项增补以注释说明。

**目录缺项**

《大清光绪新法令》,原书分法规为十三类:即宪政,官制,任用,外交,民政,财政,教育,军政,司法,实业,交通,典礼,旗务、藩务、调查统计、官报、会议,并依此类目依次排序,十分明晰;《大清宣统新法令》,原书册目录未按照分类排序,一册之中混合类别编排,现在每卷末统一调整或增补本卷的分类目录,以求全书目录完整一致,亦便于索查。鉴此,《大清新法令》(1901—1911)点校本,既保留《大清光绪新法令》和《大清宣统新法令》原书目录上的差异,又做到点校本目录编排的相对统一。

**校勘技术要求**

《大清新法令》(1901—1911)点校本,以简化字、横排版形式出版,为遵循古籍整理原则,保持史料的客观、真实性,仅对正文做技术性点校与勘正,具体要求如下:

一、为帮助现代读者阅读,《大清新法令》(1901—1911)点校本正文前增加总序言,光绪新法令部分,在其所辑的每类正文前增加类序言，宣统新法令部分按照卷帙增加点校前言，以帮助读者阅读。

二、凡原书使用年号纪元或天干地支纪元的，一律在其后加括号注明公元纪元，用阿拉伯数字与括号表示，如宣统元年(1909年)、戊申(1908年)等。

三、原书行文用空格或回行表示尊敬、小号字表示谦卑称谓时，一律改行现代行文方式，不再空格、回行或小字。

四、对于难懂术语、词汇、古字、通假字等酌加注释说明，著名人物酌加生卒年代。原书有印刷错误时，即行改正，并以注释说明。

五、原书有的法规体系比较完整，除条目外还有章、节、款、项，现在正文之前增加要目，列明章、节、款的标题，以示提纲挈领。

六、宣统新法令部分，原书对法律规范的分类有宪政类、官制类、任用类、官规类、外交类、民政类、财政类、教育类、军政类、刑律类、司法类、农工商类、实业类、交通类、礼制类、典礼类、藩务类、统计类等，现对缺少分类项目的卷册，一律按照上述类别逐一填补缺项，亦不得另行他种分类，以保证史料的客观性。

七、原书《大清光绪新法令》与《光绪新法令》、《大清新法令》混用，《大清宣统新法令》与《宣统新法令》混用，为了保持史料的原始性，现保留原名称，不做任何期求统一的更动。*

---

\* 本编辑说明由王兰萍执笔。

# 目 录[①]

点校前言 ………………………………… 李秀清　1

凡　例 ………………………………………………… 1

## 第一册

### 谕旨

上谕正月十七日 ………………………………………… 1
上谕正月二十七日（一） ……………………………… 1
上谕正月二十七日（二） ……………………………… 2
上谕二月初三日 ………………………………………… 2
上谕二月十五日 ………………………………………… 2
吏部奏酌拟誊录期满奖叙办法折并单 ………………… 3
度支部奏各省旧案拟请截清年分勒限开单报销折 …… 6
礼部奏拟改职司署门字样折 …………………………… 7
大理院奏清厘旗地控案酌拟分别办法折 ……………… 8
民政部奏整顿京师内外城警政酌改厅区制度等折并单 … 9
民政部暂定京师调查户口规则 ………………………… 13

---

[①] 本卷包括，宣统新法令原书第一至五册。

| | |
|---|---|
| 又户口管理规则 …… | 17 |
| 又调查户口执行法 …… | 18 |
| 又调查户口员官长警遵守规则 …… | 20 |
| 又户口调查总簿填载式 …… | 21 |
| 又户口异动簿填载式 …… | 22 |
| 吏部奏定考核劳绩保举办法片 …… | 23 |
| 陆军部奏定禁卫军营制饷章折 …… | 24 |
| 礼部奏酌拟变通保送举贡折 …… | 38 |
| 东三省总督徐世昌署理黑龙江巡抚周树模奏江省续设道府厅县酌拟设治章程折并清单 …… | 40 |
| 东三省总督徐世昌奏请裁去抚顺县典史缺等片 …… | 43 |
| 农工商部奏厦门贡燕扰累恳恩豁免折 …… | 43 |
| 陕西巡抚恩寿奏遵设劝业道折 …… | 45 |
| 中越交界禁止匪党章程 …… | 46 |
| 哈尔滨中俄协约预定大纲条款附件二 …… | 47 |
| 农工商部咨各省仿办改种美棉蓝靛并收养山蚕文 …… | 50 |
| 农工商部咨各省铁路夹种榆树文 …… | 51 |
| 陆军部咨送绿营裁缺人员插补章程 …… | 51 |
| 陆军部奏随扈官兵应须马匹改折银两免由牧场调取片 …… | 52 |
| 礼部会奏遵议御史贵秀等奏陪祀参差不齐请严定处分折 …… | 53 |
| 吏部奏请推广部属签分办法折 …… | 55 |
| 吏部奏酌拟考核调用人员切实办法折并清单 …… | 56 |
| 民政部奏酌拟司员补缺轮次章程折并清单 …… | 59 |
| 度支部会奏设立财政学堂酌拟章程折并清单 …… | 63 |
| 礼部会奏议覆御史俾寿奏请严定朝贺行礼章程折 …… | 74 |

宪政编查馆通行各省刊印答复询问谘议局章程分咨备考文 … 76
又咨各省调查事件应随时编订送馆不必待统计表式文 ……… 76

**补遗**

外务部咨各省税务处设立嗣后关系税务事宜应直接办理文 … 78
外务部咨南北洋和国及印度属地升炮处所请查照文 ……… 78
外务部咨驻美使臣华人由别国赴美驻扎各国华使及领事官有
　权给照希知照美政府备案文 …………………… 79
陆军部附奏驻扎各国使馆请准添设武随员片 ……………… 79
外务部咨送各省各口领事表式希饬分别填写文 …………… 80
湖南巡抚岑春蓂奏遵旨增设巡警道缺请遴员试署折 ……… 81
湖南巡抚岑春蓂奏遵旨增设劝业道缺请遴员试署折 ……… 83

# 第二册

**上谕**

　上谕二月二十四日 …………………………………… 85
　上谕二月三十日 ……………………………………… 86
宪政编查馆奏拟定民政财政统计表式酌举例要折 ………… 86
又奏定统计表总例 …………………………………… 88
又奏定民政统计表式解说上 ………………………… 91
又奏定民政统计表式解说下 ………………………… 99
又奏定财政统计表式举要 …………………………… 115
又奏定财政统计表式解说上 ………………………… 119
又奏定财政统计表式解说下 ………………………… 128
河南巡抚吴重熹奏拟改县名折 ……………………… 149

法部会奏议覆东督奏吉省拟设检验学习所改件作为检验吏
　　给予出身折……………………………………………… 149
学部奏酌拟出洋学习完全师范毕业奖励折……………… 152
度支部奏酌拟清理财政处各项章程折并清单…………… 153
东三省总督徐世昌奏酌核奉天官制详陈办理情形折…… 162

**补遗**

两广总督张人骏奏保陈望曾补授劝业道折……………… 166
两广总督张人骏奏请简巡警道折………………………… 167
吏部奏议覆晋抚奏碛口通判移置边外改为东胜厅折…… 169
民政部奏定调查户口表式五件…………………………… 170

# 第三册

**谕旨**

　　上谕闰二月初四日（一）……………………………… 174
　　上谕闰二月初四日（二）……………………………… 174
　　上谕闰二月十八日……………………………………… 174
　　谕旨闰二月二十二日…………………………………… 175
法部奏地方审判厅内增设民刑两庭折…………………… 175
军机处奏章京保送京察请准照额计算等片……………… 176
度支部会奏议覆御史饶芝祥奏改奖移奖弊混滋深酌拟办
　　法折……………………………………………………… 177
礼部奏遵议满汉服制折…………………………………… 179
又奏丁忧汉员在外投效满员在部当差请饬部详议定章片…… 183
礼部奏礼学开馆酌拟凡例进呈等折并清单……………… 184

会议政务处奏议覆度支部奏币制重要宜策万全折…… 190
陆军部奏拟添设未成镇各协副执法官等员缺折…… 191
宪政编查馆奏遵旨议覆国籍条例折并清单…… 191
库伦办事大臣延祉等奏库伦刑案日多拟请添设理刑
　司员折…… 200
法部奏拟建京师模范监狱折…… 201
度支部会奏核覆科布多办事大臣奏阿尔泰岁收哈萨克租马
　数目折…… 201
度支部奏印花票制成请颁发各省试办折…… 205
湖广总督陈夔龙奏酌裁绿营将备分别移并汛防折并清单…… 205
邮传部奏遵将应办要政分别按年筹备折并清单…… 208
农工商部奏厘订筹备事宜分年列表呈览折附表…… 220
宪政编查馆奏遵设贵胄法政学堂拟订章程折并清单…… 226
吏部会奏议覆湖南茶陵州州判等缺裁撤折…… 239
民政部奏遵拟逐年筹备事宜折并清单…… 240
禁烟大臣奏续拟禁烟办法折并清单…… 244
陆军部奏催前经调查统计事件并拟发统计报告表式折…… 247
热河都统廷杰奏遵议围场防御变通补缺章程折…… 249
吏部奏妥拟筹备事宜折并清单…… 250
法部奏统筹司法行政事宜分期办法折并清单…… 255
农工商部奏筹办度量权衡画一制度并设立制造用器工厂情
　形折…… 259
学部咨送各省留欧学生现应整顿各事文…… 261
学部奏报分年筹备事宜折…… 264
东三省总督徐奏裁撤奉天府司狱各缺片…… 271

礼部奉筹备立宪事宜酌拟办法折…………………………… 271

# 第四册

**谕旨**

  上谕三月十一日………………………………………… 274
  上谕三月二十六日……………………………………… 274
浙江巡抚增韫奏增设巡警道折………………………………… 274
浙江巡抚增韫奏增设劝业道折………………………………… 276
吏部奏请将给封限制略予变通折……………………………… 278
两江总督端奏改仪①征县旧名等片…………………………… 278
民政部会奏违警律罚例与现行律不能并行各款拟请折衷
  办理折…………………………………………………… 279
学部奏大学堂预备科改为高等学堂遴员派充监督折………… 280
民政部核定车捐章程…………………………………………… 281
民政部续经核定车捐章程……………………………………… 285
大理院奏筹备关系立宪事宜折………………………………… 286
大理院奏陈明出入款项拟定办法折并单……………………… 288
农工商部奏筹议推广农林先行拟订章程折并单……………… 295
邮传部奏天津交通银行裁撤总办归并京行兼理片…………… 299
吏部奏遵议酌减考取小京官年限折…………………………… 300
民政部奏各省历年置办巡警军装核销办法折………………… 301
会议政务处奏议覆东督奏酌拟裁并添设改升各缺折………… 302

---

  ① 原书为"儀",是"儀"的异体字,现简化为仪。

宪政编查馆奏核覆自治研究所章程折并单…… 304
湖南巡抚岑春蓂奏新设株洲同知改为冲繁要缺折…… 306
邮传部奏核减电局用款折…… 307
邮传部通饬各路局按季将出入款项遵照部章汇造总册呈
　部文…… 308
邮传部重订收发电报办法及减价章程(价目表附)…… 309
会议政务处会奏议覆丁忧汉员投效满员当差酌订章程折
　并单…… 321
会议政务处会奏议覆御史谢远涵奏吏治窳败请严饬整顿折… 327
学部咨各省高等学堂外国文语均归划一札饬学司查照文…… 329
宪政编查馆通咨各驻防等衙门选举议员额数办法文…… 330
学部奏请变通初等小学堂章程折…… 331
学部奏变通中学堂课程分为文科实科折并单…… 345
东三省总督徐世昌奏增改厅县分划疆界折…… 356
农工商部奏酌拟振兴林业办法折…… 359
邮传部奏议覆晋抚宝棻御史徐定超等奏运煤减价办法折…… 361
又奏各处煤斤税厘重叠阻碍运输请饬各督抚切实裁减片…… 366

# 第五册

谕旨

上谕四月初六日…… 367

上谕四月初九日…… 367

上谕四月三十日…… 367

上谕五月初六日…… 368

上谕 五月十六日 …… 368
谕旨 五月十八日 …… 368
法部会奏库伦添设理刑司员仿照热河变通章程办理折 …… 369
税务大臣奏开办税务学堂折并清单 …… 370
度支部奏各省财政统归藩司综核折 …… 379
度支部奏遵设币制调查局并请暂铸通用银币折 …… 380
学部奏酌拟变通游学毕业生廷试事宜折 …… 381
农工商部奏顺直官绅筹设京师蚕业讲习所请饬各省仿办折 …… 382
吏部奏道员卓异拟请咨军机处注册片 …… 383
民政部奏考试厅区人员分别汰留折 …… 383
民政部奏改定消防队习艺所警官缺额折 …… 385
会议政务处奏议覆前东三省总督徐世昌等奏吉省添改民官酌裁旗缺折 …… 386
学部奏游学毕业生廷试录用中书拟准其改就知县小京官折 …… 387
法部奏议覆御史吴纬炳奏寻常盗犯请一律照例解勘折 …… 388
吏部奏酌拟汉员改授都统副都统荫生仍照汉例并从二品以下改掣各项折并清单 …… 392
吏部奏议覆御史崇兴等奏休致永不叙用人员请申明旧制片 …… 394
东三省总督锡良奏请裁奉天左右参赞员缺折 …… 396
度支部会奏议覆江督奏遵办禁烟各节并筹拟情形折 …… 396
中瑞通商条约 …… 400
学部奏高等实业豫科改照中等实业功课教授并限制中等实业毕业改就官职片 …… 406
湖广总督陈夔龙奏请将左营游击孙有庆移驻荆门等片 …… 407
步军统领衙门奏变通五营制兵片 …… 407

宪政编查馆奏考核京外各衙门第一届筹办宪政并胪陈第二
　　届筹办情形折……………………………………………… 408
民政部札发核定违警律内未载之现犯抗传及损毁追偿办法
　　文附总厅详文…………………………………………… 411
理藩部奏遵议蒙古汗王等呈递丹书克年限请饬查定拟折…… 413
会议政务处奏核覆法部议覆御史吴纬炳奏寻常盗犯请一律
　　照例解勘折……………………………………………… 413
宪政编查馆会奏议覆桂抚张鸣岐奏议裁冗员折…………… 415
学部恭录谕旨通咨各省变通学制施行办法文……………… 417
度支部奏整顿各省田房税契抵补洋土药税厘折并清单…… 418
学部奏拟选科举举人及优拔贡入经科大学肄业片………… 422
邮传部奏统筹添设护路巡警片……………………………… 423
邮传部奏匪徒窃毁铁路要件请明定治罪专条及承缉处分折… 424
农工商部奏筹议农林工艺要政历年办理情形并拟大概办
　　法折………………………………………………………… 425

## 补遗（续第二册）

北洋大臣袁咨送外务部天津勘定日本正续租界图册文并
　　清单……………………………………………………… 429
北洋大臣袁咨送外务部天津勘定俄国租界图册文并清单…… 435
学部咨各省外人在内地设学无庸立案学生概不给奖文…… 439
盛京将军赵尔巽奏续行查明奉省应添设厅县分防各治折… 439
都察院奏各省京控案应将承审人衔名报部折……………… 441
贵州巡抚庞鸿书奏请将粮储道贵西道裁改为巡抚警劝业两
　　道折………………………………………………………… 442
陕西巡抚恩寿奏请改盐巡道为巡警道折…………………… 443

吏部度支部会奏更订直省南米二参展限折……………… 445

崇文门监督奏厘定税则恳请立案折……………………… 446

**补遗(续第五册)**①

外务部咨南北洋美国卡奈及学会派宴文士测量中国磁石所
　运器具应准援案免税文…………………………………… 448

税务处咨各埠私运军火应照章严禁分别充公文…………… 449

署黑龙江将军程咨外务部齐齐哈尔华俄道胜银行租地建屋
　拟订合同抄呈备案文附合同……………………………… 449

北洋大臣袁咨各省订购军火须预领准单方能起运文……… 452

**附分类目录** …………………………………………………… 453

---

① 原书目录中并无此部分，现根据正文而增补。

# 点 校 前 言
## ——宣统年,新开端?

百年前,己酉正月初一(1909年1月22日),溥仪皇帝的年号"宣统"启用。此时,离其即位之日(光绪三十四年十一月初九日)有五十余天,距光绪皇帝和慈禧太后二日内先后离世(光绪三十四年十月二十一日和二十二日)还不到三个月。动荡的内外,寒冬的天气,加上国丧的凄寂,新皇帝及新年号能带给国人多少期盼,这似乎很难让人乐观。倒是远在大洋彼岸的《纽约时报》,却整版刊登了一名为"中国的新进程及其意义"(China's New Course and its Meaning)①的长篇政论,并配刊有幼主之生父,摄政王、监国载沣标准照及天坛等实物照。作者是美国《纽约先驱论坛报》驻华记者、著名《密勒氏评论报》②的创办人汤姆斯·密勒(Thomas F. Millard)。在此文中,他提出,光绪皇帝,尤其是慈禧太后的离世,"标志了中国新时代的开端",同时他还对载沣赞誉有加,认为他年轻,又"出生并成长于现代

---

① 该文刊载于 The New York Times (November 22, 1908, Sunday)。
② 此刊于1917年6月创办于上海,其英文名原为《密勒氏远东评论》(Millard's Review of the Far East),1921年6月更名为《远东每周评论》(The Weekly Review of the Far East),1923年6月改为《中国每周评论》(The China Weekly Review)。中文名称《密勒氏评论报》则沿用未变。

思想立足于东方世界的时代,还曾亲睹西方世界",①因此"他具备了中国任何其他统治者所没有的以当代的视野对本国与其他列强进行比较的才能"。最后,作者还不忘提出这样的期盼,即在此新时代开始之际,中国应该得到美国更多的"支持"。要判断密勒的观点是否恰当,我们得查证宣统朝开始后的实际作为。

光绪二十七年(1901年)八月二十日,慈禧太后发布那道承诺变法的著名谕旨,有学者将之称为"辛丑变法"。不管发布时是何等的无奈,但自此之后,其中的"择西法之善者,不难舍己从人;救中法之敝者,统归实事求是"、"惟有变法自强为国家安危之命脉,亦即中国生民之转机"、"整顿中法、仿行西法"等等,却确确实实地广为政界、学界所引用,尤其是具有手段和目的双重意义的"变法自强"四字,逐渐成为了清末改革的引领性话语。至宣统朝开始时,清末改革已经走过了八个年头,改革措施遍及宪政、官制、财政、实业、教育、外交等领域,尽管对于这些措施是否恰当、改革实际效果如何都尚可质疑,但"必须改革"却已是无可争论的了。尤其是"宣示预备立宪"上谕(光绪三十二年七月十三日)和《宪法大纲》(光绪三十四年八月初一日)的颁布,更是预示着变法趋势的不可逆转。一定意义上言,改革从经济、国防等领域,扩及至政治体制,从所谓"用"延伸到"体",是慈禧太后在生命的最后数年客观上留给宣统朝的不可忽视的政治遗产。对此,处于孩提的溥仪皇帝当然不知,但曾亲历西洋,并实实在在地体验着此种改革趋势逐渐形成全过程的摄政王载沣,却不可能无动于衷,即使他真像有的史家笔下描述的那样平庸、懦弱。

---

① 即是指1901年载沣受慈禧太后指派出使德国的经历,此行主要是为前一年德国公使被杀事件向德国皇帝赔礼道歉。

宣统伊始，改革措施接二连三，涉及方方面面。仅从汇集于本书的法令（己酉正月至五月十八日）看，数量可观，不包括补遗部分，就多达130多项。按照汇集中的分类，宪政类20项，官制类16项，任用类22项，外交类3项，民政类14项，财政类12项，教育类12项，军政类5项，司法类7项，实业类7项，交通类5项，典礼类9项，藩务类和统计类各1项。从各奏折和说明中我们大致可以知晓每项法令的立意和目的，也可总结出此时期改革的基本特征。其中，特别引起我关注的，有以下方面：

首先，落实九年预备立宪计划，构成了宪政领域的主要内容。延续光绪朝实行预备立宪的既定方针，这在宣统元年二月十五日上谕中有明确的表述："国家豫备宪政，变法维新，迭奉先朝明谕，分年豫备，切实施行。朕御极后，复行申谕，依限筹办，毋得延缓。今特将朝廷一定实行豫备立宪、维新图治之宗旨再行明白宣示。总之，国是已定，期在必成，嗣后内外大小臣工皆当共体此意，翊赞新猷。"其中所谓"先朝明谕"，即是指光绪三十四年九月二十九日上谕："著各衙门，统限六个月内，按照该馆院（指宪政编查馆、资政院）前奏格式，各就本管事宜，以九年应有办法分期胪列奏明，交宪政编查馆会同覆核，请旨遵行，以专责成而杜迁延。"为此，邮传部、农工商部、民政部、吏部、法部、学部等纷纷将各部从宣统元年至宣统八年（即预备立宪第二年至第九年）的逐年拟筹备事宜"按年开列缮具清单，恭呈御览"。此外，还有"宪政编查馆奏核覆自治研究所章程折"及其所附的"自治研究所章程"（共14条）。这些举措表明，开始于光绪末年的预备立宪计划得以继续推进，并被部分付之于实践。

其次，外交在宣统初期的国务中尚未受到足够的重视。外交类仅有3项，实显单薄，它们是《中越交界禁止匪党章程》《哈尔滨中俄协约预定大纲条款》及《中瑞通商条约》。也就是说,此时的宣统朝廷,仅出台了处理有关与越南、俄国及瑞典三国之间关系的章程、条约。即使加上"补遗"部分的所有被列为外交类的,具体包括:《外务部咨南北洋和国及印度属地升炮处所请查照文》《外务部咨驻美使臣华人由别国赴美驻扎各国华使及领事官有权给照希知照美政府备案文》《外务部咨送各省各口领事表式希饬分别填写文》《北洋大臣袁咨送外务部天津勘定日本正续租界图册文》《北洋大臣袁咨送外务部天津勘定俄国租界图册文》及《署黑龙江将军程咨外务部齐齐哈尔华俄道胜银行租地建屋拟订合同抄呈备案文(附合同)》等项,也只能表明,此时的外交视野仍十分有限,除与亚洲数国有关外,其他的只有俄国与美国。对于外交事务的淡化,一定程度显示出先内后外的治国方略,与国内众多的,诸如预备立宪、官制调整及官吏任用等复杂、急迫和重要的事务相比,忙于应付的宣统朝廷似乎认为外交事务可以暂缓一步,至少仅在法令层面上是如此。

再次,教育类法令相对齐备。在共12项的法令中,有关于专门学堂的,如《度支部会奏设立财政学堂酌拟章程折》《宪政编查馆奏遵设贵胄法政学堂拟订章程折》《税务大臣奏开办税务学堂折》;有关于普通学堂的,如《学部奏大学堂预备科改为高等学堂遴员派充监督折》《学部咨各省高等学堂外国文语均归划一札饬学司查照文》《学部奏请变通初等小学堂章程折》《学部奏变通中学堂课程分为文科实科折》《学部恭录谕旨通咨各省变通学制施行办法文》;有关于出洋留学的,如《学部奏酌拟出洋学习完全师范毕业奖励折》《学部咨送各省留欧学生现应整顿各事文》《学部奏酌拟变通游学毕业生廷试事宜折》;还有关于科举举人及优拔贡生的,如《学部奏拟选科举举人及优拔贡人经科大学肄业片》。在短时期内出台如此多教育法令、章程，而且其中有的还特别详尽，无论是基于"人才为庶政之本"（光绪二十七年八月初二日上谕）和"兴学育才实为当务之急"（光绪二十九年十一月二十六日上谕）等共识，还是为了整顿和管理之需，教育乃已成为显务，这当非常明确，且值得肯定。

最后，司法改革着眼细处。清末改革自然涉及司法领域，只是从立法角度看，此方面的进程颇为曲折。光绪三十二年四月，沈家本、伍廷芳上奏《刑事民事诉讼法草案》，因其吸收了不少西方近代诉讼法原则和制度，而遭到张之洞等各地诸侯的反对，故而被搁置。《法院编制法》虽已于光绪三十三年八月提出制定，但直至宣统元年年底才颁布。在宣统朝初年，实际有着法院组织法和诉讼法功用的是《各级审判厅试办章程》（光绪三十三年十月二十九日），它不仅对法院机构及人员编制等做了详细的规定，而且还明确将案件分为民事、刑事两类，即"凡因诉讼而审定罪之有无者"为刑事案件、"凡因诉讼而审定理之曲直者"为民事案件，并规定了不同的适用程序。这些近代诉讼法律因素的引入，无疑具有改革的意义。本汇编7项司法类法令中，《法部奏地方审判厅内增设民刑两庭折》和《法部奏拟建京师模范监狱折》尤其值得注意。前者主要规定，于京师内城地方审判厅增设民、刑各一庭，"似于矜慎讼狱之中，兼寓撙节经费之意"。后者则是基于"近时东西诸国亦莫不注重监狱，力求美备之规"，主张在首善之区京师设立模范监狱。两者虽均为简单就事论事的奏折，但体现出的理念却与《各级审判厅试办章程》一脉相承，即吸收借鉴近代西方的经验，改造传统司法制度。或许与这一时期其他领域大范围改革相比，司法领域的这些小修小补似乎不值一提，但考虑到清末司法改革的曲折艰难，我们对于此时着眼细处的改革举措似乎仍有关注的必要。

此外，其他如清理财政、整顿吏治、发展实业、整饬纪纲等方面，也都有值得一书之立法举措，在此不赘。与此同时，宣统朝廷还曾有过实施法令的行动。其中，最引人瞩目的当是在上海举行"万国禁烟会"这一"宣统元年第一要政"。

正月十一日(1909年2月1日)，国际鸦片委员会会议在上海汇中饭店(今和平饭店)开幕，13个国家派代表与会，会期延续了20多天。此"万国禁烟会"是由美国罗斯福政府于前一年倡议，中国政府积极响应承办的。美国首席代表布伦特主教被选为会议主席，中国代表团团长为两江总督端方。这是第一次国际禁毒会议，标志着国际多边禁毒合作的开端，会议做出的包括承认中国政府在禁烟上的真诚努力和取得的显著成绩、要求各国采取有效措施防止鸦片运往禁烟之国及要求各国在华租界配合中国政府禁烟等主要内容的九项决议，产生了积极的影响，并促成了其后第一部国际禁毒公约，即1912年《海牙鸦片公约》的缔结，在国际禁毒史上具有里程碑意义。"万国禁烟会"的举行，一时轰动全球，为宣统朝廷树立革新、实干的国际形象创造了机会，而在国内，也极大地鼓舞了部分国人对于禁烟的信心。在光绪朝时就曾屡降禁烟谕旨，宣统年一开始也一再重申禁烟，并分别颁布了《京师内外城各厅区办理禁烟事项统计表》、《直省办理禁烟事项统计表》及《直省府县州办理禁烟事项统计表》，另拟订《禁烟办法十条》。因而承办举行"万国禁烟会"，这与清廷屡颁禁烟谕旨和法令乃为相得益彰，这也侧面表明了清政府欲将法令付诸于实施的姿态。

当改革已经成为前所未有的全民共识时，宣统初年头五个月间这些法令的出台确实不是什么出人意料的事，说实在的，让人有"不出台也难"之感。正因如此，我们无论如何不能简单地贬之完全是为了挽救摇摇欲坠的统治而玩弄的花样。以摄政王载沣为主导的清朝官吏们,在设计从宣统元年至宣统八年的长远计划时,他们谁也不会想到,宣统朝三年后就将戛然而止,已走过260多年历史并曾有过辉煌业绩的清朝帝国会在自己手中陨落。退一步言,假如仅仅为了挽救统治而进行改革,且确实取得了一定的积极成果,这也不应受到过分的指责,哪个朝代的最后统治者不曾有过这样的努力或曰挣扎呢?这可是历史之常情呵。历史既不能假设,确实也无可预料,但历史有时或许又有一定的规律。当意识到不立宪就衰败、不改革不能强盛时,起而改之,本身是件好事,但倘若以此产生只要立宪就行、改革愈多愈好的"制度依赖情结"及"政治浪漫主义",那就是从好事开始,却必然演变为以悲剧收场了。

所以,当回顾宣统初年这段变法历史时,任何一概否定的指责似乎都给人以立论的政治性重于学术性的印象。溯源历史,往往难免成王败寇的思维。但平心而论,通过这一系列措施,载沣及其同仁们继续沿着光绪朝已经启动的预备立宪之旅,延续着"变法图强"的治国梦想,并试图促成改革深化新局面的形成,这本身仍有值得肯定的成分,即使这完全是迫于"不得不如此"的客观形势而为之。从此意义上说,记者密勒的断言似乎有一定的道理。而若纯粹从法律史角度言,这百年前历史转换的过渡时期,则有着有待深究并可能富有启迪的特殊意义。

全书内分五册,点校初稿分工如下:李秀清,第1—2册;王捷,第3—5册。初稿完成后,再由李秀清统稿、定稿。得以及时交稿,我得先感谢合作者王捷博士,这是我擅自"压"给他的任务,承蒙他没有推却,并准时完成。在此,我还要感谢王兰萍博士,记得数年前出版本丛书点校尚处于创意、策划之际,在我赴北京出差的一个晚宴时,我即承诺点校,当时在座的还有好友韩君玲博士和恰好也在北京的王沛博士。今年正式启动时,因时过境迁,身边事纷呈,自己的兴趣也有变,但为了不毁诺,我仍请缨承担了这一点校任务。因此,在交稿之时,我要特别感谢兰萍所给予的使我有此"践诺"的机会,同时也感谢这么多年来她所给予我的一贯信任。

点校费心劳神,此前已体验数度,本次尤甚。限于水平,再竭力用心,也无法克免谬漏,故而诚请方家指正。

李秀清

2009 年 9 月 12 日

# 凡　　例

一　本馆前编《光绪新法令》一书,已采至戊申年(1908年)终为止。今宣统建元,上承预备立宪之旨,种种法律颁布频仍,是编自己酉(1909年)正月为始,随时采辑,赓续前书,名曰《大清宣统新法令》。

一　此次编辑视积成一册(约以六十叶①为度),即行付印,陆续出版,源源不绝,俾筹备宪政及究治国法者,得有先睹之快。

一　本编体例暂不分类,略按奏准或颁行月日之先后为序。惟于目录每题之下标明门类,俟积数册后,更编分类目录,附印某册内,以便检查。其类目仍照《光绪新法令》,如应有增减,临时酌定,卷首冠以谕旨,末设补遗一门。凡遇前所未采、后经收得之件,皆附于此。

一　本编篇章繁碎,检阅非易。特于目录之下,每篇注明页数,又于每题上方加二"●●",以为识别,使阅者一目了然。

一　本编各法令,除见诸各官报及公牍皆已采入外,其有奏折之尚在议覆或章程之未经宣布者,暂付阙如。至如外交、军政之紧要文件不宜发表者,亦不列入,以昭慎密。

一　本编特设补遗一门,务期广为收罗,以供政学界之参考。惟同人见闻有限,采辑未能完备,凡我海内外诸君子,如能将遗漏及新颁各

---

① 叶通"页"。

件录示,以匡不逮,微特本馆之幸,抑亦为政界、学界之一助,不胜盼企。

# 第 一 册

## ●●谕旨

**上谕**正月十七日　现在时事艰难,需才佐治,国家原不惜重禄以劝士,破格以用人。乃近来京外各衙门于举办要政、奏调人员及请加经费,往往未能综核名实,或以微员而膺不次之擢,或以一人而兼多处之差。究之,所荐者未必皆奇特之士,所用者实不免奔竞之人。近年新设衙门,新建省分,往往多坐此弊,冒滥虚糜,实为恶习。嗣后各部院堂官及各省督抚奏调咨调各员,均由吏部切实考核,官阶、履历相符,再准发往其所得薪金。有多至数处者,亦应由该管长官切实裁汰。至各衙门官员薪费,并著核实厘定,毋得漫无限制,用副朝廷循名核实、饩廪称事之至意。钦此。

**上谕**正月二十七日(一)　前经宪政编查馆奏定颁行分年筹备事宜,本年各省均应举行咨议局选举,及筹办各州县地方自治,设立自治研究所,并颁布资政院章程等事,积小高大,乃能纲举目张。若阶级不具,则统汇之区无从措手。著各省督抚及管理地方之将军、都统等,督率所属,选用公正明慎之员绅,一律依限成立。其范围限制,及择人之权、应尽之职,均应遵守颁行章程办理,不得延搁迟误。各省如有不能如期举办,或虽已设局而员绅违背定章,及办法参差不齐者,统由宪政编查馆查催暨考核驳正,务须妥速完备,俾可依限开办资政院，以副朝廷勤求民隐、期臻上理之至意。钦此。

**上谕**正月二十七日(二)　前据修订法律大臣奏呈刑律草案，当经宪政编查馆分咨内外各衙门讨论参考，以期至当。嗣据学部及直隶、两广、安徽各督抚先后奏请，将中国旧律与新律详慎互校，再行妥订，以维伦纪而保治安。复经谕令修订法律大臣会同法部详慎斟酌修改删并，奏明办理上年所颁立宪筹备事宜，新刑律限本年核定，来年颁布。事关宪政，不容稍事缓图。著修订法律大臣会同法部迅遵前旨，修改删并，克日进呈，以期不误核定颁布之限。

惟是刑法之源本乎礼教，中外各国礼教不同，故刑法亦因之而异。中国素重纲常，故于干犯名义之条，立法特为严重，良以三纲五常，阐自唐虞圣帝明王兢兢保守，实为数千年相传之国粹、立国之大本。今寰海大通，国际每多交涉，固不宜墨守故常，致失通变宜民之意。但祇可探彼所长，益我所短。凡我旧律义关伦常诸条，不可率行变革，庶以维天理民彝于不敝。该大臣等务本此意以为修改宗旨，是为至要。至该大臣前奏请编订现行刑律，已由宪政编查馆核议，著一并从速编订，请旨颁行，以示朝廷变通法律、循序渐进之至意。钦此正月二十七日。

**上谕**二月初三日　都察院代奏学部参事江瀚条陈请清讼狱等语，据称自停止刑鞫以后，残酷之风虽减，拖延之害愈深。因证据未备，两造争执遂以不了了之，民间逮累无穷，各省讼费名目繁多，百端需索，冤纵获理，家产已倾。若如所陈情形，实堪痛恨。著京外问刑各衙门，将一切弊端认真厘剔，不得视此旨为具文。倘再查有各项情弊，定行严加惩处。钦此。

**上谕**二月十五日　国家豫备宪政，变法维新，迭奉先朝明谕，分年豫备，切实施行。朕御极后，复行申谕，依限筹办，毋得延缓。今特将朝廷一定实行豫备立宪、维新图治之宗旨再行明白宣示。总之，国是已定，期在必成，嗣后内外大小臣工皆当共体此意，翊赞新猷。其有言责诸臣亦当慎体朕殷殷求言之至意，于一切新政得失利病剀切敷陈，俾臻上理。倘敢私心揣摹，意存尝试，摭拾腐败浮言，淆乱聪明，亦有应得之咎也。将此通谕知之。钦此。

## ●●吏部奏酌拟誊录期满奖叙办法折并单

窃臣部前于裁吏案内奏明，缮写宜用士人，拟招考誊录，专用满汉举、贡、生员出身者，每月酌给薪食，三年择尤保奖一次等因，于光绪三十一年（1905年）三月十二日奉旨：依议。钦此。又准政务处咨宽筹举贡生员出路章程，内开凡各部院衙门均令考用誊录帮缮公牍，举人、五贡、生员分为三等，酌给津贴。三年后分别奖叙，准以实官分发。其举人、拔贡、优贡当差期满，并由该堂官择尤奏请，改用七品小京官，在部行走，俾昭激劝等因，于光绪三十二年二月十五日具奏，奉旨：依议。钦此。先后钦遵在案。

臣等查两项定章，均有三年给奖之文。惟所称专用举贡生员，则与臣部现办情形有未能符合者。缘臣部裁吏之后，急于招考，各省士人来京不易，多不免雇倩顶替等弊。迨本身报到，或又字迹一无足观，是考取之员已不尽属可用。嗣以官制递更，各衙门既多设供事、书记、录事等员，政务处复推广拣选、就职、考职各法。凡在一衿以上，效用之途日宽，致此项取材之数复因之日乏一日。臣部常年应缮文牍累万盈千，其各项陈奏折件关系尤要，势均无可迁就，不能不兼访生监俊秀中之确有士行字画端好者，权宜并用，以辅招考之不足。

又，查政务处原奏，仅称举人暨优拔贡誊录准用七品小京官，其恩副岁贡、廪增附生,应予何项实官,俾分发效力之处,并未分晰指定。窃思举人、优拔贡仅以缮写之劳三年即授七品京官,既不免过优,即恩副岁以下概予分发,亦恐期满之后,得力者均相率去部,而续招者又未必得力。年更月替,长此生手,亦与部事无裨。凡此均系实在情形,正不独臣部为然。臣等不得不据实先行声明,或推广出身,或限制用法,以期事理可资经久。

现计臣部自三十一年裁吏之日起,截至上年十二月底止,所有陆续传充暨同时另募各誊录,多已有期满之人,自应将始终在事者,一体分别等次,酌予奖叙,以励勤劳,而资观感。其滥竽充数者,虽举贡出身,亦应随时淘汰,俾于体恤寒畯之中仍寓慎重名器之意。谨参考各馆议叙定例,并近年准奖新章,酌拟办法八条,另缮清单,恭呈御览。如蒙俞允,再由臣等将期满各誊录分别奏明办理,未尽事宜并容随时具奏。谨奏。宣统元年正月十四日奉旨:依议。钦此。

**谨将酌拟臣部期满誊录奖叙办法八条缮具清单,恭呈御览。**

计　　开

一　誊录自任差之日起扣满三年,方准核给奖励。初次截至光绪三十四年十二月三十日止,以后再有报满者,仍以每年年终截止一次,陆续给奖。

一　给奖为授职之始,所有籍贯、出身不容稍有含混,应令该誊录等各将出身、履历及任差日期详悉开明,并取具五名互结暨同乡京官印结,声明实系亲身,并无假冒,再行核办。

一　誊录平日当差之勤惰、书法之工拙,责令各该查明,复由臣等面加考试,分别等次,列为最优等若干员、优等若干员、中等若干员,酌量录用。

一 最优等概行留部。查"厘定官制草案",吏部应设八九品录事员缺。今拟设八品录事二十缺、九品录事三十缺,就最优等誊录中,择其尤者补八品录事,其次补九品录事,再其次以九品录事候补。凡留部之员,以后按次酌量升补,不再列入奖叙。至八品录事,任内扣满三年,举贡出身者,准以七品小京官用;他项出身者,准其比照司务定章办理。

一 优等给予外官分发,除举贡拣选就职原有应得分发官阶应分别酌加奖励外,其余生员出身以县主簿、州吏目分省归议叙班试用,俊秀出身以从九品未入流分省归议叙班试用。

一 中等给予外官候选,除举贡拣选就职原有应得候选官阶应分别酌加奖励外,其余生员出身以县主簿、州吏目归双月升选二缺后选用,俊秀出身以从九品未入流归双月升选二缺后选用。

一 优等、中等外用之员,如先经捐有职衔,准其比照各馆优叙及寻常议叙定例,照衔议给实官,分别选用。惟不准再给分发。至因别项劳绩,先已得有官阶在此次应得议叙官阶之上者,应按当差等次,分别酌加班次,或给予加衔加级。以上外用各员,俟得奖励后,即饬令离差。

一 本部裁吏之后,缮写需人,先系广募善书折件之供事人等,继始考取誊录。虽名目不一,效力则同。此次奖叙,应统归一律,分别等次办理。

## ●●度支部奏各省旧案拟请截清年分勒限开单报销折

窃以清理财政，自以考核现款为要图，而尤必先以销结旧案为入手。臣部奏定清理章程第一条即以截清旧案、编订新章为言，第五条内载各省出入款项截至光绪三十三年年底止，概作为旧案，各省旧案历年未经报部者，分年开列清单，并案销结等语。诚以旧案不截清，则款目易于混淆，不销结则帑项无从稽考。此一定之理也。

查各省报部核销之案，往往任意玩延，有迟至数年者，有迟至十余年者，压阁益久，造报愈难。即从前业经报销之案，或行查而未据声覆，或驳减而未经遵删，年复一年，案复一案，上届未声覆，则下届仍须行查。前案已驳删，则后案无凭，遽准尘牍山积，纷如乱丝。故现在欲清理财政，非先将旧案勒限锁结，终无着手之方。

惟查向来报部册式倍极繁细，其册籍或至百余本及数十本之多。今欲将陈年积压之案立限扫数报销，若仍令其分造细册，则时日既迫，亦恐赶办不及，未免强以所难。臣等公同商酌，款项固须核实，办法无妨变通，相应请旨饬下各省将军督抚等，遵照臣部奏定清理财政章程第五条，各饬将光绪三十三年以前未经报部之案，分案据实开造详细清单，限于宣统元年十二月以前，陆续送部核销，勿庸开造细册，以期速蒇。其历年奉部驳查未经完结各案，将何项必须变通、何项漏未立案、何项尚可酌量核减、何项碍难遵照删除各情由，限文到三个月内一律查明报部。由臣部酌量情形，奏明分别销结，俾天下晓然于朝廷锐意更新、破除隔阂欺隐之积习，而相见以诚，庶足以立清理之始基，而为宪政之大本。如再迟延不报，致逾期限，则是有意延宕。

臣部定行指名严参，以为玩视奏章者戒。

抑臣等更有请者，立法固贵乎宽，用款必期于实，此项旧案，既经准其开单报销，宽其既往，而各将军、督抚等受国厚恩，亦当念时会之艰难、款项之不易，实用实销，毋得稍涉浮冒。其历任经手人员如有侵蚀等弊，即须破除情面，参追完缴。倘扶同徇隐朦混销结，或别经发觉，或臣部派出监理各员访查得实，定将朦销之员奏明加等治罪，以儆官邪，而重库款。谨奏。宣统元年正月十四日奉旨：依议。钦此。

## ●●礼部奏拟改职司署门字样折

光绪三十四年十月二十二日奉上谕：道光二十六年（1846年）三月，宣宗成皇帝特降谕旨，以二名不偏讳。将来继体承绪者，上一字仍旧毋庸改避，亦毋庸缺笔，其下一字应如何缺笔之处，临时酌定，以是著为令典等因。钦此。今朕敬遵成宪，将御名上一字仍旧书写，毋庸改避，下一字敬缺一撇，书作"儀"，其奉旨以前所刻书籍，俱毋庸议。钦此。钦遵在案。

查臣部所属四司，首曰仪制，专司一切典章制度，职务繁重，实合《周礼·大宗伯》所属典命、典同、典瑞诸职而集于一司。谨拟改为典制司，从前郎中、员外郎、主事等缺，隶于该司者，悉改今名，并改铸司印。又恭遇大祀皇帝亲诣行礼，例应臣等侍仪，谨拟敬避，改为侍礼。又太常司，例有典仪官，考《前汉书儒林传》，"善礼乐者谓之容"，谨拟敬避，改为典容。又衙署之仪门，为五祀之一，考汉刘熙释名云"仪，宜也"，得事宜也，谨拟改为宜门，以存旧制。如蒙俞允，即由臣部咨行京外各衙门，一体敬避遵改。其各衙门有应敬避者，应由各衙门自行改定，奏明办理。谨奏。宣统元年正月十六日奉旨：依议。钦此。

## ●●大理院奏清厘旗地控案酌拟分别办法折

光绪三十三年三月十四日，度支部奏准将八旗现审处案件划归臣院办理，嗣经该部检齐卷宗，汇送过院统计，未办结者七十七起，当即签分刑民各庭，饬令员司按限清理。臣院亦于是年四月间奏明接收各案日期，并按照向章，每届三个月将已办结案件开单汇奏一次，历经遵办在案。伏查此项现审，系专为旗地而设，从前八旗应告地亩，例不准向地方官呈递，故户部特设现审处，专司其事。然此项旗地坐落或远隶盛京，或散布近畿各州县，一案之来，势不能派员履勘，大抵札行各州县查明详覆，而事关侵盗镠辖多端，其涉虚者固已往返耽延，其近实者亦复辗转拖累，往往数年不结。

职此之由，臣院自接办此等控案，节次办结，后尚存六十二起。臣等详加查核，其间有分别声请立案无庸审理者，有原送衙门据情咨请销案者，有自臣院接收以后原告并未呈催无从查传者，有由臣院发交外州县就近讯办者。综计待理之案，已属无几。而京师自改变官制，各级审判厅依次设立，八旗田土词讼本属民事之一端，照章俱归地方以下讯办。其或不服控至臣院者盖寡，则审判各有权限，既与旧制之统由户部办理者不同。前年十二月间，修订法律大臣议定满汉通行刑律，奏请嗣后未设审判厅省分旗人词讼概归各州县审理。上年，内务府亦奏明王贝勒等府第，呈送庄头、佃户拖欠租银、典卖地亩等项案件，由各该地方官讯办，则旗民不分界限，亦与旧例之不准向地方官呈递者迥异。故就审判制度而论，既已变通规模，而自旗产词讼而言，又经化除畛域，则臣院接办八旗现审案件，自应设法清厘，方足以杜讼累而清案牍。

臣等公同商酌，拟将所存各案分为三项：

其应准立案者为一项。凡呈请立案之件，大都防日后争端，或备此事原委目前无可讯办，自应准其立案。

其应行销案者为一项。凡原送衙门咨请销案者，固应准销，即原告未经呈催及查传无著者，或事经调楚或原被物故，虽未到官呈明亦应仿照刑事案件原告两月不赴审之例，暂予销案。

其发交各州县审讯者为一项。凡旗地坐落州县，前经臣院发令就近讯办者，固应听其办理，即先后行查未覆之件，亦应将原卷札发该地方官就近查明。除年远无征显系讹诈者不与审理外，余均饬令认真清理，毋任稽延。其各州县续行办结之案，即由臣院随时核销，毋庸按限汇奏，以省繁渎。

以上三项，谨分别开具清单，恭呈御览。如蒙俞允，臣院即遵照办理，此后王公府第及宗室觉罗人等，如有续将前事催控，臣等即斟酌归入宗室现审月折，以昭画一。谨奏。宣统元年正月十八日奉旨：知道了。钦此。

## ●●民政部奏整顿京师内外城警政酌改厅区制度等折并单

窃维臣部总揽全国内政，而警察为内政之要端，于将来编审户籍、选举议员尤有密切之关系。上年，宪政编查馆、资政院奏定逐年筹备事宜，单内各省厅州县巡警限第二年内粗具规模，限第三年内一律完备，第四年筹办各乡镇巡警，第五年推广乡镇巡警，限第六年粗具规模，第八年一律完备。以上各节均为臣部与各督抚同办之件，臣伏念京师首善之区为各省之表率，欲推广各省巡警，自以整顿京城警政为入手之办法。从前臣部奏定，京师内外城巡警厅区制度，以分区直接管理地面，以分厅管辖各区，而以总厅节制各分厅，计内外城地面总厅两所、分厅五所、分区四十六所。立法之初，意在图规制之完全，自不嫌组织之过密。而设官既众，需人自多，积久相沿，遂不无滥竽充数之弊。

前年臣善耆(1866—1922)到任后，体察情形，往往有任非所习，用非所学，一经切实程功辄多敷衍塞责者。因拟设法淘汰，逐渐清厘，当即就部内设立法政研究所，严定课程，饬令两厅人员轮班讲习，以毕业之等差为委用之先后。又于上年谕饬内外厅丞酌将内城原设之二十六区并为十三区，外城原设之二十区并为十区，藉资节省。当饬部厅各员预算两厅用款，计津贴、巡饷、经费三项，每月已不下七万金。而巡警人数尚苦不敷分布。

窃查东西各国，首都警厅官制奏任以上之官大抵不及百员。现在警务甫渐扩充，而用人已增数倍。又总分厅区递为管辖，层累既多，徒见文书往复之烦，转欠命令统一之效。若不大加整顿，诚恐各省办理警务辗转取法糜费益多。现值财力支绌之际，遇事扩张，势将难乎为继。臣等悉心体验，再四筹商，与其多设厅员，不如多用巡警。拟请将京师内城中左右三分厅、外城左右二分厅，一并裁撤。其内城各分厅原辖之十三区、外城各分厅原辖之十区，概归总厅直接管理，俾遇事迅速直达，易于有功。所有裁缺之各分厅知事及以下各员，分别调归。臣部或内外总厅酌量改补任用，内外总厅除厅丞、总佥事、佥事员缺，悉仍旧制。及每厅原设总务、行政、司法、卫生等四处，仍由总佥事、佥事分领外，每处各设科长、科员，分别以五六七八九品警官充之。计每处五六七品警官各一员，八九品警官各二员，每处限定七员，每厅四处共二十八员，两总厅共五十六员。内厅辖十三区，外厅辖十区，每区各设区长一员、区员一员，分别以警官充之。计内外城二十三区，共四十六员，统计内外城厅区员缺除厅丞二员，总佥事、佥事共八员外，所有五六七八九品警官员缺内城五十四员，外城四十八员，共一百零二员，作为定额。

至各厅区巡官长警应按照地方繁简、市街形势，酌量分布。如有不敷，再行随时增设。其两厅总佥事以下各员有当差虽属勤奋，而于警察法学未尝研究有素者，拟即调回。臣部俾资练习，嗣后厅区人员应专用法政毕业生，其从前调用各员，有非由学堂出身者，一律送入臣部巡警学堂分班肄业。俟毕业考验后，再行按照等差分别任用。一面酌设巡警教练所，为养成巡官长警之地。现在各区巡警内有原出招募未经教练者，概令更番抽换入所补习，以为逐渐改观之计，务期事有实际，款不虚糜，以仰副朝廷筹办宪政之殷怀，而立各省推广警务之模范。此外，臣部直辖各局所均拟分别缓急，酌量办理。其调用各员有仅系在部行走，未经派有要差者，亦拟查照前奏谘议官章程，分别改为一二三等谘议官，不限定常川到署，亦不支给薪水。遇有应行谘询各件，令其随时条议，以备采择。庶于集思广益之中，仍不失制节谨度之意。

所有臣部暨内外各厅区出入款项，应即切实清厘，查照度支部奏定办法，将现在已筹及将来应筹之款，统交部库收发。仍将出入数目详细统计，造具清册，按期咨送度支部，以便综核而资裒益。谨将拟改内外城巡警厅官制章程缮具清单，恭呈御览。如蒙俞允，臣等即当督饬内外城厅丞遵照施行。谨奏。宣统元年正月二十一日奉旨：依议。钦此。

谨将拟改内外城巡警厅官制章程缮具清单,恭呈御览。

计　　开

一　京师内外城设巡警、总厅各一,总理京师内外城巡警事宜。

一　巡警总厅应设职员如下:

厅丞内城一员、外城一员,秩从三品,简任;总佥事内城一员、外城一员,秩从四品,奏补;佥事内城三员、外城三员,秩正五品,奏补;五品警官内城四员、外城四员,奏补;六品警官内城十员、外城九员,奏补;七品警官内城十一员、外城九员,奏补;八品警官内城十四员、外城十三员,咨补;九品警官内城十五员、外城十三员,咨补。

一　厅丞承民政部尚书侍郎之指挥监督,总理该管一切事宜。

一　总佥事、佥事及警官承厅丞之指挥监督,分理本管一切事宜。

一　巡警总厅分设各处如下:

总务处;行政处;司法处;卫生处。

一　总务处以总佥事领之,以奏补警官三员、咨补警官四员充科长、科员。

一　行政处、司法处、卫生处各以佥事一人领之,每处以奏补警官三员、咨补警官四员分充科长、科员。

一　巡警总厅分设各区如下:

内城分设十三区;外城分设十区。

一　巡警分区各设区长一员,以奏补警官充之;区员一员,以咨补警官充之。

一　巡警总厅各得设司,书生至多不得过三十名;分区各得设书生,至多不得过三名。

# 民政部暂定京师调查户口规则 宣统元年(1909年)正月

## 要　　目①

第一章　通则

第二章　调查

第三章　簿册

第四章　调查证

第五章　异动及整理

第六章　户口年表

## 第一章　通则

**第一条**　户口调查者,就本区内各户调查居民人数、身分及异动,并访察其行为及现状,以图警察之利便。

**第二条**　关于调查户口事务,以总厅为监督,以分厅区负管理之专责。

**第三条**　调查户口,以现在划定区域为界线,以该管区长督率,巡官长警办理。

**第四条**　调查户口,分定时、临时二种。定时谓,定期调查其全部(如甲种六月一次之类);临时谓,因特别事故调查其全部或一部。

**第五条**　调查日期,由分厅体察情形定之。

---

① 要目为本次再版时增加,原书无。

## 第二章　调查

**第六条**　为全部或一部之调查时，由区长派出长警任之。其平时，由守望巡警为之。

**第七条**　为全部或一部之调查时，分厅应派员同行监查，以为长警之表率。

**第八条**　户籍法未定以前，各区长得随时酌定时间、地段，派警抽查（抽查长警由区长派出）。

**第九条**　总分厅应酌量派员密查，担任调查长警之勤惰。

**第十条**　调查户口，使担任调查长警将区域内居民分为三种，其分种之当否，由区长及同行监查员查实之（甲、乙、丙之区别，须用甲、乙、丙之符号记于异动簿及受持簿之上）。

　　一　甲号。贵族世家及其它资产职业认为身分正确者；

　　二　乙号。甲号内号以外者；

　　三　丙号。被监视及曾受官刑者，无业游民，博徒痞棍，及其它认为性行不良者。

**第十一条**　定期调查户口，甲号每六个月一次，乙号每三个月一次，丙号每月三次。甲号之家族、雇人及同居人等应分为何号者，依本号调查之例（如乙号仍照乙号之类）。

**第十二条**　下所揭者，不在调查之限：

　　一　王公府第；

　　二　官署公所；

　　三　使馆教堂；

　　四　兵营；

　　五　监狱、教养局、医院、养济院；

六　各级学堂（禀经学部督学局立案者）。

户籍法未行以前，人民身分不能确定居民有在，以上各处当差及雇赁者，每次清查后，各依其处开单，由总厅函询各该管长官及管理人。

监狱以下，由总厅函请其各该管长官及管理人将出入人数随时通知。

第十三条　一住宅编门牌一号，其一住宅住二户以上者，仍依本号各立门牌。惟须于本号之末，另分次序，以清眉目。

第十四条　门牌各依区域次序编钉，以图便利。自此次编钉后，其有另立门户者，作为附号，另编号数，而于号数之首加一"附"字，以为记认。

## 第三章　簿册

第十五条①　簿册分为户口调查总簿、户口异动簿、巡警受持簿三种：

一　户口调查总簿。总分厅区各设一分；

二　户口异动簿。该管区设一分，总分厅有特别事故，得随时至区查阅；

三　巡警受持簿。每守望所一本，由区长交守望巡警持之。

三种外另立报告，由区长交担任调查长警，以便随时报告，不拘定式。

第十六条　户口调查总簿，登载各区住户户数、甲乙丙号之区别、丁口总数、铺户总数、营业种别及其它之各项。户口异动簿，登载户

---

① 该条中所有"簿"字，原书皆为"Ｏ"，应系排版之误。

主氏名、籍贯、年龄、职业及其亲属寄居、雇人丁口，以备异动时添注抹消。巡警受持簿，登载守望地段内住户门牌、甲乙丙号之区别、户主姓名职业丁口数目，以便守望巡警周知。

## 第四章　调查证

第十七条　户籍法未定以前，暂用调查证（每尺一张）以便查验。

第十八条　调查证，依查口票所规定，详细登载，于各户缴回查口票时，随时填写，发给户主收执。

第十九条　调查证，每调查期查阅一次（调查期如甲号六个月一期之类），每年更换一次。

## 第五章　异动及整理

第二十条　各区受辖内居民异动呈报后（凡出生、死亡、婚姻等，皆谓异动），依照表式，按旬汇报于分厅。分厅按月汇报于总厅，总厅于年终统计申部。

第二十一条　各区受人民异动呈报时，应随时办理，依日编订其户口异动簿，并分别登记于调查记数各表内。

第二十二条　守望巡警受人民异动呈报时，应即登记于受持簿内。回区后，禀报于区长。区长受理后，分别登记于调查各表内。

第二十三条　居民由本区移住他区时，宜通知所移之该管区。其由他区移住本区而未得其通知者，宜查询其原住之该管区。

通知时，并移送其调查证，而记其转移事由于里面。受通知之区，宜随时查实，另给以调查证，而将原调查证付送于旧管辖区取销。

第二十四条　本区受他区通知后，其户在何守望所者，应即改入受持簿,告知于守望巡警。

## 第六章　户口年表

**第二十五条**　各区每年统计本区户口,申报分厅。分厅转申总厅,总厅年终汇齐报部。

**第二十六条**　总厅每年终制成管内之户口年表,以翌年二月五日为止。

# ●●又户口管理规则

**第一条**　凡在外城厅区域内居住之人民,须依查口票规定填写明白,于发到五日内,缴回于本管辖区。本管辖区发给调查证。

**第二条**　人民有分合、迁移、废绝,及人口出生、死亡、婚姻等事,均须遵守本则,呈报于本管辖区。

**第三条**　人民有分家各立门户者,其户主须于三日后,依迁移呈报之规定,添附原户主姓名、籍贯、职业、分家年月日,呈报于本管辖区。

**第四条**　人民有由此区域迁移彼区域者,须依呈报书之规定,于未迁之三日前,呈报于旧管辖区。既迁之三日后,呈报于新管辖区。

**第五条**　人民有迁入者,须依呈报书之规定,于五日内呈报于本管辖区。

**第六条**　人民有废绝家者,下记诸人从其顺序负呈报之义务,并将该废绝家之调查证缴销于本管辖区:

一　亲属;

二　近邻。

**第七条**　人民有死亡者,由其户主或亲属依呈报书之规定,于五日内呈报于本管辖区。

第八条　人民有出生子女者,依呈报书之规定,于十日内呈报于本管辖区(收养弃儿者,须于五日内依呈报书规定呈报)。

第九条　人民有婚嫁者,须依呈报书之规定,于五日内各呈报于本管辖区。

第十条　凡为以上各项之呈报者,均须以呈报书填载,以免纷歧,而归一律。

第十一条　人民有出外或由此区迁往彼区者,均须将调查证随呈报书缴销于旧管辖区。另于呈报新管辖区时,更领新调查证。

第十二条　人民有异动时,须于呈报之日,申请将调查证变更。

第十三条　调查证有遗失时,得随时申请本管辖区补发。惟须将遗失事由声叙明白。

第十四条　凡在京无亲属者有死亡等事项时,其住在何处,即由何处人负呈报之义务。

第十五条　各会馆工厂有更换管理人时,均须于三日内报告于本管辖区,并变更其调查证。

第十六条　有违犯本则者,依违犯警察规则例,处以二元以下一元以上之罚金。

## ●●又调查户口执行法

第一条　定时临时清查及抽查,以随时派出或休息长警任之。其平日之查察报告,则以守望巡逻长警任之。

第二条　调查时,每户分别给查口票一张,令其填明,于五日内缴区。五日不缴到者,由区派警收取。

第三条　查口票缴到时,每户换给调查证。其调查证内,仍将户丁口分别注明。

第四条　调查时,须就每户审明,现在丁口与该户调查证有溢出或短少时,须询明原由,分别添注于查口票。

为上项之手续时,仍添注于该户之调查证。

第五条　凡于查口票规定事项外,于调查时审知有其它事项者,得以另纸为之,附黏于查口票后。

第六条　揭于下之事项,均宜从间接调查之：

一　资产之有无；

二　职业之勤惰；

三　素行之良否。

第七条　揭于下者,于调查时最宜注意：

一　曾受官刑者；

二　无恒产而徒食者；

三　有性行不良之风闻及认为无正当之职业者；

四　多数人聚集之场；

五　贫民杂居之地；

六　旅馆、小店、乐户、酒饭馆、茶馆、戏园及车厂、脚行等处。

旅馆以下各处,除乐户另规定查口票外,其有关于营业者,均归入商业调查。

第八条　旅店、乐户等项,本厅已专定管理规则。其中有关于调查事项者,仍按原规则办理,本法不再规定。

第九条　凡铺户各项有更替等事,须在本厅呈报,由各该管股核办后传区者,均须于簿册表册,各依其类,分别登记。

第十条　揭于下之事项,该管区确认其事实后,具证明书申报于总分厅：

一　孝子、贞妇、义仆及其它有可表彰之德行；

二　有声闻不良之人与同居及往来者；

三　骤贫及暴富者；

四　藏有身分不相当之物者；

五　有原因不明之死伤及其它家内异状者。

第十一条　调查时，宜注意其门牌书写号数，及调查证是否相符。

第十二条　调查时，验其调查证有不相符处，须令其随时赴区变更。

第十三条　变更调查证时，须于备考中登记其变更之原因（备考中如不敷填载时，得另纸为之，附黏于后）。其变更之原字迹，须用笔钩去，不得涂抹，致辨认不清。

第十四条　补发调查证时，该管区长须确认其事实。

## ●●又调查户口员官长警遵守规则

第一条　调查户口时间，由午前八时至午后五时（临时调查及抽查，不在此限）。

第二条　调查户口时，担任调查之员官长警，须以调查时间告知于守望巡警。

第三条　守望巡警须记明调查员官长警之姓名、时间，回区后禀报于区长。

第四条　派出调查长警，无论定时、临时及抽查、出查时，由区长发给调查执照。无执照者，不得擅入人家。

第五条　调查时，无论贵贱贫富，当以和颜谨言，相与接遇。其有不明之事项，虽应查明者，对于老弱妇女及其它不堪应对之人，不可强为寻问。

第六条　调查时,遇该户无男丁,必不得已与妇女相问答,务宜庄重。如有不正当之行为查明,从重惩办。

第七条　调查时,遇有执行法第六、第七、第十条开列各事项时,宜详记于报告簿,回区交区长检查。

第八条　派出担任调查之员官长警,于定日调查时,如有疾病及其它事故不能办理者,得申请于总分厅延期五日(五日后仍不能办理者,得申请改派)。

## ●●又户口调查总簿填载式

| 厅　区 | 街<br>胡同<br>巷 | 门牌何号起至何号止 |
|---|---|---|

| 总计户数 | 现住户数<br>空户户数 |
|---|---|

| 甲号住户户数 |
|---|
| 乙号住户户数 |
| 丙号住户户数 |

| 铺户总数 |
|---|

| 总人口数 | 男丁数<br>女口数 |
|---|---|

| | | | |
|---|---|---|---|
| 官署 | 所 | 学堂 | 所 |
| 公所 | 所 | 养济院 | 所 |

| | | | |
|---|---|---|---|
| 旅店 | 户 | 戏园 | 户 |
| 酒馆 | 户 | 乐户 | 户 |

| | | | |
|---|---|---|---|
| 当铺 | 户 | 金店 | 户 |
| 银号 | 户 | 钱铺 | 户 |

以上略举填载大概，凡有不在调查之内，而警察应知悉者，仿官署一条之例；有调查应知悉者，仿当铺一条之例。其余，以此类推。

## ●●又户口异动簿填载式

| | |
|---|---|
| 正　面 | 厅 区 街　　　胡同(巷)　　　门牌第　号<br>户口姓名年岁籍贯职业　　区为何号<br>亲属男女大小人数　　　　学童几人　宗教 |

| | |
|---|---|
| 背　面 | 寄居男女大小人数<br>雇人男女大小人数<br>总计男女大小　　　　卜居及迁移年月 |

| | | | | |
|---|---|---|---|---|
| 正　面 | 厅 区 街<br>字号营业种别<br>铺东掌柜姓名年岁籍贯住所 | 胡同(巷) | 门牌第　号<br>何年月开设 | |

| | |
|---|---|
| 背　面 | 铺伙人数　　　　　　工作人人数<br>学徒人数　　　　　　雇人人数<br>总计人数内有在京住家人数 |

| |
|---|
| |

以上但举住户、铺户二种而言，其余填载之法，即按照查口票，分别种类，仿此填载。

## ●●吏部奏定考核劳绩保举办法片

再，现在捐例已停，劳绩保举之员日多，考核稍疏，易滋弊混。自非明定办法，不可查定例，议叙各员于奉旨后，均发给部照，以备查考，劳绩保举，事同一律。拟请嗣后无论何项保案，或奉旨允准，或由臣部议准，俱俟奉旨后按照议叙定例，均缮发执照。饬令列保各员，随时具领，予限二年，不得藉辞延宕。此后领照各员，由所保官阶或加捐，或保升，或补缺，必须将劳绩执照送部，查验相符再行分别核准。其从前已得保举人员，亦即照此办理。庶得保之员俱有部照可凭，虽案隔多年，亦易考核。谨奏。宣统元年正月二十一日奉旨：依议。钦此。

## ●●陆军部奏定禁卫军营制饷章折

窃奴才等于光绪三十四年十二月初三日钦奉上谕，著派贝勒载毓、尚书铁充专司训练禁卫军大臣，准其酌量由各旗营兵丁内拔取精壮尽数，认真训练，不准疏懈，此项禁卫军专归监国摄政王自为统辖调遣，俟有成效，再候谕旨等因。钦此。仰见朝廷巩固根本、严重守卫之至意。圣猷闳远，钦服莫名。伏维王宫清穆，昭建中立极之规，郎卫尊严，备执戟、司戈之选，是以周有虎贲八百，汉设南北二军，以爪牙之臣司腹心之任，守虎关而陪豹尾，肃中禁而拱宸居，法至善也。我朝神武开基超迈往古，八旗劲旅各按汛地翊卫京师，莫非禁兵之选用，能入供宿卫，出奏肤功，规制详明，昭垂典策。近年京外改练陆军，力求精进，而禁廷拱卫，犹付阙如。虽有一六两镇轮流入值，究系分班抽调，尚非经久之规。

今者钦奉明诏，特练是军，并专归监国摄政王自为统辖调遣，垂经国之远谋，裕强干之至计，风声所树，薄海咸钦。奴才等奉命以来，夙夜祇惧，深恐智虑短浅，无以仰副宸谟，当经督同通晓军事人员详细研究，窃以禁卫军营制如唐之十六卫十军、宋之三衙，御前兵数均多，骤难仿办。近如日本近卫师团则一镇，德国禁军则两镇。今拟先按陆军一镇，步马炮工辎军乐各标营队额数，参酌编练第一、第二两协，以待扩充。暂不设立镇统，而将应设过山炮队改为陆路炮队，并增设交通队、机关炮队、重炮队各一营，以捷戎机而储利器，期合于各国陆军最新之制。将来全镇成立，不惟期门羽林之士堪备禁籞宿卫之资，即通国陆军，亦可藉为标准，造端一时，所关甚大。其驻扎营房，拟用畅春园及畅春西花园基址为两协屯驻之所，并在阅武楼校场作为禁卫军操场。另于西安门内光明殿旃檀寺废址筑造营舍，为更番宿值之地。至挑选兵丁，谨当遵旨，由各旗营拔取精壮，并由各驻防分期选送尽数，认真训练。其正副目兵，拟由第一镇择尤选充，两协官长拟不分满汉，由各军队衙署军官军佐，内择其兵学优长、操法娴熟者，拣选调派，定限二年，分期编足。惟此军开练之始，若全数挑练新兵，窃恐过稽时日，拟就现供宿卫之第一镇，选调步队一标、马队一营，以为编练根柢，其余各营队亦即逐次编练。

奴才等受恩深重，惟有身亲士卒，随时激励拊循，断不敢稍涉疏懈，以期仰副圣主固本图强、振兴戎备之至意。惟是兹事体大，端绪纷繁，教练营队、筹备饷械，一切事宜，仍不能无总汇之区，随时督率考查，以期精整，而规进步。现拟参照督练公所及镇司令处之制，在京城地方设立禁卫军训练处，调用各项人员，以资经理。拟设军谘官禀承训练大臣赞画教练，综理全处文牍庶务，并分设军械、军法、军需、军医等四科，经理各项事务，以专责成所有禁卫军训练处人员职掌，并营制饷章。经奴才等按照奏定陆军章程，悉心参酌，核拟开具清单，缮列详表，恭呈御览，伏候钦定。奉旨后，即由奴才等遵照办理。此外，宿卫大内驻扎处所及更换之法，拟另订详细专章。其余一切应办事宜，统俟陆续妥拟具奏，请旨遵行。谨奏。宣统元年正月二十四日奉旨：依议。钦此。

**谨将拟订禁卫军训练处人员执掌及营制饷章敬缮清单，恭呈御览。**

### 训练处人员执掌

训练大臣三员。禀承监国摄政王，综理全军一切事宜。

军谘官六员。禀承训练大臣,办理奏咨行存各项文牍,及综理筹备考功军略调派教育训练各事宜,并监察四科协标营队。

执事员十员。禀承军谘官,分任筹备考功军略调派教育训练等事宜。

书记员五员(一等一员、二等二员、三等二员)。

绘图员二员,印刷员一员,收支员一员,庶务员一员,递事员二员。禀承军谘官,各专责任。

军械科监督一员。禀承训练大臣,办理关于军械各项文稿,经理全军器械,兼管武库。各军械官长,悉归节制考查。

科员四员。禀承监督,筹备收发各项军械,并检察修理监守武库。

军法科监督一员。禀承训练大臣,办理关于军法各项文稿,本军官弁兵夫遇有过犯,分别公私罪情,按照军律及陆军通行章程办理,兼管军狱。

科员三员。禀承监督,经理记过、惩罚各项事宜,并监守军狱。

军医科监督一员。禀承训练大臣,办理关于军需各项文稿,经理饷项事务。各军需官长,悉归节制考查。

科员五员。禀承监督,收发粮饷,筹备服装,并稽核各项帐①目经理报销。

军医科监督一员。禀承训练大臣,办理关于军医各项文稿,经理卫生事务,兼管医院。各医务员生,悉归节制考查。

科员三员。禀承监督,经理各项医务,并采买、收发中西药品、器具。

---

① 帐通"账"。

司事生十一名。

司书生十七名。

刷印手十名。

夫役二十六名。

## 营　　制

**协司令处**：统领官一员，统辖全协；参军官一员，赞佐营务，参画机宜；副官一员，经理庶务；二等书记官二员；司书生二名；司号长一名；护目一名；护兵四名；伙夫一名。

**标本署**：统带官一员，统辖全标；教练官一员，平时督理本标教练，有战事参画戎机；副官一员，掌旗官一员，奉持马步队标，旗炮标不设；副军械官一员，督理炮标、战具、军火等事，步马标不设；副军需官一员，督理本标粮饷装服等事，步马标兼管军械；副军医官一员，督理本标卫生医药等事；副马医官一员，督理本标马匹卫生医药等事，步标不设，司号长一员；二等书记官一员；司书生三名；护目一名；护兵四名；伙夫一名；骑马匹，步标不设，马队标三匹，副官、掌旗官、司号长各一匹，炮队标二匹，副官司号长各一匹。

**步队营制**（每标由第一营至第三营，每营分前、左、右、后四队，每队三排，每排三棚，每棚目兵十四名）：管带官一员，管辖全营；副官一员，帮同教练，管理庶务；队官四员，每队一员；排长十二员，每排一员；司务长四员，每队一员，料理本队庶务；正目三十六名，每棚一名；副目三十六名，每棚一名；正兵一百四十四名，每棚四名；副兵二百八十八名，每棚八名；军需长一员，办理本营饷械、装服各事；军医长一员，疗治病伤；医生一名，帮佐医官；书记长一员，司书生六名，管带官用二名，每队队官各用一名；号目一名；号兵八名，每队二名;护目一名;护兵十二名,管带官用四名,每队队官各用二名;匠目一名,修理枪械,约束各匠;枪匠四名;皮匠四名;医兵四名,照料病伤;伙夫三十八名,管带项下兵匠用二名,每棚目兵各用一名;驾车兵四名,专管驾驭随带车辆,行军时加两倍;随营车四辆,专供运载本营随带军需,行军时加两倍;驾车骡十二匹,每车三匹,行军时随车加两倍。

**马队营制**(由第一营至第三营为一标,每营分前、左、右、后四队,每队二排,每排二棚,每棚目兵十四名):管带官一员;副官一员;队官四员,每队一员;排长八员,每排一员;司务长四员,每队一员,料理本队庶务;正目十六名,每棚一名;副目十六名,每棚一名;正兵六十四名,每棚四名;副兵一百二十八名,每棚八名;军需长一员;军医长一员;查马长一员,管理马匹喂养,考查马匹强弱;马医长一员,疗治马疾;书记长一员;医生一名;马医生一名;司书生六名,管带官用二名,每队队官各用一名;号目一名;号兵八名,每队二名;护目一名;护兵十二名,管带官用四名,每队队官各用二名;匠目一名;枪匠二名;掌匠四名;皮匠二名;医兵四名;伙夫十八名,管带官项下兵匠用二名,每棚用一名;驾车兵四名,行军时加一倍;战马二百五十一匹,副官、查马长、队官、排长、司务长、正副号目兵各一匹,行军时加十四匹,军需长、军医长、马医长、书记长、护目、匠目、掌匠、医兵各一匹;随营车四辆,行军时加一倍;驾车骡十二匹,行军时加一倍。

**陆路炮队营制**(由第一营至第三营为一标,每营分中、左、右三队,每队三排,每排三棚,每棚目兵十四名):管带官一员;副官一员;队官三员,每队一员;排长九员,每排一员;司务长三员,每队一员;正目二十七名,每棚一名;副目二十七名,每棚一名;正兵一百零八名,每棚四名；副兵二百十六名，每棚八名；军需长一员，办理本营粮饷、装服各事；军械长一员，平时经理炮械、教授炮学，战时管理军火；军医长一员；医生一名；查马长一员；马医长一员；马医生一名；书记长一员；司书生五名，管带官用二名，每队官各用一名；号目一名；号兵六名，每队二名；护目一名；护兵十名，管带官用四名，每队队官各用二名；匠目一名；铁匠三名；炮匠三名；掌匠三名；木匠三名；皮匠三名；医兵三名；伙夫二十九名，管带官项下兵匠用二名，每棚目兵各用一名；驾车兵三名，行军时加一倍，炮十八尊，每队六尊；弹药车十八辆，每队六辆；铁炉车三辆；零件车三辆；备用弹药车九辆，平时储备；随行车三辆，行军时加一倍；驾炮驾弹药车共用马二百十六匹，每炮每车六匹，行军时加驾马九十匹，铁炉零件备用弹药车每车六匹；车骡九匹；骑马五十二匹，副官、军械长、查马长、队官、排长、司务长、正目、号目、号兵各一匹，行军时加四十一匹，军需长、军医长、医生、马医长、马医生、书记长、副目、护目、匠目、掌匠、医兵各一匹。

**工程队营制**（全营分左、右两队，分办行军、桥梁、沟垒、电器、雷具各事，每队三排，每排三棚，每棚目兵十四名）：管带官一员；副官一员；队官二员，每队一员；排长六员，每排一员；司务长二员，每队一员；正目十八名，每棚一名；副目十八名，每棚一名；正兵七十二名，每棚四名；副兵一百四十四名，每棚八名；军械长一员；军需长一员；军医长一员；医生一名；书记长一员；司书生四名，管带官用二名，每队队官各用一名；号目一名；号兵四名，每队二名；护目一名；护兵八名，管带官用四名，每队队官各用二名；匠目一名；枪匠二名；铁匠二名；木匠二名；皮匠二名；医兵二名；伙夫十九名，管带官项下兵匠用一名，每棚目兵各用一名；驾车兵二名，行军时加两倍；

随营车二辆,行军时加两倍;驾车骡六匹,行军时加两倍;骑马十二匹,副官、队官、军械长、排长、司务长各一匹,行军时加五匹,号目、号兵各一匹。

**辎重队营制**(全营分左、右两队,分办输运枪弹、炮弹、粮秣、桥梁、工具等项,每队三排,每排三棚,每棚目兵十四名):管带官一员;副官一员;队官二员,每队一员;排长六员,每排一员;司务长二员,每队一员;正目十八名,每棚一名;副目十八名,每棚一名;正兵七十二名,每棚四名;副兵一百四十四名,每棚八名;军需长一员;军医长一员;医生一名;查马长一员;马医长一员;马医生一员;书记长一员;司书生四名,管带官用二名,每队队官各用一名;号目一名;号名四名,每队二名;护目一名;护兵八名,管带官用四名,每队队官各用二名;匠目一名;枪匠二名;掌匠二名;木匠二名;皮匠二名;医兵二名;伙夫十九名,管带官项下兵匠用一名,每棚目兵各用一名;随营辎重车十八辆,每队九辆,行军时加四倍;驾车骡五十四匹;骑马三十五匹,副官、队官、查马长、排长、司务长、正目、号目、号兵各一匹,行军时加十二匹,军需长、军医长、马医长、书记长、医生、马医生、护目、匠目、医兵、掌匠各一匹。

**交通队营制**(一营分铁路、电信两队,应否带办军鸽、气球等项,随时添设。此营每队三排,每排九棚,每棚目兵十四名):管带官一员;副官一员;队官二员,每队一员;排长六员,每排一员;司务长二员,每队一员;正目十八名,每棚一名;副目十八名,每棚一名;正兵七十二名,每棚四名;副兵一百四十四名,每棚八名;守库正目一名;守库副目一名;守库正兵二名;军械长一员;军需长一员;军医长一员;医生一名;书记长一员;司书生四名,管带官用二名,每队各用一名;艺师三员;艺士五名;号目一名;号兵四名,每队二名;护目一名；护兵八名,管带官用四名,每队队官各用二名；匠目一名；枪匠二名；铁匠二名；木匠二名；皮匠二名；绳匠二名；篾匠一名；医兵二名；伙夫二十名,管带顶下兵匠用二名,每棚目兵各用一名；驾车兵二名；随营车二辆,行军时加两倍；驾车骡六匹,行军时加两倍；骑马十二匹,副官、队官、军械长、排长、司务长各一匹,行军时加五匹,号目、号兵各一匹。

**机关炮队营制**（全营分前、左、右、后四队,每队三排,每排九棚,每棚目兵十四名。此队四标,每标一营,系属暂时设立,以图教育便利。俟编制有成,即行裁并,分隶步队四标,每标一队,以合战理）：管带官一员；副官一员；队官四员,每队一员；排长十二员,每排三员；司务长四员,每队一员；正目三十六名,每棚一名；副目三十六名,每棚一名；正兵一百四十四名,每棚四名；副兵二百八十八名,每棚八名；军械长一员；军需长一员；军医长一员；医生一名；书记长一员；司书生六名,管带官用二名,每队队官各用一名；号目一名；号兵八名,每队二名；护目一名；护兵十二名,管带官用四名,每队各用二名；匠目一名；枪匠四名；掌匠二名；木匠二名；皮匠二名；医兵四名；伙夫三十八名,管带官项下兵匠用二名,每棚目兵各用一名；驾车兵四名；随营车四辆,行军时加两倍；驾车骡十二匹,行军时加两倍；战马一百六十三匹,副官、军械长、队官、排长、司务长、正目、号目、号兵各一匹,机关炮每尊驮马四匹。

**军乐队制**：队官一员；排长一员；一等乐兵二名；二等乐兵六名；三等乐兵十二名；学习乐兵二十四名；伙夫五名。

**重炮队**：此项编制现正研究,俟拟妥另案奏明办理。

## 饷　　章

**正支额款**（按训练处及各协标营队人数，以一月计，官弁不扣建，兵丁扣建）：

专司训练大臣三员，每员薪公银一千两，共银三千两；

一等军谘官一员，薪水银二百五十两；

二等军谘官二员，每员薪水银二百两，共银四百两；

三等军谘官三员，每员薪水银一百五十两，共银四百五十两；

执事员十员，每员薪水银八十两，共银八百两；

一等书记员一员，薪水银六十两；

二等书记员二员，每员薪水银四十两，共银八十两；

三等书记员二员，每员薪水银三十两，共银六十两；

绘图员二员，每员薪水银四十两，共银八十两；

印刷员一员，薪水银三十两；

收支员一员，薪水银五十两；

庶务员一员，薪水银五十两；

递事员二员，每员薪水银三十两，共银六十两；

四科监督四员，每员薪水银二百两，共银八百两；

科员十五员，每员薪水银八十两，共银一千二百两；

司事生十一名，每名薪水银十六两，共银一百七十六两；

司书生十七名，每名薪水银十二两，共银二百零四两；

印刷手十名，每名薪水银十二两，共银一百二十两；

夫役二十六名，每名饷银四两五钱，共银一百十七两。

以上全处一切杂款，拟实用实销。俟办理一年后，核定确数，再行咨部立案。

统领官二员,每员薪水银二百五十两、公费银二百五十两,共银一千两;

统带官六员,每员薪水银二百两、公费银二百两,共银二千四百两;

教练官六员,每员薪水银一百两,共银六百两;

步工辎交通机关各队管带官十六员,每员薪水银一百两、公费银一百四十两,共银三千八百四十两;

马队管带官三员,每员薪水银一百两、公费银八十两,共银五百四十两;

炮队管带官三员,每员薪水银一百两、公费银一百六十两,共银七百八十两;

参军官二员,每员薪水银八十两,共银一百六十两;

副官三十员,每员薪水银五十两,共银一千五百两;

步工辎交通机关队官五十八员,每员薪水银五十两、公费银十两,共银三千四百八十两;

马队队官十二员,每员薪水银五十两、公费银八两,共银六百九十六两;

炮队队官九员,每员薪水银五十两、公费银十四两,共银五百七十六两;

乐队队官一员,薪水银五十两;

副军需官六员,每员薪水银六十两,共银三百六十两;

副军械官一员,薪水银六十两;

副军医官六员,每员薪水银六十两,共银三百六十两;

副马医官二员,每员薪水银四十两,共银八十两;

掌旗官五员,每员薪水银三十两,共银一百五十两;

二等书记官十员,每员薪水银四十两,共银四百两;

排长二百二十六员,每员薪水银二十五两,共银五千六百五十两;

司务长七十九员,每员薪水银二十两,共银一千五百八十两;

军需长二十二员,每员薪水银三十两,共银六百六十两;

军械长六员,每员薪水银三十两,共银一百八十两;

军医长二十二员,每员薪水银四十两,共银八百八十两;

马医长七员,每员薪水银三十两,共银二百十两;

查马长七员,每员薪水银三十两,共银二百十两;

司号长八员,每员薪水银十六两,共银一百二十八两;

书记长二十二员,每员薪水银二十四两,共银五百二十八两;

医生二十二名,每名薪水银二十四两,共银五百二十八两;

马医生七名,每名薪水银二十四两,共银一百四十两;

司书生一百三十九名,每名薪水银十二两,共银一千六百六十八两;

正目六百五十二名,每名饷银五两一钱,共银三千三百二十五两二钱;

副目六百五十二名,每名饷银四两八钱,共银三千一百二十九两六钱;

护目三十名,每名饷银六两,共银一百八十两;

号目二十二名,每名饷银六两,共银一百三十二两;

匠目二十二名,每名饷银九两,共银一百九十八两;

正兵二千六百零六名,每名饷银四两五钱,共银一万一千七百二十七两;

副兵五千二百零八名,每名饷银四两二钱,共银二万一千八百七十三两六钱；

护兵二百七十八名，每名饷银四两五钱，共银一千二百五十一两；

号兵一百五十八名，每名饷银四两五钱，共银七百十一两；

医兵七十九名，每名饷银四两二钱，共银三百三十一两八钱；

一等乐兵二名，每名饷银十两五钱，共银二十一两；

二等乐兵六名，每名饷银八两四钱，共银五十两零四钱；

三等乐兵十二名，每名饷银六两，共银七十二两；

学习乐兵二十四名，每名饷银四两五钱，共银一百零八两；

驾车兵七十七名，每名饷银四两五钱，共银三百四十六两五钱；

枪匠六十四名，每名饷银六两六钱，共银四百二十二两四钱；

炮匠九名，每名饷银六两六钱，共银五十九两四钱；

铁匠十三名，每名饷银六两六钱，共银八十五两八钱；

掌匠二十五名，每名饷银四两五钱，共银一百十二两五钱；

木匠十七名，每名饷银四两五钱，共银七十六两五钱；

皮匠七十一名，每名饷银四两五钱，共银三百十九两五钱；

绳匠二名，每名饷银四两五钱，共银九两；

篾匠一名，饷银四两五钱；

伙夫七百零六名，每名饷银三两三钱，共银二千三百二十九两八钱；

马骡二千零六十九匹，每匹乾银四两八钱，掌铁缰绳银二钱四分，共银一万零四百二十七两七钱六分；

炮七十八尊（陆路炮五十四尊，机关炮二十四尊），每尊费银五两，共银三百九十两。

以上本军官长，自训练大臣至司书生，八百二十三员名，均支薪水。除艺师、艺士八员名薪水应归活款开支外,目兵、匠夫一万零七百七十二名,均支饷银。骡马二千零六十九匹,炮七十八尊,薪工饷乾炮费每月共需银九万五千零七十五两二钱六分。

**杂支额款**(此系常年必需之款,约略估计,仍须随时酌量,增减按两协计算):

一　柴草价。步队十二营,每营月发银一百四十两;陆路炮队三营,每营月发银一百二十两;马队三营,每营月发银九十两;工程辎重两营,每营月发银七十两;交通队一营,每月发银七十两;机关炮队一营,每月发银一百四十两,每年共应支银三万一千九百二十两,遇闰照加。

二　帐棚价。两协及各营队帐棚,按八个月更换一次,每届约需银二万余两。每年以一届半计算,约需支银三万余两。行军时按六个月更换一次,需价照增。

三　医药费。两协及各营队购置中外药料,每年共需支银一万二千两。

四　倒补价。两协及各营队骡马共二千零六十九匹,每年例准,倒毙三成,骡每匹估价五十两,马每匹估价三十两,每年共需支银二万零三百五十余两。

五　奖赏费。两协及各营队月课看操考试打靶,每月赏号约需银一千两,每年共需支银一万二千两。

六　随营及辎重车挑键油,每辆每月约需银五钱。两协及各营队车,每年约需银五百七十两。行军时,按车数照加。

七　随营及辎重车鞍套并机关炮队随营驮鞍,每年按三成修换,约需银二千两。行军时,按车数照加。

八　衣履价。查禁卫军训练处及各营队,一切服装应与陆军各镇稍示区别,价值刻难预定,容俟酌拟妥协,另案奏明办理。

以上每年共需银十万零八千八百余两,衣履价不在此内。

**杂支活款**(此非每年必需之款,数难预定,须随时核计,奏咨办理):

一　两协及各营队应置枪炮、军火、腰刀、手枪等件;

二　应购骡马,骡每匹估价约银五十两上下,马每匹估价约银三十两上下;

三　应建步马炮工辎,及交通机关重炮各队营协标公所、更番宿值所、械库、衣库、医院、随营讲堂、米局;

四　应置骑马鞍鞴秋辔、陆路炮、鞍套、机关炮、重炮等件;

五　每营应置随营车及辎重车;

六　工程、辎重、交通三营应用器具、材料等件;

七　协司令部医院应用器具、材料等件;

八　每营应置鼓号、号灯、德律风电机、枪把、炮把、修枪炮器具材料等件;

九　每队应置双筒视远镜、指南针等件;

十　每棚应置吹哨、手灯暨锹、斧、锯、镢等件;

十一　每兵置随枪子盒、皮带、刀插、背包、绒毯、皮袋、粮袋、饭盒、水壶、油壶、拆枪器具、短锹等件;

十二　官弁在营病殁,海员准给薪水三个月,兵夫每名给银十两,其余另有恤赏专章;

十三　遇有调遣应需转运等费;

十四　遇有调遣应加目兵津贴等费;

十五　各营遇有调遣时粮草价昂,应酌加喂养银两;

十六　行军时应筹侦探用费;

十七　交通营所设艺师艺士薪水、器具等项。

以上除重炮队营制饷章尚未核定外，余均系按现在创办情形分别核拟，仅可作为暂行章程。嗣后如有应行损益及未尽事宜，仍随时妥酌，奏明办理。

## ●●礼部奏酌拟变通保送举贡折

查光绪三十一年八月前直隶总督袁世凯等奏准停止科举折，内所称举人五贡三科内令各省督抚每三年一次保送若干名，略照会试中额加两三倍，送京考试，凡算学、地理、财政、兵事、交涉、铁路、矿务、警察、外国政法等事，但有一长，皆可保送，俟考试时分别去取等语。又，三十二年八月，臣部具奏酌拟保送举贡办法，请以二十四年戊戌科会试钦定中额为断，于本额外再加三倍，按举四贡一计算，由各该督抚如额保送等因，通行在案。又，十二月奏准在京八旗并各省驻防保送举贡，由各旗及各省将军等酌量额数，备文分送，在京各旗由值年旗大臣如额选取。又，三十三年二月各省督抚保送举贡册内多有逾额，或已有官阶，或学堂定有奖励者，均随时电驳咨回，另行选取。又，三月二十三日准军机处交都察院奏各省举贡未与考送请由部量予甄取等因，奉旨："著照所请，该部知道。钦此。"当即覆准钦遵办理，并附片奏准值年旗奏称八旗并各省驻防保送举贡汇总造册，仍由部考试，经臣部拟请，归入甄录场内一体考试。又，三十四年八月奏准场务繁多，自应次第举行，各省先考选拔生，次考优生，次生员考职，次考试保送举贡，统限于明年六月以后十一月以前一律考竣等因。各在案。本年各省考试保送举贡有应略予变通者，有应申明定章者，自宜先期奏明，以便通行遵照，除候补候选得有实官及学堂教习学生毕业定有奖励者，并各省实缺教官与未经朝考之优拔生均不准与考外。

查从前举多贡少，是以定为举四贡一。今科举久停，举人拣选就职出路较宽，优贡则加四倍考取，岁贡则加倍考取，约略计之，贡亦不居少数。此次保送自应略予变通，拟请不分举贡，仍照上届奏定额数，由各督抚一体凭文录送。至上届京师甄录一场，原系一时权宜，本届保送举贡，亟须申明定章，照臣部上年奏准考试次序，由各督抚于接奉部文后，即行酌定考试月分，通饬各府厅州县循行，晓谕各举贡，无论游学游幕随任及出洋游历，并各衙门誊录录事未得奖叙者，均于前期各归本省听候考试。其未由本省考试及考试被遗各举贡，均不准来京取结具呈，托词邀求甄录。吉林、黑龙江两省举贡，仍赴奉天一同考试。宗室举人仍由宗人府如额考选，八旗及各省驻防举贡并翻译举人，仍由各旗及各将军都统督抚等备文分送。在京各旗统归值年旗大臣如额考选，其应考各举贡习某科者，均于投卷时自行注明，有兼习数门者，亦应择报一门。考试时头场试以经艺史论题各一道，二场试以算学、地理、财政、兵事、交涉、铁路、矿务、警察、外国政法各一门题目，临时酌定，不拘成格。合校两场，如额选取。取定后造具姓名、年貌、三代籍贯，科分注明报考某门，清册随同试卷题纸于年内解部，并分给该举贡等咨文，统限明年二月到京亲赍投考，以便三月内奏定。考试日期如逾期不到，即归入下届考试，不得再开一场，以示限制。恭候命下，臣部通行京外各衙门遵照办理。谨奏。宣统元年正月二十四日奉旨：依议。钦此。

## ●●东三省总督徐世昌署理黑龙江巡抚周树模奏江省续设道府厅县酌拟设治章程折并清单

窃查上年江省奏请添设民官，经会议政务处议覆照准，并令将添设改设各缺应如何建署、定俸、置吏、添兵之处详细具奏等因，奏奉允准咨行前来，自应钦遵办理，以便开办。伏维今日拓张民治，自应仿照新定官制，酌量地方情形，因时变通，庶冀行之有效。江省边荒初辟，更张法制较易推行。臣等谨按照新定直省官制及本省原定设治章程，详细酌拟办法大要。各道府厅县均不设大使、经历、巡检等官，裁旧有之承办处，而设佐治员，以分理庶政；裁旧有之捕盗营民壮等名目，而分设司法、行政、巡警，以树新政之基。

至现在设治各处，人民本稀，词讼尚简，其各级审判厅等应请暂缓设立，仍于各府厅县各设审判员，帮同地方官审理词讼案件，并于各道设司法股委员，帮同各道核转该管所属地方各案件，以期分理，而归详慎。其余正佐各官养廉、薪公等费，亦均体察情形，分别酌定。除此次添设改设各缺相应遵照办理外，其余旧设各缺，一俟新章实行无碍，再行奏请，一律办理。谨奏。宣统元年正月二十七日奉旨：该部知道，单并发。钦此。

**谨将酌拟黑龙江省设治章程缮具清单，恭呈御览。**

**第一条** 本省添设道府厅县各缺，原奏分别即设、缓设，业经会议政务处议准。现在体察情形，拟先就冲要之区设道府厅数缺，其余原议即设者，容即陆续分派设治委员。俟著有成效，再行改归。实缺缓设各缺,一并随时酌量办理。

第二条　新设兵备道,承本省督抚之命,办理交涉关税,调遣境内巡防各军,并考核所辖府厅州县,兼理旗蒙一切事务。

第三条　新设知府、同知、通判、知县,禀承本省督抚及本管兵备道或本管道府,自理所辖地面。其知府领有属县者,并考核所属一切事务。

第四条　本省原定设治章程,各道府厅州县设有承办处并大使、经历、巡检等官,此次新设各缺,均拟仿照新定直省官制,改设佐治员,以资分理,不再设承办处,并大使、经历、巡检等官。

第五条　兵备道酌设佐治员如下：

一　司法股员一员,管理词讼案件及关于司法行政上之事;

二　财计股员一员,管理岁出岁入及交通实业等事;

三　文牍股员一员,管理军事、交涉、教育、警务各文牍并文书收发等事。

第六条　府厅县酌设佐治员如下：

一　审判员一员,帮同地方官审理词讼案件,兼理一切文牍事宜;

二　视学员一员兼劝业员一员,禀承地方官,管理全境教育及文庙祠祀并交通实业等事;

三　警务长兼典狱一员,禀承地方官,管理全境巡警、消防、户籍、营缮、卫生、监狱等事;

四　主计员一员,禀承地方官,征收地租、捐税,兼管文书收发等事。

第七条　新设道府厅各缺养廉、公费,应参酌本省旧设各缺成例,并比照现有司缺,以次递减,拟定兵备道养廉银二千四百两、公费银每月六百两,知府养廉银二千两,公费银每月五百两,同知、通判养廉银一千六百两、公费银每月四百五十两,知县养廉银一千二百两、公费银每月四百两。

第八条　新设道府厅县佐治员薪水及杂役工食并纸笔柴炭等费,应参照旧有承办处,分别酌给,以资办公。拟定兵备道佐治员薪公等费银每月六百两,各府厅县佐治员薪公等费银每月五百两。

第九条　除此次择要添设、改设道府厅各缺外,其续派设治委员应领廉费薪公,均照以上定章折半发给。至就近如有垦税各局,酌量令该局委员兼办设治事宜,应仍照折半发给或再减数发给,应查照该地方情形,随时酌定。

第十条　以上各地方官养廉、薪公等费,均一并由正款项下开支。

第十一条　各处设治地方应修衙署、仓库、监狱各工程及铺垫等费,均准由正款项下实用实销。另由本省酌定办法,咨部备案。各就地原有合宜房屋可以赁购、修葺、备用者,先行酌量赁购开办,以节经费。

第十二条　本省各属旧设捕盗营民壮等名目,拟一律改为司法、巡警,其应需之款,应比照捕盗营民壮定额发给,准由正款项下开支。俟酌定划一章程,再行咨部备案。

第十三条　各府厅县各于所辖荒段内划留学田,招佃开垦,免纳地价,以其岁入为各属提倡蒙养小学之用。其划留学田数目,每府厅各留四千晌,每县各留三千晌。

第十四条　凡设治地方所有关涉旗蒙民人互控之案,悉归该管地方官直接审理。旗员蒙员均照定例,概不得干预。

第十五条　新设各缺,皆系边疆重要,拟请随时出缺,由本省督抚拣选妥员奏请补授。至应定何项缺分,拟俟派员试署以后,体察实在情形，再行详细奏咨办理。

**第十六条** 此次添设、改设各缺，均由本省暂行刊给木质关防，俾资钤用，仍请饬部撰拟字样，刊铸关防印信，照章颁发，以资信守。其现派设治委员地方，应俟补授实缺后，续请颁发。

**第十七条** 以上系暂行章程，如有未尽事宜，及尚有应行变通之处，容再随时奏咨办理。

## ●●东三省总督徐世昌奏请裁去抚顺县典史缺等片

再，奉天府属新设抚顺县，推广抚顺地方审判检察厅，业将开办情形奏蒙批准，钦遵在案。惟查抚顺原系兴仁县，移改署该县，典史方瑛现已准补抚顺初级审判厅推事，责任綦重，未便兼署典史员缺，自应开去，俾专责成。第，抚顺县地方既设有审判厅，一切命盗各犯，均由该厅收管。该县并无监狱，典史一缺几同虚设，况省城模范监狱现已成立，将来推广监狱，自有专官。各属典史员缺本在议裁之列，所有抚顺县典史应即裁去，以省繁费。其准补斯缺之袁占鳌，另以对品之缺酌量补用。除饬将该典史文卷钤记由县查明，分别存案缴销，并咨部立案外，理合附片陈明。谨奏。宣统元年正月二十九日奉旨：该部知道。钦此。

## ●●农工商部奏厦门贡燕扰累恳恩豁免折

窃维厦门贡燕一项，始于乾隆初年，由商人承办，初只一百觔，旋添办六十觔，每年春秋两季，分送将军督抚衙门，呈进春贡七十觔、秋贡九十觔,迨巡抚裁缺而贡额照常。查燕菜出自南洋各岛,萃于香港,初非厦产。历年由商赴港采购,约计燕价及装潢等费每觔值银七八十圆左右,以岁贡燕菜百六十觔计之,约需万圆以上。而贡行开支各项例规暨用人办事经费数且倍之,其用费所出,由进口各货厘金项下酌抽,名为贡资。汇交贡商承办初时,出入足以相抵。比来厦门商业洋牌日多,贡资日绌,贡商遂致亏累。

光绪三十一年六月间,臣部升任左参议王清穆,奉命考察商务,行抵厦埠。经贡商和平行沥陈亏累情形,恳准辞退,当由该参议函商臣部,奏请改归厦门商务总会承办,裁汰陋规,以节糜费。是年七月,奏奉俞允,行知该商会,钦遵办理在案。该商会总理林尔嘉承办三年,按季解送将军总督衙门呈进,并将收支清册具报臣部核销,尚无贻误。惟查阅所报收支清册,自三十一年秋季至三十四年秋季,前后共不敷银一万六千八百余两,均由该总理等设法筹垫,良由该埠商人于应缴贡资迟延拖欠,即频年催索,亦复缴不如额。本年正月间,厦商及该商会总理迭次电禀臣部,互相控诉。在各商人,以为贡归商会,一切例规必能从减,该总理情等催科,不无骚扰。殊不知应需各项例规,向所取给于行商者,今均取给于商会。夫行商之为难见闻习稔,转为各商所原商会之为难,改革无从适丛,各商之谤,臣等一再筹。维窃谓例规实缘于例贡,欲革去贡资,自非停止贡燕不能扫除陋政。远稽成宪,如乾隆以来停止鲥鱼、荔芰、梨、枣等贡,迄今史册播为美谭,薄海同钦圣德。

皇上建元御极,上企前谟。臣等仰体皇仁,愿纾商困,合无吁恳天恩明降谕旨,将此项贡燕年例特予豁免。如随时需用若干,即由内务府行文臣部发价采办,交进备用。除旧欠贡资仍由地方官催缴归还商会垫款外,自本年起毋庸厦商再抽贡资,以示体恤。如蒙俞允,即由臣部咨行闽、浙总督及内务府，自本年起一体遵照办理，以杜扰累，而恤商艰。谨奏。宣统元年正月二十七日奉旨：著闽、浙总督采办，准其作正开销。钦此。

## ●●陕西巡抚恩寿奏遵设劝业道折

窃查政治馆续订官制，议于各直省增设劝业道一员，专管全省农工商业各项，交通事务、现有之驿传，一并由其兼管。又，考核《官制细则》第三条，内开劝业之任用，由各该省督抚在实缺道府暨本省候补道内遴保二三员，出具切实考语，奏请简放或先行试署，农工商部、邮传部亦可就所知堪胜此项人员胪列事实，预保存记。遇有缺出，由军机处开单一并进呈，恭候简放各等因。诚以劝业职任至烦且重，其要义在务材训农通商惠工，即于此建经国富民之先基，自应添设专官，庶几提纲挈领，规画交通经制，悉归于尽善。

且此项增设之官，湖广、山东、云贵各省均已拣员补署，请旨施行。陕省近年风气渐开，次第劝办工艺，日有起色，商务已设总会，延长石油，矿脉甚旺。现当集款议修运路，以利销售，而保利源。而南北山幅员宽广，地瘠民贫，荒芜待理，审时度势，则劝业一缺，亟须添设，未容视为缓图。查陕省原有奏裁粮道一缺，今请改为劝业道，尤属名实相副，以专责成。即以现设之农工商及石油等局暨劝业各事宜，悉归该道专理，遴员分科治事，用符定章。其按察使所管驿传事务，亦即遵照续订官制，归其兼管，以利交通。一切办公经费，遵章由农工商部、邮传部按照省分大小，酌给津贴，每年不逾二万两之数。如再不敷，仍由陕省设法筹拨，俾顾要公。

奴才与藩学臬三司筹议至再，所见相同。谨拟援照成案，慎选精勤谙练留心民事之员，胪列具陈，恭候简用。查有军机处记名简放发陕，委用道张毅，才识明通，操履廉洁，精于理财，经业综核是其所长。军机处存记陕西候补道张守正，心细才长，恤商爱民，办事精密卓异。在任候升道西安府知府光昭，恺悌慈祥，周知民隐。该员等于陕省地方情形均极熟悉，谨遵章列保出具考语，奏请简放一员，或先予试署。俟一年期满，察其成绩可观，再行请旨实授。谨奏。宣统元年二月初一日奉旨：著光昭试署，该部知道。钦此。

## ●●中越交界禁止匪党章程

外务部与驻京法使订定《中国越南边境禁止逆党章程》，于去腊议定签字，兹将章程内容略志如下：

**第一条** 法国官员如查知有中国叛匪在越境成股，即当随时实力解散。

如有前项情事，由中国官员查出，一经知会法官或由领事转达越督，亦当一律照办。

**第二条** 如有匪党人等在越境或用报章或用他项宣布之法传播悖逆之论说，均由法国官员严行禁止，并将为首之人或驱逐出境，或按法国律例惩治。

若有越文报纸干犯前项，亦可随时禁停。

**第三条** 凡携带军械单行或成股之匪，业经与中国官军抗敌，或在中国地方扰乱治安逃匿在法界者，当将军械扣留、匪人拘管，由法国政府酌定拘管期限。俟限满后，将该匪驱逐出境，并一面知会中国政府。其所有一切拘管用费，由法官知照中国官担承拨还。又，或将该匪党逐出境外，亦可永远不准在越南或越属来往，并设法使其人不能再入中国边界。

**第四条** 凡曾在中国抢劫或犯私罪人犯,中国有请解交者,应由中国官照会越督,并将其人犯罪案由全卷随文附送,以便核办。如有可以允交之处,一经交犯案件,应行各事均皆办妥后,即照光绪十二年(1886年)三月二十二日商约①第十七款,将该犯解交中国官办理。如其人供称系国事犯,或与国事犯有涉者,应将所犯罪案切实根究,毋任朦脱。

**第五条** 如有匪徒私运军火,两国边界官员均应设法实力查禁,以杜偷漏、接济等弊。

## ●●哈尔滨中俄协约预定大纲条款附件二

中俄两国政府查阅(光绪二十二年八月初二日,俄历一千八百九十六年八月二十六日)建造铁路合同内有彼此讲解不同之处,兹商议东省铁路界内设立公议会,订定大纲如下:

一 铁路界内首先承认中国主权不得稍有损失。

二 凡中国主权应行之事,中国皆得在铁路界内施行。如施行之事无背东省铁路公司各合同,则公司及公议会均不得藉词阻止。

三 所有现行东省铁路公司各合同仍应遵守。

四 凡关乎中国主权合政治者,由中国官员主持,自出告示。

五 凡中国地方大吏官员到铁路界内,公司及公议会务须尊重。

六 铁路界内各埠,以人数多寡分别设立公议会。该各埠人民按照

---

① 即《越南边界通商章程》,由清廷全权代表李鸿章与法国驻华公使戈可丹(M. G. Gogordan)于光绪十二年三月二十二日在天津签订,共十九款。又称《滇粤陆路通商章程》或《天津协定》。

地方情形,或选举议事人复选举办事人,或该埠人民自行办理地方公共事务,并互举领袖一人,为办理公共议定之件。

七　铁路界内中外人民共享平等权利,共担平等义务,无稍歧视。

八　凡选举某埠议事人员之居民,须有相当不动产业,或出纳相当房租等项者,方为合格。

九　议事员中自举议长一员,无论中外人民,均可被举。

十　凡地方一切公益事件,均归议事人员议定。至教堂商会学堂善举等事专属一面者,应归各自筹款办理。

十一　各议事员互举之办事员,其数不得过三人,中外议事员均可被举。此外,另由交涉局总办与铁路总办各派一员,连同领袖一员,成立一办事处。

十二　办事处领袖,即由该议事会会长兼充。

十三　交涉局总办暨铁路总办位置在议事会会长及办事处领袖之上,有监察之权,随时到会,躬行稽察,遇事须经第十一条内所载委员各自禀知。至议事会所议事件,均应报告交涉局总办及铁路总办会同核夺施行,由会出告白,各色人等一体照行。

十四　议事会议定之件,如交涉局总办或铁路总办有不以为然之处,交会复议。复议时如有到场会员四分之三认可,即为决定。

十五　凡关于铁路界内公益款项重要事件经议事会商议后,呈请中国督办大臣(即光绪廿二年造路合同第一条之伯理玺天德是也)及总公司和衷核夺施行。

十六　铁路界内专为铁路所用之地,如车站、车厂等类公司,得以自行经理。其余公司未经出租地亩,及专为公司自用房屋按照商定绘图不归公议者,仍暂归公司自行经理。此项余地,应暂免缴纳地丁等项。

十七　按照以上大纲,应商定公议会及巡警详细章程,并商订地丁数目。自此次大纲订定签押日起不得过一个月,即须会同商订。

十八　公议会详细章程未经商定实行以前,暂就现行章程酌量办理,惟应遵守大纲第十三条办理,即交涉局总办及铁路总办有监察公议会之权。凡交涉局总办及铁路总办于议事会所议事件有不以为然之处,即由交涉局总办与铁路总办会商。倘仍不融洽,再由中外商人各举代表一人,随同交涉局总办与铁路总办公举不论中外之公正人一员会同决议。至哈尔滨华商会公举三人,入哈埠办事处,参预其事,与别董事享受平等权利。至满州里及海拉尔,由就地华商会各公举代表二人入会。其余他处只有议事处者,准中国商人与议办事,其华商权限与俄商平等无异。将来详细章程议定后,所有议事及办事各员,即行按照新章分别选派。以上大纲条款,备汉、俄、法三国文字缮写各四分,彼此画押盖印,以昭信守。各存各文二分,遇有辩解之时,以法文为准。

宣统元年三月二十一日(俄历一千九百九年四月二十七号)订于北京。

大清国外务部尚书会办大臣梁押(署哈尔滨道施押,黑龙江候补道于押)

　　　大俄国钦差全权大臣廓押　　　东清铁路总办霍押

**外务部致俄使照会**(附件一)

　　铁路租借之地,均属中国土地,业已订定大纲,言明中国主权不得稍有损失。其各国人民按照中国与各国所立条约在中国境内有应享利益,亦应声明,一律尊重,以免日后误会。兹特互换照会。

**俄使致外务部照会**(附件二)

东省铁路界内，系属中国土地。兹申明中国主权及设立议会预定大纲之条款，本日适将签字盖印。本大臣特应声明，本国政府于该界内各国人民，按照中国与各国所立条约得有利益，应行一律尊重。

## ●●农工商部咨各省仿办改种美棉蓝靛并收养山蚕文

据直隶农务总局详称，光绪三十四年农务总会办理各项事宜，如推广农林并蚕桑、劝种美棉及蓝靛等类，现在禁种罂粟，民间骤失厚利，若不设法补救，匮乏堪虞。兹拟旧种罂粟之地，悉令改种蓝靛，已经著有成效，土性相宜，获利亦相等，拟请通饬各省一律照行，实为切要等语。又据直隶农会禀称蚕业利源极大，饲养最繁，惟另有一种野蚕俗名山蚕，放养山中柞树之上，最为简易。以土地论，则仅需山场；以劳力论，则妇孺所能；以资本论，则所需不过茧种，出蛾后一律出丝，于本金毫无损失。种种便利，较种桑饲蚕尤为特别。

第，事关地方会员，提倡力究微薄，仰恳通行饬办，则实业振兴，裨益匪浅。所有列表呈报考验山蚕成绩缘由，理合将所收蚕茧蚕丝各样具文申送查核施行等情，前来查该农务局农会禀陈以禁种罂粟之地改种美棉蓝靛并放养山蚕各节，其事简而易行，若能相其土宜推广照办，于实业前途洵有裨益，相应咨行贵督抚查照饬属切实仿办，以浚利源，并将办理情形，随时报部可也。

## 农工商部咨各省铁路夹种榆树文

本部会覆议奏西北铁路条陈一折,于宣统元年正月二十七日具奏,奉旨:依议。钦此。钦遵。查原奏议覆备物料一节,内开农工商部查各路夹种榆树,以备枕木之需,诚足挽利权而塞漏卮,应咨行各省督抚饬属课种,逐渐推广,以兴林业而裨路用等语,相应恭录谕旨,钞录原奏,咨行贵抚督钦遵查照办理可也。

## 陆军部咨送绿营裁缺人员插补章程

本部酌拟绿营武职裁缺人员插补章程,通饬各标营一体遵照办理。计开嗣后裁缺人员,曾经实在历练较深,营务熟悉,自与尽先预保两项同为得力人员,除照章遇有相当缺出仍由各该督抚尽先补用不入轮缺计算外,拟以援照尽先预保之例,无论何省出有题推各缺,凡副将、参将、游击、都司各项人员,用过第三缺尽先后插补一人,再俟过第七缺尽先后插补一人,守补人员用过第五缺尽先后插补一人,再俟用过第九缺尽先后插补一人,由部掣签补用,均不入轮缺计算。如此相间轮用,庶于体恤之中,仍寓限制之意。

### 附:绿营武职补缺汇奏办法七条

一 拟自宣统元年正月起实行办理汇奏,如以前尚有未结之件,拟仍另折办理,不在本月汇奏之内,俾免前后混淆。

一 每月由初一日至二十日,所有接到阁抄拟作一案汇奏,自二十一日起,接到阁抄或候履历或查核保案,即归下月办理,以每月三十日为办结期限，以便易于稽核。
- 每月汇奏一次，无论件数多寡，拟分两折办理：核准之员为一折，核驳之员为一折，均随折缮单，以清眉目。
- 各省奏补员缺往往并不随折咨送履历，除实缺升补及曾经送到履历之员均可随时核议外，其有必须候履历者，即并入汇奏议驳稿内催取。
- 补缺之员，各该省漏叙考语名次或年岁名字不符等项，拟仍随时行查。
- 奏催履历之员，该省于某月咨到履历，即并入某月汇奏办理。如系二十一日以后咨到，尚须查核，则并入下月办理。
- 水师补缺折件，亦拟照此办理，仍分别各项水师随时核复汇奏。

## ●●陆军部奏随扈官兵应须马匹改折银两免由牧场调取片

再，恭查光绪三十四年十二月二十一、二十三等日钦奉上谕，明年三月十二日兼祧皇考德宗景皇帝梓宫奉移山陵暂安，九月二十七日皇祖妣孝钦显皇后梓宫奉移十月初四日永远奉安，所有应行典礼并一切事宜，著各该衙门及直隶总督敬谨豫备等因。钦此。钦遵各在案。谨案恭遇圣驾只谒东陵西陵，并巡幸各省所有各衙门，随扈官兵应用马匹，例由臣部于各旗营官拴等项马匹内按成调拨，不敷，则由察哈尔都统管辖之商都等牧场调取。应需驼只，则由直隶宣化府驼价项下调备应差，历办在案。此次本应按照向章办理。惟查解调马驼久已名存实亡，历届围差并不实解实领，不过吏胥串通领解各官从中舞弊私折银两，辗转相沿寖成弊薮，遂至莫可究诘。而解员往返，仍按例支领粮草等费，婪索地方供应，为累无穷。直隶宣化府属驼价,光绪二十八年间,经前任直隶督臣以其扰累民间奏准永远豁免,应需驼只另由藩库拨款雇备,惟察哈尔马匹每次仍按例调取。

刻值朝廷百度维新,若犹迁延弗变,殊非实事求是之道。若认真征调羽书敦迫,无非以羸弱充数,到京后放领挑剔,交领时捏报倒毙,种种弊端不胜枚举。况新设各衙门并无领用马驼成案,办理尤易致两歧。伏思扈从官兵应领差马例有全给、折给之分,实给之马为数无几。且自改章以来,京内各部院衙门筹定之款尚属充足,随扈乘骑所需无多,自行分筹较易为力。

臣等公同商酌,拟请此次及嗣后恭遇围差,除马馆应备请轿校尉等项乘用马匹,及直隶藩库例备驼只仍应照旧办理外,其各部院随扈官兵应需马匹,拟按照例定数目,概行改折银两,由度支部给发,以归简易。在部库所费有限,而地方受惠实多,新设各衙门应需马匹,即令自行筹备,准其列款报销。八旗各营原有拴养马匹月支干银,如遇随扈,应令自为乘用,仍报部查核,永远停免调用牧场马匹,以免扰累,而资休息。至察哈尔商都及左右两翼牧群,仍应加意孳养,专备军用,不得因此任听亏短,以重马政。如蒙俞允,遵即行文度支部及各衙门一体遵照。谨奏。宣统元年二月初六日奉旨:依议。钦此。

## ●●礼部会奏遵议御史贵秀等奏陪祀参差不齐请严定处分折

上年十月初五日,准军机处片交本日御史贵秀等奏陪祀参差不齐请严定处分开单呈览一折,奉旨:该部议奏。钦此。查原奏内称十月初一日孟冬时享太庙恭亲王溥伟恭代行礼,是日各衙门到班人员颇多,惟宗人府自镇国将军以下二十九员仅到一员,内阁册开学士五员均未呈递职名,各部实缺尚书侍郎并未开送,间有开送,职名亦不呈递,至都察院副都御史伊克坦并有委笔帖式投递职名情事,应请谕饬吏礼陆军等部妥速议奏,严定处分,庶足以儆怠惰而励诚敬等语。

臣等窃维国之大事,以祀为先,凡百臣工对越骏奔,宜致慎明虔,恪尽职掌。若听其疏忽怠玩,相习成风,非所以祗肃明禋克恭祀事。是以臣部前于议覆御史江春霖请饬整顿坛庙大祀折内奏请,每遇祀典,各部院应陪祀各堂官除年逾六十及有服有差不开送外,各衙门必须一员到班,并于御史及礼部司员监礼外,请饬宗人府、吏部、陆军部均行添派二员监礼,开具王公百官陪祀清单,于礼成后将已到者于单内注明,有不到者随时参劾稽察,既周典章较肃前经,奉旨:依议。当经臣部抄录原奏通行各衙门在案,是陪祀之查核,已视旧章更为严密。此次该御史等复陈奏,陪祀者参差不齐请,无故不到一次,即与处分,其都察院堂官及各科道职司稽察设或不到,并与严处吏部。

查臣部处分则例,内开在京各衙门应行陪祀官员并无患病等项事故不行斋戒,或已开送斋戒,职名不至聚集处所者,将该员照违令私罪例罚俸一年私罪。又,各衙门应行陪祀大员,若有托故三次不到者,将该大员降一级留任私罪各等语,拟请嗣后凡陪祀官员无故一次不到,及职司稽查各员并不亲到者,均照违令私罪例罚俸一年私罪,其有托故三次不到者,仍照旧例办理。陆军部查臣部处分则例,内开应行陪祀各官,若并无事故不行斋戒,或已开斋戒职名不至齐集处者,罚俸一年私罪。如一年内三次以上不到者,降一级留任,罚俸一年私罪各等语,拟请嗣后凡陪祀各官无故一次不到,照违令私罪例罚俸一年私罪,其有一年内三次以上不到者,仍照定例办理。原奏又称恭代行礼之王大臣应遵传定时刻,以免歧误。臣等查礼部例载,凡坛庙祭祀,如遇遣官行礼,承祭官及执事陪祀各官俱遵照例定时刻行礼，如有率意迟早者，即行照例纠参。定例本极详明，嗣后如遇遣官行礼，臣部谨按照例定时刻前期传知恭代行礼之王大臣届时致祭，俾免歧误。倘或迟早任意，监礼御史自可随时纠参，以重典礼而昭严惩。谨奏。宣统元年二月初九日奉旨：依议。钦此。

## ●●吏部奏请推广部属签分办法折

窃查向来各部院衙门司员笔帖式等官，除特旨指定部分人员外，其余均由臣部掣签分发。惟外务部建部后，虽亦用郎中、员外郎、主事、司务等项名目，因其承总理衙门之旧，与军机章京一例，从无分发之说，商部继之，先亦由各衙门司员内保送考试，而其后一皆改为奏调。光绪三十二年十月间，臣部以厘定官制，恐添改各部纷纷援照新例，于分发人员殊多窒碍，奏请将新旧衙门但经设有学馆学堂者，均准一律发往，随同学习。当经奉旨：依议。钦此。嗣据民政部农工商部先后覆奏，未能遵办，因之其余新设衙门亦均未遑置议。三十三年举贡廷试蒙恩录用部属，复经臣部以此项人员系出旷典且皆学有专长，奏准量予变通，其时并外务部、大理院亦均分发有案，而此外仍各暂如其旧。

现在综计各项签支，满郎中少工部一签，满员外郎、主事少工部、太仆寺二签，笔帖式少配之签尤多。汉员正途出身者，略如满郎中；异途者，只分度支、陆军、法部等三部。至满汉司务，则除吏、礼二部外，余部额缺均经裁撤，其随时照例，呈请分发之员，若特用、若恩荫、若劳绩议叙等项，人数本未少减，并损纳移奖裁缺改用人员，亦均未经用竣。若长此不变，不独臣等数部拥挤日甚势将无可位置，即其中志趣向上者，亦未当无留意新政之材，用违所长，尤觉可惜。

臣等再四筹思，现在内外用人大半犹循旧制，如部属补缺后截取保送，以及简任地方于警察狱讼学务并一切富强实业，无一不需兼办。是其进身之始，即不必过分畛域，转致异时，临民不免乏才之患。至各该衙门创建已久，规模日辟，为经久计，似畜艾树木，更自不厌多途。拟请嗣后寻常分发，除外务部仍毋庸配签外，其余无论满汉，异途出身人员，准添配民政部、农工商部、邮传部等签；正途出身人员，再添配学部一签。其大理院衙门无论何项出身，均一律掣分。即按照该院所设阶品及举贡改用之法，按品改用笔帖式、司务二项，亦应就已设各级录事、书记等官衙门，分别发往，与大理院改用司员之法一律办理。此外，实系访有专门学业堪备调用者，仍听其随时调用。应扣奏留者，各按例定奏留限期，严行甄别，未奏留以前，俱不准其补署各缺。人地实不相宜者，仍咨回臣部酌量改掣。如此办理，计有数便：一　疏通壅滞；二　广励材能；三　画一体制；四　稍杜奔竞。臣等一再申请，硁硁之愚，实在于此。如蒙俞允，应由臣部通行各衙门一体遵照。谨奏。宣统元年二月十二日奉旨：著依议。钦此。

## ●●吏部奏酌拟考核调用人员切实办法折并清单

本年正月十七日内阁奉上谕：近来京外各衙门于举办要政、奏调人员及请加经费，往往未能综核名实，或以微员而膺不次之擢，或以一人而兼多处之差，究之，所荐者未必皆奇特之士，所用者实不免奔竞之人。近年新设衙门、新建省分往往多坐此弊，嗣后各部院堂官及各省督抚奏调、咨调各员，均由吏部切实考核，官阶、履历相符，再准发往等因。钦此。钦遵，抄出到部。

伏查奏调之风,始于外省军务、河工数大端节,经臣部严定限制有案,嗣以时艰日亟,各督抚有陈,请朝廷常不惜曲予允从,俾收指臂之效,甚者,且奏宽一切文法。因之,臣部原定限制亦有不可尽行者。至在京衙门,本无调用人员之例,自各新部院同时并建,需才过多,势不能不仿照外省,权宜集事。惟其一经奏咨便为合格,与臣部分发之制迥殊。故臣部亦遂无从过问。

现在奉旨令臣部切实考核,臣等何敢稍避嫌怨致滋贻误?惟是承疏节阔目之后,为提纲挈领之计,责成固在臣部,而遵守尤在各部院各省。谨酌拟办法十条,另缮清单,恭呈御览。尤有进者,奏调固以矫旧制之失,但专藉奏调,亦嫌偏重。除新设部院请酌增签分事宜已于另折陈奏外,其东三省新疆等处,可否比照各省一律分发之处,并请饬下各该省督抚察看情形,切实声覆,以臻完密,理合一并奏请钦定,统俟命下后,分别施行。谨奏。宣统元年二月十二日奉旨:依议。钦此。

**谨将酌拟考核调用人员切实办法十条缮具清单,恭呈御览。**

— 近年京外破格用人,已成惯例。若概绳以从前旧法,断难悉合。拟嗣后分别准发往、不准发往之案,即以光绪三十三年十二月宪政编查馆会同学部所定通行章程为断。如此项章程内有未备者,则悉照臣部定例办理,所有各省各衙门未奉此次上谕以前一切成案不得复行援引,以清界限,而免纷歧。

— 近年奏调、咨调人员外,并有径自札调者。查从前咨调之案,臣部均一律驳令具奏应请,嗣后无论官阶大小,非经奏明,不得作为到部到省人员,亦不得再有咨调、札调名目。其仅供差遣无关署补升转者,不在此限。

一 现奉上谕,嗣后奏调之员,应由臣部发往。是从前业经署补实缺各员,已可不必深论。惟内有先已调部调省,而臣部并未得咨报案据者,亦有本未奏调、咨调即将投效人员径自奏留补用者,应于奏留或奏补时一体考核,分别准驳。

一 京官拟补各缺,照例先由该衙门咨行臣部查核,俟核覆相符,再由该衙门带领引见验放。近年各部院奏署奏补人员,往往于奉旨后始行知照臣部,致臣部碍难办理。嗣后遇有如此情事,仍应由臣部覆加考核,班次未符者,即随时据实奏闻。

一 外省奏调及奏留之案,如系奉旨照准者,向由臣部钦遵知照。嗣后应请饬下各督抚是否合例之处先于原折内一律声明,如未经声明,经臣部覆查实有不合例事,故虽奉旨允准之案,仍拟由臣部照例奏请更正。

一 宪政编查馆会同学部原定留学生调用章程内称,原系实缺候补者,准以原官或对品相当官缺分别奏补等语。查京外官缺有虽系对品而体制实大悬殊者,仅称相当,亦易启任意高下之弊。嗣后外官调京,应照满洲道府等官内用定例,京官调外,应照各项京员改外新章,分别实缺候补,由臣部核定官阶班次,随时知照。

一 京官调补外官、外官调补京官,所有原官升阶等项应即注销。原系实缺者,一律开去底缺,以杜取巧。如仅调办各项差务者,不在此限。但不得借署额缺及委任地方。

一 甫经调部调省之员,或又有他部他省纷纷请调者,应专就先到之部之省,恪共职守,以凭实验所长。其续调之案,即由臣部奏明,概予撤销,不准复行发往。

一 丁忧人员,嗣后仍照例不准调用。其已调各员,亦不准再行委署各缺。至革职人员,应分别情节轻重,由臣部核明,另行具奏请旨定夺。原有"永不叙用"字样者，概请毋庸置议。
一　自此次奉旨后，京外奏调人员统由该部院该督抚造具详细履历清册，并揭照文凭等项，一并咨送臣部考核。其从前未经造册者，亦应一律补送，以凭立案。

## ●●民政部奏酌拟司员补缺轮次章程折并清单

窃查光绪三十二年十二月吏部奏定各部司员补缺轮次折，内开改设、添设各衙门，一律改为题缺，由各堂官在各本衙门分别奏补，以一缺按照官阶班次酌量才具拟定正陪，以一缺拣资俸较深暨劳绩保举之员分班轮补，均先咨部查核各等因。维时臣部及内外城巡警各厅创设伊始，需才孔亟，所有新设各缺，均系遴择奏补，不限酌序班次。拟请俟部厅各缺补齐时，再酌照吏部新章办理，于光绪三十二年十二月二十三日附片具奏，奉旨：依议。钦此。钦遵在案。

伏念臣部职司民政，事务纷繁。光绪三十二年十二月改订官制，遵设两厅五司，所设额缺，均经遴选试验得力人员，先后奏请补用。现查厅司各缺，除营缮司所设之六七品艺师各一缺、卫生司所设之六七品医官各一缺，尚未择有专门人员奏补外，其余额设之参事、郎中、员外郎、主事、七品小京官各缺，均已补齐。自应遵照吏部酌补序补新章办理，以昭画一。

兹经臣等悉心参酌，按照酌序班次，拟定郎中、员外郎、主事、七品小京官补缺轮次表，附列章程七条，并经咨行吏部查核相符，谨缮具清单，恭呈御览。如蒙俞允，即由臣部移咨吏部遵奉施行。如有应须变通之处，再当随时奏请更正。至内外两厅额缺，现已奏定并声明专用法政毕业人员，应如何补用，由臣等随时奏明办理。谨奏。宣统元年二月十三日奉旨：依议。钦此。
**郎中员外郎补缺轮次表**（计一轮一周）

酌题，序补（资深，以实缺各员奏补之日较资升补一人）；

酌题，序补（资深，以候补各员奏留之日较资补用一人）；

酌题，序补（劳绩）。

酌题之缺，除满员外任丁忧回旗内用，及汉员实缺丁忧服满，旧例系题选统补者先尽拟补无庸拟定正陪，不积酌题之缺外，无论实缺候补资深劳绩人员，统行酌量才具，拟定正陪。序补之缺，除特旨指定部分，特旨分部即用即补，及实缺之服满、回避、病痊、假满开复奏留原衙门并奉旨降补原部等项，照例先尽补用不积序补之缺外，轮用资深时，先用资深，先一人不积缺，接用资深正班一人，如资深先无人，即以资深正班序补。轮用劳绩时，先用遇缺，先前一人无人，将遇缺即补遇缺题升题补人员统较奉旨日期序补一人，再无人，将尽先题升题补及升用补用人员统较奉旨日期序补一人。如竟无此项人员，应过班，仍于第一序补班内较资升补一人。

至特旨分部行走，特旨以何官用呈请分部行走人员，俟期满奏留后，遇序补之缺，无论资深、劳绩补过二缺后，再遇序补之缺，统较奉旨日期，先后插补一人，不积资深、劳绩、班次之缺。其中有早经奏留者，自应归候补资深班内。如资深到班在先，即按资深序补。如得有劳绩保奖者，遇劳绩到班在先，即按劳绩序补，不必拘定二缺后插用一人章程，转令向隅。裁缺人员遇序补之缺与本部人员相间轮用，无论资深、劳绩到班，先用本部一人，再以实缺裁缺人员，按奏补日期先后，补用一人。无人将裁改候补人员按资深、劳绩、班次，与本部人员各较各资各计奉旨先后，相间轮用。遇酌题之缺，如有熟悉部务，才具出众，亦准酌量拟补。

**主事补缺轮次表**（计一轮一周）

　　酌题，序补（资深，以实缺七品小京官奏补之日较资升补一人）；

　　酌题，序补（资深，以候补人员奏留之日较资补用一人）；

　　酌题，序补（劳绩）。

　　酌题之缺，除汉员实缺丁忧服满，旧例系题选统补者先尽拟补无庸拟定正陪，不积酌题之缺外，无论实缺候补资深劳绩人员，统行酌量才具，拟定正陪序补之缺。除特旨指定部分特旨分部即用即补，及京察调部实缺之服满回避病痊假满，开复奏留原衙门，并奉旨降补原部等项，照例先尽补用不积序补之缺外，轮用资深时，先用资深，先一人不积缺，接用资深正班一人，如资深先无人，即以资深正班序补。轮用劳绩时，先用遇缺，先前一人无人，将遇缺即补遇缺题升题补人员统较奉旨日期序补一人，再无人，将尽先题升题补及升用补用人员统较奉旨日期序补一人。如竟无此项人员，应过班，仍于第一序补班内较资升补一人。

　　至特旨分部行走，特旨以何官用呈请分部行走人员，俟期满奏留后，遇序补之缺，无论资深、劳绩，补过二缺后再遇序补之缺，统较奉旨日期先后插补一人，不积资深、劳绩、班次之缺。其中有早经奏留者，自应归候补资深班内。如资深到班在先，即按资深序补。如得有劳绩保奖者，遇劳绩到班在先，即按劳绩序补，不必拘定二缺后插补一人章程，转令向隅。裁缺人员遇序补之缺与本部人员相间轮用，无论资深、劳绩到班，先用本部一人，再以实缺裁缺人员，按原奏补日期先后补用一人。无人，将裁改候补人员按资深、劳绩、班次与本部人员各较各资各计奉旨先后相间轮用。遇酌题之缺，如有熟悉部务，才具出众，亦准酌量拟补。

**七品小京官补缺轮次表**（计一轮一周）

酌题，序补（资深，以考取分部补用学习小京官奏留后较资补用一人）；

酌题，序补（资深，以实缺八品录调部奏留以小京官事奏明以小京官用及用者较资补用一人）；

酌题，序补（劳绩）。

酌题之缺，除实缺丁忧服满旧例系题选统补者先尽拟补，无庸拟定正陪，不积酌题之缺外，无论何项候补人员，统行酌量才具，定拟正陪。序补之缺，除特旨指定部分特旨分部即用即补，及京察调部实缺之服满回避病痊假满开复奏留原衙门，并奉旨降补原部等项，照例先尽补用不积序补之缺外，轮用资深时，即以资深班序补。轮用劳绩时，先用遇缺，先前一人无人，将遇缺即补遇缺题升题补人员统较奉旨日期序补一人，再无人，将尽先题升题补及升用补用人员统较奉旨日期序补一人。如竟无此项人员，应过班，仍于第一序补班内较资补用一人。

至特旨分部行走，特旨以何官用呈请分部行走人员，俟期满奏留后，遇序补之缺，无论资深、劳绩，补过二缺后再遇序补之缺，统较奉旨日期先后插补一人，不积资劳绩、班次之缺。其中有早经奏留者，自应归候补资深班内。如资深到班在先，即按资深序补。如得有劳绩保奖者，遇劳绩到班在先，即按劳绩序补，不必拘定二缺后插用一人章程，转令向隅。

## 附列章程七条

— 本部拟定补缺轮次，均援照吏部前奏定各部郎中、员外郎、主事补缺轮次表，变通办理。

— 本部所设额缺，仍照现行章程，不分满汉，以归一律。

一 签分调用各员，奏留后以何官用，统归本班候补，无庸分为正途、捐纳，以归简易。
一 参议厅参事系新设之缺，前奏定官制章程，位正五品如遇有缺出，应比照郎中补缺，轮次办理，仍归一酌一序，不积郎中缺内。
一 七品小京官一项，从前各部向未设有专缺，亦无补缺章程，现比照主事补缺轮次，酌量办理。
一 本部奏调京外实缺候补人员，均按原官品级，改以对品相当官缺，归入候补班内，按奏留日期较资补用。其余各员，均照宪政编查馆奏定新章办理。
一 各项补缺轮次，章程奏定后，一律遵行。嗣后如有更改变通之处，应随时奏明办理。

## 度支部会奏设立财政学堂酌拟章程折并清单

### 要 目

第一章　设学总义

第二章　学额及入学资格

第三章　学课程度

第四章　教员及管理员

第五章　考试章程

第六章　学费及膳费

第七章　入学及退学

窃查前年三月十四日度支部奏厘订职掌折内声明拟设财政学堂，上年四月初三日，复经奏请拨给驯象所地基建造财政学堂各等因，均奉旨允准在案。现在该学堂将近竣工，亟应妥定章程，以便先期招考。惟是财政为专门之学，非普通各学，夙有门径兼习过各国语言文字未能究其精邃。光绪三十四年四月间，学部奏各项学堂停止招考一折，内开自本年六月为始，凡奏定学堂章程所定分科，大学、大学选科、大学实科高等学堂等学堂属于高等教育者，概不得招收未经中学堂毕业之学生等语，财政学堂既属高等教育，则入学程度自应以中学堂毕业生为限。但兴学伊始，各处中学多未届毕业之期，悬一格以相求，既不可以遽得，设多方以甄取，又有违夫定章。

臣等再四筹商，财政一门，原与实业相近，如银行、税务等科，皆有实业性质。拟仿实业学堂办法，于校中先设中等科，课以历史舆地算数语文理财等学，以植其基。三年毕业，然后升入高等科，俾肄财政各科及与财政有关系之法律、政治等学，以尽其蕴。仍以三年毕业。就一校之内为递升之阶，等级分明，秩然不紊。俟他日中学毕业人数已多，届期亦可招收，以谋普及。其已未服官之人，年力富强有志向学者，现当整理财政，需才孔亟，尤应广予甄陶，以资任使。拟于校中另设别科，专选京外候补候选人员及举人五贡学有根柢者，在堂肄习，迳课财政，各学三年毕业。如此办理，一则求速成之效，以应急需，一则循渐进之方，以期深造，于国家财政前途实有裨益。至奖励一项，中等科拟照中等实业学堂，高等科拟照高等实业学堂，分别给予奖励。别科应如何给奖之处，俟将来酌量情形，再行奏明请旨办理。谨将所拟财政学堂章程五十条缮具清单，恭呈御览。伏候钦定遵行。谨奏。宣统元年二月十四日奉旨：依议。钦此。

谨拟财政学堂章程缮具清单,恭呈御览。

## 第一章　设学总义

第一条　本学堂宗旨,在养成财政通材,务使研究学理,明体达用,足备任使,为第一义。分设中等科、高等科、别科。中等科课程,比照中等实业学堂章程,讲授外国语言文字及关于财政之普通学,学期三年毕业。后再入高等科。高等科学期三年。别科援照法致学堂别科办法,造就已入仕途及举贡人员,学期三年。

第二条　本学堂另设税务专科及银行讲习科,以养成税务、银行之实践人材,以备税务处及银行之任使。

## 第二章　学额及入学资格

第三条　中等科每年考选一百人,别科每年考选一百人,著为定额。税务专科暨银行讲习科,学额临时酌定。

第四条　别科学生须京外候补,候选人员及举贡年在三十以下,中学具有根柢,西学亦有门径者,经考试录取后,始准入学。

第五条　中等科学生,须年在十六岁以上二十五岁以下,品行端正,体质坚实,曾经高等小学毕业者,经考试录取后,始准入学。

第六条　高等科学生,由本学堂中等科毕业,升入各省中学堂毕业生,经考试录取后,始准入学。

## 第三章　学课程度

第七条　中等科应授各学课及每星期授业时刻如下:

第一年　　　　　　　　　　　　　　每星期钟点

人伦道德(摘讲经义)　　　　　　　　　二

| | |
|---|---|
| 中国文学（逢星期六作论） | 四 |
| 英文（文法） | 三 |
| 英文（课本） | 六 |
| 英文（作文） | 三 |
| 算学（初级代数，用英文课本） | 五 |
| 中国舆地 | 三 |
| 中国历史 | 三 |
| 体操 | 三 |
| 共计 | 三十二钟点 |

第二年　　　　　　　　　　　　　　每星期钟点

| | |
|---|---|
| 人伦道德（摘讲经义） | 二 |
| 中国文学（逢星期六作论） | 三 |
| 英文（修词法） | 六 |
| 英文（作文及讲读） | 六 |
| 算学（平几何、三角术，用英文课本） | 六 |
| 外国历史（用英文课本） | 三 |
| 外国舆地 | 三 |
| 体操 | 三 |
| 共计 | 三十二钟点 |

第三年　　　　　　　　　　　　　　每星期钟点

| | |
|---|---|
| 人伦道德（摘讲经义） | 二 |
| 中国文学（逢星期六作论） | 三 |
| 英文（赋记解辨） | 六 |
| 英文（作文） | 三 |
| 算学（高级代数、析解几何、微积，用英文课本） | 六 |
| 理化（物理及化学） | 三 |

政治通论（用英文课本）　　　　　　　　　　三
　　理财能论（用英文课本）　　　　　　　　　　三
　　体操　　　　　　　　　　　　　　　　　　　三
　　共计　　　　　　　　　　　　　　　　三十二钟点
**第八条**　高等科应授各学课及每星期授业时刻如下：
　　第一年　　　　　　　　　　　　　　　每星期钟点
　　　人伦道德　　　　　　　　　　　　　　　　一
　　　中国文学　　　　　　　　　　　　　　　　二
　　　宪法　　　　　　　　　　　　　　　　　　二
　　　行政法　　　　　　　　　　　　　　　　　二
　　　高等理财原论　　　　　　　　　　　　　　三
　　　理财史　　　　　　　　　　　　　　　　　三
　　　财政学总义　　　　　　　　　　　　　　　五
　　　各国财政史　　　　　　　　　　　　　　　三
　　　簿记学　　　　　　　　　　　　　　　　　三
　　　统计学　　　　　　　　　　　　　　　　　四
　　　共计　　　　　　　　　　　　　　　二十八钟点
　　第二年　　　　　　　　　　　　　　　每星期钟点
　　　人伦道德　　　　　　　　　　　　　　　　一
　　　民法　　　　　　　　　　　　　　　　　　三
　　　商法　　　　　　　　　　　　　　　　　　三
　　　赋税总义　　　　　　　　　　　　　　　　二
　　　关税论　　　　　　　　　　　　　　　　　二
　　　国债论　　　　　　　　　　　　　　　　　二
　　　预算决算论　　　　　　　　　　　　　　　二

　　　　银行学（学理、历史、实习）　　　　　　　　　　　　九

　　　　中国财政历史及历代币制　　　　　　　　　　　　　四

　　　　共计　　　　　　　　　　　　　　　　　　　二十八钟点

　第三年　　　　　　　　　　　　　　　　　　　每星期钟点

　　　　人伦道德　　　　　　　　　　　　　　　　　　　　一

　　　　刑法　　　　　　　　　　　　　　　　　　　　　　二

　　　　国际公法　　　　　　　　　　　　　　　　　　　　三

　　　　国际私法　　　　　　　　　　　　　　　　　　　　三

　　　　各国银行律　　　　　　　　　　　　　　　　　　　四

　　　　各国税律　　　　　　　　　　　　　　　　　　　　四

　　　　中国现行银行则例及各项税章　　　　　　　　　　　三

　　　　货币学　　　　　　　　　　　　　　　　　　　　　四

　　　　理财学史　　　　　　　　　　　　　　　　　　　　二

　　　　理财学实习　　　　　　　　　　　　　　　　　　　二

　　　　共计　　　　　　　　　　　　　　　　　　　二十八钟点

第九条　别科应授各学课及每星期授业时刻如下：

　第一年　　　　　　　　　　　　　　　　　　　每星期钟点

　　　　人伦道德　　　　　　　　　　　　　　　　　　　　一

　　　　法学通论　　　　　　　　　　　　　　　　　　　　二

　　　　宪法　　　　　　　　　　　　　　　　　　　　　　二

　　　　政法泛论　　　　　　　　　　　　　　　　　　　　二

　　　　理财通论　　　　　　　　　　　　　　　　　　　　四

　　　　财政学总义　　　　　　　　　　　　　　　　　　　三

　　　　中国财政史　　　　　　　　　　　　　　　　　　　三

　　　　各国历史　　　　　　　　　　　　　　　　　　　　三

| | |
|---|---|
| 地理学 | 二 |
| 算术 | 三 |
| 日本文 | 四 |
| 共计 | 二十九钟点 |

| 第二年 | 每星期钟点 |
|---|---|
| 人伦道德 | 一 |
| 行政法 | 二 |
| 民法 | 三 |
| 赋税论 | 四 |
| 货币学 | 四 |
| 各国财政史 | 三 |
| 理财史 | 四 |
| 中国历代币制 | 一 |
| 算学（几何、代数） | 三 |
| 簿记学 | 二 |
| 日本文 | 二 |
| 共计 | 二十九钟点 |

| 第三年 | 每星期钟点 |
|---|---|
| 人伦道德 | 一 |
| 商法 | 二 |
| 刑法 | 二 |
| 国际公法 | 二 |
| 国际私法 | 二 |
| 银行学（附各国银行律大纲） | 五 |

| 国债论 | 二 |
| --- | --- |
| 关税论 | 二 |
| 中国现行银行则例及各项税章 | 二 |
| 理财学史 | 二 |
| 统计学 | 三 |
| 三角术 | 二 |
| 日本文 | 二 |
| 共计 | 二十九钟点 |

**第十条** 税务专科应授各学课及每星期授业时刻,临时另拟。

**第十一条** 银行讲习科应授各学课及每星期授业时刻,临时另拟。

## 第四章 教员及管理员

**第十二条** 本学堂应设教员管理员如下:

监督一员;教务长一员;庶务长一员;斋务长一员;教员若干员;监学员三员;掌书员一员;文案员一员;会计员一员;杂务员一员;检察员一员。

教员因与学生多寡功课繁简均有关系,应俟临时酌定。

**第十三条** 以上各员,除监督由度支部奏派外,教务长、庶务长、斋务长由监督开单,由部点派。教员由监督会同教务长量材延聘。

**第十四条** 以上各员,除监督、教务长外,其余各员或专任、兼充,可视事务之繁简,临时斟酌办理。

**第十五条** 监督统辖各员,主持全堂一切事务,并得妥定详细规则,随时由部核定。

**第十六条** 教务长秉承监督,管理全堂学课,稽核各教员教法及各学生学业勤惰优劣。教员、监学员、掌书员皆属之。遇有堂中应办要事,随时与监督商办。

第十七条　各教员分任学科按程讲授,有实施教育之责。无论本国人、外国人,均当随时与教务长商定教法,并一并归监督节制。

第十八条　监学员秉承教务长,专管关于学生入学、退学、考试及讲堂上课一切事务。

第十九条　掌书员秉承教务长,专管图书品物标本收发存储一切事务。

第二十条　庶务长秉承监督,管理堂中一切庶务。文案员、会计员、杂务员皆属之。

第二十一条　文案员秉承庶务长,专掌本堂文报公牍。

第二十二条　会计员秉承庶务长,专掌本堂银钱出纳豫算决算。

第二十三条　杂务员秉承庶务长,经理本堂厨役人房屋器具,及文案会计职掌外一切杂务。

第二十四条　斋务长秉承监督,专管考验学生品行及寄宿舍一切事务。

第二十五条　检察员秉承斋务长,稽察学生出入及一切起居勤惰,并本学堂卫生及各学生疾病事宜。

## 第五章　考试章程

第二十六条　本学堂各科学生所习功课,分为三种考试,以定其学级程度之高下:一曰学期考试;一曰学年考试;一曰毕业考试。

第二十七条　学期考试,每半年应就所已习之功课分门考试一次。

第二十八条　学年考试,每届学年之终,分门考试一次。学年考试分数与学期考试分数平均满六十分者,始准升班。其不满六十分者,仍留原级补习。

第二十九条　各科学年考试分数既定,酌取前列数名为优待生,由监督分别奖励如下:

一　免次年全年或半年学费、膳费；　一　受相当之奖赏品。

第三十条　各科平定分数,均按照学部所定各学堂考试章程办理。

第三十一条　各科毕业考试及格者,一律授与毕业文凭。所有中等科毕业生应比照中等实业学堂、高等科毕业生应比照高等实业学堂奖励章程办理。别科毕业生,俟将来毕业时酌量情形,分别奏请,给予奖励。

第三十二条　每次考试,除科学分数外,另记品行分数,由监督教务长、斋务长、教习、监学、检察等员随时考察,其分数并入人伦道德科分数计算。

第三十三条　如旷课太久者,应即就所旷之学科核扣考试分数。其一学期或一年未请假、未记过者,分别加增分数。

第三十四条　品学分数册,各教员及监学员、检察员各置一本,随时稽察登记。

第三十五条　监督、教务长及斋务长应置功课总分数册、品学总分数册,将各教员及监学员、检察员所呈分数汇总记入。

第三十六条　凡考试不准规避。违者,记过一次。

第三十七条　考试时,学生除自携笔墨外,堂中备有试卷草稿纸。学生不得携带书籍、讲义。违者,记过一次。

第三十八条　凡考试,学生未经交卷不准出堂,亦不准互相谈话、传递纸笔、随意走动。违者,记过一次。

## 第六章　学费及膳费

第三十九条　各科学生,每月缴学费两元。均三个月合缴一次,一年分四期,于二、五、八、十一月初五日以前缴纳。

第四十条　各科学生务于前条所定期限内,将学费缴纳清楚。倘遇期不缴,积欠至二学期以上者,由监督查明,应令退学。

第四十一条　各科学生有愿住本学堂寄宿舍者,每人每月应缴膳费四元,按第三十九条所定限期缴纳。倘有积欠,亦照第四十条办理。

第四十二条　其不住宿,仅就本学堂午膳,每人每月应缴膳费两元,缴纳期限及追缴积欠与第三十九条、第四十条一律办理。膳费每年以十一个月计算,五月初旬只缴两个月膳费。

第四十三条　各科学生已缴学费、膳费而中途因事退学者,其余款概不退还。

## 第七章　入学及退学

第四十四条　各科学生于入学之期,每年一次,于年假前定期招考录取者,一律于年假后入学肄业。

第四十五条　各科学生于入学之前,须觅取住居京师确实可靠之保证人出具保证书,呈送本学堂后,始准入学。

第四十六条　前条保证人,凡关于学生一切事务均有保证之责任。如保证人遇有迁居外省或别项事故,须另觅保证人。

第四十七条　别科学生人数不满定额时,须于开学前考取程度相当者,编入各班随同肄业。

第四十八条　各科学生如中途遇有疾病或其它不得已事故必须退学者,须陈明实在情形。俟监督许可后,始得退学。

第四十九条　各科学生有遇以下各事,由监督核定,令其退学:
　　一　品行不端;二　荒废学业;三　不遵本学堂章程命令;

四　沾染嗜好；五　学业不进，无可造就者；六　二学期以上不缴学费或膳费者。

第五十条　本章程如有应行修改之时，由监督会同教务长、庶务长、斋务长斟酌拟定，由部核准施行。

## ●●礼部会奏议覆御史俾寿奏请严定朝贺行礼章程折

光绪三十四年十二月初七日军机大臣钦奉谕旨：御史俾寿奏嗣后遇有祭祀及朝贺大典拟请严订陪祀及行礼各章程一折，著该衙门议奏。钦此。钦遵，钞出到部。礼部查乾隆五十四年（1789年）奉上谕：向来遇升殿行礼，都察院堂官俱在殿上西边站立，而丹墀下，仪仗前，分上中下三段，共设纠仪御史六员，不足周览管摄。今思丹陛上不过王公数人，大学士都察院堂官耳目较近，尽敷纠察仪文，自能整肃。而丹陛下行礼人员较为众多，自非御史六人所能稽察周到。嗣后著于都察院堂官内轮往二人在头层品级山两旁站立督率，再于每品正从东西，不拘满汉科道各派一员专司弹压。科道员数较多，每次止用三十六员，尽为宽裕，于朕未升殿以前，著在品级山两旁向上按班分立，届时留心稽核。如行礼人员有越班不齐者，既可随时指示，而于错误不遵者，亦无难指名纠劾，更足以昭体制，而肃朝仪。著为令。钦此。

又，例开监礼满洲御史二员立于西檐第三柱，东面北上满洲御史四员，礼部满洲司官二员立于丹陛上，近南都察院堂官二员立于头层品级山两旁，满洲科道、汉科道共三十六员立于品级山，每品正从东西，俱向上按班分立，礼部满洲司官、汉司官共四员，立于丹墀之南太和门东西阶下两旁、仪仗内品级山之末，东西签立。又，满洲御史、汉御史共四员，礼部满洲司官、汉司官共四员，侍卫四员，分立于昭德门阶下之左、贞度门阶下之右，东西向，朝班各官有越次私语，或互相背坐及先自起散，无故踰越御道者，即指与侍卫，立拿指名题参，又领侍卫内大臣处咨准。大朝常朝如有越班行走者，应由在品级山押班科道指交两处阶下御史司官侍卫等暂时看守，听都察院堂官自行参办。

又，恭遇皇上升殿，各衙门豫造官员名册，送礼部及都察院稽察。至期，礼部及都察院各委官于左右掖门外收职名，有无故不到及不亲递职名者，会疏题参。惟侍班前引监礼及有执事各官例应先入者，毋庸投递职名。

又，恭遇皇上升殿，王以下公以上止用护卫内一人携坐褥，内监均毋庸随从，值班护军统领严行稽察，违者奏参各等语。除该御史原奏内称每遇坛庙祭祀，执事各官既不免拥挤喧哗，而陪祀人员到班行礼者亦复为数寥寥一节，已由礼部于议覆御史江春霖等折内另行会议具奏外，至原奏内称遇朝贺时，各部院官员在品级山前行礼者，亦皆不按品级班次，任意拥挤。甚且以六七八品人员混行列入一二品班次内行礼，并时有闲散人等擅行混入拥挤一节。查朝贺典礼定例綦严，弹压纠劾，本有专责，日久玩生，诚恐不免。拟自此次申令后，行礼各员，皆须各按班次。倘仍有拥挤越次及闲散人等擅行混入者，即由押班科道及值班护军统领照例办理。又，原奏内称，向例都察院及吏部、礼部均有接收职名之责，乃近来吏、礼二部接收职名等员，率皆委之皂役，而呈递职名各官亦皆不由本员自行呈递，以致递职名之事率皆视为具文一节。查凡遇朝贺大典，向均派员接收职名，拟请嗣后由各该衙门照例先将行礼人员衔名造册，分送礼部及都察院，届期亲身呈递职名，并严饬派出之员亲自接收，按册查核。如有无故不到及不亲递职名者,即照例会同都察院奏参。又,原奏内称,应由礼部先行派遣妥员,按照品级班次分别带领鱼贯而入接班行礼,仍由都察院遣派御史认真监查,倘有拥挤扰乱等项情事,一经查出,即应将礼部带班人员一并查参一节。查礼部序班官职掌仅止序,其班联倘有拥挤扰乱等事,自应仍由押班科道遵照乾隆五十四年谕旨认真办理。谨奏。宣统元年二月十五日奉旨:依议。钦此。

## ●●宪政编查馆通行各省刊印答复询问咨议局章程分咨备考文<sub>宣统元年(1909年)正月</sub>

光绪三十四年七月十七日,本馆通行奏定咨议局章程文内声明,咨议局关系重要,选举事宜尤属创办,此次所订章程头绪繁多,条文细密,各省如有疑义应随时咨询本馆,以便详为解释,俾免歧误等因。嗣据各省陆续咨电询问各项疑义,业经本馆随时答复,各在案。查此项答覆各省自应一律按照通用,免涉纷歧。兹特刊印成本,分咨各省,以备参考。嗣后续有答覆,仍随时通知,相应咨行,贵查照通饬遵办可也。

## ●●又咨各省调查事件应随时编订送馆不必待统计表式文<sub>宣统元年(1909年)正月</sub>

光绪三十四年十二月初三日,准东三省总督、奉天巡抚咨开省城设立调查局开办情形,前经咨明在案。现据司道及府厅州县各衙门呈报统计处,均已次第成立。惟未奉到颁发表式,所有调查各事无从填报,咨请速将表式颁发等因。查本馆奏定各省调查局办事章程第十条,凡调查局调查所得之件,应按类编订,呈由本省督抚咨送本馆,第十二条统计事项按照本馆所定表式饬各衙门添设统计处,分别列表汇送调查局各等语。是调查事件与统计事件应分两项办理,统计所办事宜应候本馆颁定表式,而调查所得事件本兼法制、统计两项在内,应即随时按类编订,咨送本馆,不必尽待表式。且统计事件亦须以调查事实为先务,现准各部先后送至表册,均系照此办理。除督饬馆员先将核定统计表式克日奏请颁行外,诚恐各省调查局调查事件或有停待稽延,合即通咨照办,以符原章,而免误会。除咨覆外,相应咨明,贵督抚查照办理可也。

大清宣统新法令第一册终

# 补　遗[①]

## ●●外务部咨各省税务处设立嗣后关系税务事宜应直接办理文 光绪三十二年(1906年)六月

光绪三十二年六月初二日，接准税务大臣咨称本大臣等恭奉谕旨办理税务。查各关税务，向来分隶贵部，现本大臣等已遵旨设立税务处，即以六月初二日开办之日为始，嗣后各关事务，除牵及交涉仍由贵部核办外，其余关系税务以及总税务司申呈册报各事宜，应径达本处核办，相应咨呈查照，转饬遵照等因。前来本部查现在税务既有专辖，嗣后所有关系税务及各关申呈册报各事宜，自应径达税务处核办，相应咨行，贵督抚查照饬遵可也。

## ●●外务部咨南北洋和国及印度属地升炮处所请查照文 光绪三十二年(1906年)六月

六月十四日，接准和欧使照，称现奉本国外部大臣来函，饬将本国暨东西印度属地各海口遇有外国兵船入口施放敬炮地名清单转送贵部，即希转饬知悉等因。前来相应照录英文地名清单一纸，咨送贵大臣查照转饬备案可也。

---

[①] 原书为"大清新法令补遗"，为统一起见，故简化之。

## ●●外务部咨驻美使臣华人由别国赴美驻扎各国华使及领事官有权给照希知照美政府备案文 光绪三十二年(1906年)六月

光绪三十二年五月二十六日,接准咨称禁外各项华人赴美由中国出口,应由各海关监督等官发给护照,惟此项华人赴美由别国出口者,应由何项官员发给执照,迄未指定。昨准美外部来文,请将禁外华人由别国来美应由何项官员给照早日指定通告各处,以便凭认。本大臣当与议定办法,应由中国驻扎公使,或代办公使,或总领事,或领事官,按照美例第六款执照款式,详细填给,送交美国公使或领事官签印,即作例准来美之据。其无中国公使领事地方,即由美国公使领事按例给发。所有前项官员授权给照缘由,应由外务部照会驻京美使归报政府,并由外务部咨行驻美华使,照会美外部转行工商部立案,理合备文。咨请将中国驻扎各国公使领事业经授权准发此项护照缘由,照会柔使,咨行各驻使札,饬各领事一体查照办理等因。前来除由本部照会驻京美使,并抄录护照款式通行驻扎各国华使,暨领事官查照办理外,相应咨覆贵大臣照会美政府备案可也。

## ●●陆军部附奏驻扎各国使馆请准添设武随员片

再,查练兵处移交卷内八月初七日准军机处抄交出使大臣刘式训（1868—？）奏请由练兵处派员分驻各馆片，奉①朱批：练兵处议奏。钦此。原奏内称，欧美各大国使馆皆设武随员，由兵部拣派，附列出使人员，得享外交官优异权利。藉以考查，军备遇大操即派令随同阅历练兵处创练新军，厘定全国兵制，在在均资考求。自光绪三十年北洋副将王治国、涂芳兰派来法阅操后，法政府每年援案请派拟由练兵处酌筹经费，拣派副将以下通晓西文之员分驻各馆，充当武随员，以一员兼英法，以一员兼俄德，而美日各置一员，平时讲求军政，遇有大操派令赴阅，似于军政外交有裨等语。查各国使馆设有武随员，系令历练军事，联络邦交，原奏拟仿照各国办法，请由练兵处筹费拣派，甚有见地，应请照准。

虽现在深通海陆军事人员颇难其选，惟此事为中国万不可缓之举，拟由臣等广为搜罗，慎加选择，并酌察其宜于何国者，分别遴派，以期熟悉情形，有裨考察。拟俟奉旨俞允后，由臣等遵即慎选相当之员，奏明派往，应需经费先由臣部筹垫，再咨行度支部，在出使经费项下酌拨使馆武随员常年经费数目，以资应用。谨奏。光绪三十二年十一月二十六日奉旨：依议。钦此。

## ●●外务部咨送各省各口领事表式希饬分别填写文 光绪三十二年（1906年）十二月

查驻札各口，各国领事向由各省按季造册咨报。惟各处造报未能一律。现由本部刻印表式，统行调查，以便稽核。兹将各口领事表各一分，咨行贵大臣转饬该管官员将所有驻札该省各国领事姓名，及

---

① 原书为"奏"，系排版之误。

到本任署任年月分别按表填写，并附注洋文姓名，限文到一月迅速声复。嗣后即照刊表式填写，按季提前具报，毋庸另造清册，并不得迟延逾期，是为至要。

## ●●湖南巡抚岑春蓂奏遵旨增设巡警道缺请遴员试署折

窃臣承准总司核定官制考察政治王大臣咨光绪三十三年五月二十七日具奏续定直省官制一折，本日内阁奉上谕：朕钦奉慈禧端佑康颐昭豫庄诚寿恭钦献崇熙皇太后懿旨，各省官制前经谕令总核王大臣接续编订，妥核具奏。兹据庆亲王奕劻等奏称各省按察使拟改为提法使，并增设巡警、劝业道缺，裁撤分守分巡各道，酌留兵备道，及分设审判厅增易佐治员各节，应即次第施行。如实有与各省情形不同者，准由该督抚酌量变通奏明请旨等因。钦此。仰见朝廷因时制宜振兴庶政之至意。

臣伏查湖南民俗强悍，伏莽素多，巡警道一缺专管各省巡警、消防、户籍、营缮、卫生事务，关系民生利害，在湘省尤不可缓。今既经王大臣奏明由督抚察度情形请旨办理，亟应遵办筹设，以专责成。惟新设之缺，经营伊始，事事均关紧要，必须体用兼备熟悉情形之员方能胜任。

臣于候补道员中详加遴选，查有湖南补用道赖承裕，现年六十四岁，福建侯官县人，由监生遵筹饷例报捐通判指发湖南试用，于克复贵州施洞口等处案内保归候补班遇缺前先补用，同治十一年（1872年）八月到省；光绪元年（1875年）六月准补辰州府通判，二年二月到任；七年二月丁父忧卸事，九年五月服满起复，十一年六月到省；十三年八月署理岳州府通判；十四年四月准补是缺；十六年六月委办海运京米卸事，十七年六月回任；十八年于海运出力案内奏保以直隶州知州在任候补，是年举行大计保荐卓异；十九年于江苏赈捐案内奖叙花翎；二十一年二月裁缺卸事，二十二年补新设南洲直隶厅通判，历经调署浏阳、长沙、邵阳等县知县；二十五年于劝办赈捐案内出力，保俟补直隶州后以知府用；二十六年四月到南洲厅任；二十七年九月丁母忧卸事，二十九年十二月服满起复回省；三十一年六月代理长沙府知府，八月卸事于筹办；二十六、七两年本省灾赈案内保以知府仍留原省补用；三十二年于援剿广西并边防在事出力案内，保俟得缺后以道员尽先补用，嗣于办理洋务出力案内保以道员留省补用，经吏部核议，改为俟离知府任归道员班后加二品衔；三十三年于剿办浏醴会匪、筹备饷械、赞画戎机在事出力，奏保免补知府以道员仍留原省归候补班补用，奉旨"照准在案"。

该员才长心细，明练勤能，仕湘三十余年，于地方情形极为熟悉，从前历任厅县，勤恤民隐，卓著政声、缉捕、保卫等事，尤能切实办理，措置裕如。近年举行新政，悉心筹措深资臂助洵湘省最为出色之员，现增设巡警道缺，非得此通达治体人员难期就理，合无仰恳天恩，俯准将湖南补用道赖承裕试署巡警道缺，俟一年以后察看成绩可观，再行奏请，实授该员系候补道员。现请试署新设巡警道缺系属为地择人应请，俟奏请实授时再行送部引见，以符定例。如蒙俞允，实于湘省巡警大有裨益。至应设属员分科治事，应俟民政部订定细则，再行查照办理。除分咨吏部民政部查照外，理合会同湖广总督臣赵尔巽恭折具陈。谨奏。光绪三十四年二月二十一日奉朱批：著照所请，该部知道。钦此。

## 湖南巡抚岑春蓂奏遵旨增设劝业道缺请遴员试署折

窃承总司核定官制考察政治王大臣咨光绪三十三年五月二十七日具奏续定直省官制一折,本日内阁奉上谕:朕钦奉慈禧端佑康颐昭豫庄诚寿恭钦献崇熙皇太后懿旨,各直省官制前经谕令总核王大臣接续编订妥核具奏,兹据庆亲王奕劻等奏称,各省按察使拟改为提法使,并增设巡警、劝业道缺,裁撤分守、分巡各道,酌留兵备道,及分设审判厅增易佐治员各节,应即次第施行。如实有与各省情形不同者,准由该督抚酌量变通奏明请旨等因。钦此。仰见朝廷振兴百度、期臻富强之至意。

窃思湖南,上通黔粤,下达汉江,山岭丛杂,矿产富饶,常德、湘潭各埠,尤为商务荟萃之区。近年绅商讲求实业,民智日开,自应设立劝业专官,以资督率,而收实效。查劝业道一缺,专管全省农工商业及各项交通事务,所关非细,且当创设之始,非有稳练勤恳通达治体之员难期胜任。

臣于湖南道员中逐加遴选,查有军机处存记道沈祖燕,现年四十七岁,浙江萧山县人,由光绪乙酉科优贡中式,是科本省乡试举人己丑科会试贡士引见,奉旨"以内阁中书用",五月十六日到阁行走,旋丁父忧回籍;十八年十月服满起复,呈请改以知县选用指省江苏归进士截取班补用;十九年三月领照到省,十二月丁母忧回籍;二十二年三月服满在京起复领照回省,七月经前任河东河道总督任道镕保荐人才案内以该员学问渊博、器识深稳、洵为循良之选,奏奉朱批"著交吏部带领引见。钦此";二十三年六月请咨赴部引见奉旨"著交军机处存记";二十六年以前办海运出力,保俟补缺后以直隶州知州用,历经委署常熟、崇明等县篆务;二十七年捐升道员指分湖南试用;二十八年请咨赴京,因湖南停止分发在部呈请改发福建,并在山东赈捐局报捐花翎,由吏部带领引见奉旨"著照例发往。钦此",呈请军机处将前次保案改归道员班内注册存记领照到省;二十九年在江苏劝捐助饷出力,保加二品衔,六月在山东工赈局捐离原省仍改指湖南补用,十月到省历经委办矿务公司总监督并官矿处及官钱局等差。

该员学裕才优,廉明笃实,任事勤奋,劳瘁不辞,于民生利弊商务工业均能因地因时留心研究,以之请署劝业道缺,洵堪胜任,合无仰恳天恩,俯准将该员沈祖燕试署湖南新设劝业道缺,实于地方大有裨益。如蒙俞允,该员系军机处存记候补道员请署道篆衔缺相当,毋庸送部引见。俟一年后察看成效可观,再行奏请实授。其应设属员分科治事,俟农工商部、邮传部详订细则,再行查照办理。所有遴员请署新设劝业道缺缘由,除分咨吏部农工商部、邮传部查照外,理合会同湖广总督臣赵尔巽恭折具奏。谨奏。光绪三十四年二月二十一日奉朱批:著照所请,该部知道。钦此。

# 第二册

## ●●上谕

**上谕二月二十四日** 禁烟一事,乃今日自强实政教养大端,于卫生足民、兴地利、塞漏卮各节,皆有极大关系。万国属目,赞助同殷,特是禁吸禁种及筹款抵补洋土药税厘三事相为表里。倘一端办理不力,则其二端不免牵制观望,恐限满仍难收效。比年以来,虽迭经禁烟大臣暨各省督抚将沾染嗜好各官查验参处,然玩违欺饰者仍复,实繁有徒。至各省种烟地亩初定章程,本限十年递减,嗣据云南、四川、山西、直隶、黑龙江等省奏请该省于一年内全行禁种,任事颇属奋往。惟究竟各省禁种是否一律认真,地方官能否于禁种鸦片之外劝种有益衣食各项植物,俾令小民乐从。

至此项税厘关系军饷大宗,近据度支部奏请酌加各省盐价以为抵补,此项税厘之策当经允行。惟盐斤加价,合计逾四五百万,不敷倘多,朝廷求治维殷,既愤国民积弱之难振,复虑友邦期望之难副。言念及此,宵旰忧焦,特此再行申谕:

禁吸一事,文武职官责之禁烟大臣及京外各衙门长官务须认真纠察,不得徇情避怨,各营兵夫各学堂师生责之,该管长官尤须立即严行禁绝。至于商民人等,责之民政部暨各省督抚、顺天府尹及管理地方之将军都统等,亦须多访良方,设局施药,励其廉耻,酌采东西各国办法，设法减瘾，由少而无，期于比户可封而后已。

其禁种一事，亦责之各省督抚、顺天府尹及管理地方之将军都统等，酌量本省情形，督饬所属认真禁拔，相其土宜，改莠为良，定当考其成绩，优予奖擢，并由民政部查核。

其抵补税厘一事，责之度支部悉心擘画，此时筹款诚艰，要当权其利害轻重，多方筹集，迅速举行。各省督抚如有抵补良策，亦著奏陈备采，俾查禁者不至瞻顾进款，因循寡效。

国家财用虽绌，岂恃此酖酒漏脯以救饥渴，而不为吾民除此巨害耶？似此各分权限，各专责成，不得互相推诿，务须各尽乃职，相助为理，以弼成朝廷利用厚生之盛治。京外各衙门接奉此旨后，各将该衙门如何办法自行切实覆奏。钦此。

上谕二月三十日　度支部奏酌拟清理财政处各项章程一折。清理财政为预备立宪第一要政，各省监理官又为清理财政第一关键。所有正监理官，著该部自丞参以下开单请简，俾昭慎重；其副监理官，著即由该部奏派。余依议，单并发。钦此。

# ●●宪政编查馆奏拟定民政财政统计表式酌举例要折

窃维统计之法，由来最古。《周官》：岁计曰会，月计曰要，日计曰成。司会考岁成，以知四国之治；司徒颁比法，以受三年之要。其余各官言会政致事者甚多，而王制亦言大司徒、大司马、大司空，以百官之成质于天子。虽其成式不传，而郑重统计之意，要可概见。汉令郡国上计，唐令州县报最，至今每届岁终，内外衙门犹有汇奏户口城隍钱粮仓谷之事，此皆关系民政财政大端，古今典章未尝不合，特以日久相沿，簿书期会习为故常，只视为报政之虚文，遂失其立法之本意。

臣馆遵旨设立统计局，奏定办事章程，并由各部院分设统计处，各省分设调查局，搜辑各种事项汇齐办理。钦奉上谕：统计一项，照该馆所定表式详细胪列，按期咨报，以备刊行统计年鉴之用等因。仰见朝廷综核庶政实事求是之至意。现各部院所设统计处暨各省所设调查局，业经先后奏明成立，并据民政部等衙门咨送表册到馆，臣等督同馆员详加复核，虽法理尚待精研，而事实足资参考，义例宜加审别，而搜辑已得端倪。

伏查东西各国所以刊行统计之意，非徒磨勘帐籍绘演算式而已，将以研究国家之势力、人民之情状，察其消长进退之原，以为比较设施之准也。惟其关系重要，故列为科学一门。中国疆域广袤，民物殷阗，政治宽大，而相习为阔疏，交通艰阻，而遂成为隔阂州县之事。督抚不尽知督抚之事，部院不尽晓创办统计之初势，难一一赅悉。而委曲繁重尤莫甚于民政、财政两门：民政以清查户口为最难，财政以清理款目为最要。方今积习相仍，编审既虞纷扰，报销尽属通融，检门牌则户户有脱漏之人，查库簿则处处有参差之数，一端已不可究，诘况关乎全体之繁？

是以逐年筹备事宜，首以此为宪政之初基、开宗之先务。今则清查户口章程，清理财政章程，民政部、度支部均已奏定通行，既有审端致力之方，自有循序进行之效。所有统计事项，自宜一并从此入手，以期相辅相成。臣等谨督馆员参考中西，斟酌义类，拟订统计总例十有四条。又为民政统计部表七十有六、省表七十有二，财政统计部表九十、省表八十有八，并将所以立表之意、填表之法，各于表后系以解说。又以财政头绪纠纷，别为举要十有二条，疏通证明，以见新理之发明皆出旧章之蕴蓄，中外古今同条共贯。惟是格式虽贵周详，而事实每多迁变,往往例由事起,而事与时移。此次所拟表式,不过取法乎椎轮,并非遽悬为准的。将来内外报告之后,尚须删繁提要,逐一改修。各该主管衙门职任既专推寻必细,如有节目应加增补之处,不妨变通填报,但期经纬之分明,自见循途而合辙。

　　日本刊行统计年鉴至今二十余次,宏纲细目,屡有更移,可为前证。谨将例要解说缮具清单,连同表式,恭呈御览,伏候钦定颁行。所有表中应开事项,概以光绪三十三年为始,事必征前,而体必务实,藉资比较而免推延。拟请饬下内外各衙门,自此次奉旨文到日起统限半年内,务各查照表式例要,逐一确实迅速填报咨覆。臣馆以备查核,不得粉饰稽延,以重要政,而严定限。其余各种表式,即由臣馆赶紧接续编订,奏请颁行。谨奏。宣统元年二月二十日奉旨:著依议。钦此。

## ●●又奏定统计表总例

一　古无统计之名,而有统计之法。《禹贡》《周官》流传最久。汉张苍主郡国上计,尤为显证。《史表》剏自马迁,而表体仿自周谱。统计必以表式行之,盖取考校简明之意。今以统计而兼调查,并非全袭西文,亦是阐明旧法。

二　统计事项,自部院以至外省,一切政治无所不包。惟部表、省表其体质各有所宜,其格式不能无别。州县乡镇为政治之所由起,即统计之所由生,尤应分定表式,颁由督抚通行各属一体遵行。

三　统计以年鉴为名,亦古史编年之一体,断限不可不清,登记不可不备。今以光绪三十三年为断,为第一次统计之期,以示标准,而昭画一。至各国会计年度不必尽从正月起算,中国向有年终奏报之例,而钱粮销限亦复不同。惟在本届刱办之初,首尾时期尚难确定,只能按照年分自正月至十二月以为起讫,俟后改定年度,再行分饬照办。

四　统计门类各国不同,惟各部为政事总汇之区,最可为门类区分之准。而每类立表之多寡,即随各部统事之繁简以为衡。其有联属管理之端,应有参互考证之事,如官职隶于吏部而俸禄分掌度支,制造隶于工商而路电分归邮传,义无偏废,责有专司,依类分门,务期详密。

五　门类之中有纲有目,总表分表之外又有总中之总、分中之分,一气相生,不容舛异。如由县而汇于省,由省而复汇于部,则省为总表,而部乃总中之总也。由省而析为县,由县而复析为乡,则县为分表而乡乃分中之分也。由此类推,纲目繁多,表式不必尽具,应由各部各省触类旁通,不得以表式所无,遂多漏略。

六　统计虽凭学理,要必根据事实。现当预备立宪之时,因仍旧贯之中,亦各兼参新法,有各国所有而中国不必备者,有各国所无而中国不可缺者,为刱为因,均宜斟酌。如疆域之经纬、道里户口之增减死生等项,虽一时测量清查,未能精核,而统计必不可少,即表式必不能无,自应赶速分查,先填梗概,以期由略而详、由粗而细。

七　统计以核实为要义,如计远近则须里步分明,计出纳则必数目符合,方能事皆翔实,词非蹈空。向来各省例报册案,久已视同故事,文具徒存。此次办理统计,乃系新政第一要务,与寻常例牍不同,不得捏饰迁延,稍仍相沿,积习致烦驳诘。

八　统计之法,必有比较,乃有竞争。惟中国地广政繁,开办之初,调查一年事实已恐艰,于著手再令通查,比较必致混淆推诿,莫与观成。兹特从三十三年先行办起,基础既立,以后逐年考校,庶易为功。间有一二表式开列数年，皆其易知易行，不得藉此推展。

九　表内格式以纵为经、以横为纬，大抵不外分地、分事、分期、分款四者而已。其有一事而经纬互行，各有取材，并非重复间存空式，以备变通。如有一表不能尽注，则分两表、三表或用连篇展接，均无不可。

十　表中名词皆系官书通用，易于解识。惟旧制新章，各省更改未能一律。如审判厅、巡警道等，有已设者，有未设者，表中兼列二名，以备分注。又有本年业经更改，而三十三年尚沿旧制者，应仍照旧分填，另于备考声明，以期清晰而昭实在。

十一　统计概按一年一报，如有特别事项，随时行查报告，不拘此限。其各省州县局所通报督抚事件，有应按月按季具报者，另由督抚自行酌定，通饬遵办。现查三十三年事实大致均应通报有案，虽新旧式有不同，而已过之事复查亦易，应自奉到表式之日起限半年内，依式填报，咨送到馆，不得迟逾。即有必须行查州县补报之处，只准展限一月，一律齐集，不准再延。

十二　填注表式之法，恐有误会，均经按表另加解说，以便各省照办。如有疑义，仍未明晰之处，准其随时列款咨询，或由各省调查局径请核示，均无不可。至各省填送表式，如有沿用名词不甚明显者，均各查明案据，另加注释，记于表中备考之下，以免往返行查之烦。

十三　表式大小，必须一律整齐。现定表纸，长以营造尺一尺二寸为准，宽以营造尺九寸为准。至表内纵横格式，可单可复，可增可减，不拘一格。填注字数繁多，纵格不足，则以横格展宽。横格不足，则以纵格放长，务以详尽为断。惟于纸式尺寸不得擅改。

十四　表中填用数目，计银以两为单位，计重以石为单位。其有分表应记细数者，另于表中旁注单位名目，仍于两石之下加点作记，以示区别，而免淆误。如二千五百三十四两六钱八分，则作二五三四两六八分，五千四百六十三石三斗五升，则作五四六三石三五升。数位均用正书，以归一律。其有须用他项记数者，亦必旁注单位名目，庶易明了。

## 又奏定民政统计表式解说上

### 部　　表

**民政部堂司各官品级额缺职掌俸银公费统计表**第一

**民政部各厅司处乌布公费统计表**第二

**民政部候补学习员人数公费统计表**第三

民政一官，当各国内务大臣之任，而兼有昔户、工二部所掌及五城察院巡视街道之职。创立以来，由巡警而改名分厅司，而隶事章制屡更，职权益重。兹就现行章程开列表式三十三年分设司科，尚与今制不符，应即查明改列以上三表，专计本署官员俸银公费之数，所有公费俱兼薪水夫马津贴而言。

第一表专计实缺，凡依额缺支给者，列之；第二表专计乌布，凡依乌布支给者，列之；第三表专计候补学习调用各员，凡厅司行走未派乌布者，列之。俸银公费，有全支、半支或减折支给，以及候补司员有俸、无俸，均须分别声明。其有兼支世职俸银，则另附分表，以清眉目。如表内格式不敷填写，可照总例，纵横加展，不必拘定此格。各表准此。

**京师内处巡警总厅各员品级额缺职掌俸银公费统计表**第四

内处巡警总厅，由旧制工巡局五城等署并改设立，仿照日本警视总监管理京师地面一切巡警事宜，责任重要，并有专设司员额缺，自应列表专计。惟两厅各有专管，地方章程或有异同，应分两表各自开列，以免淆混。其有章制更改，如原设预审厅之类，均照前表办法增删填注。

**民政部高等巡警学堂职员学生经费成绩统计表**第五

**民政部测绘学堂职员学生经费成绩统计表**第六

**民政部习艺所职员薪费统计表**第七

**民政部消防队职员薪饷统计表**第八

**民政部探访局职员薪饷统计表**第九

**民政部稽查缉捕局职员薪饷统计表**第十

以上六表，专计由部直辖事项职员公费之数，其中或有裁并增改等事，如探访、缉捕两局归并，内外总厅应将设立裁并日期分别注明，以昭核实。他如教养局教练所等，本系附属总厅事项，则归两总厅项下开列。

**民政部本部经费出入统计表**第十一

此表专计本署经费出入之数，按照各国岁计通例，区别经常、临时二种，每项另列详细分表，而以此表总计之表内款目如有未备，应即据实增补。

**民政部内外城总厅岁收巡警经费统计表**第十二

**民政部内外城总厅岁支巡警经费统计表**第十三

以上两表，专计内外两厅经费出入之数，亦分经常、临时二种，均照前表办法逐一开列。

**民政部内外城总厅岁收地方捐款统计表**第十四

此表专计地方捐款，不仅为巡警经费之用，是以另列一表。此外，推广各捐，如车捐等类，现已奏明开办，将来应即照案添列。

**内外城各厅区配置巡警员名统计表**第十五

**内外城各厅区配发巡警薪饷统计表**第十六

**圜廷等处分驻巡警队数统计表**第十七

以上三表，专计巡官长警分配驻扎之数。各国配置警察之疏密，悉视区域户口之多寡，务期足保治安而止。京师地面广阔，户口殷繁，巡察尤宜周备。表内只计巡官长、警员数名数，以及薪饷等第额数，不必开列姓名。颐和园等处警跸严重旧设分队，以资拱卫。如有更换迁移，并各按表分注，以昭敬慎。

**京师八旗户口男女年龄统计表**第十八上、下

**京师八旗人口生死移徙分别统计表**第十九

**京师八旗人口职业分别统计表**第二十

八旗户口满蒙汉军各设佐领，以为管辖出入，有稽逃亡、有禁编审之制，较汉民为加，详其职业，则除入仕入伍之外，生计维艰。屡经臣工奏请变通旧制，前由练兵处会同户部议覆请饬各旗都统认真稽核，自亲军护军马甲下逮养育兵四孤及无饷之各丁口，造册送查，并由练兵处挑选陆军、巡警部挑选巡捕。近又创设工艺厂，以为教养兼资融化满汉之基础，入手办法自以清查户口、年龄、职业为第一要义。以上三表，均按现居地方分别填注，如有难以详细之处，亦可先计大数，再求精密。

**京师内外城各厅区人民户口男女统计表**第二十一

**京师内外城各厅区人民男女年龄分别统计表**第二十二

**京师内外城各厅区人民生死移徙分别统计表**第二十三

**京师内外城各厅区人民职业分别统计表**第二十四

中国人民户口，较之各国，最为繁盛。而京城又为首善会归之

地，千品百官、九流三教，无所不有。民政部业经迭次奏明按户清查，当可得其大数。职业表内士绅一项，兼包举贡生员、肄业学生及本地官绅而言。惟生死移徙表，三十三年各数未能逐一追查，自可暂不列表。现在查报，即当按表增补，以期完备。

**京师内外城各厅区人民宗教分别统计表**第二十五

**京师内外城各厅区天主耶稣教会教民统计表**第二十六

**京师内外城各厅区天主耶稣教民职业分别统计表**第二十七

宗教之于人民，有造成风俗、团结人心之力。中国虽以儒教立国，久定一尊，而释教、道教并听传流，蒙、回各部所奉喇嘛、清真二教，亦各因其习俗以为治理，隐合东西各国信教自由之意。至于各国通商以后，天主耶稣教徒盛行，并有华民充当神甫、牧师，稍有龃龉，动生国际交涉，自应另立专表，以觇人心信仰之盛衰、教力流行之广狭。此为调查人口首宜注意。

**京师内外城各厅区寄居外国人口统计表**第二十八

**京师内外城各厅区寄居外国人口职业分别统计表**第二十九

京师驻扎各国公使随员，以及保护使馆军队人等，应另归外务部统计。此表专计他项寄居人口职业之数。京师虽有续开商埠之约，而尚未施行，本无内外杂居之例。惟都邑首区，凡政界、学界、商界诸色人等，以及教士、艺师聘募、贸易、游历，往来自甲，诸省应各分别胪列表端，以备查考。

**京师内外城各厅区人民违犯警律处分统计表**第三十

巡警为执行法律之机关，违警处分专以惩戒人民违犯法律之轻罪而未附于刑法之内者，隐合古者刑不亏体、罚不亏财之意。此表计其违犯之多寡，即可观人民法律思想之进退。

**京师内外城各厅区办理教养贫民事项统计表**第三十一

**民政部习艺所收教罪犯贫民工作经费统计表**第三十二

民政莫先于教养,而教养贫民尤为亟务。京师旧设粥厂、善堂等类,有官办者十五处,绅办者十七处,嗣经陆续改设工厂,以养兼教日渐进步。此表应按放给口粮、教习工艺分别开列,其随时设立平粜局、施粥厂等,则归赈恤事项,不入此表。民政部习艺所兼收罪犯贫民,是以另列分表,附于教养事项之后,与前统计职员经费用意不同。

**京师内外城各厅区办理卫生事项统计表**第三十三

**民政部官医院医治人数病类统计表**第三十四

**京师内外城各厅区设立医院种痘局处所统计表**第三十五

**京师内外城各厅区医生稳婆人数统计表**第三十六

卫生事项,亦为警政中首宜注意管理,故有卫生警察之名官。医院既为民政部直辖,医治人数按季奏报,是以特设分表,意与前习艺所相同。其余施医院种痘局等以及医生稳婆人数,于卫生中关系尤重。且有各国人设立充当,自应分表统计,以期详晰。

**京师内外城各厅区办理土木工程事项统计表**第三十七

**民政部路工局修筑马路工费统计表**第三十八

土木工程,凡修建厅署市场、安设路灯官厕、树立街道牌坊等类皆是。而马路工程,尤为用费大宗,故亦另立专表洒道通沟各附表后。惟其经费或由部支发,或就地募捐,务须逐一注明。至电灯公司、自来水公司,俱系由商集股本,与官办不同。然于民政多有关系,并应酌立分表,以期详备。

**京师内外城各厅区办理消防事项统计表**第三十九

**京师内外城各厅区办理赈恤事项统计表**第四十

消防事项旧有五城水会,表内须分官设、公设,以及水龙用具一切经费详细填列,并记火灾次数及其损失财产、救护情形、消防成绩。

于是乎,见至赈恤事项,如平粜局、施粥厂等,多归顺天府督率办理。如有补助关联各事,亦应分别列表。

### 京师内外城各厅区办理禁烟事项统计表上第四十一
### 京师内外城各厅区办理禁烟事项统计表下第四十二
### 京师内外城各厅区私设菴观寺院统计表第四十三
### 京师内外城各厅区开设戏园茶馆酒肆妓寮统计表第四十四

以上四表,皆为正俗警察所应管理之事。洋烟流毒最久,禁令最严,故分二表详悉。清查新颁卖烟买烟执照给发家数人数,逐一填报。菴观寺院,按照刑律不准私自增置。除列祀典各祠庙暨敕建官立各寺院应归礼部统计外,此表专计私设各处。其中或有租借开设学堂公局等类,并各注明表内戏园茶馆酒肆妓寮,征逐之繁,尤为近今通病。限止稽查,均不可忽。

### 京师内外城各厅区保存古迹统计表第四十五

古迹所存,如前人遗传陈迹及金石美术等类,可藉以穷经考史,因古证今,实为增进学识之一助,不徒供耳目玩赏已也。西人爱古不亚中国,其博物院中藏庋物类,浩博繁富,多远及数千年以上,或就前贤名迹改设公园公会,并不私之一家一人。故其保存,尤为久远,大可仿照办理。

### 京师内外城各厅区集会结社事项统计表第四十六
### 京师内外城各厅区开设报馆统计表第四十七

集会结社,种类甚多。除商会、教育会等均系奏明设立另归学部、农工商部另行列表外,此外如有研究学术、整齐商务等项设立会社,均入此表,分别开列。其关系政治事件,自应遵照上年奏定专律,随时稽察。至于各项商业公所取便同行会议,体虽不同而义实相近,并附表后。各省会馆,则无庸列入。报律施行,只准本国人开设报馆,撰述发行,均有责成京师馆,尚无多是否按律办理以及缴纳保押金等，须于表内声明列注。

  **京师内外城区域方里统计表**第四十八

  **京师山川湖淀统计表**第四十九

  **直省疆域经纬方里统计表**第五十

  **直省省城相距京师水陆道理统计表**第五十一

  **直省管辖府厅州县数目统计表**第五十二

  **各边将军大臣管辖沿边卡伦鄂博道里统计表**第五十三

  以上六表，统计京师直省区域道里之数。《夏书》：九州之贡，必达于河流。《周官》：职方之图，必知其地域。京师形胜控扼，四方内外城已由总厅画定区域，方里自易核算。直省诸表皆按各省分表汇填，各边将军大臣所管卡伦鄂博尤为交涉紧要之地，尺寸俱关大计。至东南沿海岛屿及海权所及经纬度数，亦应另立专表。

  **京师直省太阳出入时刻统计表**第五十四

  **京师直省节气交换时刻统计表**第五十五

  **京师直省雨雪阴晴日数统计表**第五十六

  **京师直省雨雪平均量数统计表**第五十七

  以上四表，皆关授时要政。古来所传《夏小正月令》诸书，与今东西各国统计气候各表，虽用历法正朔不同，而敬天勤民之意则一。今拟太阳节气二表，即用时宪书旧式，以便填列，即各国定标准时之意。内有各省时刻相同，即可并填一格。至雨雪日期暨平均量数虽或未径详记，而京师每次得雨得雪尺寸，例由顺天府具奏。各省雨阳，亦各奏报有案，不难按籍而求。私家日记尚多日注阴晴，自应分别依表列注，以备考核。

  **直省人民户口统计表**第五十八

  **直省驻防八旗户口统计表**第五十九

  **直省寄居外国人数统计表**第六十

**直省天主耶稣教会教民统计表**第六十一

以上四表，专计各省人民户口之数，其中分别驻防八旗及寄居外国人民以及天主耶稣教会教民，俱仿京师内外厅统计之例，而归于简约，即统各省分表，而总计之。

**直省巡警道局职员公费统计表**第六十二

**直省警务公所职员经费统计表**第六十三

**直省巡警学堂职员学生经费成绩统计表**第六十四

**直省府城配置巡官长警人数饷项统计表**第六十五

**直省府厅州县配置巡警人数饷项统计表**第六十六

以上五表，专计各省办理巡警职员经费之数。已设巡警道者，则计道员俸廉；未设巡警道者，则计局员薪费。警务公所已有定章，巡警学堂开办之初，尚有速成传习等项名目，应各按照当年办法，据实开列毕业班数、人数，即入成绩项下填注。府厅州县巡警，查照州县事实清册，三十三年尚多未经开办，其有沿用旧营制，兵、练勇、民壮、皂、快裁改充当，及借乡勇、团勇等项，均须分别声明，填注勿混。

**直省办理教养贫民事项统计表**第六十七

**直省办理卫生事项统计表**第六十八

**直省办理土木工程事项统计表**第六十九

**直省办理消防事项统计表**第七十

**直省办理禁烟事项统计表**第七十一

**直省办理各项善举统计表**第七十二

**直省办理各项公举统计表**第七十三

**直省办理赈灾事项统计表**第七十四

**直省人民集会结社事项统计表**第七十五

**直省地方开设报馆处数统计表**第七十六

以上十表，均照京师办理民政事项汇计总数。其中如修筑马路等事，各省或尚未能一律举办，或须俟各省查报到齐方能核注，故只统举大纲。若选举咨议局员，以及自治事项，甫经筹议开办，亦均不另立表，以省繁复。至于地方办理各项善举、公举事项，相沿已久，虽无自治之名，而有自治之实，自可汇列一表。水旱偏灾，则皆随时奏报。颁帑截漕，蠲租缓赋，无不立沛殊恩。而放赈募捐义举，仁声东南，各省著闻尤久，应即分表列注，以重荒政。

## ●●又奏定民政统计表式解说下

省　　表

**直省府厅州县疆域经纬方里统计表**第一

国家疆域为统治之权所由行，即统计之法所由始。周官司徒以土地之图周知九州地域广轮之数，汉郡国地志与计书俱上太史，实为统计疆域之明证。惟旧传图志分野之说既不足凭，此外只记名称、沿革四至八到，而于经纬度数、面积方里从未实测详载。今欲分按府厅州县逐一列表，似难办理。况今测绘学家东西经度均用英国格林威治测候所为世界中线，日本亦沿用之。今若改照京师中线，惟有查照通行胡刻地图及新修会典地图或有他项新出精图详加测算，由省而府而厅州县按其方向道里依法递推，自得京师中线东西度数，世界中线仍各注明于下，纵难准望钩弦分寸密切要可，规模粗具经纬分明。现陆军部业经颁行测绘章程，一俟详细测定，再求完密方里面积，并可依此施行。其四至各界，应仍以地名为断。

**直省府厅州县距离京师省城水陆道里统计表**第二

王畿为四方之本,京师又为王畿之本。中国所谓会归有极,西人所谓中央集权,俱本此义,不仅为四方贡赋道里均而已,各省会城又为府厅州县报政之地。近年刊行官书地志亦多记有距京师及距省城道里之数。《周官》"量人,掌书天下之涂数",郑注"书涂,谓支凑之远近",贾疏"支谓支分,凑谓臻凑,道涂有支分及相臻凑远近者也",即统计程途之意。此表兼分水陆,详晰开列,其有铁路轮船交通处所,亦应分别详注,州县地方并各加注距离府直隶州道里,以期详备。

**直省管辖府厅州县名称数目统计表第三**

郡县之制,历二千年而不变者,盖由封建而归一统,本于社会进化之理。日本废藩置县,亦进化阶级之自然。中国幅员广袤,陵驾欧美一省之大,俨同一国,所辖府厅州县多自数十以至百余。光绪以来开荒增治,更置尤繁。一表不能尽载,应分数表接续填注所有增改移置以及升府升厅各处,并须注明年月,以备查考。守巡各道尚未尽裁边远地方,且须酌留,故仍列表以备填报。

**直省府厅州县管辖城乡市镇方里户口统计表第四**

州县旧制,城曰坊厢,乡曰里甲,或称都图里保,或称村庄市集,以及屯铺、堡寨等项,虽复名号纷歧,亦有递相管摄之法。今定地方自治章程,概以城镇乡画分区域,然只别其法制,并不改其名称。此表仍照各厅州县所辖城乡各处旧有名目分别登注,每一州县向分几乡、几图或分几村、几社,但列其数,而不必胪举其名。贵州、广西以及东三省、热河、新疆新设各府,均有自辖地方,是以一并开列。

**直省府厅州县佐治各官分防地方名称方里户口统计表第五**

府厅州县之下,向有同通、佐贰各官分防佐治,或管军民,或管粮马,以及捕务、河务、盐务、驿务等项,职掌既殊,名称亦异。除与府厅州县同城各官无庸列表外,此表专计分治地方方里、户口之数。近年如有移并裁改，并照第三表详注声明。至专设旗缺理事、同知、通判等员，如有专辖地方，亦应分列。

**直省府厅州县人口五万以上城镇方里户口统计表**第六

自古郡县皆以户口之多寡，分地方之繁简。曹魏分郡县为剧、中、平三等，唐有赤、畿、辅、雄、望、紧、上、中、下等名，莫不以人户为差。日本亦以此分市、町、村之等级。今定地方自治章程，凡五万口以上者，始行镇制。其实各省人口满此数者，除通商各埠外，殊不多见。西北诸省户口尤稀。前表合计城乡之数，此表乃由前表提出另计，非仅标明繁要，亦于自治制度有关系也。

**直省开设商埠租界方里户口统计表**第七

自五口通商以后，各省陆续开设口岸三十余处，而新约续开尚不在内。然不尽有外国租界，近年乃有特别租借港岸，如旅顺、威海、胶州等处，尤关大局。既属中国地方，自应逐一详计。至通商口岸有无自设巡警局，及租界内外人所设工部局雇用华洋巡捕，并各分别列表附记，以备查考。

**直省管辖土司地方方里户口统计表**第八

四川、甘肃、广西、云贵各省，俱有土司番族，仍归土府同知、通判，州县以及宣慰司、宣抚司、长官司千百总等各土官管辖，贡马纳粮各因其俗，除改设流官各处归府厅州县统计外，所有土官管辖地方方里、户口自应别加统计。中国种族，苗为最古。今东南各省文化早开，婚姻相通，已与汉族合而为一，土司各族大都苗蛮之遗，而峒黎山猺种类繁多，土族仅存，所宜注意。

**各边将军大臣管辖沿边卡伦鄂博方里户口统计表**第九

土地，国家之宝，故治国首重边防。旧制西北各边卡伦鄂博设官置戍，至为严密，每届巡查，例应勘明，并无越界等事奏报一次。方今情势变迁，四邻交界之地莫不辟土殖民，而我对汛联疆荒寒如故，自非亟加考求，则樽俎折冲必至茫无依据。此表专计鄂博卡伦方里户口，其有春安秋撤，并非常设，及并无户口地方，亦各声明列表。防戍官兵，则归陆军部另行填报。至归督抚管辖地方，如与俄、日、法、越、英、缅交界等处，以及东南海界经纬度数，即入第一、第二等表，分晰开列。惟于边境，尤宜格外注意。

**直省府厅州县民有田地亩数分别统计表**第十

自古建国，经野山林、川泽、沟渎、城郭、宫室、涂巷三分去一，乃为农田。其实山水占地多数，尚不止此。汉制有定垦田与可垦田之分，我朝因明之旧编，额定赋民田有三等九则之制，而南北田亩大小不齐，弓自三尺二寸至七尺五寸为一弓，亩自二百六十弓至六百九十弓为一亩，地俗相传，且有不止此数者，虽盈缩有禁，而画一难期。论者动以欺隐为言，而清丈之法繁扰糜费，终不可行。至有总税务司条陈八千兆亩之疑，而不知与户部则例明载亩数七百四十二万余顷有十倍之差也。此表即照现在完粮地亩，分别科则，逐一填注，其有新开荒地、新涨沙田及开垦蒙地等类，自应据实声明，并将该省沿用弓丈大小田亩广狭注明备考。

**直省府厅州县官有公有田地亩数分别统计表**第十一

各国地亩，均分官有、公有、民有，为三种。中国宋明官田最为民害，本朝扫除积弊，悉令摊入民田纳粮。惟于盛京畿辅等处，设立庄田，内分内务府官庄、部寺官庄、宗室官员兵丁庄田、盛京庄田、驻防庄田等项，备载通考八旗田制一门。此外，又有牧厂分隶内务府上驷院、太仆寺暨各驻防衙门，然如驻防各田日久遗失，无可跟查。此表只举现在收租各地分别开列各省官地，只有学田、屯卫虽本属官，已久归民，即不入此表。公田，系指祠庙善堂所有以及公共事业所置地亩,均归此表统计,示与民田有别。至于种植稻麦桑麻林园菜圃各种田亩价值,各国亦多分列专表,中国转移无定,尚难分晰,故不另列。

**直省府厅州县豁免钱粮田地分别统计表**第十二

有田则有租,而有坍废荒芜以及公用等地,不能不有豁免钱粮之处。日本谓之地目变迁,有永远免租与限期免租二种。中外定制,大略相同。永远免租,必关系地方公益,如道路、沟渠,及坟墓、铁道之类。惟外国坟墓用族葬之制,而中国则俱属私家,故仍照例纳赋。铁路用地亦经奏明限期收税,新垦各地升科年限亦有前后不同。此表分别官地、公地、民地,逐类填注,如有未备,均入其他项下,声明开列。

**直省府厅州县租给教会地亩分别统计表**第十三

人民置有田产,各国通例以为私权之一。除西洋各国多取内外同一主义外,美洲、日本均取限制主义,外国人不能得所有权。中国商约只准教会租赁公产,并无准购私产之文,且有内地华民不准设堂之禁。近来天主耶稣教会置买国产颇多,间有并非教会私入内地购买田地,建造避暑房屋,致生交涉,皆由地方官不明条约,不查契据。亟应立表统计,以为惩前毖后之计。

**直省山川统计表**第十四

**直省岛屿统计表**第十五

古论山川形势,九州大陆而已。今则寰宇交通。珀米尔居欧亚之脊,太平洋为商战之场,即沿海岛屿向称荒僻者,至今或为险要之所,必争防守之。宜先务外人请求舆地精益求精,凡我疆域以内,偏隅绝域莫不履行测勘。而我国官吏士民或转懵焉,莫识其名,地形户口更无论矣。此表分计山川岛屿,亦宜注意边界要区,以备查考。

**直省湖泊港湾统计表**第十六

天下民物繁盛之区，必以水陆交通为最上。中国黄河流域与长江流域，即其明证。周官职方山川之外必称其浸，后世多言五湖西北则有淀泊。至国界海岸线之延长，尤关文化开通之迟速，港湾形胜天施地设，一国之中，尤为不可多得。故西人俱以第一等留筑军港，其次乃作商场。中国自胶旅、威海租借之外，余俱开作商埠，欲求海军根据之地，亟应逐一查勘，以为预备。此表所计湖泊港湾，有与前二表相出入者，可各就地形，分别登注。

**直省府厅州县户口籍贯分别统计表第十七**

中国四百兆人口，虽无确数，而每岁滋生人丁，应由督抚照例奏报。历年编造保甲门牌，亦有大数可稽。现经民政部奏定清查户口章程，各省自应遵照，次第办理。此表起自三十三年，纵在未经定章之前，然可查照原编户口分别填报。惟东西国籍之法，对外则有属地、属人两义，对内则有籍贯、住居两义。中国旧用土断之制，人户以籍为定。唐杨炎"两税法"称："户无主客，以见居为簿"，乃用住居主义。而今制寄居入籍，限制甚严，现定选举章程，始于本省寄居人与外省寄居人略示区别，此表即分三项填注。至其籍贯，分别旧有军、民、匠、灶四种，又有商籍及屯卫站土各丁，应由各省自行分晰。其有蒙民省分，已归府厅州县管辖者，即由府厅州县另立分表。其余部落，则另归理藩部统计。

**直省府厅州县人民宗教分别统计表第十八**

上古政教合一，中外所同。嗣后政教虽分，而外国各教皆挟国力以为推行故常，势出儒教之上。中国释、道二教，犹有禅师真人封号，复有僧纲道纪诸司附于职官之末，喇嘛、回教各因蒙、回旧俗兼容并包，实即外国信教自由之意，此表分别开列。惟儒教不务立名，中国凡不入他教之人，大抵皆奉儒教为归，故不另表。至于苗蛮土族，例谓之化外人，并无教之可言。新疆等处之哈萨克、布鲁特等，如奉喇嘛教者，即附蒙民之后；如不奉教，亦谓之无教可也。

**直省府厅州县人口男女年龄分别统计表**第十九

古记人口之法，自生齿以上，皆书于版，异其男女而辨。其可任者，旧例丁册有丁中黄小之别，即分别年龄之意。西例列表，皆明著年岁，尤为直捷。以下各表，皆为细别户口而设。今虽未能详悉照登，而自治选举渐次通行，调查自臻细密，即不难按表填报。

**直省府厅州县人口生死移徙分别统计表**第二十

觇国力之盛衰，以人口增加为首务。西人常谓滋生人口增加速率比于几何级数，而所增食料必不能及，故生存竞争最为剧烈。而法国人口增加比率最少，论者辄以为忧。惟生死移徙之数，日本所谓动态调查最难确实，必须人员遇事报告，而官吏又随时抽查。此表综计年终总数，姑为悬格，以求渐进。

**直省府厅州县人民婚嫁年龄分别统计表**第二十一

《周官》：以婚冠之礼亲成男女。媒氏所谓中春会男女者，近人解为会计之会，最为确义。中国生齿蕃衍，多婚早婚，实为一大原因。而贫民较多，亦由于此。此表年龄暂分三十、二十内外，以为区别，略仿古礼三十而娶、二十而嫁之义，只为综计。婚嫁之人数，非为婚嫁之限制，亦非自治通行，不能调查清楚。与上表同为悬格，以待而已。

**直省府厅州县人民职业分别统计表**第二十二

古以九职任万民，虽妾妇闲民，俱有职事，而独不及官吏者，以非生财之职也。中国士夫群趋于利禄之一途，而妇女坐食旷职尤甚。近年讲求生计，渐知趋重实业，工艺渐兴，营业渐广，转贫为富之机，实声于此。此表只就现有职业分别统计，察各地游民之多寡，即知小民生计之忧绌，而于新行选举资格亦有关系。

**直省驻防八旗户口男女分别统计表**第二十三

**直省驻防八旗人口男女生死分别统计表**第二十四

**直省驻防八旗人口年龄婚嫁分别统计表**第二十五

**直省驻防八旗人口职业分别统计表**第二十六

驻防八旗，由将军、都统及城守尉、防守尉等官分别管辖，故其户口必须另计。以上四表，乃区别男女、生死、婚嫁、职业而分计之，均与州县户口各表相同。惟旗丁职业官与兵外，殊少他途。而佐领有专官，名粮有定额，红白有恤赏，鳏寡有养赡，较之汉民人数较少，事类较简，法制较详，统计亦较易。近年预备变通旗制，始设学堂、工厂，以谋教养。如有他项职业，应即查明增补。他如吉林、黑龙江打牲各部落，新旧巴尔虎、索伦、鄂伦春、赫哲之类，应附八旗之后，另行列表。

**直省府厅州县天主耶稣教会教民分别统计表**第二十七

景教流行中国，自唐以来，传习最久。迨各国通商订入条约，内地教堂所在林立，即偏乡僻县，无不有各国神父牧师踪迹。教徒既众，易生龃龉，遂起国际交涉一大难端。地方官吏均有保护之责，不能不有查核之法。天主、耶稣二教，或又称新教、旧教，其细别又各分门分会，不相统摄，自应分别填注。此外，又有希腊、波斯、犹太等教，虽传习不多，亦应附列表末，以备查考。

**直省府厅州县天主耶稣教民职业分别统计表**第二十八

民教交涉，大都起于无业游民或因事入教，以求袒庇，遂至唆耸生事，既非吾国安分之徒，尤失彼教劝善之意。故调查教民，尤以职业为要。日人尝谓世界文明日进则宗教势力日退，盖宗教无不迷信，失其迷信即失其存立之道。观信仰教徒职业之分别，即以为文明程度之比例尺可也。

**直省府厅州县方里户口比较统计表**第二十九

自古度地居民,使地邑民居必参相得。《周官·司徒》颁比法于六乡之大夫,使各登其乡之众寡,大比则受邦国之比要。郑注:要谓其簿,今时八月案比是也。贾疏:凡言比者,是校比之言。汉时八月案比,而造籍书户口地宅,具陈于簿。唐制每岁一造帐,三年一造籍,州县留五比,尚书省留三比,即今西法比较人数之意。此表分别每户平均及每方里平均人数,各省地方人口之疏密,可具见于此。

**直省府厅州县寄居外国人国籍分别统计表**第三十

**直省府厅州县寄居外国人职业分别统计表**第三十一

国际公法通例,各国人民住居何国,即归何国管辖。所有领事裁判权,中国现尚未能收回,故不能行内外杂居之制。惟各国传教人等,居留内地甚多,而通商各埠暨东三省等处外人聚居之地,亦应由所属州县查明籍贯、职业分列二表。所谓官吏,系指各国领事人等以及税司、邮政人员由中国雇用者而言,其余商工各业,亦应分别自由营业与中国佣雇二项,声明详注。

**直省府厅州县人民寄居各国人数统计表**第三十二

**直省府厅州县人民前赴各国人数统计表**第三十三

今日各国竞言殖民政策,皆由本国地狭人稠,藉图宣泄扩张之计。华民贸易偏于五洲南洋各岛以及澳美两洲,尤赖华民垦辟,积多生忌,遂有种种限制之法。近年出洋渐少,然在各国寄居日久置产立业者,计尚不止数十百万。今国家方议增领事、订条约,日谋所以保护而奖励之,自应立表专计。寄居,系常居各国之数;前赴,系新赴各国之数,随时游历人员,则附表后。

**直省府厅州县人民灾变死亡人数统计表**第三十四

灾变死亡,皆不得正命而死者。各国于死亡之人年龄、地方、时期及其死因，无不详列分表，皆为讲求卫生而设。中国调查户口，创办之初，断难一一详密。此表专计灾变、死亡之数，所以恤民生而验政俗。水火凶札，虽出天灾，而人事未尝不可补救。至于被杀、自尽二项，则皆由于政教风俗而生，日本自杀之风盛行，故于自杀之因由、方法亦复列表，详为比较。中国则出一时短见居多，故亦无庸细别。然于命案，颇有关系，自宜兢兢于此。

**直省府厅州县通年雨雪阴晴日数统计表**第三十五

**直省府厅州县通年雨雪平均量数统计表**第三十六

农时为民生之本，各地雨雪之多寡，旧说以为天时之或异，而新说以为地理之所关。然于重农务本之意，则未尝不合定例。州县禀报雨旸，均派专差递送督抚，按季具奏，亦不准稍有愆期。惟于通年平均水量，初未核计，此表分别登列，于西北缺少水利各省，关系尤重。

**直省巡警道暨警务公所职员俸薪公费统计表**第三十七

**直省省城巡警员名薪饷各款统计表**第三十八

**直省省城配置巡警区域人数统计表**第三十九

此三表分计各省省城巡警职员薪饷及配置区域人数。巡警一职，与保甲旧制相似，而略有不同。保甲在于弭盗安良，而巡警则兼有正俗关系，与周官司谏、司救职务相近，不独辅助行政而已。外国名为重人权重自由，而其实种种行动无不受巡警监察范围。中国创办方始，各省道缺尚未徧设，然开办巡警已久，所有开支薪饷以及配置区域自应逐一详细开报。

**直省巡警学堂职员教习学生经费成绩统计表**第四十

巡警职务既重，故充是职者，无论巡官长警，俱非人格高尚且曾研究法律者不能胜任。各省或就兵练裁改，或就保甲整顿，此在创办,不得不然。现经奏定巡警道章程,用人必以学堂为先务,而办理学堂,尤必由速成科讲习所以改办完全科为归宿。应各就所办学堂情形,据实开列。所有毕业学生人数及发往各厅州县委办警务者,均于成绩项下分别声明。警政之良否,俱系于此。府厅州县有分设教练所者,即应附立分表。

**直省府厅州县巡警员名薪饷各款统计表**第四十一

**直省府厅州县配置巡警区域人数统计表**第四十二

**直省巡警经费岁入岁出统计表**第四十三

以上府厅州县二表,专计各属办理巡警员名薪饷配置区域,均照省城分别开列。日本警察有高等与普通二种,凡检阅出版①书籍新闻纸类、调查集会结社等事,均归高等警察管理。中国尚未分别,只分巡官长警等级,数目填注可也。惟如将民壮皂快裁改充当,则须另行声注,程度既迥不相同,即不得稍存含混。经费一表,系省城及府厅州县通用之式,各国通例俱由国库与地方费合办。应各据实分类登注,除由正款拨助之外,其余如何捐集募充,并须逐一声明。

**直省府厅州县人民违犯警律处分统计表**第四十四

警律处分,皆轻系小罪,不过拘留、科罚而止。《周官》所谓三让三罚,有罪过而未严于法之类。然小惩大戒,实为纳民轨物爱护保全之善道,其处分皆由立时决断,故谓之违警即决。有不服者,可赴裁判所求正式裁判,惟不得逾三日。此为各国通行之法。中国新定警律业已颁行,自应列表专计,观人民违犯之多寡,可觇法律思想之进退;观警官处分之当否,可验法律程度之深浅。互证参观,庶于警政

---

① 原书为"板",应系排版之误。

可趣进步。

**直省办理教养贫民事项统计表**第四十五

人民之中，贫者居最多数，不独中国为然。近来各国慈善事业日益发达，非但养其生命，且欲启其知识，故慈惠院、感化院等官公设立甚多，中国收养贫民著于功令，近亦多议改设工厂，以求进步。此表专计官立教养事项，其余地方办理善举，即归后表开列。

**直省办理卫生事项统计表**第四十六

国力之充盛，由于人民之强壮，故今西国教育，即自重体育起，而卫生之事属于警察管理者甚多，自清道检疫以及屠场药铺教导防维不遗余力。中国政治虽似不甚干涉，而《月令》一书聚百药、磔四门、养壮佼、禁嗜欲，所以顺阴阳之气，而防疾疫之灾者，实于卫生，未尝不慎。今各省于清道设厕施，医防疫之法业已次第举行，可以汇列一表。惟商家药肆从未经官监察，其优者通行丸散，自足驰名，劣者诈伪百出，实足以病民生而坏医术。上年因禁吗啡，曾有官师化验戒烟丸之事。今虽未能通行查验，但先记其铺肆总数而已。

**直省府厅州县设立医院及种痘检疫局所统计表**第四十七

**直省府厅州县医生稳婆人数统计表**第四十八

中国医学《素问》、《难经》传流最古，旧法只分九科，明乃分十三科，按摩、祝由等科传者甚稀，故不列表。《周官》医师岁终，则稽其事，以制其食。宋太医局亦有会其全失，而定赏罚之法。今人竞尚西医，而中学几于不振。惟牛痘法传自西来，日本每于年时痘疮发生之前，强迫民人种痘，地方任其费用。各省今尚未能偏设痘局，自难办理。检疫所只有通商口岸设立数处。此二表为前办理卫生事项之分表，按表填列之外，并应分别官立、公立、私立三项，及中医西医，或中医兼用西法，详注备考。医生若非凭牌应诊，即不列表。稳婆率系老媪杂充，稍有阅历即为难得，既无学术可言，只备一格而已。

**直省府厅州县办理土木工程事项统计表第四十九**

土木工程，贵审乎时地之宜，而明于缓急之道。如公署、局所、桥道、渠堰以及市场、公园、门坊、街栅之类，皆为民生兴利除害起见。日本道路分国道、县道、里道为三等，而县道、里道又各分三等，与周官匠人九经、九纬、七轨、五轨制略相仿。其河川法，亦与古沟洫制相通。中国各省马路，业经次第兴修，堤堰尤关水利，如山西等省，多归民捐民办。分水时刻，俱有定程，应每项工程列一分表，而以此表汇总列计。至公署、局所近年停止不急工程，各省多归捐摊修理。东三省则以此项为大宗。将来州县自治局所均可租借寺庙，无庸别谋营建，以节财政。如有修理工程，并应据实分别开报。

**直省府厅州县办理消防事项统计表第五十**

消防之事，古人所谓曲突徙薪，要在平日留心，屋制水口以及引火发火等物，措置得宜，故非警察不能管理，各国均设专官，且立分署。中国水会虽多出自民间，而遇灾则大小官员无不亲临救助，郑重周防用意实相吻合。近年设立巡警之后，多有官置新式水龙，应各分别置备器械，防救次数、焚失财产、抚恤款目等项，按表列注。

**直省府厅州县办理正俗事项统计表第五十一**

政每因俗而施，而教则因俗而救正之。外国虽不言礼，而于正俗，警察独为兢兢，故其收效亦与礼教无异。日本警察风俗一课，掌剧场、茶屋、游览场、饮食店及娼妓、博戏、富签之类，大致与吾中俗相近。而中俗又有迎神赛会、堪舆、风鉴、占卜等项迷信之事，陈诗纳贾正变互形，除白莲、八卦诸邪教及巫觋、赌博等事例应查禁外，此表所开各项，并非概加饬禁，只以觇习俗之趋向、示巡警之用心而已。

**直省府县州办理禁烟事项统计表上第五十二**

**直省府县州办理禁烟事项统计表下第五十三**

此二表为前正俗事项之分表。禁烟之法，在禁种植，以拔其本，尤在察贩卖，以塞其源。盖土药禁种限期虽已提前，而洋药进口如故。若不从土膏各店实力清查，转使外人独擅其利。至尤有关系之事，则在戒烟，丸丹真赝杂售，皆为贸利起见。上海一隅，前经官师查验，中含吗啡性质甚多，不但不能得戒烟之效，而转有害卫生之理，并应查明种数、有无效验，注明备考。

**直省府厅州县私设庵观寺院统计表第五十四**

**直省府厅州县开设戏园茶馆酒肆妓寮统计表第五十五**

此二表亦为正俗之分表。庵观寺院不得私自增置，僧道不准私自簪剃，载在刑律而罕见实行，盖皆托于宗教以为规避。其实彼教宗旨久已失传，徒以符咒钟铙自谋生计而已。而谚所谓禳星礼斗、扶乩问卜，一切迷信之俗，亦无不于此中行之。此表除奉敕建官立各种寺院应归礼部另行统计外，专计私设各处，与其住持徒众之数，戏园、茶馆、酒肆、妓寮等项，与风俗奢俭贞淫之别，尤有关系。日本别有取缔规则，中国创办巡警各捐亦有特别收捐之例，自可逐一查明，详列表端。如通商各埠有外国开设番菜店、影戏园等项，另行注明备考。

**直省府厅州县办理保存古迹事项统计表第五十六**

西人政治学问，皆求新异，而于古人祠墓器物之类，爱护保存有及数千年之远者，盖亦以发思古之情、验进化之迹，中外心理之所同，不徒供耳目玩好已也。今防护古昔陵寝祠墓著于功令，而士大夫搜求金石考证经史者几于著书成家，倘复益以西人格致之学，则裨益当更不浅。此表汇列现在保存各种，而于圣贤忠节所遗名迹尤宜注意，以伸景仰而资观感。

**直省地方办理各项善举统计表第五十七**

乐善好施，例有旌表，诚以博施济众，王政所难，而存心利物，虽匹夫亦有所济。此本皆在地方自治项内，因自治尚未开办，故为别表计之。各项善举，皆指地方捐募办理而言，名目纵有不同，或称广仁堂，或称同善局，以及施衣施米施药施棺之类，应各就其施济人数、费数，分别开列。义庄虽属一家，而睦姻任恤为善则同，应亦并列入表。

**直省地方办理各项公举统计表第五十八**

地方公举，亦皆各国自治事项，以助官力之不逮，其中有官款、有捐项，大致俱由地方州县督绅办理。义仓、社仓，其法最古。夫马系西北各省津贴差徭之费，四川有三费局，号为善政。南省或由船埠津贴，或归善堂承办报赛之事，虽近迷信，然尚沿古来蜡祭乡傩之礼，以及社庙公举动与民情信仰相关，故归此项开列。其它义举或由官吏捐廉，或由地方集款，均各逐一注明。

**直省府厅州县办理育婴事项统计表第五十九**

此为各项善举之分表。《周官》：以保息六养万民，首曰慈幼。各省办理地方善举，亦以育婴为最多，故列分表，以便详计。惟经费有优绌，规模有广狭，有佣雇乳媪在堂留养者，有津贴乳费在外寄养者，以及收养名额年岁之限制，捐集经费出入之多寡，均应详细按表开列。至其地方有无溺女弃儿风俗，并于备考声明。

**直省府厅州县设立外国医院善堂统计表第六十**

西国宗教，主于劝人为善，故于传教之外，办理善举甚多，如施医、育婴等类，虽召谤启疑有所不恤，其规模宏大，经费充裕，类非地方之所能。及此表各记其地所人口数目，主者姓名，并列备考。

**直省府厅州县办理赈灾事项统计表第六十一**

古言荒政备矣，而赈灾之法亦视乎行之何如，故灾而不害，《春秋》善之。日本地方均有罹灾救助基金，近于中国义仓、社仓、积谷之类,迩来岁比不登。各省多开官捐,以资接济。此表兼列水旱、风雹、瘟疫、蝗螟等项,火灾已列消防表内。其它或非恒有,故不列表。灾有重轻,赈有大小,应各就被灾放赈情形,详细填注,东南义赈,兼济各省,推食解衣,有求必应,捐助所资应与官赈分别开报。

**直省府厅州县集会结社事项统计表上第六十二**

**直省府厅州县集会结社事项统计表下第六十三**

西人行事皆贵合群,国事则有政党,商务则有公司,故能集思广益,举重若轻。然集会、结社虽得自由,而干涉政事则必受国家法律之约束、警察之检查。中国新定结社集会律,即采东西法制而成。惟政事又与公事有别,凡在地方自治范围以内,则为公事上集会,不得概以政事集会论之。至于学会、商会,更与政会迥殊,此为地方智力发达之征验,故分二表开列,首表分别会数,次表则详记名义、宗旨、会内情形也。

**直省府厅州县开设报馆事项统计表第六十四**

报馆代表舆论,亦必其议论声价足为代表,而后报馆自臻发达。《春秋传》称,齐桓公存三亡国,而义士犹曰薄德。可见当时清议之风甚重,不独郑侨乡校,足为今日报馆先导也。各国报馆既多,行销报纸尤盛,中国人民冠于各国,而华洋各报不满百家,每家行销不过万张,其声价亦侧乎甚远。近年始有能立宗旨者,新定报律通行是否按章立案,各地方官均有检查之责,自应查明列表。其有外国人设立西字报纸,另行注明备考。

**直省谘议局筹办处职员经费统计表第六十五**

**直省府厅州县选举谘议局议员初选事项统计表第六十六**

**直省府厅州县选举谘议局议员复选事项统计表第六十七**

**直省谘议局议员选举人被选举人职业分别统计表第六十八**

**直省谘议局议员人数公费统计表**第六十九

各省谘议局议员,为开设议院之基础,而谘议局筹办处,又为成立谘议局之基础,循序进行。每年情形不同,即每年表式亦异。以上五表预立表式,以便酌填。筹办处章程,各省自行订立,彼此不同,即各按章开列。三十三年尚未开办,并无庸填报也。中国人民程度不齐,未必知重公权,将来任意放弃,及选票不能当额当选、不愿就职者,必居多数。所赖办理人员劝谕提倡,以求合格,庶于宪政成立可以克期而竢。

**直省城镇乡自治选举事项统计表**第七十

**直省城镇乡自治职员经费统计表**第七十一

**直省自治经费岁入岁出统计表**第七十二

自治之名虽起于泰西,而实胚胎于中国。《周礼》·乡官皆称:掌其教治,又谓之有地治者。汉令:举民年五十以上,有修行,能帅众为善,置以为三老,乡一人,择乡三老一人为县三老,与县令丞尉以事相教。可见官治自治相辅之意。至今各省虽以官治为主,而地方公事无不酌派绅士襄办,董正首长,相沿未改,特机关不全,权限不清,故任事者少,而避事者多。今先颁行城镇乡自治章程,从初级自治入手,练习既熟,乃可与言州县自治。以上三表,亦系预存表式。日本市町村皆有基本财产,中国亦有地方公产、公款之类,如能清理预备,即可先将经费一表声明填送。

## ●●又奏定财政统计表式举要

统计,惟财政为最繁,亦惟财政为最要,况当预备立宪之始,将为提起预算之阶。中西赋税之法既有不同,簿记出入之规又有互异,钩稽色目固难概用新名，区别条文讵可尽拘故式，必使散漫者归于统一，紊乱者极于整齐，洪纤毕具，删造报之虚文，本末咸赅，作检查之先导，体类务求于详核，登录务取于简明，举一隅而反三，聚万钱而作贯。撮其大要，有如下方：

自汉司农以每月旦上见钱谷簿，至今亦有按月奏报库存之例，顾只有部库，而于各省藩运粮关局库之数，不能悉具。管钥之任既散属于诸州，金谷之供不全输于左藏，帐籍既无概算，窠名且不尽知，非先综全国出入之大凡，讵易得通岁度支之要领？此统计之所宜注意者一也。

泰西税入至多，而名称至简，大抵不外直接税与间接税二种而已。中国则地丁一项，即银米兼收，而且盐课河工分摊既伙，徭钱公费附益滋多，科则则随地各殊，名色则因时各异。至于税厘等项，尤为烦猥之丛，非求简以御繁之方安得斠若画一之效。此统计之所宜注意者二也。

会计必有年度，盖本于《周官》之终会，而遂为国制之通行。中国奏销例限，向惟地丁为最严，而新旧赋之流抵，上下忙之分完，既难年款年清，不尽尽征尽解。至于艖纲疲滞，或压销至六七年之多，饷案稽延，或漏报至十余年之久，前后套搭，往返驳查，必求尘牍之全消，势等河清之难。俟惟有新限截清既往之咎，不论庶几和盘托出，一年之计无差。此统计之所宜注意者三也。

泰西论政，有官治与自治之分，收税亦有国税与地方税之别。中国各省钱粮向分起解、存留二项，盖亦隐含此意。顾实虽为地方动用，而名皆为国家征收，本无左右藏之分，安得上下方之别？今值内外之俱绌，倍知损益之为难，罗掘既穷，裁提亦尽。拨款则多无著落，解款则动日腾挪。某用以某项抵充，某事由某宗取给，其初必有所指,其后乃不知所终。非先将军国之需供求无缺,安能留地方之用挹注有资。此统计之所宜注意者四也。

国家岁入经常之款,地丁关税而外,惟盐利为最大。行官运而禁私贩,实开西人专卖之先。顾场岸引票之间,色目最繁,蠹弊亦最甚。灶课、井课课则不同,淮引、芦引引觔又别,或帑本无著而征利犹存,或场产已虚而设官仍在,正课已倍于原价,杂费又苦于加厘。在时与法,已有两弊之情,非变则通,将有立穷之势。此统计之所宜注意者五也。

厘捐一项,虽起自军兴以来,实本于征商之义。近与英美日本订立商约,裁撤厘捐,而抵补以产、销两税,并不再收洋货之厘。虽至今尚未实行,而各省已谋改办。惟以统税而备裁厘,若不确从产销入手,则仍将与厘捐同途。至于府县向征落地各税,其名似复,而其实各殊,只有偶涉洋货之捐,恐不免来邻言之责,非将征收税厘各货合其产销局卡地方逐予考求,确加勘验,不能得易辙改弦之策,即无以为一劳永逸之谋。此统计之所宜注意者六也。

《周官》币余之赋,马氏《通考》谓如官物营运之类,可见官业收入实较西国为先。中国船厂、制造局等创办最初,经营颇苦,至今工艺实业诸厂亦多由公家提倡而成,然官帑以不权子母为常,积习以坐领薪工为务,巨款半糜于局用,盛举或辍于半途,至或空悬官物之名,藉贸私人之利,寖成失陷,莫可爬梳,只闻参追,抄没之文终付延宕,销沈之数自非亟加钩考,安能渐次清厘?此统计之所宜注意者七也。

秩禄必当其官,而饩廪各称其事,国家深维重禄劝士之意,屡有赐廉加俸之恩。至于公费津贴等名,并仿餐钱、职钱诸例,虽未必视泰西为厚,而实已较日本为优。若论减成扣平之间,则固出于不得已之为,亦近于所得税之意。惟是规则未能画一,官衔复有参差,厚与薄之相形、新与旧之互判，或兼差转逾于本给，或散秩乃倍于穷官，非合公私而酌其均平，安能统内外而颁为典制？此统计之所宜注意者八也。

泰西国债愈多，民心愈固，下助商情之活泼，上赞政务之振兴，古之善计所未有也。日本自明治四年（1871年）即赴欧洲募集国债，故其整理内政支持强敌取用不竭，举重若轻。中国习于出纳之常，昧于变通之妙，信用既失，证券不行，历年外债之增加动涉国家之权利，扣多而息重，期迫而镑亏，致成利不胜害之形，且有子倍于母之势。近年直隶一省，始开募集内债之端，硕果之生关系非浅。至于商号之挪移，偶有短期之借垫，性质虽别而本息则同，有如大国之附庸，亦属临时所当计。此统计之所宜注意者九也。

今人动言西税最重，中税最轻，而不知税则之重轻，悉视乎民力之厚薄。中国田值既低，人工复减，生殖之数既少，负担之力遂微，况于定例之正供每有加收之规费，北则差徭为重，南则漕赋为烦。苟并计夫公私或倍增于正耗，非破积久相沿之弊，殊无别求取盈之方。此统计之所宜注意者十也。

银行者，财政之血脉，而商业之枢机。故银行之发达愈多，事业之廓张愈远，非仅以汇兑取利而已。中国向有票号、钱庄等铺，其性质本与银行相异，其习惯又不与官府相通，间有亏倒之时相率遁于法律之外，遂使富民则为筐箧自保之谋，而外人坐收丛渊相驱之利。近今国家银行敷设渐广，竞争方兴，交通储蓄既踵事而增，官局银钞复继轨而起，果能积以公诚，昭其信用，自可收累土层台之效，成跬步千里之功。此统计之所宜注意者十一也。

地方公款公产为自治成立之基，日本谓之基本财产，爱护保存较之私产尤为重要。中国州县城乡等处公共赀财，则有如考试宾兴诸费,慈善事业则有如育婴普济诸堂,或带征于赋税之中,或捐集于任恤之手,即至赛会焚香迎神演剧,虽或本迷信之俗,要皆求幸福之心。而钩稽既忽于平时,监督不出乎公众,或欺隐散落于积年之久,或把持盘踞于一人之私,遂令锱铢不易得之财竟付荒忽不可知之数。此统计之所宜注意者十二也。

以上各条,举其荦荦大者,其详并见诸表解说之中。西儒所谓统计学者,不过理财学归纳之器具。而今之表式,又不过为统计学搜罗之材料而已。亚丹《原富》[①]之篇首研求乎故实,苏辙元佑之录必谨守乎节文。是在本以制节谨度之心,出以极深研几之理,综核由于主计。而小廉大法,百司并任其难,经济号为专科,而温故知新,数典勿忘其祖祢,纵横于经纬,如治丝而勿棼,耀闇昧于光明,乃盛水而不漏。豫算成立固准,此为权舆年鉴刊行,即视斯为嚆矢。

## ●●又奏定财政统计表式解说上

部　　表

**度支部堂司各官品级额缺职掌俸银公费统计表**第一
**度支部各厅司处乌布公费统计表上**第二
**度支部各厅司处乌布公费统计表下**第三
**度支部局库司员公费统计表**第四
**度支部候补学习司员人数俸银统计表**第五

以上五表,专计合部官员俸银公费之数。银行造币厂正副监督

---

① 即英国经济学家、哲学家亚当·斯密（Adam Smith, 1723—1790）的《国富论》。

已设额缺,故归第一表开列。公费一项,兼薪水夫马津贴而言,凡依额缺支给者,则入实缺表;依乌布支给者,则入乌布表。厅司局库乌布名目不同,故分三表,以便分注。俸银公费内有全支、半支或减折支给等项,以及候补学习人员或支俸或不支俸,均须分别声明,调用人员一并开列于后。他如印刷局、造纸厂等增设事项,亦各按表添列,各员内有兼支世职俸银,则应另附分表,以清眉目。惟表内只计员数、银数,不列姓名,凡格式不敷填写,可照总例纵横伸展,不必拘定此格,各表准此。

**度支部岁收各款统计表**第六

**度支部岁支各款统计表**第七

**度支部岁收另存专款统计表**第八

**度支部库存金银铜圆各款统计表**第九

以上四表,专计部库出入见存各数,即就旧有表式稍分类目,区别经常、临时二种,以符各国岁计之通例。每类应列分表,而以此表总计其数,旧有拨支一项应归各类分销,借支垫支另行开列,库存表内添外存一项,即指存放银行之款,其总分各行存款多寡、生息轻重、存期长短,并附分表于后,以期清晰。宝泉局鼓铸制钱出入各款另有报销,亦应另立专表。

**度支部本部经费出入统计表**第十

此表专计本署公费出入之数,亦分经常、临时二种,各款如有未备,应即据实增补。

**度支部缎疋库收发储存物料统计表**第十一

**度支部颜料库收发储存物料统计表**第十二

三库并重,必须列表分计,物料名色,表内未能备列,如收解各件内有年久欠解者,支发各件内有例给折价者,并须声明登注,例给折价银两，应列分表，以清款目。

**坛庙园廷值班官兵岁支口分奖赏各款统计表**第十三

**内廷禁卫官兵岁支马乾公费各款统计表**第十四

**京师旗绿各营岁支饷乾津贴各款统计表**第十五

**度支部岁支新练各军薪公饷乾各款统计表**第十六

以上四表，即前部库岁支各款饷乾口分之分表，旧多合为一表，今拟略为分晰，以示举隅。新练各军专记由部给发之饷，热河、吉林、察哈尔等处练军有领部饷者，一并列入表内。其余经费等项，应列分表，依此类推。

**陵寝祭祀工程官俸兵饷放款统计表**第十七

**陵寝祭祀工程官俸兵饷拨款统计表**第十八

此二表，前记由部库放给之款，后记由东三省、直隶等省司库拨用之款，故分二表，以便分注。恭查东陵永济库收支各项，向系按岁奏销，是以特立专表，以昭敬慎。如近年添拨捕虫经费、浇灌树枝经费等项，并应照案添列，贵妃园寝等处并附于后。惟向来部中列表，陵寝俸饷与文武衙门并列，今以陵寝各官归入此表，而文武衙门诸俸分入下文二十二、二十三表，以清款目。其余工程等项，亦同。

**京外文武官品俸额统计表**第十九

**宗室世爵勋俸统计表**第二十

**蒙回各部世爵勋俸统计表**第二十一

**满汉民籍世爵勋俸统计表**第二十二

**京官文职岁支俸廉统计表**第二十三

**京官武职岁支俸廉统计表**第二十四

以上六表，专计勋爵官员俸禄之数，前一表计按品应支之额，兼内外而言，后五表计本年实支之俸，专京内而言。有养廉者，并分注养廉之数，世爵勋俸内有兼袭子、男、轻车都尉等爵，蒙回各部王公内有札萨克与闲散之别，间有子、男等爵，以及承恩公、衍圣公等特典殊封，表内未能备列。又文职内，如中书科则附于内阁，给事中则附于都察院，国子丞则附于学部，暨武职旗缺各官有在表目所列之外者，均应分别开列。至于恩俸、例俸、双俸、半俸、减成、扣平等项，并各照章分晰登注，公费、津贴等项附开于后，须每署列一分表，而以此表总计之。

**直省文武职官岁支俸廉公费统计表**第二十五

**直省关局处所岁支薪公用费统计表**第二十六

以上二表，专计各省文武职官以及关局处所俸廉、薪公、用费之数。文官兼盐官、河官、学官及山东圣庙执事等官在内，武官兼旧军、新军、驻防边成及河营水师海军在内。各处将军都统大臣及江北提督等处设立局所，并照各省办理，应由每省分表计清，再立总表。如减成、扣平、罚停、截旷等项，均须声明详注。

**度支部岁拨内务府织造经费分款统计表**第二十七

**度支部岁拨各省解纳部库饷需经费分款统计表**第二十八

**度支部岁拨各省解还洋债分款统计表**第二十九

**度支部岁拨各省兵饷分款统计表**第三十

**度支部岁拨各省协济饷需经费分款统计表**第三十一

以上五表，皆系由部每岁预拨，实为中国旧有预算之款。惟内亦有临时请拨者，兵饷、协饷两表，兼驻防、边防，一切在内。其前后加拨、改拨，及各省欠解之数，某省某款，并须逐一声明，详见各省表说之中。尚有拨补江浙厘金一项，辗转改拨，鏐镂甚多，应另立附表，以期详晰。

**京师各部院衙门岁入岁出统计表**第三十二

部院衙门出入经费，虽归各自主管，而无不应由度支部统计，然后财政方能统一。表内部拨经费，如向来原有之各部领款，近年各衙门之恩赏津贴银两之类，外省解费如外务部之船钞罚款、学部之大学堂经费、民政部之巡警经费以及各部公费饭银之类，直辖事项如民政部之巡警缉捕、度支部之币厂银行、学部之学堂译馆、农工商部之工厂农场、邮传部之铁路电报等类，皆是应由各衙门分表汇核登注，每一衙门为一总表，勿稍遗漏。

内务府院司等处岁支经费统计表第三十三

内廷宫院等处岁支经费统计表第三十四

江浙织造岁支经费统计表第三十五

大农少府，自汉以来分为二项，即泰西皇室经费之制。我朝俭德相承，自内廷宫殿以至三院七司六库等处，均归内务府，经费开支岁有定额，遇有恩赏，又多颁发内帑。江宁织造复裁并苏州，其中传办诰敕等项，且系国家经用。今分三表，各计总数，以见王者无私之意。

直省地丁各款征收数目统计表第三十六

直省漕粮本折各款征收数目统计表第三十七

直省屯卫粮租各款征收数目统计表第三十八

直省旗地租课各款征收数目统计表第三十九

直省盐课厘税各款征收数目统计表第四十

直省盐勉加价各款征收数目统计表第四十一

直省常关税钞各款征收数目统计表第四十二

直省海关税钞各款征收数目统计表第四十三

直省茶课税厘各款征收数目统计表第四十四

直省杂税各款征收数目统计表第四十五

直省厘捐各款征收数目统计表第四十六

**直省土药统税征收数目统计表**第四十七

**直省官捐各项收入数目统计表**第四十八

**直省官业各项收入数目统计表**第四十九

**直省闲杂各款收入数目统计表**第五十

以上十五表，总计各省岁收各款，经常、临时一切赅备，即依各省表式汇为总表，而经常岁入只计额征实征之数，以归简易。盐课表内尚有摊入地丁征收之项，常关表内有归知府兼管各关，暨与海关并设之处，海关表内有陆路通商各处，及新约开设各关，均未备列，并应随时添注。现计三十三年分各款，大半业已奏销，有案应即查明，先行开列。其有未能详尽之处，即速行催齐集核覆填送，以臻完备。

**直省岁支交涉费统计表**第五十一

**直省岁支民政费统计表**第五十二

**直省岁支财政费统计表**第五十三

**直省岁支典礼费统计表**第五十四

**直省岁支教育费统计表**第五十五

**直省岁支司法费统计表**第五十六

**直省岁支军政费统计表**第五十七

**直省岁支农工商政费统计表**第五十八

**直省岁支交通费统计表**第五十九

**直省岁支藩政费统计表**第六十

以上十表，按类分款，为实行统计之预备，应俟各省开报齐集，再由部中汇为总表。其详均见各省表说之中。

**直省驻防旗营岁支官兵俸饷各款统计表**第六十一

**直省编练新旧各营岁支官兵俸饷各款统计表**第六十二

**各边将军大臣岁支官兵俸饷各款统计表**第六十三

此三表为岁支军政费之分表。国家经用军费，最为大宗，此计各省各边实用之数，与前岁拨兵饷各表并非重复，其余各费，应立分表，以此类推。

**崇文门暨左右翼监督堂司各官公费津贴统计表**第六十四

**崇文门暨左右翼岁入岁出各款统计表**第六十五

此二表为常关之分表。崇文门与左右翼监督各官经征税项，略有异同，应分三处，各列详表。岁出各款解部之外，崇文门有解内务府、茶膳房、武备院、升平署等处款项，左右翼有解支、牺牲所、草豆等项，表内未能备列，应各分别登注税口处所，并各参照常关表式开明备考。他如坐粮厅，尚有经征税项，亦应按表另行填报。

**税务处堂司各官公费津贴统计表**第六十六

**税务处岁入岁出各款统计表**第六十七

税务处特设督办大臣总理全国常洋关税，近复添设税务学堂，造就人才，挽回权利，最关重要。督办、会办、提调之下，共分四股，每股总办、帮办外复有一二三四等委员，岁支公费，薪津应即逐一开列。其岁入各款由何处提解，或由何项垫用，并于表内分别声明，开办税务学堂人员经费亦须按表列注，以期详备。

**总税务司岁入岁出各款统计表**第六十八

总税务司总管各省关税，兼办邮政事宜。庚子以后，复兼司常关，综计岁入各数实绾中国财政三分之一。各关提用税司经费以及船钞罚款分成专解，各有定章，每岁报销，呈由税务处转报度支部立案，不难按表开列。至邮政，为各国岁入大宗，近来各省推广分布，用费日繁，收款亦必日益，自不可不另加统计。除关章关员以及邮局处所人员等项，分归外务、交通详细列表外，此表专记经理出入总数，以资考核。

**仓场岁收江浙漕白粮米统计表**第六十九

**仓场岁放宗室文武爵职俸米统计表**第七十

**仓场岁放满蒙汉军八旗甲米统计表**第七十一

**仓场岁放京师善堂粥厂米石统计表**第七十二

**仓场收放存储漕白粮米统计表**第七十三

**仓场衙门岁入岁出各款统计表**第七十四

以上六表，专计仓场收放存储粮石以及仓署出入款目。漕粮应分正耗、余米，详细开列，折解经费均归出入表内，俸饷搭放铜圆并各按成添注。仓耗一项，例有递减、备减及新加额外备减等名，应各照章声注。善堂粥厂原有绅办十七处、官办十五处，近多分别改为教养工厂，并应据实改定开列。

**直省收放存储仓粮数目统计表**第七十五

**直省收放存储屯粮数目统计表**第七十六

以上二表，专计各省仓屯粮石之数，兵米仓谷俱在其内，其详并见各省表说。

**国家历年借用洋债期限本利数目统计表**第七十七

**直省借用内外国债期限本利数目统计表**第七十八

**全国铁路借用洋债期限本利数目统计表**第七十九

以上三表，专计国债之数，一系由部借用为国家公债，一系各省借用为各省公债，一系铁路借用为起业公债。至内债，仅有直隶一省，其余暂时挪借商号。短期息款，亦附表末，以免遗漏。

**造币总分各厂历年铸造发行银币数目统计表**第八十

**造币总分各厂历年铸造发行铜币数目统计表**第八十一

**造币总分各厂铸造银铜币数本利统计表**第八十二

以上三表，专计造币总分各厂铸造发行本利之数。银币铸造日久，犹未全国通行。现在综计流通之数，必不及发行之数，当有暗中消失之处。铜币发行太骤，与旧用制钱不能相当，浸有贬值行使之患。近虽定有限制，而各省情形不同，必须详加统计，研求进步。至于厂中本利，总厂向有报销，应各按照列具分表，再行汇总开列，以期详备。各省有不在部定分厂之数，而请暂将余铜铸造者，亦应按式列表备查。

**大清银行赀本营业统计表**第八十三

**大清银行纸币发行准备各数统计表**第八十四

**全国官商银行类别表**第八十五

**直省官银钱号赀本营业统计表**第八十六

**直省官银钱号纸币发行准备各数统计表**第八十七

**直省商银钱号赀本营业统计表**第八十八

**内外银行贷款多寡利额高低统计表**第八十九

以上七表，专计银行事业。泰西中央银行有维持全国商市之责，与普通银行不同，非徒以汇兑利息竞胜而已。大清银行设立以来，日加推广，然如营口商业之倾败、京师银价之腾踊，犹未能大收成效。而商业银行条例，尚未实行，则报官注册仍居少数，各表略具一斑，以期发达。

**中国银两合外国金币价目统计表**第九十

此表专计中国银两合外国金币价目，上关国计之盈亏，下系商情之衰旺，每月均算之价，均由上海报告，可以随时开列。惟如俄国卢布等，表内未能全具，亦应查明补注。

# ●●又奏定财政统计表式解说下

## 省　　表

**直省正杂各款岁入岁出总数统计表**第一

此计各省出入总表。按各国通例，分经常、临时二种，表内列款或未具备，应由各省按款补列，务期赅括出入，毫无遗漏，方合办法。经常即向来经制额定各款，临时系岁有岁无特别收支各款，应每款照下表式列一分表，而以此表总计其数。惟下有表式，与此分合略有不同，应各就各款详晰开列，其入款内粮捐一项，如四川津贴捐输几同常赋，然必每年请展，以及各省新加赔款等捐，凡系随粮加收者，皆是土药统税。现办禁烟，即须逐年减少盐觔加价，大率俱有停止年限，故与粮捐均入临时核算。出款内如河工一项，岁修应归经常，抢办、加修等项应归临时。补助一项，亦有经常、临时二种，均须就款分别清楚，详细登注。

**直省岁收地丁钱粮各项统计表**第二

以下均计岁入之款，统计以年为断。表内额征之数即指本年应征之额，所有三十三年以前水冲沙压碱荒坍废等项豁免旧案，另于备考声明。升垦、蠲豁、减缓三项，亦就本年填注。无则注无续征一项，系本年接征上年钱粮之数；带征一项，系本年带征历年灾缓钱粮之数；未完一项，系本年钱粮尚未征完之数。其它压征流抵以及颜料蜡茶南丝药材应征杂赋，表内未能备列，应由各省随事增补，务求年限清楚，款目分明。如有各义较晦，应将逐款案由详加解说，附记备考之下。余表以此类推。又各表均系总收数目，各省应照此式分行州县，先以一县为一表，合而为府，再合而为省，填表送查。

**直省岁收漕粮本色各项统计表**第三

**直省岁收漕粮折色各款统计表**第四

漕粮一项，只有江浙等处八省，而八省州县又有无不一。凡漕白粮米，正耗本色之外，有原征折色，有改征折色，以及经剥商耗行月钱粮、赠贴、脚价、轻赍、席木等项，并南粮南项正杂各款名目甚繁，山东等省兼收麦豆，表内不能具列。总之，各就本色折色所有款项分列二表，详晰填注。

**直省岁收屯卫粮租各项统计表**第五

屯卫屡经裁改，田亩嵌坐，各州县迄未清厘，而新章有兼收屯价者，有只征粮租者，各省章程不一。应就现有征收各项据实填注。

**直省岁收旗地租课各项统计表**第六

官田输租民田、输赋旗地各租，似各国官有地而不同。奉天有升科地租、随缺地租，山西有新案地租、旧案地租，陕西有马厂地租、营田地租等项，奉天官租尚有交纳棉盐等物者，务各分别开列，并将案由注明备考，芦课、渔课以及土司租赋，并应另著分表，而以此表登记总数。

**直省岁收地丁各款分别州县细数统计表**第七

此系分按州县统计，表式照上，地丁钱粮以至旗地租课，每项分列一表，以别州县经征之数。州县向有征存未解，名目虽经革除，而至结算交代，往往未能清楚，表内报征起解各数，均须据实开列。支销一项，系州县例准留支之款。存欠一项，一即征存未解，一系实欠在民，均不得稍有含混。

**直省岁收盐课税厘各款统计表**第八

此表总计盐务入款、正耗、加羡、带课、归纲，名目最繁。如正课或称大课加课，或称溢课引课，票课之外又有引本票本，正厘正税之外又有捐输报效，此款目之不同也。灶课外，有井课、锅课，而长芦又称边布，福建又称坵折，引课内有水引、陆引，而长芦又有商包，浙江又有肩住，此课项之不同也。奉天有四八盐厘、二四盐厘、一二盐厘，两淮有四岸盐厘、五河盐厘、外江盐厘、西岸盐厘，此厘款之不同也。至帑利，则本息各殊，杂项则正加各别，或为铜勋纸价，或为池脚墙工，有供应衙署之公用，有捐助地方之经费，或报部，或不报部，或并不报督抚者有之。此表除加价外，凡系向来造报之款，均须分纲分地逐项登注，其向不造报者，名色粉歧，尤难悬定，应由运司盐道据实托出，另归外销表内填报，以清眉目。

**直省岁收盐觔加价各款统计表第九**

盐觔加价，新旧各案甚多，有期满停止者，有接案征收者。近来路矿招股，亦以加价为集款之计，此与国家征收虽有不同，而取之于盐则一。故汇列一表，约分四种，如海防加价、筹饷加价等款谓之旧案，赔款加价自为一项，练兵加价等类则归新政，而以路矿附之，或加一文、二文、四文，或归商包纳，或归官分收，或归产盐省分，或归销盐地方，并须逐案声明，详注备考。

**直省岁收常关税钞各款统计表第十**

常税旧分户、工二关，现除未设海关各处外，多归洋税务司兼征，并计分计，各按现行章程分晰登注。分口一项，有洋税务司征收之口，有五十里外自行征收之口，另征各税，如房地、牲畜、茶木、烟酒等项，不必每关俱有代征。各税如太平赣关之丝，扬州关之盐税等项，以及税额盈余征收不足赔缴之款，表内未经备列，均应据实逐一填报勿漏。

**直省岁收海关税钞各款统计表第十一**

海关税钞,分别华洋贸易,有税务司造报税册甚详,惟中西年月结数不同,约章成案汇览所列通商征税比较表,即系按照中历计算,自应查照,另行填报,并附西月结数,以备考证。捐款一项,指河捐、码头捐等而言,多系外销,不报部之款、罚款一项,或报或不报船钞等项,向分四成、六成造销,此表均按全数登注毋遗。

**直省岁收茶课税厘各款统计表第十二**

茶税茶厘,除厘局所收归厘捐表内统计外,此表专计各省关向行茶引所收课税厘款,或引或票或箱或篓,以及每引每票及每箱篓,若干觔数,运茶销茶等地,边引腹引等名,应照盐法另立专表,而以此表统计款目,庶为清晰。

**直省岁收杂税各款统计表第十三**

杂税名目繁多,如季钞、炉税等项,表中不能备列,应由各省依类添注,契税、当税、牙税、烟酒税等新章,均有加收当税,且有预收年数。其余各税有有额者,有无额者,均须逐项注明。增收一项,系指照额盈收之数。加收一项,系指照则加收之数。

**直省岁收厘捐各款统计表第十四**

厘捐名目,百货之外表内只举大宗,他如签捐、煤厘、猪捐、肉厘以及油捐、斗秤捐之类,凡专案办理者,应即添立专款,其余可归杂厘、杂捐填报。惟税厘与捐三项名目,各省往往混合不分,应各视其性质,各归一类。近于税者归杂税表,近于厘捐者归厘捐表,方为清晰。其改办统捐之处,仍按厘捐列表。

**直省岁收厘税各款分别局卡细数统计表第十五**

厘捐收数,大者为局,小者为卡,亦有由县兼收之处。此表专计各县局卡,比较收解支销存欠之数。支销者,系指薪水局用之数。存欠者，系指收存欠解之数。各省优差，向以厘捐为最著，其大者无不侵蚀捐款，而私收规费特其小数而已。近来比较渐严，亏欠仍多，皆由未能认真稽核之故。此表应饬各县局卡照式分报，而后汇总填送，其数均以年终为限。其府厅州县向收落地各税，实即局卡征收厘捐之货。惟原定章制不同，应归杂税表内开列。

**直省岁收土药统税各款统计表**第十六

各省土药统税虽归统税大臣管理，而办法各有不同，有接亩加征者，有按店加征者，有按卡加征者，大半均有本省人员协同征解，间有仍照旧章征收之处，应各按章分别总局、分局列表报查。其有行店牌照以及烟膏各捐，并附此表，填注勿漏。

**直省官捐收入各款统计表**第十七

现存官捐，除云南善后筹饷捐输之外，大率赈捐为多，余如浙江塘工丝捐请奖封典虚衔之类，亦应附入。各省赈捐，尚有代收部库免保留省两项者，表内即应添列实银一项，应照减折实收之数，饭银照费系解部之款，公费系外局之费，其它捐助钜款及学堂经费、专案奏奖、实官虚衔等项，并归此表，分款开列。至捐请建坊及义赈各捐不请奖者，即归灾赈内开报。

**直省官业收入各款统计表**第十八

此表总计各种官业收入之款，除银行、币厂已有分表外，船政制造路矿工艺等项，另归农工商部、邮传部开列细表。此但计其产业本利之总数而已，其向来不计本利之处，应将制造物价与局用开支乘除结算，则其本利盈亏自可互见。如纱布丝麻等厂，或以官本创立，而由商人包办，应于表内声明招商船局。虽由官督办，而纯系商本，不列此表。

**直省荒价收入各款统计表**第十九

近年放垦荒地日多，荒价几为边省岁入大宗，如热河之围场，奉天之东西流水、养息牧、大凌河，及各府厅州县之苇塘、山荒、海退、河淤等地，吉林之蜂蜜山、蒙江等处，黑龙江之通肯、克音、巴拜、柞树冈、讷谟尔河、甘井子、爱珲、墨尔根等处，及各府厅州县之余荒；其在蒙地，如察哈尔左右翼，山西之伊乌二盟，热河之敖汉、巴林、札噜特等旗，奉天之科尔沁部、札萨克图郡王镇国公、图什业图亲王等旗，吉林之郭尔罗斯前旗，黑龙江之郭尔罗斯后旗、杜尔伯特、札赉特、依克明安公等地，以及江苏昆山，山东利津，并广东、广西等省，亦复勘地分办，必须列表专计，庶免淆混。至各处放荒章程不同，表内只分大略，应各按表变通开报。

**直省岁收闲杂各款统计表**第二十

各省闲款，定例亦有奏销，此表总计闲杂各项无类可归之款，内减成减平向应报部候拨，款目甚繁，并各详列分表，而以此表登记总数。其余杂款，不能胪列，应就所有据实开报。

**直省丁漕租课征收科则分别统计表**第二十一

以下各表，详计各种赋税征收科则。期限、方法、地域之别，为改良政策之所必需，丁粮科则省异而县不同，旧例一州县中，或至数十则条分，或至数十项自行一条，鞭法等则名目，正杂耗羡，仍复纷歧。其折收价目有奏定者，有自定者，每银一两合钱若干，每米一石合银钱若干，及与银圆合算，又各随时加减。州县禀报与其实在征收数目复不尽符，平余杂费虽不在科则之内，而丝毫莫不取之于民，应各据实分晰填报。

**直省赋税完纳期限分别统计表**第二十二

征收地丁，旧分十限，现在多分上下两忙，此与会计年度最有关系。盐纲积压尤甚，部文则岁岁提催，而外省则年年请展。此表核计每年启征、旺征月分，必须详细查明，以备考证。至国税滞纳处分，日本统计列有专表，意与我国旧例奏销处分不同例，以趣办为先。而统计之理，则在察视人民之裕绌及其对于国家观念之深浅也。

**直省盐法产销配运分别统计表**第二十三

盐法，以产场销岸为本，而配运行于其间。灶井之外尚有土盐，引票之外尚有肩贩，官商之外尚有借运。此表略举一端，不必拘为定式。各省应就现行章程各款列注大要，在使产销引票之数、官商民运之法，场岸分明，本末清澈，可以知产盐之衰旺、销盐之畅滞、引票之利弊、官商之赢绌而已。

**直省盐课厘税征收科则分别统计表**第二十四

盐课之重轻、引觔之大小，各省各岸均有不同，此表分计每引每票征收之数。加价按觔收纳本无科则可分，而归商包纳之款，则每引每票分摊若干，亦与科则无异。其引票配盐觔数，须将加觔加耗分别注明。

**直省盐引行销官店价值分别统计表**第二十五

州县行销官盐，由官运销者为官局，由商运销者为官店，或谓之官盐栈，或又称盐公堂。城厢乡镇分设子店，均须禀官立案，官定价值不准私自增减。然往往有以官店而贩私，加价而贸利，兼有私收规费、底钱等类，故有枭私易缉、商私难净之说。淮盐又有桶价、牌价、岸价之别，应各分注声明。酱园为销盐大宗，故亦谓之官酱。园缸只有正有、副有，备与数销捐数，皆有定额。盖虽由商行销，而其办法纯与泰西专卖相同，必须详细统计，方能核实。

**直省关税抽收科则分别统计表**第二十六

西国关税政策，有保护与自由二义，而其税率亦有普通与协议二种。中国为条约所束缚，无所施其政策。税率又皆协定，且为普通之协定，而并不能为一国报酬抵制之计，似可无庸立表。然税则有定，而物价无定，名虽值百抽五，而实不及五者，多税则虽不易改，而随时估价亦为修改条约应有之义。现在新约虽称征足抽五，而至今货价又增，则仍居于不足之数。将来裁厘加税，税则愈重，此中出入愈大，必须立表随时核计，乃知真正货值，乃知真正税率。计法有从量、从价及混合三法，务须分别开列，乃为清晰。常关税则，按西法为内国税，应与厘税同计也。

**直省各关进出口货价值税数统计表**第二十七

海关税册分表甚多，不必逐项钞录。此表总计进出口货值税银关系出入盈亏大数，最宜注意进出口货物名色，均照约章税则分类，应各逐一查明开列。近年进出口货价值相悬，每岁不下八九千万，而海关税册每谓必有暗中补进，殊不可恃。此又统计所不可不加之意也。

**直省厘税抽收科则分别统计表**第二十八

西法征收内国税法，皆以食用品为免税货物，而独重征消耗奢侈物品，故烟、酒二税，各国为岁入之大宗。而中国税入则向以食用品为最多，厘金本按货价酌抽，相沿既久，乃不问货值，而重叠征收。此省设局，彼省立卡，各顾考成，不分起验，以苟一日之利，并失抽厘本意矣。货值随时不同，固视其产销之多寡，亦视乎运搬之难易。就厘论厘，南省厘重，而北省厘轻，以陆运较水运艰费，故耳近年轮路交通情形又将一变。表内地名，指抽厘之地；产值，系该货原在产地之值；运费，系该货应需运脚之费；市价，系该货现销市场之价，必须合观三者，而货物之真值乃见；税则，系通行税则；道数，系抽收道数，合计值百抽收若干，乃为税率。

**直省厘税抽收地方分别统计表**第二十九

西法收税，皆就产销两处，而无本国之通过税，盖出于恤商保商主义。中国厘捐，皆从经过地方立卡征收，取其易于稽查，亦未始非由恤商之义而起，其弊在于章程不一，重叠征收。各省捐章，有起有验，有两起两验，有不分起验，而遇卡即抽。近订商约，只抽产销两税，将转运处所一律裁免，虽尚未及实行，而各省改办统捐，或仍在经过地方，殊非约意必须先将货物来源去路考查明晰，然后改章始有把握。各省应照原定货物厘税章程，各就地方逐细分查，按表填注，毋稍含混。

**直省批解部库饷需经费分款统计表第三十**

以下各表，均计岁出之款。此表专记批解部库各项，如有漏列，须各按款补入。款由丁漕厘税何项开支，即在何项开报，原拨续拨均应分注。另筹一项，系指练兵、专使二项，有在丁漕、税厘之外另行筹集者，平饭补水汇解各费，或在正款，或在杂款支销，以及欠解正款数目，并须声明开列。余表以此类推。

**直省批解内务府织造经费分款统计表第三十一**

内务府经费，即各国皇室经费之一种，织造统于内府，是以并归一表。内务府经费有原拨、加拨，织造经费有大运、赶运，又有奉传活计等项，各按拨解细数开列。其余各关有解颐和园经费、内务府参价金价等项，亦归此表，分款列注。

**直省解还洋债分款统计表第三十二**

此系解还洋债总表，原拨加拨改拨均须逐款填注。其辗转改拟之款，如加放俸饷、旗兵加饷等项，应各据案声明，而以动用本款为主。汇费补平一律开报江海关道，经理收支应再另开专表，将按次收解生息合镑盈亏各数详细开列。

**直省协解邻省饷需经费分款统计表第三十三**

协济各款，表内只举大概。饷需项下，尚有北洋淮军协饷等项。经费项下，尚有东三省开办经费等项。他如邻省专协之款，如江西协济督标、四川协济西藏等类，不能悉数。其受协省分应即照表改作收款，分晰填报。

**直省解支本省兵饷分款统计表**第三十四

此系一省兵饷总表。凡有官兵饷乾细数应按营遂各立分表，而以此表汇总核计，除驻防另具分表外，绿营指裁剩官兵，所有给发恩饷遣费等项一并在内。防营章制，名目最为纷歧，有改巡防队者，有改常备军者，有改巡警队者，除巡警队归巡警列表、常备军归新军项下开列外，凡旧有防练各营，均归此项填注。新军，即新练当备各军，或镇或协或募或征，分别马步炮工轻重军乐各队，详细开列。退伍兵饷，亦应附注水师，有外海内河长江太湖之分，有军舰雷艇炮船枪划之别，分析登记，毋有遗漏。

**直省批解京部衙门饭银公费各款统计表**第三十五

京部衙门饭银公费近年各有加增，应将原解加解各数分别开列。其它化私为公，及另收专款，如吏部缺费、法部罚金、度支部捐纳、部饭照费等类，则应另列分表，毋得牵混。

**直省藩司衙门岁支地丁各款统计表**第三十六

前项各表，以事为经，而以款为纬。以下各表，以款为经，而以年为纬。何项事件应由何款支销，本有定例，自出入不敷，而借垫挪移，遂多混杂。此表专计地丁开支之项。表内略举款目，并非定式，如解京部各款，须逐一分开，不得合为一项。进贡物品，均归采办项下开列，各款或支正项，或支耗羡，亦须逐一声明。称本年者，均指三十三年而言。余表类推。

**直省运使盐道衙门岁支盐课税厘各款统计表**第三十七

盐务支款繁碎，表列各款之外，如供应督抚之项、协助地方之项，且有向归盐局专管，不归运使盐道衙门收支者，其款或支正课，或支杂课，或支税厘，或支加价，并须逐一声明。

**直省粮道衙门岁支漕粮各款统计表**第三十八

漕粮各项应照岁收，表式银米分为两表，此表专计银款。京通沪局经费应归运兑费下开支，如遇截留等项，亦应声明分注。他如屯卫、粮租归粮道管理之款，并归此表开报。

**直省关道衙门岁支税钞各款统计表**第三十九

洋常两关岁支各款，亦应按照收款分列两表。出使经费，向由江海关道经管，并照洋债表式另立分表。特别用费，如开关辟界等项，动用何项税钞，亦须逐一声明。

**直省厘税局所岁支厘税各款统计表**第四十

局卡经费定章，准支一成。各省不敷开支，往往融销匿报，或则短报正厘，或则另征公费，均所不免。表内局卡经费指省外局卡而言，本局用费指省城总局而言。各省又有改称筹款局，或称财政局者，总之，经征厘税局所，并归此表开列。

**直省文职岁支俸廉公费统计表**第四十一

以下统计文武署局俸廉、薪公之数。各省俸廉之外，多有加给公费，有归属员报解者，有由上司拨给者，属官如司道首领、府县佐贰等官，应按员数银数分别开列。其有减成扣平半俸半廉，以及罚停截旷等情，亦须逐一声注。

**直省武职岁支俸廉公费统计表**第四十二

此就绿营旧制列表，其有已改新军省分，应照新定职制开列。俸廉、公费之外，向有盐菜、心红等项，一并填注。世职各官，附入此表。

**直省盐政各官品级额缺职掌俸廉统计表**第四十三

中国专管财政之官，惟盐、粮、关道三项，此表专计盐政各官俸廉之数。表内额缺，只计员数，不列姓名。督销各局名为差事，而责成与实官无异。俸廉一项，即开薪水、公费之数，其局所繁，要如江南、四川等省，自应列为专表，并将分局员数、公费逐一开列，以期清晰。

**直省衙署薪公用费统计表第四十四**

此表总计衙署公用之款。内公费、津贴一项，系指前表俸廉、公费之外加给津贴而言。薪水、工食二项，督抚司道府厅衙门多由所属员司分别报解，州县衙门或在正款留支，或由吏民供应，杂用如心红、纸张、填衙换季之类，相沿已久，各应据实具报，无庸讳饰。

**直省局所薪公用费统计表第四十五**

此表总计局所公用之款。局所名目繁多，如善后，或称支应防军军装，或分兵工钢药，表内不能具列。薪工用费，最为各省出款之大宗。其余正项开支，如军需之粮饷、军装之料价、洋务之交际等费，均归另表开报，毋庸混入。

**直省海关总分各口地方员役薪公统计表第四十六**

海关兼用华洋员役，出款尤繁。常关归税司兼管例支经费一成，其余薪费、工食必须逐款分列。海关设立年月，则应注明立约开关与自开口岸。

**直省驻防旗营岁收饷捐各款统计表第四十七**

**直省驻防旗营岁支俸饷各款统计表第四十八**

直省驻防旗营，分设将军、都统、副都统、城守尉、防守尉以下等官，统辖管理岁支俸饷均有定额。如热河、密云、察哈尔等处，至今尚由部库请领。惟近年各处创办新政，出入岁有加增，岁收各款如盐税、矿税、斗捐、荒价等类，岁支各款如练军、兴学、巡警、工艺等类，既与各省行政相同，即应按照各省表式分别开列，而以此二表登记收支总数。东三省等处将军、都统虽多，裁并改归督抚兼管。而八旗俸饷仍属专款，自应别立专表。他如广州驻防有京员旅费、出差盘费等项，此系特别支款，应各另开于后，并附记案由，以备查考。

**各边将军大臣岁收饷捐各款统计表**第四十九

**各边将军大臣岁支俸饷各款统计表**第五十

此两表系在驻防将军、都统之外，专计边务大臣收支各款。拨解一项，指由各省协济之款。筹捐一项，指由本处捐集之款，如库伦统捐矿利等项皆是。岁支兵饷应分别防戍营队，据实登注。其有举办新政，设立局所及购办军装器械等类，并照各省分表开报。

**江浙织造运务出入数目统计表**第五十一

织造办运缎绸等物，有上用、官用、内用、部用之分，如诰敕俸缎等类，将来应由国家税内支办，自应分别件数、料工，详晰列表，以清眉目。

**直省岁支交涉费统计表**第五十二

以下各表，又按用款分类开列，即为将来实行统计之预备。交涉、军事、藩政三项，系专归国家行政费，其余则有国家与地方行政费之分。经常、临时即就每年额支、活支而言，其有开办建筑等项，均归特别项下详细登注，备将来厘定国家税与地方税及预备费之张本。表内列举大纲细目，均详各部分表。西国交涉皆由中央政府，且有一种秘密费。而中国省界广远，关道、洋务局皆有分理交涉之责，即有开支经费之时，自不能不列表分计。出使经费即由各关提解之款，专使经费亦然。教案赔恤，系指旧案分年偿款而言。接待赠答，如寻常领事交际及酬奖宝星之类，则入经常；如接待专使军舰之类，则入临时。其余以此类推。专设交涉使者，即将交涉使用费添注。

**直省岁支民政费统计表**第五十三

民政以巡警用款为大宗，各省已设巡警道者，列巡警道经费；未设巡警道者，则列巡警局经费。府厅州县巡警应与省城分别开列。他项关系民政，如土木、赈恤及孤贫口粮、补助地方善举等项，亦应分入此表。

**直省岁支财政费统计表**第五十四

中国征收赋税之费，皆混合于行政费中。惟藩运粮关以及厘局盐场等官，乃为财政专设。而藩司兼职最多，只有关系库用者，应入此表。其专设度支使及新设财政筹款等局，自应逐一开列。盐政虽归督抚兼管，而另有经费开支杂支各费，如汇解等项皆是。

**直省岁支典礼费统计表**第五十五

泰西只有法律，而无所谓典礼，故亦无此项经费。中国礼文严重，尤以祀为国之大事。各省例支钱粮，皆以此项编为经制学官之费。如圣庙香灯以及校官俸食之类，时宪如宪书工料迎春霜降之类，修缮如有关典礼工程之类，旌赏如节孝建坊举贡牌匾之类，庆贺典礼等项费用亦应列入此表。

**直省岁支教育费统计表**第五十六

教育各费，官立学堂之外凡公私所立学堂，西例多由国家补助，故为出款大宗。中国新设各提学使，皆以筹款为难，左支右绌，正宜竭力扩充，以期发达。现开各费细数，均见学部分表。此但计其总数。

**直省岁支司法费统计表**第五十七

各级审判厅现尚未经备设，支费尚不甚多。然如州县词讼用款，自传讯勘验以至拘禁招解，费目颇繁，贪者取之于民，廉者则出之于己，非令逐一开报，不能逐渐改良。管狱官如按司狱至县典史皆是，看守所指向来羁押待质等项公所而言。

**直省岁支军政费统计表**第五十八

世界竞争愈烈，则军费愈重。西国此项，亦皆由中央政府开支，而中国尚未统一，不能不就各省分任，驻防饷项，详见分表。军装，指外购军火；制造，指自制军火。大操经费，应于操防之外特别开报。台站驿递等项，义属交通，惟现仍暂归陆军部管理，故附列此表之后，而以邮政局夫马局分入交通，以清眉目。

**直省岁支农工商政费统计表**第五十九

中国向除河工水利而外，农工商费由官开支甚少。自设农工商部以来，各省多设农工商局以及农林蚕业各种学堂，近复增设劝业道缺、农场商会，次第推行，则此项经费亦必日增月益。表内略举大概。塘工，如浙江海塘，江南、山东运河堤工皆是。

**直省岁支交通费统计表**第六十

各省铁路除商办公司之外，此表专计官办各费。电报局现虽一律收回，而当三十三年尚系商股，亦应专计官设各局。邮政虽归税务司兼管，而出入应有报销。各省费用多寡，应各咨查分计。夫马局费，除支应兵差归前军政表外，其余流差等项需用车驼夫马以及官轮纤夫之类，均入此表。浚浦经费为便利通商而设，故亦开列于此，系交通特别之款。其余桥道工程，除马路归民政费外，如甘肃修造黄河铁桥之类，并应据实添注。

**直省岁支藩政费统计表**第六十一

国家治理蒙部，于将军大臣之外特设蒙古参赞办事大臣，其本部自盟长札萨克以下，又有协理台吉、管旗章京等官。回部阿奇木伯克等，业经裁撤，只有分设头目。西藏达赖喇嘛，新加廪饩如班禅额尔德尼、呼图克图等，亦有开支，即应附列于后。藏官如堪布、噶布伦等，均系专设。除详见藩部分表外，此表专计藩臣爵职、俸廉、公费以及赏恤、钱粮等项。至年班王公进京，沿途差费繁重，西北各省久已视为苦累，如今年达赖喇嘛经由山陕，供应尤为繁费，自应分饬州县据实开报。

**直省偏灾地方人民捐赈数目统计表第六十二**

水旱偏灾，时所恒有，故日本有罹灾求助基金，实为备荒之要。中国除顺天府有备荒经费外，其余各省赈捐，往往挪移他用。此表只就寻常偏灾而设，如遇灾重地方，特别办赈。若上年淮、徐等处，应另具详细表式，分别赈米、赈银、冬赈、春抚以及留养遣散、户口大小、日期长短、银钱多寡，逐一登列，不得因此概从简略。

**直省岁支河工各款统计表第六十三**

此为农工商政费之分表。河工向为岁出之大宗，岁修抢修之中，其工程有厢帮培补之别，料物有土石砖秸之分，高宽丈尺例有奏销成式，应各据实分别详细开注。如遇特别大工，自应另款列报。他如浙江海塘，江南湖北等省隁工之类，亦应按款列表分计。

**直省借用内外国公债期限本利数目统计表第六十四**

此指各省自借公债外国债，如江南瑞记洋款等项，内国债如直隶公债及各省偶向商号借垫等项，凡计本出息者皆是。

**直省出入钱圆合银价目统计表第六十五**

各省出入款目，皆有钱有圆，而银又有平色之不同，今办统计必一律以库平合银方能画一。此表就各库总数合作，银价如有铜圆，亦应添列。

**直省交代期限数目统计表第六十六**

库款交代，例限綦严，而州县尤为重要。各省参追屡见亏短，仍时有所闻，或仅以一参了案者有之。盐场经征盐课等项，亦与州县钱粮相同，应各据实列表，以清款目。

**直省库款实存数目统计表**第六十七

向来管收,除在四柱清册,统算最为简明,其弊在于借垫、归还参差缪辀,或以空文转拨,或以杂款凑支,辗转挪移,奇零折扣,宕延日久,歧之又歧。或本款已具而并不清还,或前款未偿而又将别用文书款目,既不相符,失陷欺朦多由此出。此表统计各库实存之数,应每库自为一表,仍依四柱书式,而加借垫、归还二项,以清眉目。须将各款稽核分明拨除清楚,然后再将某款尚在借垫、某款实已归还据实填报,毋稍含混。

**直省外销各款收入统计表**第六十八

各省外销名目相沿已久,盖因部文拘执必以成格相绳。而省用繁多,每出定章以外,遂致腾挪规避,创立此名自用自销,中外财政实皆无此办法。今将开办全国预算,各省无论何款,皆须托出,自非立表分计不能清晰。大致外销收款,有依附正项者,有另立专名者,总以税厘为多。其余公款生息、裁提中饱、盈余、摊捐、罚捐等项,色目甚繁,不能具备。总之,未经报部立案之款,均归此表列收。

**直省外销各款支出统计表**第六十九

外销支款,大半亦系公用居多。凑解各项,系指正款不足而由外凑补者;协助各项,系各省局自相协助,及补助地方之款;积亏,指从前亏短者。总之,未经报部准销之款,均归此表列支。

**直省征收仓粮各项统计表**第七十

田赋之制,征银之外,科米、豆、粟、麦草束不等。此统计各省州县征收米粮各数,系在漕白南粮之外,兼综兵粮仓谷而言。本色折价,应各分别开列。

**直省征收屯粮各项统计表**第七十一

新疆科布多等处，屯粮收获有大麦、小麦、青稞各种，官屯、民屯应各分晰开报。

**直省各仓收放存储谷麦杂粮统计表第七十二**

各省仓储，例应按年结报奏咨，即义仓、社仓亦应盘查具报。惟相沿日久，文具空存。官则交代，每有侵亏，绅则盘踞，以为隐耗，亟应清查统计，以除积弊。各仓大抵存谷较多，存米较少，谷麦之外均入杂粮，新收有征还、买补之分，支放有散赈、借支之别，并须逐一分注，勿混。

**直省官有产物统计表第七十三**

官有产物如城基廨地，或为武营私租山林牧场，或为乡民占垦，向不甚加清理。官房如各项局所，皆是官驼官马，除察哈尔等处牧群厩厂归陆军部立表统计外，如台站之官驼、驿递之官马等皆是，其余如差轮、巡船等类，则入官物开列。入官产物，指本年充公没收之物，或查抄或判罚，皆是。

**直省府厅州县岁入岁出统计表第七十四**

府厅州县，为国家之具体出入之初基。今州县之优瘠，乃不视乎俸廉之厚薄，而惟视乎规费之轻重，其出入既不可问，则其政治概可想见。将欲举行新政，必将所有平余、火耗等项和盘托出，仿照从前耗羡归公之法，另给公费，庶几吏治可以澄清，政事可以成立。各省近多匀给州县津贴，惟尚未能一律实行，自应先将出入款目通盘查核。凡有经征正项，以及各项规费、因公费用，统归此表，罗列声明，毋稍隐饰。

**直省州县经征赋税提解收纳各款统计表第七十五**

此为前表之分表。州县规费，钱粮为大，而徭税次之，有有定之费，有无定之费。近年各省提解赔款、学堂等项，竭力搜罗，如江苏等省平余公费,大抵半归提解、半归州县收纳。其加价一项,系指过年完纳加收之价而言。至征收钱粮,虽例应自封投柜,而实不尽然,又有内征内解、外征外解之别,内则出于州县之自为,而外则由于漕书库吏包收包缴。例收规费之外,复有单费、柜费等项,并为州县不能尽知,均须逐一查明登注。税余等款,或加成提解,或据实开报,各省办法不同,并应分别列表。

**直省州县征解漕粮本折经费数目统计表**第七十六

此表计漕粮收入之款,对下而言,漕粮有例征本色,亦有例征折色,而实在收纳本折又各不同,折征价目亦复互异。随漕经费,有报解者,有支用者,有供应上司及给发本署书差役食,一切必欲廓清窠臼,非先查明列表不可。北省差徭捐派一项,亦有大差常差、有额无额、出钱出夫之别,自应另列一表。

**直省州县运解漕粮本折经费数目统计表**第七十七

此表计漕粮解上之款,对上而言,例支增给各项经费均有定章,而与实支之数是否相符,须各据实登注。其它漕项、轻赍、芦席、板木等项,亦应逐一开列。

**直省地方公款出入统计表**第七十八

地方公款,系自治基本财产。日本自府县以至町村,皆有专表。中国虽无此名,而地方公举、善举等项亦复不少。表内存息一项,系指存商生息之款;存现一项,系指存官或存经理、绅董等处;现有之款新收,专指本年收入之数,或随钱粮厘税加收,或由官绅商民公捐;生息,即指存款所生之息。如修渠、筑堰、迎神赛会,向多按田按户公派,应将按田派者归入随粮加收之内,按户派者归入公捐之内。别有不动公产,均各附列于后。惟有属于合州合县公有者,有属于一乡一镇独有者,并须分别声明。

**直省造币厂铸造银铜圆数本利统计表**第七十九

**直省造币厂历年铸造发行银铜币数目统计表**第八十

画一币制为理财一大关键,而造币局铸造发行之数须与人民经济程度有一定比例,故各国于此均有限制。中国银、铜二币兑换涨落,听之市面,国家并无操纵之权。银圆铸造较久,虽可抵制墨银,而西北各省犹未一律通用银圆。创办之初,迭起竞争,并未计及供求相剂之理,遂致利不胜害。此表统计历年铸造发行各数,实为将来比较盈缩之权舆。至计厂中本利,则铸本铸费而外,须视发行价值之低昂。铸本,指银铜料价而言;铸费,指局用工价而言。每次发行数目、兑换价值,应立详细分表,与此表相辅方能清晰。

**直省各关流入外国银圆数目统计表**第八十一

外国银圆流入中国,在乾隆时已有花边、十字、马钱等名,浸灌至今,不独以减色易我足银,隐受亏耗,亦为画一币制一大阻碍。此表大致亦可参考海关税册,惟闻闽粤沿海各埠所用银圆有十余种之多,均须调查清晰,分别填报。至洋行钞票发行种数,亦应附列此表。

**直省金银铜产额及各口输出入数目统计表**第八十二

中国今日未能改用金币之故,皆由金额出产过微。各口输出入数,海关税册可以参考,惟产额不易稽查。云南铜厂办运铜觔开采之外,兼有采买,不能全作产额合算。现在矿务渐兴,且为改铸国币之备,自应详加统计。

**直省官商银行类别表**第八十三

银行为财政血脉恃以流通,外国视为专门学业。中国银行官立之外,商立惟有一二。储蓄银行仍兼商业,尚不足为劝业兴商之助。此表略记梗概而已。

### 直省官银钱号资本营业统计表第八十四

各省官银钱号,近多纷纷设立,几于每省俱有。惟利弊相因,必须切实统计,勿惊虚名而图近利。

### 直省官银钱号纸币发行准备各数统计表第八十五

纸币一项,西律视为公债之一种,以其换收实银之后,仍须换出,实与借用无异,故各国发行收换之际,与准备现金之法,皆严立限制,以维持信用。在昔宋行交子必有年界数额,富弼言交子之法必以积钱为本,亦即限制准备之意,古今中西法理相同。此表准备抵押各项,必须据实开列,毋少虚饰。

### 直省商银钱号赀本营业统计表第八十六

商银钱号,向不报官立案。度支部新定则例通行,自应逐一注册。营业约分三种,如大德恒、百川通等西商票庄为一类;源丰润、天顺祥等各官银号为一类,此种经理关税虽称官银钱号,而全系商业性质,故入此表;其余各埠汇兑钱庄为一类。而门市兑换钱铺不计焉。西律合股办法,本有合名、合赀两种,而中国不分,又其股东皆负无限责任,故不另加区别。

### 内外银行兑款多寡利额高低统计表第八十七

各国银行统计,于其营业体类及其存贷款项利息之间,莫不详细钩稽,以其关系商业之盛衰、民生之丰啬。而国力之强弱,因之中国通商各埠大宗商务俱为外国银行占夺,本国银行萌芽方始,此中能否竞争,必须备列此表,详加考验。

### 中国银两合外国金币价目统计表第八十八

自中外金银交通日广,洋债日增,镑亏日巨,部中特派专员会同江海关道议订镑价,按月报闻,自非立表统计,无以见逐月涨落之情,而得常年盈亏之数。惟规银只有上海一隅,必须转合库平方便核算。

表中仅计英、法、德、美、日本五国，略示一斑，所合价目即记每月均算之价，如俄国卢布、印度罗比亦应照价添列。惟意大利、比利时、瑞士三国，与法为拉丁同盟，币名不一而制实相同。其它各国交往无多，自可无庸登注，以归简易。其库平合关平银数，另注备考之下，以便稽核。

## ●●河南巡抚吴重熹奏拟改县名折

窃据兰仪县知县沈福源禀该县原名兰阳嗣因仪封县归并始改今名，现以下一字应避御名，并无可以恭代之字，若仅缺末笔而字音无异，不足以昭诚敬。拟将该县改为兰封县，并将仪封乡学改为兰封乡学，以归一律。由布政使朱寿镛详请具奏前来，臣复核无异，除咨部查照外，理合恭折具陈。如蒙俞允，所有该县印信并教佐各员钤记均应改换另铸，容饬造呈模册，分别咨部饬司更换，合并陈明。谨奏。宣统元年二月二十·日奉硃批：著照所请，该部知道。钦此。

## ●●法部会奏议覆东督奏吉省拟设检验学习所改仵作为检验吏给予出身折

内阁抄出东三省总督徐世昌等奏吉省拟设检验学习所，改原设仵作为检验吏，并比照吏员给予出身俾资策励一折，光绪三十四年九月初四日奉朱批：该部议奏。钦此。钦遵，抄出到部。查原奏内称，据吉林提法使吴焘详，刑事案内之检验于司法部中最为重要，例载各州县分别繁简，额设仵作数名，各给《洗冤录》一部，选明白刑书代为讲解，由该管府州随时提考，立法本极周详。惟是仵作一项，旧例视为贱役，稍知自爱者每不屑为。冲繁之区求其娴谙文理者已属绝无仅有，至简僻州县寻常斗殴事件，报验伤痕尚恐未能了然。遇有开检重案，瞠目束手，拖累益深，殊非慎重民命之道。

刻吉省审判检察各厅以次成立，拟于高等审判厅内附设检验学习所一区，调各属识字仵作，并招考本省二十岁以上聪颖子弟若干名入所肄习。除《洗冤录》应行研究外，附课生理、剖解等学，择其普通浅近关系检验者，派员逐日讲解，并陈列骨骼模型标本，以资目验。定期一年毕业，发给文凭，分派各州县承充仵作，改名为检验吏，优给工食，并比照刑书一体给予出身，以资鼓励等语。详由该督等奏请，立案前来。

臣等窃维检伤之法，外国责之法医，中国付之仵作。法医系专门学问，必先由学堂毕业，于一切生理解剖诸术确然经验有得，始能给予文凭。故业此者自待不轻，即人亦无敢贱视。而仵作，则系其党私相传授，率皆椎鲁无学，平昔于宋慈《洗冤录》一书句读且难，遑言讨论。各该州县既视为无足重轻，故例内所载选明白刑书逐细讲解，及由该管府州随时提考之事，历久几等具文。若率遇相验之事，但令该仵作当场喝报，应役有人即以为事可立办。甚至本地并无仵作，移借邻封，人品之良否不过问，技业之精否不及知，即工食之微胥置之不复理论之列，于是若辈亦遂甘处下流，咸以命案为市，而注伤填格本，重报轻者有之，增少作多者有之，种种弊端不可究诘。驯至案悬经岁，尸属忿争朽骼腐胔，或且误遭蒸检。是虽尽法以绳其后，而生者已控无可控，死者实冤益加冤，怨愤相循，惨何底止？《礼·月令》瞻伤、察创、视折，继之以审断决狱，讼必端平。诚有味乎？言之而见，初情之不可不慎也。

兹据该督等转据该司拟请设所学习，并改原仵作为检验吏，优给工食等语，系为慎重民命起见，洵属司法上最要之图。惟查相验一事，系检察官应尽之职权，该省既于高等审判厅内设检察一厅，自应责成检察长妥为经理。而所称一年毕业，恐为时过促，未必有成绩可观。然遽照各国设立专科，又虑缓不济急，似不如各仿前学务大臣奏定师范初级简易科办法，以一年半为期，仍于卒业时严加甄择，合格者派拨各州县承充，不及格者即令留所补习，以资深造。至此等检验之才，吉省既形缺乏，各直省亦大致相同。其在审判检察各厅未成立以前，似均可于法政学堂内附设此科，亦较捷获而节糜费。

臣等公同商酌，拟请嗣后设有审判等厅省分，应于上级厅内附设检验学习所一区，调取各属识字仵作，并招考本省二十岁以上聪颖子弟若干名，责令检察长督同入所肄习，仍照例各给《洗冤录》一部，派员讲解，此外生理、解剖等学亦应择其普通浅近关系检验者附入课程，并陈列骨殖模型标本，藉资考证，定期一年半毕业，发给文凭，分派各州县专司相验等事。旧日仵作名目，即改为检验吏，优给工食。其未经设立审判各厅者，即在法政学堂内添设，由该督抚等体察情形办理。如此分所传习，俾人知向学，狱尽无冤，实于改良刑政不无裨益。

该督等又称，旧例仵作与马快同科，均应禁锢，揆诸庶人在官与士同禄之义，实乖平允。溯查前两江总督沈葆桢奏请给予仵作出身，格于成例，未经允行，盖彼时风气未开，一切均沿旧制。今圣明在上，阊泽旁敷，即蜑户堕民咸与维新，有教无类，矧仵作本隶编氓，又复效力公家，奔走夙夜，尤当解除禁锢，一视同仁。仰恳饬部核议，准将检验吏即原设仵作照刑科吏员，一体给予出身等语。吏部查定例，在京各衙门书吏缺出，令承充之人报明实在籍贯，取具同乡书吏保结，将原籍系某府某州县，并现在居住地方、三代姓名，于结内详悉声明，该衙门即照结内所开，咨行吏部转行取结，以结到之日准其著役。又，各省吏攒由布政司衙门给发吏照，以领到吏照之日作为著役日期。又，在京事简书吏、各省吏攒，五年役满，试以告示、申文各一道，令各堂官及各督抚自行严密考试，按其文理优劣，分别去取。将录取者分为二等，以从九品、未入流两项送部注册选用等语。

今该督奏请改原设作作为检验吏，并比照吏员给予出身等因，自应查照定例核议。惟此项检验吏既拟设所肄习，应于毕业时由该管衙门造具籍贯、名册，注明毕业等，第报部备案，即以充役之日作著役日期，扣足五年，役满勤慎无过，应请准其查照各省吏攒考职之例，一体考试，将录取者分为二等，以从九品、未入流两项送部注册选用，并随案饬取文凭缴部，以杜重役等弊。如蒙俞允，臣等即咨复该督等，并通行各直省一体遵照，仍札饬臣部奏设之总检察各厅妥订规则，酌给经费，先在京城设立一区，以慎庶狱，而储吏才。再，此折系法部主稿会同吏部办理，合并声明。谨奏。宣统元年二月二十二日奉旨：依议。钦此。

## ●●学部奏酌拟出洋学习完全师范毕业奖励折

窃查臣部此次奏准游学毕业考试章程，与考各生皆以在高等以上学校与外国人同班听讲者为限，诚以中等学问宜在本国肄习，不必遽求之于海外，故未定有游学中等毕业之奖励也。惟四五年前，于咨送出洋游学并未限定资格，出洋以后入中等学校者甚多，其习普通中学及中等实业者，毕业以后即可升入高等各学校，应仍俟高等专门或大学毕业后再给奖励。惟习师范者，毕业以后即须回国効力义务，未能再入他项学校，而奖励遂所不及，各省似此者颇不乏人。现在兴学孔亟，师资缺乏，师范人才自应特予鼓励，而此项学生转以效力义务之故，不得出身奖励似非持平之道。臣等详细筹划，凡出洋学习寻常师范，及于光绪三十二年臣部奏准限定游学资格以前，出洋入专为中国学生设立之长期师范班肄业者，毕业回国拟令尽义务五年。俟五年期满后，均按照初级师范毕业优等奖，给出身官阶外，仍照教员五年期满之例，准保升阶。其不尽义务者，概不给奖，庶不致过于向隅，亦不致失之宽滥。如蒙俞允，即由臣部通咨各省遵照办理。谨奏。宣统元年二月二十五日奉旨：依议。钦此。

## ●●度支部奏酌拟清理财政处各项章程折并清单

要　目

第一章　总则

第二章　设员分职

第三章　职务及权限

第四章　附则

上年十二月，臣部奏定清理财政章程，第二条内开，臣部设立清理财政处，各省设立清理财政局，专办清理财政事宜；又，第三十四条内开，臣部清理财政处，各省清理财政局，办事章程另行详订等因各在案。现当筹备宪政之际，财政所关，百端待理，自应将臣部清理财政处、各省清理财政局即行遵章设立，以便从事清理。而该处该局所办事项，尤应明定章程，俾资遵守。

臣等公同商酌，悉心厘订，谨酌拟臣部清理财政处办事章程十三条、各省清理财政局办事章程二十七条,缮具清单,恭呈御览。如蒙俞允,臣部即遵照章程,切实办理,并请明降谕旨,饬下各省督抚一体遵照此次奏定章程,赶紧派员设局,刊给关防,以重职守,迅将开局日期项目专案奏明,开具局员职名,酌拟办事细则,咨报臣部立案。至该局开办以后,应责成总办、会办等遵照章程将全省财政情形出入确数切实查核,逐项梳栉,澈底澄清。其各衙门、局所向来开支各款,查有可裁可减之处,务须核实撙节,以资挹注,庶几试办预算得所措手,而清理财政亦可冀收实效。除各省监理官另行遴选请派外,谨奏。宣统元年二月三十日奉旨,已恭录卷首。

**谨将酌拟臣部清理财政处办事章程缮具清单,恭呈御览。**

### 第一章 总则

第一条　清理财政处遵照奏定清理财政章程第三条所定职任,专办清理财政事宜。

### 第二章 设员分职

第二条　清理财政处设提调、帮提调,总司清理财政事宜。设总办、帮办分管清理财政事宜。一切呈由堂官核夺。

第三条　清理财政处分科如下:

　一　总务科。掌稽核各项清理财政章程,颁发调查条款,汇录各项说明书及各处预算决算报告册,编成总册;

　二　京畿科。掌核办在京各衙门、各旗营、顺天府属及直隶、热河、察哈尔等处出入款项之按年按季报告,及预算决算报告;

三　辽沈科。掌核办奉天、吉林、黑龙江三省之报告；
四　江赣科。掌核办江苏、安徽、江西三省之报告；
五　青豫科。掌核办山东、河南两省之报告；
六　湘鄂科。掌核办湖南、湖北两省之报告；
七　闽浙科。掌核办福建、浙江两省之报告；
八　粤桂科。掌核办广东、广西两省之报告；
九　秦晋科。掌核办陕西、山西及库伦、绥远、归化、乌里雅苏台科布多、阿尔泰等处之报告；
十　甘新科。掌核办甘肃、新疆及伊犁、塔尔巴哈台、西宁等处之报告；
十一　梁益科。掌核办四川、云南、贵州及西藏等处之报告；
十二　收掌科。掌收发公文、呈递折件、管理案卷、编辑目录，并经理杂务。

以上十二科各设总核一员，坐办、行走无定员，分理本科事务。除收掌科外，各科总核、坐办、行走以通晓算法及熟悉所管省分财政情形者为合格。其在总务科者，以明晓财政学理者为合格。

**第四条**　清理财政处设书记员，无定员，掌各种缮写事件，以善书为合格。

**第五条**　清理财政处设谘议官，无定员，以明达财政学理及熟悉各省财政情形者遴选派充，以便咨询筹议。

**第六条**　清理财政处遇有重要事件，由提调会同帮提调、总办等，邀集谘议官协同妥商办埋。

**第七条**　清理财政处提调、总办、帮办各科总核，应以每星期六为会议常期，有要事则开临时会议。会议时以领衔提调为议长，由议长约订二员为记录，提议事件以多数赞成为议决。议决后，记录员退拟节略，以备核夺。如遇领衔提调因事不能与议，即以其次提调、帮提调为议长。

**第八条** 清理财政处应分别各员差事，酌给公费，以资办公。提调、帮提调、总办、帮办、谘议官原系有公费者，概不再支。其各科总核、坐办、行走及书记员，如系原有公费人员兼充者，照章减半支给。

## 第三章 职务及权限

**第九条** 清理财政处应办事项，以奏定清理财政章程第三条所定职任为范围。凡不在所定职任范围内者，仍由各司办理。大要如下：

一 凡关系清理财政一切新章，均由清理财政处核订；

二 在京各衙门及各省清理财政局造送光绪三十四年出入款项报告册，暨宣统元年以后出入款项按季报告册及说明书，均由清理财政处核办；

三 自宣统二年起京外各处造送次年预算报告册，又自宣统四年起京外各处造送上年决算报告册，均由清理财政处会同各司核办。

至奏定章程第七条所称自光绪三十四年至宣统二年年底止各省出入款项现行案报销册，应由各司办理，册到时即行移知。清理财政处按照清理财政处所管各季报告册，彼此核对，以免歧异。各省清理财政局未成立各局报告册未送到以前，所有光绪三十四年现行案报销册业已到部者，由各司先行核办，仍于核覆后，知照清理财政处备案。

**第十条** 清理财政处附查各司事件，各该司应于五日内声覆。如有款项较多应详细核算者，于十日内声覆。其必须酌展期限者，商明清理财政处酌量办理,仍不得逾二十日。清理财政处应行查核各司事件,亦同。

### 第四章　附则

**第十一条**　清理财政处开办之初,事务尚简,应暂行先设总务、收掌二科,总核各一员,总务科坐办四员,收掌科坐办二员,行走无定员,书记员六员。其京畿等科,均俟事务加增时酌量派员至该科。未经派员以前,所有各处造送之报告册,均暂由总务科核办。

**第十二条**　清理财政处于宣统五年试办全国预算案,成立日再行酌量情形,奏明裁改。

**第十三条**　清理财政处办事章程未尽事宜,应随时酌量条改。

**谨将酌拟各省清理财政局办事章程缮具清单,恭呈御览。**

### 要　　目

第一章　总则

第二章　设员分职

第三章　职务

第四章　权限

第五章　奖叙及惩罚

第六章　经费

第七章　附则

### 第一章　总则

**第一条**　各省清理财政局遵照奏定清理财政章程,专管清理。各该省财政事宜，由度支部会同各省督抚督饬办理。

第二条　清理财政局有稽核全省出入确数、改良收支方法及调查该省财政一切沿革利弊之权。

## 第二章　设员分职

第三条　清理财政局设总办一员，主持该局一切事宜，以藩司或度支使充之。会办无定员，协同总办管理该局一切事宜，以运司关、盐粮等道及现办财政各局之候补道员充之。

第四条　清理财政设正监理官一员、副监理官一员，稽察督催该局一切应办事宜，由度支部遴员奏派，以二年为任期。任满后亦可酌量留任。

监理官在任期内，该省不得派充他项差事。期满后，该省督抚亦不奏留。

各衙门局所出入款项，有造报不实而该局总办等扶同欺饰者，并该局有应行遵限造报事件而该总办等任意迟延者，准监理官径禀度支部核办。

度支部于各省财政遇有特别事件，经饬监理官切实调查，如各衙门、局所有抗延欺饰者，照清理财政章程第九条办理。

第五条　清理财政局分科如下：

一　编辑科。掌编订各项收支章程及各项说明书，并各项簿式、票式、册式；

二　审核科。掌稽核各衙门、局所所送各项出入款项清册，及各项报告册，并汇编全省按年按季报告总册、全省预算决算各报告册；

三　庶务科。掌该局一切出入款项及公牍案卷各事宜。

以上三科各设科长一员,科员无定员,禀承总办会办监理官办理,该科一切事宜由该局遴派该省曾习法政人员充之。

**第六条** 清理财政局应设书记,专司缮写,由该局按事繁简酌定名数,以举贡生员充之,不得参用胥吏。

**第七条** 清理财政局设议绅,无定员,以备谘询,由该局遴聘通晓该省财政情形之公正绅士充之。

**第八条** 清理财政局会办须有一员常川驻局,监理官及科长、科员、书记均须常川驻局,监理官如由部派各省分银行总办、造币分厂会办等人员兼充,不能驻局者,须常川到局。

其不驻局之总办、会办,应随时到局,会同驻局会办及监理官考察办事人员贤否勤惰,暨商榷该省财政一切兴革办理。

议绅不必常川到局,但须随时声覆清理财政局谘询事件,并陈述该省财政一切事宜。其于各衙门局所出入各款确知其中情弊者,得随时指实具报,候局查核。

**第九条** 清理财政局总办、会办、监理官应每月会议数次,每年开特别会议数次,以总办为议长。

会议时,总办、会办、监理官均须与议,但会办各道之驻扎省外者,可于特别会议时到局。

**第十条** 清理财政局于下列事项,须经总办、会办、监理官议决后,由总办执行。

一 议决该省财政一切应兴应革事宜;

二 复核各衙门局所各项按月报告册,及按年出入款项清册;

三 审订一切财政新章;

四 审订全省预算决算报告总册;

五 核办各议绅陈述具报各项事宜。

## 第三章　职务

**第十一条**　清理财政局应遵照清理财政章程第八条，将该省光绪三十四年各项收支存储银粮确数，按款调查编造详细报告册并盈亏比较表，送部查核。

前项调查条款，由度支部开列纲要。其详细条目，应由该局酌量办理，总以确实详明为主。

**第十二条**　清理财政局应遵照清理财政章程第十一条，自宣统元年起造送该省各季出入款项报告册。其清理财政未成立以前各衙门、局所出入款项，一律查明，遵章造册补报。

清理财政局开办时，应由督抚督同该局总办、会办及监理官亲莅司道局库盘查一次，将存储实数查核明确，造册报部。

**第十三条**　清理财政局应遵照清理财政章程第十条，将该省财政沿革利弊编订详细说明书，送部查核。

**第十四条**　清理财政局应遵照清理财政章程第十四条、第二十三条，造送全省预算决算报告总册，依限到部。

前项预算报告册，应遵用度支部颁发册式，并须于每类附上年出入数目，以为比较。

**第十五条**　清理财政局应遵照清理财政章程第四条第四项，拟订该省藩运道局各库及旗库收支章程，并各项收入流水簿式、支出流水簿式、收入总簿式、支出总簿式、收支对照表式及各库收支票式、丁漕盐课关税厘金各种杂税征收票式。

前项收支章程及各项簿式、票式，由局拟订后送部复核，咨由督抚颁布施行。

各项征收票，除存该署或该局及给纳税人收执外，应以一联缴存清理财政局备查。

第十六条　清理财政局应调查该省各项征收惯例,拟订丁漕盐课关税厘金及其它杂税等项,改良征收章程。

清理财政局拟订前项征收章程,应斟酌该省情形,逐条详加按语,送部核定,奏请颁布施行。

前项征收章程,得由清理财政局酌量该省情形,分年办理。

第十七条　清理财政局应照部颁预算决算报告册式,分别编订各项出入款项册式,呈由督抚发交各衙门、局所按式填送。

各衙门、局所按年填送各项出入款项清册,须于每类附上年出入数目,以为比较。

第十八条　清理财政局应遵照清理财政章程第二十七条,调查各衙门、局所公费等级表,并附各项规费多寡表,送部查核。

## 第四章　权限

第十九条　清理财政局遇有重大事件,除随时详报该管督抚外,得由总会办会同监理官径禀本部。

第二十条　各衙门、局所对于清理财政局调查事件有抗延欺饰者,按清理财政章程第九条办理。如遇应行报局事件任意逾限者,按清理财政章程第三十条第二项办理。

第二十一条　各衙门局所造报出入款项到清理财政局,如查有虚捏情弊确据,由局将该管官员详请督抚从严参处。

## 第五章　奖叙及惩罚

第二十二条　清理财政局如办理确有成效,该局总办、会办由度支部会同督抚奏请从优奖叙,局中办事各员亦得分别异常劳绩酌量保奖。其部派监理官,由度支部按照异常劳绩奏请奖叙,各局办理成效以出入款项调查明确、造报事项无误限期者为断,应遵筹备宪政年限,于宣统三年度支部汇查全国岁出入确数后,将各该局办事人员保奖一次,再于宣统五年试办全国预算案成立后,保奖一次。

第二十三条　清理财政局于应行造报事件任意逾期者,除遵照清理财政章程第三十条将总办之藩司或度支使由部据实奏参外,其会办、司道一并参处。若监理官督催不力,轻则撤换,重则奏参。

第二十四条　清理财政局造送各项报告册如有不实者,查有确据,由部将该局总办、会办据实分别参处。若监理官扶同弊混,查实严参。

## 第六章　经费

第二十五条　清理财政局办公经费由该省司库筹拨,准其作正开销。

第二十六条　清理财政局总办、会办及议绅均不支薪水,监理官薪水、川资及出省调查费用由本部给发,科长、科员及书记生应给薪水由该局于办事细则内自行酌定。

## 第七章　附则

第二十七条　各省清理财政局办事细则由该局拟订,呈请督抚核准施行,报部备案。

# ●●东三省总督徐世昌奏酌核奉天官制详陈办理情形折

准军机大臣字寄光绪三十四年十一月十六日奉上谕:有人奏奉

天官制宜斟酌捐益以节縻费一折,著徐世昌按照所陈各节,体察情形,酌核办理。原折著钞给阅看。钦此。钦遵,寄信前来。仰见朝廷澄叙官方、综核名实之至意,钦佩莫名。

窃维设官之道,要必有一定职守权限,乃无尸位之讥;用人之方,必先历试其学识才能,自免滥竽之消。详阅原奏所述四端,斟酌损益,俱有深意。惟臣于改设行省奏定官制之时,悉心研究,详加探讨,与原奏所陈,有已虑及而无庸议裁者,有官制本有而为缓设之缺须求统一之方未便三省分设者,有官制本无而为后设之缺按诸事实应从原奏议裁者,有为奉天官场习惯已经臣严予限制者。

如原奏谓巡抚应裁一节,查内有督抚不宜同城,因无职务之可分耳,各有官署,故遇事或有龃龉。今总督统辖三边,巡抚主任全境,又皆同署办公,权限既明,猜嫌悉泯。夫总督之驻奉天,实因目前交通之便仅及沈阳,非经常制也。若俟铁路贯通,政权敏捷,则总督应驻三省之中,权以扼军政外交之枢纽,而专为筹边治蒙之计划,其省内一切政令皆任之以巡抚,是巡抚之不应裁,非仅为总督之入觐阙廷出巡边塞也,可以巡抚为总督次官,略如京部之尚侍,与往日之督抚同城者不同。臣原定官制曾奏明规仿京部,是巡抚仍受总督之节制,而各有所事,既不能以骈枝为嫌,复何至以虚设见诮?议裁奉天巡抚,则总督囿于一隅,于吉、江两省重要事件,必至隔膜贻误所办者,仍奉天巡抚之事,机局既滞而不通,纲领亦偏而不备,三省开创重要之政必至延搁不办。又,显然以东清南满铁路界限划境,而治此中机括关系甚大,万难裁撤,此为臣虑及而无庸议裁者也。

原奏谓蒙务司应设一节,查原定官制本有奏设蒙务司之请,臣到任后体察情形,蒙旗分隶三省,欲进而干涉之,则必有划一之方,实行之策若仅于奉省设蒙务司,则于吉、江势难兼顾。若分设三省,则事权不专，政令歧出，且驭蒙之术在周知其情势，以德威变化其气质，以政教干预其生产，是必周历蒙疆迎机而导，非如他司之设常驻于省城，仅以文牍往还也。臣因奏设三省蒙务局，以朱启钤为督办。去岁出法库边门，循辽源达洮南，由齐齐哈尔折回奉省，又分派人东至吉林之新城，泝松嫩两江，西由朝阳、赤峰，沿新旧辽河等处，循行一周，考察形势风俗。又于吉林分设蒙务处，以资联络，将来款充事举，尚应移总局于蒙旗中央，而分设于吉、江扼要之地。至原奏谓多立蒙文学堂，兼用汉文教习，广开蒙民风气，诚为扼要之图。臣已分饬学堂兼习蒙文，并招致蒙王子弟入学，以期教育普及，此蒙务必应统一，而不宜分设司缺者也。

原奏谓民政司与巡警道应归并一节，奉省奏定官制本无巡警道之名，良以警务即在民政范围不当另有主任，嗣因奉天巡警普及城乡，而警捐之复杂，警兵之凌乱，将欲改良整顿，似须另设专员。又因外省官制皆添设巡警道，奉省警务最繁，故奏请添设道缺。但于吉、江两省，警务初兴，则皆统辖于民政，现在整理已将两年，且迭奉部章，俾资遵守，则设民政司省分自不应再有道缺，以清权限，而免纷歧。奉天巡警道一缺，应照原奏裁撤归并民政司办理，至巡警总局，亦犹民政部之有两厅为执行警务机关，势难裁并。或遵照部章改为警务公所，容臣体察情形，改订规则，再行分别筹办。至奉省要塞之区为治蒙防边之最重者，尚须添设员缺，以资筹备。应如何酌量增减之处，统俟并案奏明，请旨办理。此巡警道一缺，应从原奏议裁者也。

原奏谓杂项职衔应限制一节，查奉省初无掣签人员，故投效习为惯例，臣到任后严加考核，凡投效人员，先须考试，并遵照吏部、宪政编查馆所定章程，分别入法政学堂肄业，非正途及学堂卒业者，不得录用。且须取有不吸鸦片烟甘结，是限制不为不严，间有派科员委员者，亦必试之以事，果系才堪造就，或奏请留奉，以资任使。盖奉省投效之原因有二：一则未改行省以前，诸事漫无稽考，投效人员或办垦务，或充税差，偷漏舞弊饱则远扬；一则因新政繁兴，一技片长，皆思有所表见。臣于用人一事，固不敢存求备之心，以限制之法待中材，以鼓舞之机振士气。然至一事之来，尚有乏材之欢，实未敢听若辈之百计钻营，先委后捐，以行其弥缝之术。原奏谓奉省已不下数百员，官册具在可覆按也，嗣后仍应严加考核，期无冒滥，此皆往年之习惯，而历经严予限制者也。

以上四端官制，为经久不渝之典。用人系办事最要之原，自应审慎图谋，以期尽善。臣现已蒙恩量移京部，卸任以前，仍应担负责任，悉意经营，愚虑所及，不敢不据实陈覆。谨奏。宣统元年二月三十日奉朱批：知道了。钦此。

大清宣统新法令第二册终

# 补　遗

## ●●两广总督张人骏奏保陈望曾补授劝业道折

窃臣准总司核定官制,考察政治馆王大臣咨光绪三十三年五月二十七日奏奉上谕:朕钦奉慈禧端佑康颐昭豫庄诚寿恭钦献崇熙皇太后懿旨,各直省官制前经谕令总核王大臣接续编订,妥核具奏,兹据奏称,各省拟增设巡警道、劝业道缺各节,应即次第施行。如实有与各省情形不同者,准由该督抚酌量变通,奏明请旨等因。钦此。咨行到粤。仰见朝廷保卫民生、振兴实业之至意,钦佩莫名。

伏查劝业道一缺,实以务材训农、通商惠工为要义,粤省地居岭南,负山滨海,物殖殷阜,矿产富饶,互市以来,交通日广,徒以民智未启,大利莫兴。近年督饬地方有司加意讲求设立农工商局,力为提倡,而无专官以资董率,仍恐实效难期,自应遵旨设立道员,认真劝办。惟官缺既属创设,地方情形又各不同,非有通达民情、熟悉商务、精明干练之员未能措施。悉当查此项道缺官制细则,尚未准宪政编查馆咨行到粤。惟湖北、湖南、山东、安徽、贵州等省,均已拣员奏请补署,广东事同,一律拟请援照办理。

臣于通省候补道员中悉心遴选,查有二品顶戴军机处存记广东候补道陈望曾,年五十四岁,福建台湾县人,改籍侯官县,由附生中式同治庚午科举人,甲戌科中式贡士,殿试三甲,朝考三等,奉旨以内阁中书用;光绪十一年报捐知府,指分广东试用,引见到省,委署韶州府知府;嗣因办理黄江税务长征保准俟补缺,后以道员用;复因惠州三洲田会匪肃清案内出力,保准俟归道员班后加二品顶戴;又因办理本省绅富饷捐出力,保请免补知府以道员归候补班前先补用,经吏部核准于二十九年闰五月二十二日具奏奉旨："依议。钦此。"照例扣至是年七月十一日作为道员到省日期，一年期满甄别，堪以留省补用。迭次委署广州府知府，经前署督臣德寿岑春煊、前抚臣李兴锐先后保准，送部引见，并交军机处存记传旨嘉奖。

臣查该员通达民情，有为有守，三权首郡，卓著循声，历供要差，最为得力。举凡民生利病工商实业，靡不加意讲求，如开办官银钱局、创设蚕业工艺各学堂，及劝工陈列所自来水公司，均能措置裕如，条理精密，以之请补新设劝业道缺，洵堪胜任。合无仰恳天恩俯准，以候补道陈望曾补授广东劝业道，实于地方有裨。如蒙俞允，该员系候补道员请补道缺，衔缺相当，毋庸送部引见，其应设属员办事细则，俟宪政编查馆核定咨行，到日再行查照办理，除分咨吏部、农工商部、邮传部查照外，谨奏。光绪三十四年七月十三日奉朱批：另有旨。钦此。

## ●●两广总督张人骏奏请简巡警道折

窃臣准总司核定官制，考察政治馆王大臣咨光绪三十三年五月二十七日奏奉上谕：朕钦奉慈禧端佑康颐昭豫莊诚寿恭钦献崇熙皇太后懿旨，各直省官制前经谕令总核王大臣接续编订，妥具奏。兹据奏称，各省拟增设巡警、劝业道缺各节，应即次第施行，如实有与各省情形不同者，准由该督抚酌量变通，奏明请旨等因。钦此。咨行到粤。仰见朝廷振兴庶政、力图治安之至意，钦佩莫名。

伏查警察一事，实为行政机关，举凡巡警、消防、户籍、营缮、卫生诸务，无一不关民生利害。粤省山海交错，民强多盗，警政尤为当务之急。虽经开办数年，规模粗具，各府州县亦次第举行，而未设专官，究不足以重责任，而资董率。自应遵旨迅速筹设，俾收实效。惟设缺伊始，一切规画布置均赖得人必须熟悉情形、明达治体之员，方能称职。现准宪政编查馆咨行巡警道官制，内开各省遇有新设此项道员，应由督抚在实缺道府暨本省候补道员内遴保二三员，奏请简放等因，应即遵照办理。臣于通省实缺道府中详加甄择，非现居要缺，即人地未宜，实无堪以升调之员。

复于试用候补道员内悉心遴选，查有二品顶戴广东试用道李哲濬，年三十四岁，浙江定海厅人，由附贡生报捐主事，籤分户部，嗣改捐道员，分发广东试用，赴部引见，光绪二十九年闰五月到省，期满甄别，堪以留省试用；嗣于广西股匪肃清案内出力，保准赏加二品顶戴。该员才具明敏，体用兼赅，历委办理善后制造军械各局厂，均能考求利弊，规画精详，地方新政事宜亦极留心研究。

又，二品衔广东候补道王秉必，年四十七岁，四川华阳县人，由监生报捐同知，指分广东试用，引见到省，因劝办顺直赈捐出力，保准俟补缺后以知府用，遵赈捐例，过班知府；嗣因劝办顺直善后赈捐出力，保准俟补缺后，以道员补用；复于广西股匪肃清案内筹饷异常出力，请保免补知府，以道员仍留原省补用，并加二品衔，经吏部核准于光绪三十二年七月初八日具奏奉旨：依议。钦此。照例扣至是年八月二十七日作为道员到省日期。该员才具开展，办事勤慎，历委办理善后厘务各局，甚为得力。

现办巡警局务悉心整顿，措置得宜，以上二员均于地方情形熟悉，以之请补新设巡警道缺，俱堪胜任，相应出具切实考语，照章奏保，合无仰恳天恩俯准，于试用道李哲濬、候补道王秉必二员内，特简一员补授广东巡警道，实于粤省警政有裨。除咨吏部、民政部查照外，谨奏。光绪三十四年七月十四日奉朱批：另有旨。钦此。

## 吏部奏议覆晋抚奏碛口通判移置边外改为东胜厅折

内阁抄出山西巡抚宝棻奏晋省碛口通判移置边外改为东胜厅，并将正任通判开缺归裁缺即用班内另补以重边要一折，于光绪三十四年十月十七日奉朱批：吏部议奏。钦此。钦遵，抄出到部。查原奏内称，秦晋边界郡王、札萨克两旗，近来垦务日兴，民蒙待治孔殷，应于两旗适中之板素壕地方，增设抚民理事通判一员。该处前明为东胜城，即名曰东胜厅，以山西汾州府碛口通判移驻管理，由前抚臣恩寿等会奏，经吏部核准覆奏奉旨：依议。钦此。行知在案。

奴才递与藩、学、臬三司悉心筹议，该处草莱日辟，俗犷事繁，现甫移设新厅，至难治理。查口外所设各厅，如归化城、萨拉齐厅前定为题调要缺，托克托城和林格尔、清水河三厅定为应调要缺，兴和、五原、武川、宁远、陶林五厅定为奏调要缺。按照定章，遇有缺出，仅准升调兼行及以候补班人员酌补。惟丰镇一厅，系应题要缺，即委用试用人员亦准一体拣选试署，似取材之途较宽。此次东胜厅通判一缺，地界两旗垦户渐众，详加察酌，似应援照丰镇厅成案定为冲繁难三项奏补要缺，凡候补委用试用各项人员均准酌量奏请补署，以期易于得人，藉收郅治之效。拟请饬下吏部核议，一俟奏奉允准，即当从速遴员请补，期于边治有裨。其正任碛口简缺通判黄廷辅供职有年，尚无遗误，该缺现已移置口外，设官伊始，事多创举，未敢稍涉迁就，应请开去碛口通判底缺，照案留省，归于裁缺即用班内补用，俾免向隅等因。臣等查山西汾州府碛口通判拟移驻边外郡王、札萨克两旗适中之板素壕地方，改为东胜厅，通判由调任抚臣恩寿等汇奏，经臣部议准奏明，行知在案。

　　兹据该抚奏请，援照丰镇厅案将东胜厅通判一缺定为冲繁难三项奏补要缺，凡候补委用试用各项人员均准酌量奏请补署，以期易于得人，自系为慎重地方因时制宜起见。拟即准如所请，由该抚另行拣员，分别补署。其正任碛口简缺通判黄廷辅应准其开缺留省，归裁缺即用班内补用，仍以接到此次部文之日作为该员裁缺即用到省日期，以符定例。谨奏。光绪三十四年十二月十九日奉旨：依议。钦此。

# ●●民政部奏定调查户口表式五件

### 门牌式

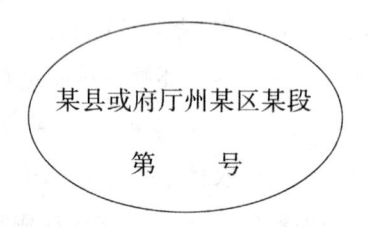

某县或府厅州某区某段

第　　号

　　此式系用椭圆形圆径一尺二寸，用洋铁油白色，中用红字，如系附户则于"第　号"上加注"附户"二字。

### 调查证式

　　今据本段（正、附）户第　号填注查口票　　纸，核与定章相符。此证。

某县某区某段调查长姓名印

## 查口票

| 某省某县或府厅州某区某段正附户第号 | 类别＼调查事项 | 户主 | 尊属 男 | 尊属 女 | 亲属 男 | 亲属 女 |
|---|---|---|---|---|---|---|
| | 姓名 | | | | | |
| | 年岁 | | | | | |
| | 职业 | | | | | |
| | 籍贯 | | | | | |
| | 住所 | | | | | |

| | 同居 男 | 同居 女 | 佣工 男 | 佣工 女 | |
|---|---|---|---|---|---|
| 姓名 | | | | | 共计男若干人女若干人 |
| 年岁 | | | | | |
| 职业 | | | | | |
| 籍贯 | | | | | |
| 住所 | | | | | |

## 凡　例

一　凡父母以上及伯叔父以上，均填入尊属格内。

二　凡兄弟、妻妾、子孙、兄弟子孙之妻妾、兄弟之子孙及其妻妾，均填入亲属格内。

三　其余无论亲戚朋友人等，凡系同居，均填入同居格内。

四　婢仆人等，填入佣工格内。

五　填注时，于尊属亲属与户主之称谓关系，应分别填入姓名格内。

六　姓名格内妇女不便填写者，妇人得以姓氏、女子得以长次等字代之。

七　填注时，惟户主虽当外出，仍应填注，并应将所在之处注明。此外，尊属亲属若现非同住，或外出者，毋庸填注。

八　凡人口众多之户不能填注一票，得分填数票。

### 某省各府厅州县户数总表

| 报部户数表式 | 某府厅州属某厅州县 | | | | | | | | | | |
|---|---|---|---|---|---|---|---|---|---|---|---|
| | 正户总数 | | | | | | | | | | |
| | 附户总数 | | | | | | | | | | |

## 某省各府厅州县口数总表

| 报部口数表式 | 某属某 府厅州 厅州县 | | | | | | | | | | | |
|---|---|---|---|---|---|---|---|---|---|---|---|---|
| | 男子口数 | | | | | | | | | | | |
| | 女子口数 | | | | | | | | | | | |
| | 附查 | 学童总数 | | | | | | | | | | |
| | | 壮丁总数 | | | | | | | | | | |

# 第 三 册

## ●●谕旨

**上谕** 闰二月初四日(一)　国家设官分职,各有应尽责任。现在朝廷预备立宪,屡降谕旨,不啻三令五申,然所望于赞助新猷,实为内外诸臣是赖。近观内外诸臣中公忠体国勤劳事者固不乏人,然涉于推委敷衍者仍所难免。自此宣谕以后,内则责成各该部院衙门堂官,外则责成各省督抚大吏,举凡应办要政及一切关于预备立宪各事宜,皆当次第筹画,督率所属官员认真办理,上以副朝廷倚畀之隆,下以慰薄海苍生之望。如能各尽其职,定必优加赏赉,倘敢敷衍因循空言塞责放弃责任,上以诿过于朝廷,下以累及于民庶,朕惟治以应得之咎,决不姑从宽贷也!将此通行晓谕知之。钦此。

**上谕** 闰二月初四日(二)　礼部议奏满汉服制一折。现当预备立宪,满汉服制一事尤为伦纪攸关,自应统归画一。嗣后内外各衙门丁忧人员,无论满汉一律离任终制,其有责任重要关系大局势难暂离不能不从权夺情者,应听候特旨遵行。至一切丧服事宜,著礼学馆详细编订奏明办理。另片奏丁忧之汉员在外投效、满员在部当差应如何定章,请饬吏部详议具奏等语,著会议政务处会同吏部议奏。钦此。

**上谕** 闰二月十八日　宪政编查馆奏遵设贵胄法政学堂拟订章程并筹拨经费开单呈览各折片。现正预备立宪,需才孔亟,凡宗室外藩王公满汉世爵,若不预为培植,其何以储政才而裨治?本应即设立贵胄法政学堂,以广造就。著派贝勒毓朗①充贵胄法政学堂总理,农工商部左侍郎熙彦②、翰林院学士锡钧③充贵胄法政学堂监督。务宜认真经理,毋负委任。至宗室王公暨其子弟,实为满汉及外藩世臣之表率,如有及岁尚未入学与入学后半途退学或不恪守学规等事,该总理等尤宜破除情面劝惩。一切照章办理,勿稍宽假。至陆军贵胄学堂,最关紧要,仍须认真劝勉,广储干城。总期安勉兼施,用副朝廷兴学教胄、文武兼资之至意。余依议单片并发。钦此。

**谕旨**闰二月二十二日　銮仪卫著改为銮舆卫,銮仪使著改为銮舆使,治仪正著改为治宜正,整仪尉著改为整宜尉,内务府掌仪司著改为掌礼司。钦此。

## ●●法部奏地方审判厅内增设民刑两庭折

窃臣部总持法权,有监督裁判之责。自改订官制议设四级裁判,随于光绪三十年六月十二日,酌拟京内外各级审判厅职掌事宜会同军机大臣大理院奏定:地方审判厅于重罪为始审,于轻罪为第二审,取外国合议制,以三承审官主之,举一人为之长。并声明:京师内城

---

① 爱新觉罗·毓朗(1860—1920),字月华,号余痴,别号余痴生。光绪三十三年(1907年)袭多罗贝勒爵,历任巡警部(民政部)侍郎、步军统领、军机大臣、军咨大臣。民国后参与宗社党活动。

② 熙彦,生卒年不详,满族。曾任商部右参议,商部改组为农工商部后任副大臣,1908年曾入变通旗制处参与办理事务。民国后参与宗社党,曾于1914年任蒙藏院副总裁。

③ 锡钧,字聘之,生卒年不详,蒙古族。曾任右庶子、翰林院编修等,为光绪年间清流派著名人士。

设立一厅，外城设立一厅，每厅设厅丞一人，分立民、刑各两科，科各二庭，每庭设推事六人，内外城各二十四人，掌审理刑事、民事案件。复以创办伊始经费待筹，拟请权设一厅，略增庭数各等因。当经奉旨，允准在案。嗣于是年冬，仅将内城地方审判厅设立，分民、刑各两科，科各二庭，每庭遵设推事六人。若以原定内外两厅额缺计之，不过只得其半。

现查该厅自开办以来，每月承审之案不下二百余起，其间管辖区域之广，受理词讼之多，不独视初级审判厅为最繁剧，即较之高等审判厅与最高裁判之大理院，亦实有日不暇给之势。臣等统筹全局，深惧案牍繁多致滋贻误，自以添设外城一厅为要义，顾筹款维艰，一时究难猝办。臣等公同商酌，窃以案件既日增而月益，设厅又事巨而费难，拟请仍遵前奏，略增庭数办法，即于内城地方审判厅内增设民、刑各一庭，每庭暂设推事三人，以一人为之长，承审民、刑各案件，每庭设录事二人，藉供缮写。而地方检察厅内亦拟暂设检察官一员，分理苽庭监察事宜。庶几各专责成，俾免延误。俟外城审判厅建设后，即将增庭员缺分拨如额，以符定章。似于矜慎讼狱之中，兼寓撙节经费之意。如蒙俞允，臣等遵即慎选明于法律、长于听断之员，派赴该厅任事。如果实在得力，再行遵照定章奏请试署，以昭慎重。谨奏。宣统元年闰二月初二日奉旨：知道了。钦此。

## ●●军机处奏章京保送京察请准照额计算等片

查本处光绪三十二年奏定新章，额设章京满十六员、汉十八员，均开去底缺，以原官充补，新传人员试看一年，奏留候补者再三年，期满作为实官。京察年分仿照奏事官之例，每六员保送一等一员。又，查《吏部则例》，内载京察按各衙门额缺多寡、事务繁简，分别定额各等语。是保送京察，向例均按额缺计算，本处章京设有定额，与各衙门司员设有定缺事同一律。惟该章京等补额，本非一时补官，即有先后，综计满汉章京三十四员，断无全数补齐实官之一日。若以实缺人数不敷之故，不能照额保送一等，则该章京等有曾补实官行走多年者，反致向隅，殊不足以资鼓励。拟恳恩，每遇京察年分，准照奏定额缺，不论实缺候补，合并计算，每六员内遴选实官，合例者保送一等一员。如蒙俞允，由臣等咨送各该衙门照章办理。至上年因事务较繁，奏准添传汉章京二员，嗣后可否作为定额，臣等未敢擅便，请旨遵行。谨奏。宣统元年闰二月初二日奉旨：依议。钦此。

## ●●度支部会奏议覆御史饶芝祥[①]奏改奖移奖弊混滋深酌拟办法折

宣统元年二月初二日军机大臣钦奉谕旨：御史饶芝祥片奏实官移奖弊混滋深等语，著吏部度支部议奏。钦此。钦遵，钞交到部。查原奏，内称：吏治之污由于仕途之滥，仕途之滥，由于捐纳之多。近年停止捐纳，仕途稍稍廓清，而每月捐纳人员呈请分发者，仍复络绎不绝。推原其故，实由实官移奖弊混滋深，使不清其本源，则实官虽停，而未停仕途，不杂而自杂，欲求澄叙其道无由。查移奖之例，原因捐生输纳巨资事同一律，或本身已有官职，或款项尚有赢余，不忍令其

---

① 饶芝祥（1861—1912），字符九，号占斋。清代文学家。历任翰林院编修、顺天乡试同考官。后与人创办厚生苎麻公司。光绪三十四年（1908年）任御史、辽沈道、四川道，调任贵州铜仁知府途中辛亥革命爆发，清帝逊位，其无意复出，次年病逝南昌。著有《占斋诗文集》8卷等。

向隅，始准移奖子侄，于体恤捐生之内，仍寓慎重名器之思。无如躁进之徒、多金之子不恤，谓他人父，轻去父母之邦，只须姓氏相同，便可营谋遂意，以三代之履历有异，则捏为出继承祧，以籍贯之省分不符，则冒为祖居流寓，绳以例章，则无不合，穷其底蕴，则莫可稽，展转售欺，以官为市。虽捐款在十年以前，而服官无难在十年以后，种种作伪实繁，有徒稍事因仍伊于胡底？应请旨饬下度支部会同吏部明定章程，示以限制，务将此项移奖限一年内迅即投部注册分发，若再迁延观望，限满概作虚衔，即将捐案撤销，以免弊混等语。

度支部查各省从前开办实官捐输造册请奖，经臣部核驳之。案，向准该捐生本身改奖或移奖子弟。又查，官员出继，例准兼祧，其寄居入籍者，亦例准声明祖籍。至捐案核驳以后各捐生有未能即时呈请改奖移奖者，向准捐，免逾限。并于光绪三十年奏定变通章程，自核驳日起逾限五年，令交三成捐免逾限银两，准其一律改奖移奖，历经办理在案。兹据该御史奏称"实官移奖弊混滋深请饬明定章程将此项移奖限一年内投部注册分发限满概作虚衔即将捐案撤销"等语，自係为澄清仕途起见。惟定限一年为期过促，深恐远省捐生闻信较迟，来京赶办不及，未免多所向隅，不能不量予体恤。

拟请自此次奉旨之日起，所有从前未经核准实官捐案，除各捐生本身改奖或补交银两照原请给奖无关弊窦者，仍照旧办理毋庸另定年限外，其呈请移奖子弟者，应以二年为限，限满一概不准移奖。如在二年限内呈请移奖而距本案核驳之日已逾五年，仍令照章捐，免逾限。至二年限内各捐生呈请移奖，亦应严加限制。概以原捐省分册报各该捐生本省籍贯为断。籍贯既同，三代之中又必有一代相同者，方予核准。其三代内有一代相同，而籍贯不同，虽据声明祖籍，一律不准移奖，以杜弊混。再，此折系度支部主稿会同吏部办理，合并陈明。谨奏。宣统元年闰二月初四日奉旨：依议。钦此。

## ●●礼部奏遵议满汉服制折

光绪三十四年十二月二十四日，承准军机处片交钦奉谕旨：御史赵炳麟①奏满汉服制请饬催议一折，著礼部议奏。钦此。钦遵，到部。查原奏内称：前奉上谕，以满汉服官守制及刑罚轻重参差不齐饬议画一章程，此事业奉明诏，无难准情酌理，求其可以通行者，议订详细章程奏明办理等语。臣等自光绪三十三年九月初三日钦奉诏旨以后，夙夜考求。窃以为，服制一层原与刑罚不同，刑罚重轻所异者罪名，自无难折衷酌改。服制隆杀所关者伦纪，断不能轻率依违。况习俗相沿，诸多窒碍，议章程则易，求实行则难。苟迁就而显悖礼经，惧贻忧于世教，或定议而终虞扞格，抑何取于部章？臣等所以慎重审订而惴惴不安者也。

臣部自奏设礼学馆以来，与馆员商订凡例，辩论疑难，不厌往复。近始粗有端绪，旋奉上年九月二十九日上谕，责成臣部修明礼教移易风俗。臣等复思今日大势，欲收修明移易之效，其宗旨必先正人心，正人心必先厚民德，厚民德必先定丧服，而丧服以三年之丧为最重。伏查现行事例，汉员无论内外大小，文职遭丧皆去官守制扣足二十七

---

① 赵炳麟（1876—1932），清末官员。名竺垣，号清空居士。全州人。光绪二十年（1894年）进士，参加"公车上书"，授翰林院编修，升记名御史。1906年授福建京畿道御史。1907年上《筹辽备倭疏》，指出日本是中国的大患，应练兵以对。1908年上《劾袁世凯疏》，揭露袁包藏祸心，不宜留在军机。1910年上书弹劾奕劻。因开罪皇族被革去御史职，以四品京堂回籍，督办桂全铁路。辛亥广西独立，清廷委为广西宣抚使进行劝谕，已无法挽回。1912年（中华民国元年）当选为国会众议员。1917年避战乱到山西，任省实业厅长。晚年乡居。著有《赵伯岩全集》卅二卷。

个月(不计闰)起复;旗员文职京官遭丧者,穿孝百日,进署当差;其外官遭丧,则去官回旗,穿孝百日满后,道府以下回原衙门行走。惟汉军任汉缺者,丁忧始行照汉官例,开缺终丧。旗汉既属分歧,即旗员未能画一。今该御史奏请准情酌理求其可以通行者,钦奉谕旨饬催议覆。窃维通行之法,不外使旗员悉从汉制或汉员改从旗制而已。近年以来,新政繁兴,需才孔亟,京外各衙门多咨调丁忧人员差委。论者或持因时通变之说,谓不妨使汉员概从旗制者。谨按,《中庸》"九经五"①曰:"体群臣。"朱子释之曰:"体,谓设以身处其地而察其心也。"曾子曰:"人未有自致者也,必也亲丧乎!"《公羊传》曰:"三年之恩疾矣。非虚加之也。"②古者臣有大丧,则君三年不呼其门,所以然者,君察臣之心而使之一乎哀也。《记》③曰:"夏后氏既殡而致事,殷人既葬而致事,周人卒哭而致事。"夫殷周待至既葬卒哭者,非谓前此可兼营职事也。正以其心专乎哀,虽致事犹未遑顾及,是以优游以待之也。君能使臣以礼,臣故克尽其哀。所谓体之以察其心者,莫有大于此者也。后世道衰,金革之事有弗辟者。然《公羊传》称:"闵子要绖④而服事",既而曰:"若此乎,古之道不即人心?"夫以服事为不即人心则可知以致事为即人心矣。自汉唐迄今,治乱相乘,历世久远,丧服轻重间有异同,独亲丧去官,著在令甲,未之或改。若因一时

---

① 原书为"九经四",应系排版之误。语见《礼记·中庸》:"凡为天下国家有九经,曰:修身也,尊贤也,亲亲也,敬大臣也,体群臣也,子庶民也,来百工也,柔远人也,怀诸侯也。"

② 原书为"三年之丧疾也",应系排版之误。语见《春秋公羊传》文公卷十三,据十三经注疏本,其原文为:"三年之恩疾矣。非虚加之也,以人心为皆有之。"

③ 即《礼记》,语见《礼记·曾子问》:"子夏问曰:三年之丧卒哭,金革之事无辟也者。礼与,初有司与。孔子曰:夏后氏三年之丧,既殡而致事。殷人既葬而致事。"

④ 要绖,即腰绖,古代丧服中的麻带,在首为首绖,在腰为腰绖。《丧服·仪礼》"苴绖",郑玄注:"麻在首在要皆曰绖。"

之权制而变易，千古之经常，无解作俑之讥！有亏同伦之治。此不敢轻议者一也。

《三年问》：三年之丧何也？曰：称情而立文，因以饰群，别亲疏贵贱之节而弗可损益也。创钜者其日久，痛甚者其愈迟。三年者，称情而立文，所以为至痛极也。斩衰、苴杖、居倚庐、食粥、寝苫、枕块，所以为至痛饰也。是则父母之丧创巨痛深，必积久而后能释，圣人顺乎其情，由殡而葬而虞而卒哭而小祥而大祥而禫推而即远，冀孝子之哀思以渐而减，所谓立文也。饰群，据郑注：群，谓亲之党，亲疏有别，则情有厚薄，其服即从三年而递降，于是有期年者、九月者、五月者、三月者，所谓亲亲之杀也。若亲丧以穿孝百日为准，则期功以下，几同无服，而《丧服》一经为可废。此不敢轻议者二也。

《论语》记：宰我问："三年之丧期已久矣，君子三年不为礼，礼必坏，三年不为乐，乐必崩。"孔子斥其不仁。缪协以为尔时三年之丧不行，宰我惧其往，故假时人之谓启愤于夫子，义在屈己以明道也。其曰：期可已者，即齐宣王欲短丧，公孙丑以为期之丧犹愈于已之意乃孔子若不相谅而直责予之不仁，且决其无三年之爱于其父母。何也？盖必其心先以三年之丧为可已，故言发诸口而无疑，使诚有爱于其父母，则视天下事宜无有大于亲丧者，而何礼乐崩坏之足忧乎？今之丁忧当差者，亦未尝不有说以藉口，而天性之爱岂尽泯灭？若使明著法令，百日之后径许释服从仕、食稻衣锦相习而安，既非伯禽之有为而为，将同墨氏之以薄为道，实与今日崇尚孔教之宗旨不符。此不敢轻议者三也。

汉人于期功之丧尚多去官，降至魏晋犹或行之。若夫罔极之哀，本无穷已，今功令丁忧起复，断以二十七个月者，《三年问》所谓立之中制耳，史称宋海虞令何子平，母丧去官，八年不得营葬，昼夜号哭，常如袒括之日,梁殷不佞母卒,江陵陷不得奔赴,及陈受禅,始迎丧归。不佞居处礼节如始闻丧,如是者又三年。以六朝之兵祸相寻,风俗颓靡,而士大夫敦笃内行犹能自行其志如此,矧在圣明之世? 明代张居正夺情起复,吴中行赵用贤之徒抗疏力争,至于廷杖谪戍而不悔,此特一人之事尔。若居官者皆在夺情之例,其不肖者或因为利,而贤者岂遂俯从? 设使海内通儒持古义以相难,臣部职司风化,何所逃责? 此不敢轻议者四也。

我朝以孝治天下,官员士子丁忧有朦混匿丧者,斥革禁锢,定例綦严。《律例》载:凡居父母丧,身自嫁娶、若作乐、释服从吉者,皆有常刑。恭读高宗纯皇帝圣训雍正十三年(1735年)十月上谕,有曰:"夫事亲孝,故忠可移于君,使其人本仁孝而强夺其情,则傀然不能终日,必至惝悦昏迷,废弛公事。若以为安,则忍戾贪冒之人也,国家安所用之? 而所治士民亦安能服其政教乎?"大哉王言! 所以教孝立极,凡属臣子皆当感激涕零,岂可轻改彝章,显乖祖训! 此不敢轻议者五也。

伏惟圣朝定鼎之初,各旗生齿未繁,四裔尚多不靖,政务紧要,人少缺多,故令八旗人员百日孝满后照常当差,当时立法自有深意。今则天下一家,人才辈出,旗丁休养生息,蕃衍日滋,大者诒业诗书者居多,迥非日从金革之情形可比。前者迭奉诏旨,令满汉婚姻弛禁,衙门员缺不分近复,特派大臣变通旗制,独服制一事依违不决,畛域显分,似非所以昭一道同风之盛治也。昔元臣乌克逊良桢上言:"国俗,父母死无忧制,夫纲常皆出于天而不可变,议法之吏乃言国人不拘此例,是汉南人皆守纲常,国人不必守纲常也,名曰优之,实则陷之,外若尊之,内实侮之,所以待国人不若汉南人之厚也。"其言至为沉痛。道光年间,江苏按察使裕谦"奏请终丧起复满汉一律"一疏,谓:"急公奉上之诚,汉员应不后于旗,而创深痛钜之私,旗员岂独薄于汉?率土臣民,幸际礼明乐备养生送死,莫有遗憾,惟旗员遭丧,独不能尽礼伸情,揆以同心,难免隐痛。"所奏虽未议行,亦可见毛里之爱有生所同,旗员之于亲丧,非不欲自同汉制,特以格于成例耳。

历稽会典,列圣皆尝欲行三年之丧,卒以臣工吁恳,勉从所请,持服百日,仍素服二十七月,康熙六十一年(1722年)十一月世宗宪皇帝并有持服一节乃天子第一苦衷转不如臣庶之谕。此次承办丧礼,百日之内,遇元旦冬至及万寿圣节服色,臣部援案上请皆奉旨仍服缟素。孝思作则,允堪垂范来兹。曾子所谓慎终追远民德归厚者,转移风会,端在今日。臣等公同商酌,服制一事,断自《礼经》,行之千载,欲求画一之法,别无通融之方。《中庸》称:非天子不议礼,不制度。魏徐幹[①]《中论·复三年丧》篇谓:"事行之后,永为典式。"

臣等学识谫陋,何足以仰赞高深?可否恭请明降谕旨,凡内外各衙门丁忧人员,无论满汉一律离任终制,扣足二十七个月(不计闰)起复,永著为令,以彰初政之美而垂万代之型。如蒙俞允,所有一切丧服事宜,再由礼学馆详细编订奏明办理。谨奏。宣统元年闰二月初四日奉旨,已录卷首。

## ●●又奏丁忧汉员在外投效满员在部当差请饬部详议定章片

再,上年御史赵炳麟又有奏请汉员丁忧宜照常守制一折,奉旨交

---

[①] 徐幹(170—217),建安七子之一。字伟长。北海郡(今山东昌乐附近)人。徐幹著述,据《隋书·经籍志》著录有集5卷,已佚。明代杨德周辑、清代陈朝辅增《徐伟长集》6卷,收入《汇刻建安七子集》中。《中论》2卷,《四部丛刊》有影印明嘉靖乙丑青州刊本。

臣部议奏。查臣部议覆御史沈潜奏请改汉员离任守制一折，奉旨：依议，曾经通行在案。嗣以京外各衙门奏调奏保丁忧人员甚多，非详细调查不能切实奉行。是以未即议覆，此次奏定满汉画一服制，若蒙俞允，则汉员之在外投效者，固应明立禁限。即旗员之在部当差者，亦不能仍循旧章。查官员丁忧向背，具报吏部，不归臣部考核。应如何严定章程悉归画一之处，拟请饬下吏部详议，具奏以期允协。谨奏。同日奉旨，已录卷首。

## ●●礼部奏礼学开馆酌拟凡例进呈等折并清单

窃臣等于光绪三十三年六月遵议奏设礼学馆，拟定章程八条，复请延聘纂修顾问各官，征各省礼书，并将筹办大概情形先后奏明，各在案。现奉光绪三十四年九月二十九日谕旨，责成臣部修明礼教移易风俗。又奉十二月二十七日谕旨：宪政馆奏定，分年应行筹备各事，并著内外各衙门按限妥筹，次第举办等因。钦此。

臣等公同研究，窃以为今日修明礼教移风易俗，应分修书、行政为两事，修订之初必斟酌古今，体裁完善厘然当于人心，而后可期通行。至于行政必与地方官暨谘议局员及凡有教育之责者相为表里，切实董劝。然后可蒸为风俗，固非空言修明，遂可收移易之大效也。伏稽我朝，化民成俗，因时制宜，其宏纲巨目布在方策者，如《钦定大清通礼》而外，又有《钦定皇朝三通》、《会典》、《则例》、《刑部律例》，皆经纬通贯，灿然大备。今欲修明礼教，非荟萃各书并与新设之宪政法律各馆互相订证不足以毕修书之事也。

自议行宪政，改定官制，设立民政部、学部衙门以整齐民物、振兴教育。又饬臣部开设礼学馆，以成政教维一之治，规模宏远。今欲移风易俗，非与内外各衙门联络一气交相考察不足以毕行政之事也。臣等职掌所关，于礼教责无旁贷，其宗旨应以正人心为入手办法。曾子言："慎终追远，民德归厚。"孟子言："人人亲其亲、长其长而天下平。"实修明礼教之第一要义。无论修书、行政，皆应以此为的，树之风声。臣数月以来与在馆纂修诸员共相商榷，计应行参订者不下数十百条，谨撮举大略，酌拟凡例十九条，恭呈御览。其辩论疑难文义繁缛有宜随时奏明不便胪列者，应俟全书告成后再行增补订正，以昭详慎。

目前设施次第，惟有先将修书一项迅速蒇事，庶便九年期内得以从容行政。现择于本年闰二月十七日开馆，所有前奏章程内应派提调提点馆事。查道光朝续修通礼并未设馆，所有提调各职事均由礼部官员兼充。今礼学馆附设臣部署侧，拟请旨即派左丞宗室英绵、右丞刘果、左参议良揆、右参议曹广权兼充提调，以专责成。又前次奏准馆中常年经费每年三万两，现值开馆伊始，并请饬下度支部照数给发，以应要需。除将所拟凡例另单缮呈外，谨恭折具陈。又，本年二月十二日奉谕旨：内阁侍读学士甘大璋奏宪政礼学法律三馆亟宜贯通一折，著礼部、法部会同集议后咨商宪政编查馆，再行复核等因。钦此。臣等应即钦遵办理，合并陈明。谨奏。宣统元年闰二月初四日奉旨：著依议。钦此。

## 重修通礼凡例

一 修明礼教前经臣部奏定，以《钦定大清通礼》为主，其有因革损益，谨仿钦定皇朝通典、通志、通考之例，于篇末概加后案，冀合《汉书》疏通证明之义。

一 《通礼》详载朝庙之礼，而略于士庶，又著著例不载图说。原以

《会典》及钦定皇朝三通等书相辅而行,故体裁简要。今奉上年九月二十九日明谕,责成臣部修明礼教移易风俗,则修书宗旨自应恪遵钦定各书,特于民礼加详,谨仿照江永《礼书纲目》①体例,于吉、凶、军、宾、嘉五礼,外增入曲礼一门。遵照会典、则例,并新修法律、宪法,将属于民事之轨物法度详细会编,斟酌厘订。其敝俗相沿有亟宜裁革者,并纂辑各家正俗之说附后,并载明礼器图丧服图等,期便民间诵习践行,以移风俗而明礼教。

一 《通典》载石渠礼议于闻人通,汉戴圣诸臣礼论每有宣帝"制曰",以示折衷,史所谓宣帝称制临决也。今遇疑义,有非臣下所能擅拟者,皆具奏请旨,恭候宸断,以昭天子议礼之盛。

一 宋嘉佑中,欧阳修纂集《太常因革礼》,以《开宝通礼》为主,凡通礼所有而不复举者,谓之废礼;通礼所无,谓之新礼。今科举既经停止,如吉礼之宾兴、释褐,嘉礼之乡会试、燕诸礼已不复举。而外务部奏定之宾礼,陆军部奏定之军礼,学部奏定之学礼,又皆因时制宜,为通礼所无。拟仿《太常因革礼》体例,增设废礼、新礼篇目,各自为卷,附在通体之后。

一 道光礼有一时疏误,亟当改正者。即以吉礼言之:旱潦祈、报、彻馔之时,乾隆礼皆有乐章,道光礼改之,报有乐而祈无乐,然删彻馔之乐章,并删彻馔之礼节,则删除之未当也。又如《祀先医篇》,乾隆礼在《祀真武篇》后,故于设乐条下注云:器数见《祀真武篇》。道光礼既升先医于真武前,此注尚仍不改,则注释之未

---

① 江永(1681—1762),清经学家、音韵学家。字慎修,婺源(今属江西)人。通《三礼》,晓乐律。所著有《周礼疑义举要》、《礼书纲目》、《律吕阐微》等,均为阐释经学之作。其学以考据见长,开皖派经学研究的风气。又精于音理,注重审音,所著《古韵标准》,定古韵为十三部。又著有《音学辨微》、《四声切韵表》,论述等韵学及韵书中分韵的原理。

一 当也。似此之类，悉详加校正。

一 道光礼有依据古制而与今不合者，如今人居室之制，堂不必有东西阶，士大夫不尽有庙，虽有庙，多与宗族共之，行礼皆于寝不于庙。他如庙见之名，加景之用，凡引据未确者，皆为更正。

一 原书内执事官属，自光绪三十二年奉旨厘定官制，所有业经裁撤归并各衙门，自当改书见在官名，而于其下附注原作某官，以备稽考。其吉礼——皇帝临雍释奠之陪祭官，嘉礼——临雍讲书之进讲官，旧为祭酒司业，今当临时请旨改派，暂以陪祭官、进讲官称之，仍附注原作祭酒司业于其下，犹郑注《周礼》必引故书某为某之例。

一 《乾隆通礼》未载堂子祭礼，至道光重修，始据《钦定皇朝文献通考》，为元日谒拜立杆致祭二篇，而于大内祭种之礼尚未及详。伏查《钦定皇朝通典》载：坤宁宫朝夕祭外，每月朔祭神，翼日祭天，其制亦立杆于庭，而每岁十二月二十六日恭请神位供于堂子，正月初二日复自堂子恭请神位入宫，与元日谒拜立杆致祭礼节相因，未可阙略。谨依《钦定大清会典》补载：大内祭神于后。犹《明史·礼志》记：嘉靖初，沿先朝旧制，每日宫中行拜天礼也。

一 乾隆、道光礼均载：皇帝东巡，阙里亲释奠于先师孔子之礼，而无春秋阙里释奠之礼，似尚疏略。应由臣部咨行衍圣公开列礼节，编入阙里只告之后，其颜、曾、孔、孟四氏学从同。

一 自道光四年修定通礼以后，屡更兵事。凡各直省名臣忠节，诸臣奉旨建立专祠春秋致祭者，并应载在祀典，编入吉礼。

一 直省专祠之祭，乾隆礼只有九神，道光礼又增四十四神，其中或竟无姓名，或仅有姓而无名，殊不足以重祀典。拟行文各省详查始末，凡系不经之祀，悉行厘正。

一　光绪年间皇帝万寿、皇太后万寿大庆,遇驻跸颐和园,举行朝贺筵宴典礼,应遵照《钦定大清通礼》所载圆明园、绮春园圆朝贺礼。敬谨增入。

一　《乾隆通礼》于亲王昏礼云:将及冠。《道光通礼》于民公以下昏礼亦云:将及冠。而丧礼又有已冠未冠之差,恭读乾隆四十七年上谕:嗣后著将王、贝勒、贝子、公子嗣及闲散宗室年已及岁者,俱照蒙古王公、台吉他布囊之例,分别给予品级冠顶,其宗室见在当差职分较小者,准其与闲散宗室一体照例换给冠顶等因。是我朝冠礼载在典章,而《钦定皇朝通典》不著录者,当时纂修诸臣或以祖宗家法不立皇太子,不能如《开元礼》之冠礼讬始于皇太子加元服耳,不思冠义,言天子之元子犹士也。唐制别立皇太子加元服礼,本非经义。兹就经义言之,则皇太子用士冠礼,亲王以下可知。今拟请旨稽度古礼,寻绎祖宗给予及岁王公宗室冠顶之意,补冠礼。

一　品官相见,乾隆、道光两通礼略同。然现行官制多与会典不符,今修明礼教,应补会典所未备,分王、贝勒、贝子与品官相见,镇国公以下与民公侯伯品官相见。其品官分平行官、非属官、属官、内官与外官、文官与武官、致仕官与现任官、现任官、致仕官与士各相见礼。称谓、拜揖、迎送、坐立皆为之定式。致仕官、未仕士与庶民分别,服亲、非服亲亦为之秩序,以维礼教。其现行相见礼有卑亢失体者,悉奏请更正。

一　《钦定八旗通志》载康熙九年(1670年)报十一月顺天府府丞高尔位奏乡饮酒礼满汉均沾,以广圣恩,以敦教化,奉旨:依议。并载康熙二十四年(1685年)十月至雍正十三年(1735年)正月举行乡饮宾介姓名。虽乾隆、道光通礼于顺天乡饮未载八旗,直省乡饮未载驻防，而以前事证之，则乡饮为满汉通行礼节，固不待言。今满汉更无分畛域，而典礼所在不宜偏废，谨于本条后案详之。

一 通礼恭载列圣列后忌辰于吉礼陵寝篇内，伏查雍正四年（1726年）十一月圣祖仁皇帝三年大礼已满，世宗宪皇帝谕礼部曰：朕追念罔极亲恩，欲于皇考忌辰每岁遵照三年内祭礼举行，朕终身永慕，岂三年所能限制。钦此。祭义所谓君子有终身之丧，忌日之谓也。顾与陵寝同列吉礼似非祖宗追孝之意，且陵寝篇内所载皇帝亲谒列圣列后陵寝以至皇子谒陵诸大礼并无素服举哀者，列诸吉礼似亦未安。考《宋史·礼志》于上陵祭日均列凶礼，谨仿其例，恭录列圣列后忌辰及皇帝皇后以次谒奠，陵寝诸篇均移居列圣列后大丧之后。

一 三年丧服。国初因旗兵额少，且日从金革，故满洲蒙古汉军守制旧例不便离任遽同汉人。伏读《世祖章皇帝实录》载顺治十年（1653年）四月礼部覆广东道监察御史陈启泰奏请，令满洲部院各官俱照汉人例一律离任丁忧，诏从所议。嗣后虽经吏部另议具奏，然《钦定八旗通志·丧礼门》统载前后诏旨，可以考见当日圣人议礼不分满汉之至意。现在迭奉明谕化除满汉畛域，饬修画一礼制，近又变通旗制，尤与国初旗兵可援金革无辟之礼训者情形不同，自应无论满汉官员士庶均为父母持服三年，服官无论京外均离任终制，以厚风俗。

一 乾隆、道光礼皆有冠服通制、仪卫通制，宜依例修补，并于丧礼内增入五服丧服图，以便省览。

一 坊民之礼，条理极繁，将来书成应将关涉士庶礼制条目另刊颁布，以便单行。

## ●●会议政务处奏议覆度支部奏币制重要宜策万全折

本年正月十四日度支部奏币制重要宜策万全一折，奉旨：著交会议政务处妥议具奏。钦此。

窃维币制一端，其法理最为深微，利弊最为复杂。前代变更铜币，往往官私错出画一为难，况今五洲大通，金银迭用，关系愈重，价格愈歧，乃于久经紊乱之余，为亟求整齐之策，诚乏万全之可信，尤非一蹴所能几。臣等前奏币制一折，兼采各督抚，臣覆奏各节折衷核议，惟因成色持论各殊，未敢遽定，钦奉上谕，计期分年，务将通国银币统归画一等因。仰见朝廷慎重币制，贵通行于久远，不责效于一时。兹据度支部奏陈，铸造推行画一，三端仍以成色分两，多所窒碍为言。伏查币制通病，成色高则患私销，成色低又患私铸，故前代诸臣孔觊、叶适等皆有不惜铜爱工之论。银铜虽异，理自相通。考日本改革币制，尝由大藏大臣设立币制调查局，会议至三十余次，成书至两巨册，迨其决议施行。新旧引换之际，犹复几经困难，始克有成。现在度支部清理各省财政，正在设局派员，如由部分别调查以为入手办法，似属一举两得。臣等公同核议，币制深奥，必须博采群言，庶可折衷一是。拟仍请旨饬由度支部设立币制调查局，宽予限期，详加考察，俾得广征专家，通筹全局，再行确定方法。奏明办理是否有当，伏候圣明裁断施行。谨奏。宣统元年闰二月初五日奉旨：依议。钦此。

## ●●陆军部奏拟添设未成镇各协副执法官等员缺折

窃查光绪三十年兵部会同练兵处奏定陆军营制饷章清单,内开陆军一军设总执法官,一镇设正执法官,并声明如有应行损益暨未尽事宜仍随时奏明,办理在案。现陆军编练成镇者,均经遵设正执法官,惟各省未成镇之混成协及独立协尚无执法员缺。查编练陆军以成军成镇为准则,各省现编混成等协原出一时权宜,为将来改镇之基础,与经久常行者不同。是以定章未议设立执法之官,刻当训练之时,各混成等协既难骤成军镇,而一切军事司法上应办事宜,端绪繁重关系甚巨,固未便令他官兼任,更不容使司法虚悬,自须亟添专员经理方足以维军纪而免疏误。拟请嗣后各省所编之混成协、独立协于未成镇之前均暂设副执法官一员,专理一切军事司法事宜,暂以同正军校充任,薪水拟参照陆军营制饷章正执法官所支数目量为减少,月支薪水银六十两,并设司事生一名,司书生二名,护兵二名,以资佐助。司事生等薪饷悉照定章支给。俟编练成镇后,再改照镇制办理,如蒙俞允,拟由臣部通行各省,遵照办理。谨奏。宣统元年闰二月初六日奉旨:依议。钦此。

## ●●宪政编查馆奏遵旨议覆国籍条例折并清单

要 目

第一章 固有籍

第二章　入籍

第三章　出籍

第四章　复籍

第五章　附条

本年二月十八日准军机处钞交奉旨,外务部会同修订法律大臣奏拟订国籍条例缮单呈览一折,著宪政编查馆迅速核议具奏,单并发。钦此。并据抄录原奏清单前来。仰见朝廷涵育民生、怀远招携之至意,钦佩莫名。臣等窃维国以得民为本,民以著籍为本,自来言户籍者,不过稽其众寡、辨其老幼,以令贡赋、以起职复而已。国籍之法则操纵出入之间,上係国权之得失,下关民志之从违。方今列国并争,日以辟土殖民,互相雄长。而中国独以人民繁庶贸迁耕垦遍于重瀛,衡量彼我之情,扬摧轻重之际,固不必以招徕归附为先,而要当以怀保流移为贵,此则今日立法之本义也。

原奏所称各国国籍法有地脉系、血脉系,即是属地、属人主义,因两义相持,必生抵触,故虽各有注重之端,而不能无折衷之制。然各国即取折衷主义,而仍不出于属地、属人二者范围以内。故当施行之际,往往易生辨难之端。而各国通例必先定一法律,以保护己国人民与限制他国人民。此但准乎本国情势之所宜,而固不能期他国之尽相合也。

今原奏拟订《国籍条例》四章,以固有籍、入籍、出籍、复籍为纲,而独采折衷主义中注重血脉系之办法,条理分明,取裁允当,所拟施行细则亦係参照历年交涉情形,藉免抵牾起见。臣等谨督馆员,逐条核议,尚属妥协可行,惟是法律务期久远,推求不厌精详。现在我国民法尚未颁布,领事裁判权尚未收回,惟恃此项条例与为维系,必须行之以简而事无不赅,持之以通而势无或阻。下可副编氓归向之忱,上可彰法律修明之效。庶几推行,尽利内外相安,臣等谨本此义,量为增损,改为《国籍条例》二十四条,《实行细则》十条,谨缮清单,恭呈御览,伏候钦定颁行。谨奏。宣统元年闰二月初七日奉旨:著依议。钦此。

**谨将酌拟《大清国籍条例》缮具清单,恭呈御览。**

## 第一章　固有籍

第一条　凡下列人等,不论是否生于中国地方,均属中国国籍:
一　生而父为中国人者;
二　生于父死以后而父死时为中国人者;
三　母为中国人而父无可考或无国籍者。

第二条　若父母均无可考或均无国籍而生于中国地方者,亦属中国国籍。其生地并无可考而在中国地方发见之弃儿同。

## 第二章　入籍

第三条　凡外国人具备下列各款,愿入中国国籍者,准其呈请入籍:
一　寄居中国接续至十年以上者;
二　年满二十岁以上照该国法律为有能力者;
三　品行端正者;
四　有相当之资财或艺能足以自立者;
五　照该国法律于入籍后即应销除本国国籍者。

其本无国籍人,愿入中国国籍者,以年满二十岁以上,并具备前项第一、第三、第四款者,为合格。

第四条　凡外国人或无国籍人有殊勋于中国者,虽不备前条第一至第四各款,得由外务部、民政部会奏请旨,特准入籍。

第五条　凡外国人或无国籍人有下列情事之一者,均作为入籍:

一　妇女嫁与中国人者;

二　以中国人为继父而同居者;

三　私生子父为中国人经其父认领者;

四　私生子母为中国人,父不愿认领而经其母认领者。

照本条第一款作为入籍者,以正式结婚呈报有案者为限;照第二、第三、第四款作为入籍者,以照该国法律尚未成年及未为人妻者为限。

第六条　凡男子入籍者,其妻及未成年之子应随同入籍人一并作为入籍,其照该国法律并不随同销除本国国籍者不在此限。若其妻自愿入籍或入籍人愿使其未成年之子入籍者,虽不备第三条第一至第四各款,准其呈请入籍。其入籍人成年之子现住中国者,虽不备第三条第一至第四各款,并准呈请入籍。

第七条　凡妇人有夫者,不得独自呈请入籍。

第八条　凡入籍人不得就下列各款官职:

一　军机处内务府各官及京外四品以上文官;

二　各项武官及军人;

三　上下议院及各省谘议局议员。

前项所定限制,特准入籍人自入籍之日起十年以后,其余入籍人自入籍之日起二十年以后,得由民政部具奏,请旨豁免。

第九条　凡呈请入籍者,应声明入籍后永远遵守中国法律及弃其本国权利,出具甘结,并由寄居地方公正绅士二人联名出具保结。

第十条　凡呈请入籍者,应具呈所在地方官详请该管长官咨请民政部批准牌示给予执照为凭。自给予执照之日起,始作为入籍之证。

其照第五条作为入籍者,应具呈所在地方官详请该管长官咨明民政部存案,其在外国者应具呈领事申由出使大臣或迳呈出使大臣咨部存案。

## 第三章　出籍

**第十一条**　凡中国人愿入外国国籍者,应先呈请出籍。

**第十二条**　凡中国人无下列各款者,始准出籍:

一　未结之刑民诉讼案件;

二　兵役之义务;

三　应纳未缴之租税;

四　官阶及出身。

**第十三条**　凡中国人有下列情事之一者,均作为出籍:

一　妇女嫁与外国人者;

二　以外国人为继父而同居者;

三　私生子父为外国人,其父认领者;

四　私生子母为外国人,其父不愿认领,经其母认领者。

照本条第一款作为出籍者,以正式结婚呈报有案者为限。若照该国法律不因婚配认其入籍者,仍属中国国籍。照第二、第三、第四款作为出籍者,以照中国法律尚未成年及未为人妻者为限。

**第十四条**　凡男子出籍者,其妻及未成年之子一并作为出籍。若其妻自愿留籍或出籍人愿使其未成年之子留籍者,准其呈明仍属中国国籍。

**第十五条**　凡妇人有夫者,不得独自呈请出籍。其照中国法律尚未成年及其余无能力者,亦不准自行呈请出籍。

**第十六条**　凡中国人出籍者,所有中国人在内地特有之利益,一律不得享受。

第十七条　凡呈请出籍者，应自行出具甘结声明并无第十二条所列各款及犯罪未经发觉情事。

第十八条　凡呈请出籍者，应具呈本籍地方官详请该管长官咨请民政部批准牌示，其在外国者应具呈领事申由出使大臣或迳呈出使大臣咨部办理，自批准牌示之日起，始作为出籍之证。其未经呈请批准者，不问情形如何仍属中国国籍，其照第十三条作为出籍者，照第十条第三项办理。

## 第四章　复籍

第十九条　凡因嫁外国人而出籍者，若离婚或夫死后，准其呈请复籍。

第二十条　凡出籍人之妻于离婚或夫死后及未成年之子已达成年后，均准呈请复籍。

第二十一条　凡呈准出籍后，如仍寄居中国接续至三年以上，并合第三条第三、四款者，准其呈请复籍。其外国人入籍后又出籍者，不在此限。

第二十二条　凡呈请复籍者，应由原籍同省公正绅商二人出具保结，并照第十条第一项办理。其在外国者，应由同在该国之本国商民二人出具保结呈请领事申由出使大臣或迳呈出使大臣咨部办理，自批准牌示之日起始作为复籍之证。

第二十三条　凡复籍者，非经过五年以后不得就第八条所列各款官职，如奉特旨允准者，不在此例。

## 第五章 附条

**第二十四条** 本条例自奏准奉旨后即时施行。

谨将酌拟大清国籍条例施行细则缮具清单,恭呈御览。

## 大清国籍条例施行细则

**第一条** 本条例施行以前,中国人有并未批准出籍而入外国国籍者,若向居外国嗣后至中国时,应于所至第一口岸呈明该管国领事,由该管国领事据呈照会中国地方官,声明于某年月日已入该国国籍,始作为出籍之证。

**第二条** 本条例施行以前,中国人有并未批准出籍而入外国国籍者,若向居中国通商口岸租界内者,应于一年以内呈明中国地方官,照会该管国领事,查明于某年月日已入该国国籍,始作为出籍之证。

**第三条** 凡不照前两条所载呈明出籍之证者,则在中国一体视为仍属中国国籍。

**第四条** 本条例施行以前,中国人有并未批准出籍而入外国国籍者,若仍在内地居住营业或购置及承受不动产并享有一切中国人特有之利益,即视为仍属中国国籍。

**第五条** 本条例施行以前,中国人有并未批准出籍而入外国国籍者,若仍列中国官职,即视为仍属中国国籍。

**第六条** 本条例施行以前,中国人有已入外国国籍者,准其随时遵照本条例第二十二条呈请复籍,毋庸照第二十一条及第二十三条办理。

**第七条** 本条例施行以前,中国人有因生长久居外国者,如其人仍愿属中国国籍,一体视为仍属中国国籍。

第八条　凡照本条例出籍者,不得仍在内地居住。违者驱逐出境。所有未出籍以前,在内地之不动产及一切中国人特有之利益,限于出籍之日起一年以内尽行转卖。其逾限尚未转卖净尽者,一概充公。

第九条　凡照本条例出籍者,若出籍后查有第十二条所列各款及犯罪发觉情事,将出籍批准即行注销,仍由中国按律处办。

第十条　凡照本条例出籍者,若所称愿入某国国籍系属诈称并未入该国国籍,或所具甘结有讳饰情事,应将出籍批准即行注销,该本人处六月以上一年以下之监禁。

**入/复籍呈式**

姓名：　年岁：　　籍贯：　　职业：

谨呈。

为呈请入/复籍事今因愿入/复中国国籍,谨遵照《国籍条例》第　条/第　条呈请入/复籍,并照章取具保结备查。

伏乞

察核批准须至呈者

附呈

妻某氏　　未成年子某某若干人。谨遵照《国籍条例》第　条第　项一并入籍/第　条第　项自愿(愿使)入籍。

合并声明<br>年　月　日

**入/复籍保结式**

姓名：　年岁：　　籍贯：

业为出具保结事,今因某某愿入/复中国国籍,查某某於《国籍条例》第　条所载确係符合,谨联名具保所结是实。

年　月　日

**入籍甘结式**

姓名：　年岁：　　籍贯：　　职业：

为出具甘结事,今因呈请入中国国籍。谨愿自入籍后照《国籍条例》第　条所载永远遵守中国法律,并愿尽弃本国权利。所具甘结是实。

年　月　日

**入籍执照式**

为给予执照事,今据某某愿入中国国籍。查与《国籍条例》第　条相符合,行给予执照为凭,须至执照者上给:

姓名：　年岁：　　籍贯：　　职业：

年　月　日印

**出籍呈式**

姓名：　年岁：　　籍贯：　　职业：

谨呈。

为呈请出籍事,今因愿入某国国籍,谨遵照《国籍条例》第　条呈请出籍并照章。

另具甘结备查。

伏乞

察核批准须至呈者

附呈

妻某氏　未成年子某某若干人　谨遵照《国籍条例》第　条第　项一并出籍/第　条第　项仍愿(愿使)留籍。

合并声明

年　　月　　日

**出籍甘结式**

姓名：　　年岁：　　籍贯：　　职业：

为出具甘结事，今因呈请出籍。谨声明并无《国籍条例》第　条所载各款及犯罪未发情事。如有讳饰，查出后愿仍受中国法律处罚，所具甘结是实。

年　　月　　日

## ●●库伦办事大臣延祉等奏库伦刑案日多拟请添设理刑司员折

窃查库伦地方向称事简，近年民人出口日盛，且有由恰克图外来者，其间良莠不齐，往往滋事，一经到官便须审理，而办理商民事务，章京多半未谙律例，每核案件不免参差。而印房满蒙汉章京等又係兼理庶务，於刑律亦非所素习，是以覆核各案仅有检查律例而寻章摘句，挂漏仍多。况办理商民事务章京衙门止有禁房，向无监狱，遇有命盗案件核拟后，向解多伦厅寄监。一经部驳，仍须提讯，长途往返，亦实堪虞，自应选择素习刑名之员，方足胜任。

奴才等公同商榷，拟照热河都统衙门办法添设理刑司员一员，由法部於正途候补人员内拣选熟习例案数员，咨由理藩部带领，引见奉旨圈出后，由部发给勘合乌拉票，赴库专理刑名。其差限资俸以及差满甄别奖留均仿照理藩部司员笔帖式。等差满向章，届时查看核实办理。该司员既不兼他项差使，自应优给薪水，藉以养廉，拟按月等给薪水银一百两，纵或携有家口当亦不至不敷。如此办理，不惟详审刑名，即满蒙汉章京等亦可藉资学习，洵於地方大有裨益。如蒙俞允,俟命下之日,由奴才等分咨各部,钦遵办理。谨奏。宣统元年闰二月初八日奉硃批:著照所请,该部知道。钦此。

## ●●法部奏拟建京师模范监狱折

窃考《周官》以圜土聚教罢民,即后世罪犯习艺之义,用意深远。近时东西诸国亦莫不注重监狱,力求美备之规。我国现在狱制亟待改良,前经臣部於光绪三十三年五月间奏部务重要折内拟请购置地基设立模范监狱,又於是年九月间奏建行刑场折内拟请於行刑场西南余地添买扩充,是否并建监狱容臣等再行履勘各等因。均奉旨:依议。钦此。

伏维京师为首善之区,观听所集,此次改良监狱规模不容过狭,筹画必须精详。现查行刑场内容不敷开拓,而邻近民房坟墓碍难购买,实属无可扩充。臣等复督饬司员,于内外城等处另行访寻。近勘得右安门内迤东有厢蓝旗操场空地一段,业已闲旷多年,察其地势宽平,面积一顷有奇,足敷构造之用。沟渠四达,空气流通,距离民居亦不为远,以之建筑模范监狱,实在相宜。臣等经与该旗往复咨商,意见相同。相应请旨准将该地拨归臣部应用,以备及时建筑,实於狱务前途大有裨益。如蒙俞允,即由臣部行文该旗遵照办理。谨奏。宣统元年闰二月初十日奉旨:依议。钦此。

## ●●度支部会奏核覆科布多办事大臣奏阿尔泰岁收哈萨克租马数目折

科布多办事大臣锡恒奏试收哈萨克租马已届两年尚无窒碍请作

为定额一折，光绪三十四年十二月十六日奉旨：该部知道。钦此。钦遵，由内阁抄出到部。据原奏内称，阿尔泰哈萨克性情剽悍，谲诈异常。光绪三十二年八月奏请岁收租马四百匹，曾经声明试办在案。两年以来，该哈目等尚知向化，如数交纳。兹据行营营务处呈报计，光绪三十二、三两年，共收租马八百匹，内除照章分拨土尔扈特亲王一成马八十匹，新设南路驿站九十匹，变卖口老疲瘦马一百廿匹，报倒马二百三十一匹，余四厘外，实存租马二百七十八匹，余六厘。其两年变卖马匹，每匹按例价八两，共收湘平银九百六十两。又，三十二年报倒马匹内，以三分定例核算，计逾额例，毙马四匹，责令该管人员赔缴例价银三十二两。两项共收银九百九十二两。内除照章动支两年收马员役津贴银七百二十两外，实存湘平银二百七十二两，另款存储等因。当经批饬将所存马匹酌拨草场妥为牧放，以备拨补，驿站例倒之马，其报例马匹凝照塔城办法，饬令缴验皮张存备各屯补修农具之用，藉杜弊窦。

此项租马现已试收两年毫无窒碍，应恳天恩俯准作为定额，饬部立案。嗣后应否加增，随时酌量情形，奏明办理。每年均限於八月内收齐，扣至次年八月底，届满一年，核计例倒并拨买数目造册报部，并照伊犁章程，每年由奴才派员稽查勤惰倒毙不逾定额者，官员议叙兵丁记名。若疲瘦倒毙逾额者，著落赔补外官员参处兵丁责惩，以重马政等语。度支部查，阿尔泰所属哈萨克游牧赛里山阴、萨普山阴及阿尔泰山一带，每岁应收租马。前於光绪三十二年十月据科布多办事大臣锡恒奏称，上年额鲁特领队大臣扎拉丰阿因交割借地到阿面，与哈萨克公等酌定每年呈交租马一成①。迨扎拉丰阿回塔后，该公等

---

① 原文为"匹"，据上下文，应为"成"字。

迭诉所定马匹力难呈缴，嗣经宣布朝廷德意，委婉开示。据该公等呈称情愿每年交纳租马四百匹，应自光绪三十二年为始，每年即以四百匹暂为定额，俟试办一年再行据实报部。此项租马酌提一成赏给土尔扈特亲王，其余九成分饬业兵认真牧，放以备各项需用。遵照定例，每年每百匹内报倒三分，不准逾额。查有口老残废者，悉数变价，另款存储，每年派收此项租马人员共支津贴口分薪红纸烛等项湘平银三百六十两，遇闰加支银十八两，即由马匹变价项下开销等语。钦奉硃批：著照所请，该衙门知道。钦此。钦遵在案。

兹据该大臣奏报，光绪三十二、三两年共收租马八百匹，内除分拨土尔扈特亲王一成马八十匹，新设南路驿站马九十匹，变卖口老疲瘦马一百二十匹，报倒马二百三十一匹四厘外，实存租马二百七十八匹六厘。两年变卖马匹每匹按例价八两共收湘平银九百六十两。又，三十二年逾额倒马四匹赔缴例价银三十二两，两项共收银九百九十二两。内除动支两年收马员役津贴银七百二十两外，实存湘平银二百七十二两。前项租马变价暨逾额倒马赔缴价值均按每匹八两计算，核与例价相符。每年开支收马员役津贴银三百六十两亦与该大臣奏准之案符合，应准开销。实存银两应令专款存储入於下案查核。其分拨报倒马匹，陆军部查分拨土尔扈特亲王马匹一节，光绪三十二年十月，该大臣奏请在岁收哈萨克租马内酌提一成拨给土尔扈特亲王，业经奉旨，允准在案。此次奏报光绪三十二、三十三两年共收租马八百匹，分拨土尔扈特亲王一成马八十匹，核与奏定应拨数目相符。又，分拨南路驿站马匹一节，光绪三十三年六月该大臣奏阿、新接设驿站案，内称应设驿马及常年倒马，皆於试收哈萨克租马内拨用，并准咨称南通新疆驿站九处，每驿设马十匹各等因，在案。此次奏报分拨新设南路驿站马九十匹，核与奏咨各案相符。又，报倒马匹一节，查道光十年（1830年）奏定成案，哈萨克租马每年每百匹内准其报销三分。此次该大臣奏称光绪三十二年分报倒马一百一十二匹，按照岁收马四百匹除拨给土尔扈特亲王马一成四十匹外，下余马三百六十匹，以三成计算应报倒一百八匹。今逾额四匹，据称已责令承牧人员赔缴值银。三十三年分报倒马一百一十九匹，余四厘，按照三十二年旧管马一百八匹，是年新收马四百匹，除拨给土尔扈特亲王马一成四十匹，又变价七十匹外，下余马三百九十八匹，以三成计算报倒数目核与成案相符。以上分拨报倒两项马匹，均准照办。其实存马二百七十八匹，余六厘，应由该大臣责成承牧之员妥为牧放，入于下案查核。

至原奏所称此项租马试收两年毫无窒碍恳恩俯准作为定额一节，度支部查《钦定新疆识略》，内载：哈萨克附近、伊犁、塔尔巴哈台一带，游牧者每遇冬季边外雪大，许其附近卡伦牧放牲畜，暂为度冬。每马百匹例收租马一匹等语。此次阿尔泰所属哈萨克应交租马，初议岁收一千匹，并据该大臣奏明各鄂拓克内马群数目，按照每马百匹抽收租马一匹章程，定以千匹原不为多等因。是该处征收租马本不限於现收四百匹之数，惟念该哈萨克绥辑方新，宜加抚恤，拟请准如所奏。即以岁收四百匹为额，仍令该大臣随时体察情形，如果该哈萨克游牧水草生计较饶，再行酌量加增，奏明办理，总期於整顿租项之中不失体恤哈族之意，以广皇仁而绥边围。再，此折系度支部主稿，会同陆军部办理，合并陈明。谨奏。宣统元年闰二月十四日奉旨：知道了。钦此。

## 度支部奏印花票制成请颁发各省试办折

伏查光绪三十三年八月臣部奏请仿行各国印花税，奉旨允准。九月初五日奉谕旨：国家岁入，洋、土两药税厘为数甚钜，均关要需。现既严行禁断，自应预筹的款，以资抵补。前据度支部具奏，研究印花税办法，当经允准。惟烟害必宜速禁，抵款必宜速筹，著度支部详细调查东西各国成法，迅速研究，渐次推广，期于可行，限两个月内条列办法章程，奏明办理，勿得稍涉延宕。钦此。钦遵。当于十一月初四日由臣部酌拟税则十五条、办事章程十二条，奏奉允准通行，各在案。当即派员往美国定制印花票纸，已经陆续由美国运到。

现奉谕旨，筹款抵补洋、土药税，自应多方筹集，迅速举行。臣等一再筹商，自庚子赔款加以新练陆军，各省款项业经竭蹶，不遑此时再事搜罗，实恐难于凑集。惟印花税一事，臣部前奏章程，先从宽简入手，但使经理得法，逐渐推行，诚为有利无弊，自应及时试办，以资抵补。拟即由臣部分别省分大小，颁发印花票，令各省一律举办，应请旨饬下各督抚转饬藩司及地方官妥慎经理。再，洋、土两药税厘向皆分拨各省济用，各该督抚亦应遵旨力筹抵补良策，庶不至瞻顾进款稍涉因循。谨奏。宣统元年闰二月十四日奉旨：著依议，钦此。

## 湖广总督陈夔龙奏酌裁绿营将备分别移并汛防折并清单

窃维绿营制兵叠奉谕旨裁汰，湖北、湖南两省经升任督臣张之洞奏准，分年裁汰，历经咨行，照办在案。伏查原奏章程，兵丁既逐年裁减,其各镇协营员弁亦应视裁兵之若干成数酌量裁缺,以肃戎政而符定章。近年度支浩繁,军饷日形支绌,久应照章办理。惟历年以来匪氛未靖,地方警察尚待推行,绿营虽不足恃,究为数百年额设之汛防,且军兴以后归标候补者实繁有徒,一旦骤裁多缺,其旧时立功积劳人员更无补署之期,情亦可悯,似不得不略事变通。

兹谨将鄂省各营综核数目按之地势详加察度,其扼要之区仍均暂留营将,籍资镇慑。但先将千、把、外委酌裁三分之一,其滥竽充位无关紧要者,自应量裁,将备以肃戎政而节饷需。查湖北通省副将五缺,内黄州协副将一缺;参将七缺,内抚标中军参将、兴国营参将二缺;游击十七缺,内抚标右营游击、提标、右营游击、荆门营游击、郧阳城守营游击、宜昌前营游击五缺;都司十一缺,内提标前营都司、郧阳前营都司、施南协中军都司三缺;守备三十三缺,内督标右营守备、抚标左营中军守备、抚标右营守备、德安营中军守备、提标左营中军守备、提标后营中军守备、郧阳镇标左营中军守备、郧阳前营中军守备、卫昌营中军守备、远安营中军守备十缺。或同城营数较多或经管防汛粮饷较简,皆可一律裁去,以省浮冗。其湖北抚标各营兵丁尚未裁尽,应仍照章分年裁汰。所有现存之官弁兵丁,均即并归督中协管理。其他各营兵丁,亦仍照章分年裁汰。凡系现存之兵丁,如裁去副将者,其兵马粮饷即归该中军都司管理;如裁去参将游击及专阃都司者,其兵马粮饷即归该中军守备或千总管理;如仍留营官而裁去其中军官者,其兵马粮饷即归该领哨千总管理或即由该营官自行经理。至于巡哨弹压安辑地方,仍责成现存各营员悉心经理。并严饬四路巡防队及荆襄水师各营,设遇地方有事,各按所管汛地就近调营弹压。平时则按照定章,随时协同各营汛认真巡缉,以期周密。总期额缺虽已裁撤而责任仍属有归。

所有此次被裁人员遇有相当缺出，应请按班尽先叙补，或量其人材给予差委。其未经叙补之前及未有差委者，凡系实缺人员，应请仍留廉俸三年，以示体恤。其署事人员，本应交卸，惟当初委署，皆因有劳足录奖擢，所关一旦撤还，多有清苦，不能成行者拟给予两季半廉，以作旋省旅费。此项节存俸廉银，两三年届满均已一律腾出，可以凑补新政要需，虽所节无多，而相沿三百年之成局逐渐更张，似不致操切误事。此次第一期办到以后，即可继续酌裁。至千总、把总、外委各缺，亦经臣判定应裁数目，分饬各属，各自指定营汛名目，详覆核办。俟各属详到，再行咨部核定。据湖北营务处司道会同布政使李岷琛、署湖广督标中军副将陈士恒详请具奏前来，臣覆核无异，理合缮具清单，恭呈御览。谨奏。宣统元年闰二月十六日奉硃批：陆军部知道，单并发。钦此。

## 谨将酌裁湖北绿营将备员缺开具清单，恭呈御览。

一　裁黄州协副将一员，改为营归都司专管。

一　裁湖北抚标中军参将一员、右营游击一员、左营中军守备一员、右营中军守备一员，抚标未经裁尽之官弁兵丁并归湖广督标中军副将管辖。

一　裁兴国营参将一员，汛防归守备专管。

一　裁湖北提标右营游击一员，汛防归守备专管。

一　裁荆门营游击一员，汛防归守备专管。

一　裁郧阳城守营游击一员，城守事宜责成郧阳镇标中军游击兼管。

一　裁宜昌镇标前营游击一员，未经裁尽之官弁兵丁归并宜昌镇标中军游击兼管。

一　裁湖北提标前营都司一员，汛防归守备专管。

一　裁郧阳镇标前营都司一员、守备一员，未经裁尽之官弁兵丁归并郧阳镇标中军游击兼管。

一　裁施南协标中军都司一员，现仍留副将。

一　裁湖广督标右营守备一员，归游击专辖。

一　裁湖北提标左营中军守备一员，现仍留游击。

一　裁湖北提标后营中军守备一员，现仍留都司。

一　裁郧阳镇标左营中军守备一员，现仍留游击。

一　裁卫昌营中军守备一员，现仍留游击。

一　裁远安营中军守备一员，现仍留游击。

一　裁德安营中军守备一员，现仍留参将。

以上计裁副将一员、参将二员、游击五员、都司三员、守备十员，合并声明。

## ●●邮传部奏遵将应办要政分别按年筹备折并清单

光绪三十四年九月二十九日，内阁奉上谕：朕钦奉慈禧端佑康颐昭豫庄诚寿恭钦献崇熙皇太后懿旨，前据宪政编查馆、资政院将议院未开以前逐年应行筹备事宜开单具奏，当经降旨谆谕内外臣工，依期举办。邮传部职在审度形势，统筹交通，著统限六个月。按照该馆院前奏格式，各就本管事宜，以九年应有办法分期胪列，奏明交宪政编查馆会同覆核请旨遵行等因。钦此。

是年十一月二十五日，内阁奉上谕：著各衙门懔遵前次懿旨，依限办理，勿得稍涉延误等因。钦此。

宣统元年闰二月初四日，内阁奉上谕：国家设官分职，各有应尽责任。现在朝廷豫备立宪，屡降谕旨，不啻三令五申，然所望於赞助新猷，实为内外诸臣是赖。近观内外诸臣，公忠体国、勤劳将事者固不乏人，然涉于推委敷衍者仍所难免。自此宣谕之后，内则责成各该部院衙门堂官，外则责成各省督抚大吏，举凡应办要政及一切关于豫备立宪各事宜，皆当次第筹画，督率所属官员认真办理。钦此。钦遵，先后恭录到部。仰见皇上经国远谟，揆同前圣。凡有官守，均应濯磨奋发，藉答涓埃。

而臣部所辖轮路、电邮皆交通要政，尤与宪政息息相关，亟宜同时筹备。惟是中国轮船现只招商一局粗立基础，向归北洋大臣直辖，尚未交部。管理邮政事件隶于总税务司，由税务大臣兼管，事权未属，即使多方筹议，总属虚拟之词。臣等自任事以来，夙夜只惧，既不敢放弃责任，亦岂容徒托空言。现归臣部直接管辖，惟路、电二政，谨遵圣训，审度形势，分别统筹，有急宜按年筹备者，有只能随时办理者。

查路政一项，以定线为要著，规大陆之形势，别枝干之后先，察内外之情形，审军商之缓急。臣部前年曾将筹画全国轨线奏明在案。则此九年之中，自必宽筹测勘经费，多派专门工师逐节分勘。一面由地方大吏先期勘出草图，再由臣部派员勘定，订为全国铁路敷设法；其次，则程工官办之路未完者，如汴洛、京张、广九、吉长，自应由部限期造竣，陆续奏报。至津浦、粤汉、鄂境川汉各路，应由各督办大臣分别筹备。

此外，商办之路业经臣部分饬，将按年筹备情形妥拟报部。现惟江西铁路公司遵照具报，余均屡催未覆，大概因集款尚无把握，故竣工难于豫期。但任其延宕，不惟虚縻股款，抑且阻碍交通。现先由臣部将各路之轨线长短，工程难易，详为审度。遵照上年五月二十七日谕旨，分别酌拟告成年限列入清单，饬令照办。届时如未竣工，再行另筹办法，果其剋日告成，自应查照成案，奏请优奖，以资鼓励。

又，查借款各路，其从前合同所载，均系指路作抵，权利外移，隐忧时切，欲谋释此重累，尤当未雨绸缪。惟未届还清之期，已须拨本付息，将届还本之日即当筹措巨资。现在行军余利挹注已属不敷，此项巨款尚难悬拟。臣部事属专司，自应极力筹画，而度支部倘能年筹的款豫为存储，以辅不逮，于大局更多裨益。

至电政一项，中国开办二十余年，线路所布，不能遍及，机料又复仰给外洋，其余电话、电灯、水线、无线电及制造厂诸类，推行犹未尽利。而电报自减价后收费尚无大起色，尤不能不妥为筹画，以冀逐渐推广。

以上各节，皆急宜按年筹备者也。其未能豫定期限者，如勘定之路必须筹款接展，开军之路更当整顿改良。及议限制以范借地造路之权，订路律以致同轨遵途之盛，设学堂以培技师艺士之才，暨电报之因边防而设，因军务而增，邮电合一，官电归并。诸如此类，皆臣部当尽之责，有应商各部院始能定议者，有应咨各督抚分别妥筹者，统容臣部陆续布置，随时奏明。

以上各节，则只能随时办理者也。总之，臣部所辖各项，皆商业性质而属于专门，既非徒手所能为功，又非人才莫助为理。臣部惟有仰承圣训，黾勉力图。其已按年筹备者，自不敢勤始而怠终；即应随时办理者，亦何敢顾此而失彼。谨奏。宣统元年闰二月十八日奉旨：宪政编查馆知道。钦此。

谨将臣部应办要政按年筹备各款详缮清单,恭呈御览。
计　　开

## 光绪三十四年(1908年)　第一年

— 沪宁告成。
— 门头沟枝路告成。
— 广东粤汉筑成,由黄沙起至迎嘴一百二十八里。查粤汉全路现由督办大臣主持管理。
— 潮汕意溪枝路告成。
— 启筑津浦。查该路现由督办大臣管理。
— 启筑福建漳厦。
— 启筑湖南粤汉。由粤汉督办大臣主持管理。
— 启筑齐昂。
— 接筑京张汴洛广九各官路,沪嘉杭嘉芜广南浔各商路。
— 查勘川汉、洛潼、西潼、同蒲、江苏、浙江、潮汕、新宁、惠潮、广西、福建、滇蜀、安徽、江西各商办铁路款项工程。
— 勘估吉长路线。
— 覆勘四川宜夔路线。
— 勘估正德路线。
— 勘估延长石油矿路线。
— 清还京汉铁路借款。
— 议销广澳成约。
— 废止京奉南票运矿枝路合约。
— 收赎商电改归部办。

- 一　展设太湖县至安庆电线。
- 一　展设贵阳至兴义电线。
- 一　展设上海至川沙厅电线。
- 一　展设浙江桐乡至双桥电线①。
- 一　展设江西饶州至景德线路。
- 一　展设下关至浦口线路。
- 一　大修江宁至汉口电线。
- 一　大修京师至保定电线。
- 一　改设保定至信阳州电线。
- 一　展设湖南常德至益阳电线。
- 一　筹画核减电报价目。
- 一　派员赴葡萄牙万国电政公会听讲，为预备入会基础。
- 一　整顿上海实业学堂。
- 一　筹设臣部实业学堂。

## 宣统元年（1909 年）　第二年

- 一　汴洛告成。
- 一　京张告成。
- 一　杭嘉告成。
- 一　沪宁告成。
- 一　新宁告成。
- 一　齐昂告成。
- 一　南定吉长借款。

---

① 原书为"绿"，应系排版之误。

一　启筑吉长。

一　启筑四川川汉。

一　启筑洛潼。拟限令本年集股在五百万圆以上，启筑工程须有全路三分之一。

一　启筑清徐。

一　启筑杭甬。

一　启筑鄂境川汉。由督办粤汉大臣主持管理。

一　接筑广九。

一　接筑漳厦。

一　接筑芜广。

一　勘明张绥路线。

一　测勘张库北干路线。

一　广西聘员测勘路线。

一　云南聘员测勘路线。

一　商议改良安奉，并派员履勘路线。

一　勘定海清开徐路线。

一　实行核减电报价目二成，计六十余万圆。

一　展设科布多至绥来无线电报。

一　筹设归化至太原电线。

一　展设河南信阳州至光州线路。

一　展设河南至汝州线路。

一　大修福、广、湘、鄂电线。

一　大修张家口至恰克图电线。

一　筹设安徽颖亳电线。

一　大修陕西全境线路。

— 筹办电汽专门学堂培植人材扩充电政之需。
— 筹议改良京师电话机器。
— 筹画京师各省电灯改良办法。
— 设立臣部实业学堂。

## 宣统二年(1910年) 第三年

— 筹备清还正太路款。查该路由西一千九百零二年息借法款,修筑合同载明西一千九百十一年以后可将借款全数还清。此款本年即须筹备,计还本四千万佛郎又酬费十万佛郎,共需款四千十万佛郎。
— 江西南浔告成。查该路据公司呈报于是年造竣。
— 启筑西潼。拟限令本年集股在一百三十万两以上,启筑工程须有三分之一。
— 接筑吉长。
— 接筑四川川汉。
— 接筑清徐。
— 接筑杭甬。
— 接筑洛潼。拟限令本年集股在一千万圆以上,全路工程须有三分之二。
— 接筑芜广。
— 测勘库伦至恰克图北干路线。
— 测勘新民洮南齐齐哈尔抵瑷珲东干路线。
— 筹设归化至包头镇电线。
— 筹设江西吴城至广信电线。
— 筹设安徽凤阳至江苏徐州电线。

— 筹设四川至西藏电线二千余里。此线经费应由西藏开办经费内提拨，一俟西藏款项筹备即可提前开办。
— 大修赣浙电线。
— 试办镇江电话。
— 展设福建汀漳电线。
— 展设奉吉两省电线。
— 扩充上海电话。
— 扩充福建电话、电灯。

## 宣统三年（1911年） 第四年

— 清还正太铁路借款。
— 清徐告成。查该路奏定四年造成。
— 广九告成。
— 杭甬告成。
— 漳厦告成。
— 接筑西潼。拟限令本年集股在二百六十万两以上，全路工程须有三分之二。
— 接筑四川川汉。
— 启筑同蒲。
— 接筑洛潼。拟限令本年集股满额，全路工程大概完竣。
— 接筑芜广。
— 测勘西安达兰州西干路线。
— 测勘附属南干各枝线。
— 创设电料制造厂，试造电报、电话各种电品材料机器。
— 展设湖南洪江至永州电线。

一　展设河南周家口至安徽亳州电线。
一　展设黑龙江电线。
一　展设广东高州至肇庆电线。
一　筹画沿海沿边一带设立无线电报。
一　试办京城自动电话机器。
一　扩充天津电话。
一　扩充江苏电话。
一　扩充浙江电话。

## 宣统四年(1912年)　第五年

一　筹备清还汴路路款。查该路由一千九百零三年息借比款，修筑合同载明卖票之第十年起分作二十年匀还，在前次拨还借票以后，中国国家无论何时在未到期以前将借款全数还清。此款本年即须筹备，计还本四千一百万佛郎又酬费十万二千五百佛郎，共须款四千一百十万二千五百佛郎。
一　洛潼告成。
一　吉长告成。
一　芜广告成。
一　接筑四川川汉。
一　接筑西潼。拟限令本年集股满额，全路工程大概完竣。
一　接筑同蒲。
一　接勘兰州达伊犁西干路线。
一　接勘附属南干各枝线。
一　测勘附属北干各枝线。
一　展设陕西省南、北两路电线。

— 展设山西省南、北两路电线。
— 展设广东自佛山至顺德香山电线。
— 派员出洋研究比较自制电品各种材料及制造方法。
— 扩充湖北电话、电灯。
— 试办湖南电话。
— 试办山东电话。

## 宣统五年（1913年） 第六年

— 清还汴洛铁路借款。
— 西潼告成。
— 接筑四川川汉。
— 接筑同蒲。
— 接勘附属北干各枝线。
— 测勘附属东干各枝线。
— 测勘附属西干各枝线。
— 入万国电政公会。
— 展设江西抚州至福建延平电线。
— 展设江西吉安至湖南醴陵电线。
— 扩充江西电话、电灯。
— 试办广州、天津、上海自动电话机器。
— 试办陕西电话。
— 试办河南电话。

## 宣统六年（1914年） 第七年

— 筹备清还沪宁铁路借款。查该路由西历一千九百零三年息借英款,修筑合同载明铁路公司有权于十二年半之后将小票取购。此款本年即须筹备,计还本二百九十万磅,加给七万二千五百磅酬费七千四百三十一磅五先令,余利凭票五十八万磅,共三百五十五万九千九百三十一磅五先令。
— 接筑同蒲。
— 接筑四川川汉。
— 接勘附属东干各枝线。
— 接勘附属西干各枝线。
— 展设贵州兴义至云南广南电线。
— 展设四川成都至甘肃电线。
— 扩充制造厂,试造关於电灯、水线各种电品材料机器。
— 试办云南电话。
— 试办贵州电话。
— 试办四川电话。
— 试办广西电话。
— 扩充山西电话。

## 宣统七年(1915年) 第八年

— 筹备清还道清路款。查该路由西历一千九百零五年息借英款,修筑合同载明在一千九百十六年以后中国无论何时可将借款全数还清。此款本年即须筹备,计还本七十九万五千八百磅酬费一千九百八十九磅十先令,共七十九万七千七百八十九磅十先令。
— 清还沪宁铁路借款。
— 接筑同蒲。

- 一 接筑四川川汉。
- 一 接勘附属西干各枝路。
- 一 展设云南普洱至顺宁电线。
- 一 展设广西庆远至贵州贵阳电线。
- 一 筹设库伦至科布多电线。
- 一 扩充制造厂关于无线电报各种电品机器材料。
- 一 试办甘肃电话。
- 一 试办新疆电话。
- 一 展设前后藏电线。

## 宣统八年(1916年) 第九年

- 一 清还道清借款。
- 一 接筑四川川汉。
- 一 接筑同蒲。
- 一 修订全国铁路敷设法。
- 一 编定全国铁路轨线图说。
- 一 展设内外蒙古电线。
- 一 筹设包头镇至宁夏电线。
- 一 筹设甘肃至青海至前藏电线。
- 一 筹设伊犁至库车电线。
- 一 大修西北各省电线。
- 一 筹画扩充改良各省电灯电话。

## ●●农工商部奏厘订筹备事宜分年列表呈览折附表

光绪三十四年九月二十九日奉上谕:朕钦奉懿旨,农工商部职在提倡实业,保守利权。著限六个月,就本管事宜以九年应有办法分期胪列奏明,交宪政编查馆会同覆核请旨遵行等因。钦此。

伏查臣部职司所在,允足为辅助宪政之机关。溯自设立商部以来,首订《公司律》,于选举会议明定专条,所以重商人之资格,示公司之法程。倡立商会,使知自治之初基。厘订矿章,使知弃利之可惜。设工艺官局,以改良土货制造。设实业学堂,以教育专门人才。设女子绣工科,为美术品之小试。设劝工陈列所,为博览会之先声。迨归并工部改为农工商部,将旧管商办铁路章程案卷移交邮传部管辖。又,复举办农事试验场,以讲求种植;举办艺徒学堂,以练习手工;举办农会,以求大利归农之至计;举办度量权衡,以定画一行政之权舆。凡此大端,皆臣部奏明,次第实行而不背于宪政者也。

夫实业之兴即利权所系,揆诸臣部责任,惟有提倡於先事,保守于无形,为权力所可及。此外,则全赖各省将军督抚与臣部内外一心维护于上,劝业道切实推行筹计于下,而尤须轮船铁路,渐使交通、官力、商资互相补助,商学则人多专习,民智则日见开通。于是限以年期,课以实业,收效乃可操券。查东西洋各国,凡属兴举实业,公家每不惜累千百万频年,量为补助,良以强国者兵,富国者即实业农工商之重要,初不减于海陆军也。富与强实相表里,能富而后能强,故欲求致富之所由,必先计资本之所在,此则实业盛衰之要键,臣等所夙夜焦思而未能或释者也。

现经钦奉明谕，限期将本管事宜筹议具奏，自应就应办各要政详加厘订，略分四类：曰调查；曰筹议；曰兴办；曰编制。约举一百二十八条。遵旨分年缮具简明表格，恭呈御览。惟所列农、林、渔、牧、丝、茶、木、棉，仅物产之大凡也；五金、矿质、百工、制造，仅工业之大凡也；商标、航业、保险、赛会，仅商纲之大凡也。其间端绪至繁，初非条举件系所能罄尽。臣等自当因时制宜，察酌情形，奏请施行，其应行拟订各项规章须俟法律大臣奏定商法后再行分别核订，庶无抵触而便通行。至于倡实业保利权，乃臣部一定不移之办法。未颁布立宪时即本此为宗旨，既颁布立宪后，仍视此为依归。断不敢徒事铺张，亦不敢具文塞责，惟有勉竭血忱，与各疆臣次第认真办理。尽一分心力，冀收一分实效。所以上副朝廷宪政者在此，下尽臣等责任者亦在此。一得之愚，是否有当。应请旨饬下宪政编查馆统筹核议，俾有遵循。谨奏。宣统元年闰二月十八日奉旨：宪政编查馆知道。钦此。

## 农工商部分年筹备事宜表

| 年分\类别 | 调查类 | 筹议类 | 兴办类 | 编制类 |
|---|---|---|---|---|
| 第一年 | 调查中外棉业 | 筹议各省设立农务总分会；筹办京师自来水；筹办京师工业试验所。 | 开办京师农事试验场；重建京师劝工陈列所；推广内地及海外各埠商会；推广各处船会；招致华侨创办大宗实业。 | 颁布农会章程；颁布画一度量权衡制度；修订商标章程。 |
| 第二年 | 通饬清厘全国矿山区域；通饬各省照章检留最通用之度量权衡旧器各一种，查明核定报部；调查各国赛会章程办法；通饬各省调查商品出入大概数目、商务衰旺大概情形，编成报告。 | 筹议开垦事宜；筹议林业事宜；通饬各省筹设渔业公司水产学校；筹设化分矿质局。 | 各省农务总会以次举办；设立蚕业讲习所；设立茶务讲习所；开办京师工业试验所附设理化研究会；开办京师劝工陈列所附设劝业场；设立度量权衡官厂制造新器。 | 编辑棉业图说；厘订奖励棉业章程；修订矿务新章；编订画一度量权衡各种细章。 |

续表

| | | | | |
|---|---|---|---|---|
| 第三年 | 调查内地丝业情形；调查内地茶业情形；调查各省出产商品；通饬各省调查商品出入详细数目、商务衰旺实在原因，编成报告；通咨各出使大臣将各埠侨商人数、商业列册到部。 | 通饬各省筹设农林学堂、农事试验场；推广保险办法。 | 各省农务分会以次举办；推广蚕业讲习所；推广茶务讲习所；开办化分矿质局；施行画一度量权衡各种细章；颁行度量权衡新器；划一京外官衙局所度量权衡；划一各省城、各商埠度量权衡；商务总会以次设齐。 | 颁布棉业图说；颁布奖励棉业章程；颁布矿物新章；编订工会规则；颁布保险规则；颁布运输规则。 |
| 第四年 | 调查外洋丝布情形；调查外洋茶市情形；调查全国矿物品类、产额、销场，编制统计；调查全国工艺及制造原料，编制统计；调查全国著名工艺品；通饬各省设立专门学堂工厂研究改良。 | 各州县筹设习艺所；通饬各省会、各商埠筹设工艺局劝工陈列所；通饬各省筹设矿务学堂；通饬各省组织各种工会研究工业改良法；筹设各省商品陈列馆；筹议奖励海外贸易；通饬商民出洋贸易。 | 海外大埠华商商会以次设齐；商船总会以次设齐。 | 编订各处酌留度量权衡一种旧器与新器比例表；统计各省历年商品出入、商务衰旺，分别列表筹议改良办法；颁布商业登记章程；颁布监督交易行规则；颁布整顿货栈规则。 |

续表

| | | | | |
|---|---|---|---|---|
| 第五年 | 通饬农会编辑农务统计列表报部；调查森林区域。 | 筹议改良棉业事宜；筹议改良丝业事宜；筹议改良茶业事宜；通饬筹设农事半日学堂、农事演说会场；筹设各省劝业会为赛会之练习。 | 划一各府城度量权衡；各省会及通商口岸商品陈列馆以次成立。 | 汇齐各省商务报告逐年比较列表，统计核定改良办法，颁示商民。 |
| 第六年 | 通饬各劝业道编辑畜牧统计列表报部；通饬各劝业道编辑渔业统计列表报部。 | 筹议整理渔界绘具图说；筹设兽医学堂；筹办森林警察；筹办矿物警察；筹办商团；筹议国内赛会。 | 通饬农会改良农具、开拓农业、增殖农产；实行开垦办法；商务分会以次设齐；商船分会以次设齐；各省劝业会以次成立。 | 厘订振兴丝业办法；厘订振兴茶业办法。 |
| 第七年 | 通饬各劝业道查明水利事宜，绘具图说报部。 | 通饬各省筹设美术学堂。 | 实行改良棉业办法；实行振兴丝业办法；实行振兴茶业办法；外埠有华商地方商会以次设齐；各府及大商埠商品陈列馆以次成立。 | 编制历年航业推广比较表。 |

续表

| | | | | |
|---|---|---|---|---|
| 第八年 | 考查农会办理成绩；<br>考查商会办理成绩；<br>考查船会办理成绩。 | 筹议万国赛会。 | 设立商律讲明所；<br>开办国内赛会。 | 编制实业公司局厂逐年增进比较表；<br>编制历年海外贸易比较表。 |
| 第九年 | 通饬报告历年筹办森林情形列表统计；<br>调查改良棉业后逐年进步列表统计；<br>调查改良丝业后逐年进步列表统计；<br>调查改良茶业后逐年进步列表统计；<br>调查改良商业后逐年进步列表统计。 | | 划一各厅、州、县度量权衡；<br>各州县商品陈列馆以次成立；<br>开办万国赛会。 | 编订全国农产品图志；<br>编订全国水利图志；<br>编订全国森林图志；<br>编订全国畜牧图志；<br>编订全国渔业图志；<br>编订全国工艺志；<br>编订全国矿产图志；<br>编订全国商业志。 |

## 宪政编查馆奏遵设贵胄法政学堂拟订章程折并清单

### 要 目

第一章 总纲

第二章 课程

第三章 资格及限制

第四章 学额

第五章 入学

第六章 考试及奖励

第七章 学员名额

第八章 学员职任

第九章 听讲员

附条

光绪三十三年八月初一日升任内阁学士宗室宝熙奏请设立贵胄法政学堂一折,奉①旨:宪政编查馆知道。钦此。臣等伏查,虞廷教胄用睦九族之亲,唐馆崇文并重四门之学。自来宗潢世胄为国翘材,莫不谙习典章,储为大用。故《周官》师氏掌国中失之事以教国子弟,注②谓:"中中,礼者;失失,礼者;教之使识旧事。"可为胄学独重政事之证。

我朝宗学官学之制,教养宗室八旗,至为周备。而历时既久,积

---

① 原书为"奏",应系排版之误。
② 所谓"注",查后文,此处即《周官》注。

弊滋深，近改设宗室觉罗八旗高等以下各学堂，并另设陆军贵胄学堂，已谋普遍教育之方，尚少专治国闻之地。况自预备立宪以来，历经钦奉谕旨，颁布各省谘议局章程并开办资政院，以为上下议院之基础。夫上议院或称贵族院，日本皇族至二十岁，公侯至二十五岁，例为贵族院议员，任期终身。我国贵族一阶，本居少数，凡宗室蒙古王公满汉世爵将来皆可膺上议院议员之选。若上议院议员懵于学识，与下议院人才相去过远，则非龃龉失当，必且附和取容，是虽酌采两院之制，而有偏重一院之弊。政本所关，殊非浅鲜。

原奏所称拟仿日本学习院之意，而变通其制，应请准如所奏，设立贵胄法政学堂一所。凡宗室蒙古王公满汉世爵及其子弟曾习汉文者皆令入学，闲散宗室觉罗及满汉二品以上大员子弟，亦准考取。肄业分为正、简两科，正科以四年毕业，简易科以二年毕业，皆先习普通而后专授法政。其有业经从仕贵胄及满汉四品以上官员，另设听讲科一班，以一年半毕业，专授法政大义。

惟立学以广陶成，而行法必严惩劝。宗室王公子弟为满汉世臣之表率，如有及岁未能入学及半途退学等情，若不稍加儆戒，必致竞习宴安。查从前两翼宗学考课，本有分等教戒、撤退章程考试；应封宗室又有分等罚俸、停封之例，自列二等者罚俸一年，至不列等者停封五次。宽严互用，实于笃厚宗亲之内寓激励才俊之心。臣等谨援成例，明列条文，共为《贵胄法政学堂章程》九章三十九条并豫算经费数目开列上陈缮具清单，恭呈御览。如蒙俞允，拟请特派通达时务夙有学望之王公一员，二、三品大臣一员，分任该学堂总理监督之职，以昭郑重而资督率。嗣后如有增订学课变通章程之处，应由总理会商学部后奏明办理。抑臣等尤有进者，时势所趋，新学日出。

当此宪政创行之始，虽其理为中学所固有，而其法实前古所未闻,苟于学说少一研求,即于推行多一疑阻。近年中外臣工屡经条奏请敕派亲贵出洋游学,在西学固贵明通,而中学尤为根柢。甘和白采,本末相资,诚于法政学堂毕业之后再加游历,则由门径以窥堂奥,自然深造有得,而大用可期。异日蔚起人才,将益收亲贤夹辅之功,弼成景祚无疆之治,磐石苞桑实基于此。谨奏。宣统元年闰二月十八日奉上谕,恭录卷首。

**谨将拟办贵胄法政学堂章程缮具清单,恭呈御览。**

### 第一章 总纲

**第一条** 本学堂以造就贵胄法政通才为宗旨,分设正、简两科。

**第二条** 正科四年毕业,前一年习普通学,后三年习法政专科;简易科二年毕业,前半年习普通学,后一年半习法政要义。

**第三条** 本学堂附设听讲员一班,为年逾三十岁,业经从仕贵胄各员及满汉四品以上官员补习法政之地,只须讲授大义,以一年半为毕业期限。

### 第二章 课程

**第四条** 正科所授普通各学科及每星期授业时刻列表:

| 学科 | 每星期钟点 |
| --- | --- |
| 伦理学 | 三 |
| 国文 | 六 |
| 经学(讲授周礼大义、左传要略) | 六 |
| 中外历史 | 四 |
| 中外地理 | 四 |

| 算学 | 三 |
| --- | --- |
| 理化 | 二 |
| 法学通论 | 二 |
| 体操 | 二 |
| 合计 | 三二 |

**第五条** 正科所授法政专科各学科及每星期授业时刻列表如下：

第一学年

| 学科 | 每星期钟点 |
| --- | --- |
| 伦理学 | 一 |
| 国文 | 四 |
| 国朝掌故 | 四 |
| 本国刑律 | 三 |
| 宪法 | 三 |
| 国家学 | 二 |
| 论理学 | 二 |
| 政治学 | 三 |
| 政治史 | 三 |
| 行政法 | 二 |
| 理财学 | 三 |
| 体操 | 二 |
| 合计 | 三二 |

第二学年

| 学科 | 每星期钟点 |
| --- | --- |
| 国文 | 二 |
| 国朝掌故 | 四 |

| 学科 | 每星期钟点 |
|---|---|
| 本国刑律 | 二 |
| 比较宪法 | 三 |
| 国际公法 | 三 |
| 国际私法 | 三 |
| 民法 | 四 |
| 刑法 | 四 |
| 商法 | 二 |
| 财政学 | 三 |
| 体操 | 二 |
| 合计 | 三二 |

**第三学年**

| 学科 | 每星期钟点 |
|---|---|
| 国文 | 二 |
| 国际公法 | 二 |
| 国际私法 | 二 |
| 外交史 | 四 |
| 民法 | 三 |
| 刑法 | 三 |
| 商法 | 三 |
| 财政学 | 二 |
| 民事诉讼法 | 二 |
| 刑事诉讼法 | 二 |
| 裁判所构成法 | 二 |
| 统计学 | 二 |
| 体操 | 三 |

| 合计 | 三二 |

**第六条** 简易科所授普通各学科及每星期授业时刻列表如下：

| 学科 | 每星期钟点 |
|---|---|
| 伦理学 | 三 |
| 国文 | 六 |
| 经学（讲授周礼大义、左传要略） | 六 |
| 中外历史 | 四 |
| 中外地理 | 四 |
| 算学 | 四 |
| 理化 | 三 |
| 体操 | 二 |
| 合计 | 三二 |

**第七条** 简易科所授法政各学科分三学期计算，其每星期授业时刻列表如下：

**第一学期**

| 学科 | 每星期钟点 |
|---|---|
| 伦理学 | 二 |
| 国文 | 二 |
| 国朝掌故 | 四 |
| 本国刑津 | 四 |
| 宪法 | 三 |
| 法制大意 | 四 |
| 论理学 | 二 |
| 政治学 | 三 |
| 行政法 | 三 |

| 学科 | 每星期钟点 |
|---|---|
| 理财学 | 三 |
| 体操 | 二 |
| 合计 | 三二 |

**第二学期**

| 学科 | 每星期钟点 |
|---|---|
| 国文 | 二 |
| 国朝掌故 | 四 |
| 宪法 | 三 |
| 国际公法 | 二 |
| 国际私法 | 二 |
| 民法 | 三 |
| 刑法 | 三 |
| 商法 | 二 |
| 财政学 | 三 |
| 政治史 | 三 |
| 外交史 | 三 |
| 体操 | 二 |
| 合计 | 三二 |

**第三学期**

| 学科 | 每星期钟点 |
|---|---|
| 国文 | 二 |
| 国朝掌故 | 四 |
| 国际公法 | 三 |
| 国际私法 | 二 |
| 民法 | 五 |

| | |
|---|---|
| 刑法 | 三 |
| 商法 | 二 |
| 财政学 | 二 |
| 民事诉讼法 | 二 |
| 刑事诉讼法 | 二 |
| 统计学 | 三 |
| 体操 | 二 |
| 合计 | 三二 |

## 第三章 资格及限制

**第八条** 宗室王公世爵、蒙古王公世爵、满汉世爵及其子弟曾习汉文者,均应入本学堂肄业。

**第九条** 宗室王公世爵及其子弟年在十八岁以上三十岁以下,非实任行政官暨特赏要差逐日入直者,即须一律入学。惟已入其他官立各学堂者,听之。

**第十条** 职官及闲散之宗室觉罗与满汉二品以上之大员子弟及世职凡在中学堂毕业者,均得考入本学堂肄业。惟开办之初此项毕业者如不足额,亦可招考文理清通、品行端正及高等小学毕业生,取其程度相当者充补。

**第十一条** 凡应入学而不入学之宗室王公世爵及其子弟,如已袭职停其差俸两年,未经袭职停其袭封两年,均勒令入学。如逾两年仍不入学,再停其差俸、袭封五年。

**第十二条** 凡宗室王公世爵及其子弟入学后,故犯规条情形较重以致开除学额及无故自行告退者,如已袭职停其差俸五年,未经袭职停其袭封二年、袭封后仍停其差俸五年。其他项学员均按照学部定章办理。

条例所列停封及停差俸等事项，均由总理会同宗人府奏明办理。

第十三条　凡年逾三十岁，业经从仕之贵胄及满汉四品以上各员，有欲补习法政者，经各该衙门咨送来堂，均得入听讲班一律听讲。

## 第四章　学额

第十四条　本学堂学生总额暂设一百八十名，分三班肄业，均不寄宿。其有愿住学者，听。

第十五条　分正科为两班，简易科为一班，每班以六十名为限。

第十六条　听讲员共作一班，不拘额数。

## 第五章　入学

第十七条　凡应入学之宗室王公世爵、蒙古王公及其子弟，均先由宗人府、理藩部查明，咨报本学堂，以便定期到堂肄业。

第十八条　凡应入学之满汉宗室王公世爵、蒙古王公及其子弟，均先由陆军部、理藩部、各旗查明咨报本学堂，听候定期考录。

第十九条　凡具有第三章第十条资格愿入本学堂肄业者，应各具图片或印结，呈请入学，听候定期考录。

## 第六章　考试及奖励

第二十条　每学期及学年之终，应就所已习之功课分门考试各一次。

第二十一条　各科评定学期考试及毕业考试分数，均酌照学部奏定各学堂章程办理。

第二十二条　正科、简易科暨听讲员毕业时，由本学堂总理监督会同学部堂官督率职员照章考试。

第二十三条　正科、简易科毕业考试列入最优等、优等、中等者，由本学堂总理监督发给文凭，并由总理会同学部分别等次开单奏请，带领引见请旨分别奖励。其听讲员，但分别发给文凭，不请奖励。

第二十四条　正科、简易科毕业考列优等以上者，应由本学堂总理开单请旨派往东西洋各国游历。其听讲员考列最优等者，亦可选择奏派。

## 第七章　学员名额

第二十五条　本学堂所设学员分为管理员、教员两项，其额数如下：
总理一员；监督一员；提调一员；教员十数员；监学官二员；书记官一员；会计官一员；庶务官一员；管课官一员。

第二十六条　以上各员，除总理监督应请旨简派外，其提调以次各员由总理分别奏咨延聘委用。

## 第八章　学员职任

第二十七条　总理协同监督，统辖提调以次各员，综核全堂一切事务，其学生平日品行学业勤惰均归考核。

第二十八条　监督督率提调以次各员，经理全堂事务，妥定本堂详细规则，订定课程及稽核教习教法、学生勤惰等事。惟均受成于总理。

第二十九条　提调受总理及监督指示，管理本堂斋务庶务。凡监学、书记、会计、庶务等官均归管辖。

第三十条　教员分任教授各种学科，随时禀承监督拟订课程、酌定教法等事。

第三十一条　监学官禀承监督、提调，专官稽查学生起居动作，检视平日品行,随时报告,并照料饮食、注意卫生等事。

第三十二条　书记官禀承提调,专理本堂收发文书、编存案卷,并缮写登记等事,兼管图书教育品标本收发存储一切事务。

第三十三条　会计官禀承提调,专掌本堂经费出入及核算帐目等事。

第三十四条　庶务官禀承提调,专司本堂厨务、人役、房屋器具等一切杂事。

第三十五条　管课官禀承监督,专掌分放课卷、刷印讲义及有关讲堂授课一切事务。

## 第九章　听讲员

第三十六条　听讲员以一年半为毕业,六个月为一学期,共分三学期,所授学科及每星期授业时刻列表如下:

第一学期

| 学科 | 每星期钟点 |
| --- | --- |
| 国文 | 三 |
| 国朝掌故 | 二 |
| 法学通论 | 二 |
| 宪法 | 五 |
| 行政法 | 四 |
| 刑法 | 一 |
| 理财学 | 三 |
| 世界近世史 | 二 |
| 政治地理 | 二 |
| 合计 | 二四 |

第二学期

| 学科 | 每星期钟点 |
| --- | --- |
| 国文 | 二 |
| 中国历史 | 二 |
| 法学通论 | 一 |
| 宪法 | 三 |
| 行政法 | 三 |
| 刑法 | 一 |
| 民法 | 三 |
| 国际公法 | 三 |
| 财政学 | 二 |
| 世界近世史 | 二 |
| 政治地理 | 二 |
| 合计 | 二四 |

**第三学期**

| 学科 | 每星期钟点 |
| --- | --- |
| 宪法 | 五 |
| 行政法 | 四 |
| 刑法 | 二 |
| 民法 | 三 |
| 国际公法 | 二 |
| 国际私法 | 三 |
| 财政学 | 五 |
| 合计 | 二四 |

**第三十七条** 听讲班事务由本堂管理员兼任之。

## 附　条

第三十八条　本章程所未备载之处,应由学堂参照学部奏定各学堂章程自行详细订定。

第三十九条　正科、简易科暂设三班,如入学人数加多,应随时酌量增设。

**谨将豫算贵胄法政学堂经费数目缮具清单,恭呈御览。**

一　经费分开办、常年两项。常年经费分为额支、活支,均由度支部筹拨。

二　开办经费于奉旨后由度支部拨用,其常年经费由总理咨行度支部支领,遇闰照加。每届年终,造具清册咨明度支部核销。

三　开办经费:修理空闲官所及酌添讲堂斋舍,约需银一万五千两;讲置木器并一应家具,约需银六千两;讲备书籍、图书、图画、教育品、操衣靴帽等件,约需银四千两。以上开办经费共需银二万五千两。

四　常年额支经费:总理一员,月支薪金二百两;监督一员,月支薪金一百五十两;提调一员,月支薪金一百两;教习约需十四五员,月共支薪金一千二百两;监学官二员,月共支薪金一百两;书记官、会计官、庶务官、管课四员及司事书手等,月共支薪金二百五十两。以上薪金每年需银二万四千两。

管理员、教员、学生等,每月约需伙食银五百五十两;杂役工食,每月约需银一百七十两。以上伙食工银两项,每年需银八千六百四十两。

五　常年活支经费:纸墨、印刷讲义等费,每月约需银四百两;茶烛零用等项，每月约需银六十两；天棚煤火，一年平均计算每年约需银九百四十两；添置图书、操衣靴帽等项，每年约需银一千二百两。以上四项每年需银七千六百六十两。

六　增添及豫备各项每年约需银二千五百两。

以上统计常年额支、活支经费，每年共需银四万二千八百两。

七　以上豫算常年款项如动用时，实有不敷，其数在三千两以内，应即由总理咨行度部支部补行发给。

## ●●吏部会奏议覆湖南茶陵州州判等缺裁撤折

内阁钞出湖南巡抚岑春蓂片奏请将茶陵州州判等缺裁撤一折。宣统元年正月十八日奉旨：该部议奏。钦此。钦遵，抄出到部。原奏内称，准总司核定官制，考察政治馆王大臣咨奏定续订直省官制清单内开，从前各省直隶州直隶厅及各州县所设佐贰杂职应即一律裁撤，酌量改用，咨行查照等因。

兹查湖南长沙府属茶陵州州判、浏阳县县丞二缺，均与知州知县同处一城，并无应管公事，名为佐贰，实同赘疣。又，永绥厅茶峒知事、干州厅河溪巡检二缺，当山大岩疆甫定之时，深虞苗性难驯，故设立佐杂分防，俾资巡缉。自咸同以迄于今六十年来，峒苗涵濡圣泽，均已化为循良，无殊内地，即无佐杂在彼弹压，亦不虞滋生事端。又，澧州直隶州顺林巡检、桃源县郑家巡检所驻之地均距各州县城只五六十里，与印官相隔非遥，俱属地瘠事简，该员等名为兼管驿务，其实递送档均由各印官派人经理，巡检多不预闻。以上六缺均极闲冗，似应即行裁撤。

至裁缺各员，内有报捐升阶者，即令请咨赴引；未捐升阶者，照例归裁缺即用班补用悬缺；未补者，即行停补。又，府属州判湖南只有一缺，现有候补试用数员，茶陵州州判缺分既裁，该员等既无补缺之望，应请照例以正八品之府经历县丞借补等语。臣等查各省缺分事务之繁简，地方冲僻，往往随时变易，情形迥不相同。诚有昔称繁要，今反成闲曹冗职无所事事者，自应酌量变通，以符定章而求实际。该抚所奏系为因时制宜起见，应即准如所请，将茶陵州州判、浏阳县县丞、永绥厅茶峒知事、干州厅河溪巡检、澧州顺林巡检、桃源县郑家巡检六缺，一并裁撤。裁撤各员，或按其报捐升阶，或归于裁缺即用，分别办理。其裁缺即用之州判，湖南并无别缺可补，应准以正八品之府经历县丞即行借补，候补试用人员亦应归于府经历县丞班内统行较资补署，庶免向隅。至所裁各缺应办事宜，仍令责成该州县派人兼管，以期无误要公。再，此折系吏部主稿会同民政部办理，合并声明。谨奏。宣统元年闰二月二十二日奉旨：依议。钦此。

## ●●民政部奏遵拟逐年筹备事宜折并清单

光绪三十四年九月二十九日，内阁奉上谕：朕钦奉慈禧端佑康颐昭豫庄诚寿恭钦献崇熙皇太后懿旨，前据宪政编查馆、资政院将议院未开以前逐年应行筹备事宜开单具奏，当经降旨谆谕内外臣工依期举办。查单开各衙门筹备事宜，仅就与开设议院最切近者而言，非谓未列单内之各衙门便可不受责成，即已入单内之民政部等衙门尚多有未尽事宜。著各衙门统限六个月内，按照该馆院前奏格式，各就本管事宜以九年应有办法分期胪列奏明，交宪政编查馆会同复核，请旨施行等因。钦此。

十一月二十五日，复奉谕旨：著各该衙门懔遵前次懿旨，依限办理等因。钦此。

仰见圣谟宏远，国是既定，期于大成。臣等窃维立宪之本，首重内政，内政修明则人民皆知尊重秩序，代议之制自能实行。臣部职司民政，所有本管事宜与开设议院切近之事最多。举凡调查户口、筹办自治、设立巡警各大端，业经上年钦定分期施行。此外未尽事宜自应以上年清单所载为纲，增设细目，详定办法，务期首尾贯串，经纬分明，毋误议院成立之期而实收宪政完备之效节。经臣等详慎讨论，谨就切实可行之事分期胪列，另缮清单，恭呈御览，伏候饬交宪政编查馆覆核，讲旨施行。除臣部职掌范围内常年例行事件应行逐日清理者毋庸列入此单，暨嗣后兴革损益事宜应行随时斟酌办理者届时另行具奏外。谨奏。宣统元年闰二月二十三日奉旨：著宪政编查馆知道。钦此。

**谨将遵拟臣部逐年筹备未尽事宜缮具清单，恭呈御览。**

## 宣统元年（1909年）　第二年

一　拟订自治研究所章程，请旨钦定，通行各省照章设立。
一　拟订京师地方自治章程，请旨钦定。
一　筹设京师议事会、董事会。
一　核定各省、城、镇、乡自治区域。
一　指定各省繁盛城镇地方，督催照章筹设该城、镇、乡事会、董事会。
一　督催各省将该省省会及外府所属各首县并商埠地方人户总数照章调查，一律报齐。
一　汇造各省第一次查报户数清册。

一　整理京师内外城巡警厅区编制。
一　扩充京师高等巡警学堂,并推广内外城巡警教练所。
一　督催各省照章设立省城高等巡警学堂及各厅州县巡警教练所。
一　督催各省将该省省会及外府所属各首县并商埠地方巡警一律办齐。

## 宣统二年(1910年)　第三年

一　京师地方议事会、董事会限年内成立。
一　考核上年指定各城镇议事会、董事会办理成绩。
一　指定各省中等城镇地方,督催照章筹设该城镇议事会、董事会。
一　督催各省就该省省会地方首县照章筹设该县议事会、董事会。
一　督催各省将该省上年未经清查各地方之人户总数照章调查,一律报齐。
一　汇造各省第二次查报户数清册。
一　确定京师内外城巡警编制。
一　推广京师外郊巡警。
一　督催各省将上年未经筹办之各厅州县巡警一律办齐。

## 宣统三年(1911年)　第四年

一　考核上年续行指定各城镇议事会、董事会办理成绩。
一　督催各省将上年未经指定筹办自治之其余各城镇一律照章筹办,并就近城各乡地方照章筹设乡议事会、乡董。
一　考核各省省会首县议事会、董事会办理成绩。
一　督催各省就该省外府所属各首县照章筹设该县议事会、董事会。
一　督催各省将各省省会及外府所属各首县并商埠地方人口总数照

- 章调查，一律报齐。
- 汇造各省第一次查报口数清册。
- 考核各厅州县巡警办理成绩。
- 指定各省繁盛市镇地方督催筹办该镇巡警事宜。

## 宣统四年（1912年） 第五年

- 考核上年续行筹办自治之各城镇议事会、董事会及近城各乡议事会、乡董办理成绩。
- 督催各省就所属偏僻各乡地方指定若干处照章筹设乡议事会、乡董。
- 考核各省外府各首县议事会、董事会办理成绩。
- 指定各省冲繁厅州县督催照章筹设该厅州县议事会、董事会。
- 督催各省将该省上年未经清查各地方之人口总数照章调查，一律报齐。
- 汇造各省第二次查报口数清册。
- 考核上年指定各市镇巡警办理成绩。
- 指定各省中等市镇地方督催筹办该镇巡警事宜。

## 宣统五年（1913年） 第六年

- 拟订户籍法施行细则。
- 考核上年续办自治之各乡议事会、乡董办理成绩。
- 考核上年指定筹办自治之各厅州县议事会、董事会办理成绩。
- 就各省偏僻各厅州县指定若干处照章筹设该厅州县议事会、董事会。
- 考核上年指定各市镇巡警办理成绩。

一　督催各省将所属近城各乡地方巡警一律筹办。

### 宣统六年（1914年）　第七年

一　考核上年指定筹办自治之各厅州县议事会、董事会办理成绩。
一　督催各省将上年未经指定筹办自治之其余偏僻各厅州县，一律照章筹设该厅州县议事会、董事会。
一　考核各省近城各乡地方巡警办理成绩。
一　督催各省就所属偏僻各乡地方指定若干处筹办该乡巡警。

### 宣统七年（1915年）　第八年

一　考核上年续行筹办自治之各厅州县议事会、董事会办理成绩。
一　考核上年指定各乡巡警办理成绩。
一　督催各省将上年未经筹办之各乡巡警一律办齐。

### 宣统八年（1916年）　第九年

一　考核上年续行筹办之各乡巡警办理成绩。
一　拟订关于议员选举事宜之各项程序规则。
一　核定下议院议员选举区。
一　督催各省调查选举人数编造名册。

## ●●禁烟大臣奏续拟禁烟办法折并清单[①]

宣统元年二月二十四日，内阁奉上谕：禁烟一事，乃今日自强实

---

[①] 原书缺"清"，为与原书目录一致，故增之。

政教养大端。朝廷求治维殷,既愤国民积弱之难振,复虑友邦期望之难副。言念及此,宵旰忧焦。特此再行申谕:禁吸一事,文武职官责之。禁烟大臣及京外各衙门长官务须认真纠察,不得徇情避怨。京外各衙门接奉此旨后,各将该衙门如何办法自行切实覆奏等因。钦此。

臣等自上年三月初七日奉派办理禁烟事务,比即遵拟章程奏请通行京外各衙门,由各该长官查明所属人员曾否吸烟、已否戒断、有无讳饰,分别取结送验,填表列册咨送核办,迄今将届一年。在外各省咨到表册大率只填送在省差缺人员,其余候补及省外实任各官多未之及。在京各衙门虽经填具表册咨请送验到所,由所陆续调验,先后共计五百数十员。臣等督饬提调委员于调验各员,昼夜分班,时刻留心,查察其有饰匿等弊及戒除未净者,迭经奏参及咨回各该衙门核惩在案,非不极意认真。然采诸众论,各衙门送验多系衰冗闲员,其工于奔竞现领优差者或不无容隐,即调验以后仍复吸食亦时有所闻,似此情形,安望依限禁绝?臣等迭奉严谕,焦悚曷胜,惟是耳目难周,访查何能遍及?兹特续商办法,详拟章程,但有职衔推类,以归画一,既称戒断,旧染毋许复萌,当事果纠察认真,痼习自当渐减。应请饬下京外文武各衙门,切实施行,相助为理,庶廓清有日,藉慰宸厪。谨奏。宣统元年闰二月二十四日奉旨:著依议。钦此。

**谨将续拟禁烟办法十条缮具清单,恭呈御览。**

一　禁烟一事,自光绪三十二年八月奉谕饬禁,迄今已阅数年。文武各员如果稍知自爱,应即懔遵功令,早已戒除。直至今日,查验尚复故态依然,则其怙终不悛,概可想见。凡经此次查验,参革休致人员拟请作为永不叙用,不准投效各处希图开复,如京外各衙门徇情调用，即请照欺朦议处。

一　内外官员既经戒断，发给执照后又复私行吸食，访查得实，拟奏请革职治罪，该管长官亦予以失察之咎。夫欺饰各员已立予褫革，既戒复吸是直藐玩功令，不以国事为心，倘群相观望，复何能依限实行？自应加欺饰一等。

一　每月分发拣选验看、验放及投供候选人员，应由吏部、陆军部饬取并不吸食鸦片亲供，取具在京同乡或同官切结，方准开列，否则扣除。以后文武各员自当不染嗜好。

一　各衙门均有熟悉案牍素著能名之员，该管长官难保不因其才堪任使，虽情形可疑不予深究。应请由臣所再为咨行各衙门，将资格已深现充要差各员曾填注确无嗜好、实已断净取有保结者，仍由各该长官切实覆查。如有不实立即补送臣所查验，以昭核实。倘始终容隐，一经臣所访闻或别经发觉，不特将该员指名严参，即各该长官亦照徇隐例请旨议处。庶长官不至意存避怨，而群僚亦无从再为掩饰矣。

一　各衙门切结，虽经分别送所，而续到续调人员是否取结无从考核。拟请嗣后各衙门每三个月结报一次，无论素不吸食、实已戒断，及续请分发、续行调用仍照章出具切结。即曾经调验发给执照各员，亦一并取结送所。倘无人出结，难保非复行吸食，应再调验。至各省督抚查验所属人员，自应照此办理，以归一律。

一　宪政编查馆、谘议局章程议员条内，吸食鸦片者不得有选举权及被选举权。近闻各省谘议局调查选举资格，其中沾染嗜好者仍复不少。调查之始已多含混，将来谘议局成立，议员之中亦可概见。嗣后各府厅州县谘议局如以吸食鸦片之人滥行与选，或被指告或经访查调验得实,即将本人与原选举人及局长等分别罚惩。
一 电报、招商、矿务各局所皆系官办,委员等俱有职人员,薪资极优,与有差缺官员无异,应一体咨查结报。如有徇隐,委保之员,亦予以应得之咎。
一 京外各学堂职员,皆奉札委任,教员亦多有职人员,且各有奖叙,应由学部通饬各学堂,凡有烟癖不准充当监督管理各职事,其现在充当者一并取结申报。
一 各省商办铁路公司、商办总分会、总协理及员绅人等皆系有职人员,亦应咨行该管长官严察,具结详报。
一 各省、府、厅、州、县劝学所、谘议局、自治会以及各学堂董事,虽属本地方人,或已仕告归,或尚未分发,余亦多有职衔,且与地方官时有交涉,即禁烟戒烟亦俱负责任。官员为齐民之准,董事尤为一乡之望,苟有嗜好不能为乡民劝。谘议局既定有夺权之条,应由各省通饬所属地方官,不得以吸食鸦片之人充各项董事,无论何项公事不准与闻。使知无一事不严,即知无一人不当禁矣。

# ●●陆军部奏催前经调查统计事件并拟发统计报告表式折

窃臣部于光绪三十四年三月十六日具奏,遵设统计处,并将酌拟现时办法缮单呈览。折内载,由臣等酌定简明表式,咨发内外各该管衙门,均按照光绪三十三年冬季内各军营所管事件,分填各表。克期咨报臣部。又于清单第一条内载,统计新旧各军营等项事件,先取材本部之调查,再取材各省之报告。又第十五条内载,此次调查数目务祈详明确实，随造随送，不逾部限，如限内实难办竣，必须另案声明，酌展一限，不得再展。又第十六条内载，统计必先定有期限，拟照各省报部例限，概以十月为期，各等语。业经奉旨允准，遵即刷印原奏清单及调查表式表例，咨行内外各衙门遵照办理。并由臣部遵定期限，统以接到部咨之日起限三个月调查完竣，咨报臣部在案。是臣部办理统计，凡在三十三年冬季以前事件，必由各省调查统于三十四年十月内一律报部，由臣部汇齐核办，以为第一次统计。在三十四年春季以后事件，必须各省报告统于本年十月内一律报部，由臣部接次核办，以为第二次统计。嗣后年复一年，逐渐比较，视其进退消长之机，以为整顿扩充之用，俾新旧各军营等日有进步。

讵自上年咨行去后，迄今内外各衙门该管事件全数列表送部者甚属寥寥，往往咨报一二，所缺尚多，甚有慨未造报者。历经臣部咨电交催，或酌展一限，嗣准电咨详覆，有声明道途遥远往返需时，或款目纷繁勾稽不易，或填注错误转饬驳查，种种情形，自多属实。惟其中承办各员藉词延宕者，恐亦在所不免。致令三十三年调查事件久未报齐，第一次统计无由办理完竣。现在三十四年报告事件又须急切统筹以为第二次统计地步。前此既已壅塞不通，后此必益迟迂莫办，递层积滞，恐无以为年鉴之资，累牍严催，恐亦视为具文之设。

臣等再四筹商，惟有请旨饬下内外各衙门，将前调查三十三年统计事件，除业经列表送部者不计外，其余均加紧造报，迅速达部。并将承办各员衔名一体咨部，如实有任意延宕，即由臣部查照造报迟延例分别奏咨办理。其三十四年以后报告表式即先行拟议，一并请旨饬下内外各衙门，按照臣部此次所发报告表式，将光绪三十四年正月起至十二月底止应行统计事件以预为筹备分别填注，务于本年十月以前一律报部。其自本年以后统计各项有逐渐加增益增完密者，均须如期办理,不得再事迟延,以副朝廷综核名实之至意。谨奏。宣统元年闰二月二十六日奉旨:依议。钦此。

## ●●热河都统廷杰①奏遵议围场防御变通补缺章程折

窃前准陆军部咨会议直隶总督臣杨士骧②等具奏围场裁撤,驻防另筹安置,拟将裁缺防御八员、骁骑校六员一律归入热河插补,由奴才妥定章程,奏明办理等因。于光绪三十四年四月二十七日奉旨:依议。钦此。钦遵,行知前来,当经转饬遵章。去后,嗣据场翼长亨泰等呈,稍以防御喜霖、庆喜、联元、永祥、骁骑校庆恩、永魁等六员,有因年逾六旬无力候缺者,有因亲老未能远离者,均请停止恩俸,免其送热。惟防御文麟、富陞阿、果勒敏、德精阿、骁骑校文治、富程泰、玉庆等七员,情愿归热当差等情呈报前来。当经奴才查明属实,将骁骑校文治等三员遵照原奏饬交翼长亨泰等差委,照章准支原饷,并将防御文麟等四员饬调来热分派堆拨当差,亦支食原俸。惟该员等应补防御员缺,自应妥定章程以便插补。查热河满州左右两翼暨八旗蒙古,遇有防御出缺,向以某翼应选人员,无论有无劳绩,均列班拣

---

① 廷杰(1838—1911),字绍云,号用宾,满洲正白旗人。光绪二年(1876年)丙子科进士,随后放湖南辰沅永靖道道台,在任18年。光绪二十二年(1896年)任奉天府尹,二十四年调任直隶布政使,二十七年调任承德知府,二十九年再任奉天府尹,三十年兼任蓦务大臣,三十一年末调盛京五部侍郎。宣统二年(1910年)初,任法部尚书。

② 杨士骧(1860—1909),字萍石,号莲府,安徽泗州人,出生于江苏淮安。光绪十二年(1886年)进士,选庶吉士,授编修,保道员,补直隶通永道,擢按察使,迁江西布政使,调直隶布政使。三十一年(1905年)署山东巡抚。三十三年(1907年)代袁世凯为直隶总督,五月,猝卒于任,赠太子少保,谥文敬。

选，拟定正陪，咨送部旗，带领引见，拟正人员坐补该缺，拟陪人员请旨记名，遇缺咨补，历经办理在案。

兹查在热当差之围场裁缺防御四员，内有左翼二员，右翼一员，八旗蒙古一员，共四员。拟请按照热河拣选官缺旧章量为变通，分为挑补两班，热河旗员拟归挑班，围员拟归补班。如遇挑班缺出，仍照旧章办理，俟将记名人员坐补后再遇补班缺出即以围员坐补，俟补缺后即将所食原俸咨部裁撤，以节饷糈而免重支。如将围员补竣，仍请按照旧章办理，至该员等均系围场裁撤实缺防御，曾经部旗带领引见之员，嗣后如在热河插补防御，系仍以原品补缺，拟请勿庸再送赴引，以示体恤，除分咨外。谨奏。宣统元年闰二月二十七日奉硃批：著照所请，该衙门知道。钦此。

## ●●吏部奏妥拟筹备事宜折并清单①

光绪三十四年九月二十九日，内阁奉上谕：朕钦奉慈禧端佑康颐昭豫庄诚寿恭钦献崇熙皇太后懿旨，前据宪政编查馆、资政院，将议院未开以前逐年应行筹备事宜开单具奏，当经降旨谆谕内外臣工，依期举办。查单开各衙门筹备事宜，系就与开设议院最关切近者而言，非谓未列单内之各衙门便可不受责成，逍遥事外。如，外务部职在考查外事，作养使才；吏部职在变通选法，考核任用；礼部职在修明礼教，移易风俗；陆军部职在巩固国防，振兴军势；农工商部职在提倡实业，保守利权；邮传部职在审度形势，统筹交通；理藩部职在考查藩情，整饬边务。皆与宪政息息相通，理应同时并进。即已入单内之民

---

① 原书缺"清"，为与原书目录一致，故增之。

政部、度支部、学部、法部等衙门尚多有未尽事宜，若顾此失彼，偏而不全，恐届开设议院之期，规模未备，致滋纷扰，著各衙门统限六个月内按照该馆院前奏格式，各就本事宜以九年应有办法分期胪列奏明，交宪政编查馆会同复核，请旨遵行，以专责成而杜迁延。钦此。钦遵到部。

伏查吏部一职仿自《周官》之置冢宰，其时公孤论道，略如顾问之长，而冢宰统摄百官，实隐负总理内阁之责。自汉置丞相，职任始殊，魏晋以后增定六曹，吏曹遂同为行政之一部，二千年来未之有改此者。举国上下锐意自治，多有疑吾中央官制与西例未能符合，顾外国先有民会而后官长为之代表，故吏部不必有，中国先有官治而后民族蒙其保护，故吏部不可无。我国家内建十一部，外建二十二省，额设经制，员缺不可胜数，而得以大小相维指臂相联者，无他，由吏部为之综核耳。数年之后，宪政诸事粗具规模，而合格之官吏未必遂能多得，则异时以政府当议院之冲，仍必以吏部承政府之后而后黜陟之权不为所制，此办法之所宜豫筹者也。

至于法学、警业等项，现虽各有专官，不难自为考成。而旧有诸司及道府厅以下各官权限尚无一定，则用舍举劾之事仍不能不操之督抚，而督抚亦仍不能不本之部章，是改弦更张之中，仍不可无总汇画一之制。臣等通筹前后，酌度时宜，以为臣部职守，仅与外国试验委员行政裁判约略相似。明诏既以变通选法考核任用与宪政息息相通，责成臣部豫备。仰见朝廷洞察全局，深维治本之至意，臣等钦佩莫名。

窃谓上下之秩序必明，而后一代之典章可定。自仍不外周官八柄，诏王六计，弊吏二义，为统一治权之根。本应请旨将京外官制及文官考试任用各章程。均由臣部会商宪政编查馆、会议政务处公同核议,以为入手之基。而其余各事亦即比附馆章,次第筹备,庶几提纲挈领,不致义例之或淆,核实循名,冀合中外而一致。除将应办事宜仍按年一并开列,另缮清单恭呈御览外。谨奏。宣统元年闰二月二十七日奉旨:著宪政编查馆知道。钦此。

**谨将臣部酌拟筹备事宜按年开列缮具清单,恭呈御览。**

### 光绪三十四年(1908年)　第一年

一　停选州县,奏定改选章程,通行双单月轮次表。
一　奏定办理己酉年京察变通章程。

### 宣统元年(1909年)　第二年

一　核造各项月选人员统计表,各项分发人员统计表,各省考核州县事实最优等、优等、中等人员统计表,各项开复捐人员统计表。
　　以上一条,应即以光绪三十四年造起。
一　行令各省造送各项实缺人员任卸调署统计表,各省候补人员差委入学统计表,全年所见员缺及请补人员统计表。均须于次年二月内到齐。
　　以上一条,应即以本年为始,嗣后按年一造。
一　酌改外补州县班次轮次,拟订暂行章程。
一　酌拟厘定京师官制草案。
一　酌拟编订文官考试章程、任用章程草案。

### 宣统二年(1910年)　第三年

一　增修各省道府以下所设旧有缺员一览表。

一　行查各省在籍候选佐杂教职实存员数,限一年内报齐。
一　拟定停选佐杂章程、停选教职章程。
一　是年厅州县一律完备,改订命盗案处分则例,会同法部办。
一　改订外省大计章程,归并考核事实章程。
一　酌拟厘定直省官制草案。

## 宣统三年(1911年)　第四年

一　实行停选佐杂教职。
一　是年实行文官考试章程、任用章程,从是年起一律改造新册,并按季造考试合格统计表、考试黜落统计表。
一　按照新订税则,改订钱、漕、盐、关等项处分则例,会同度支部办。

## 宣统四年(1912年)　第五年

一　是年颁布户籍法,增订隐匿脱漏户籍处分条例,会同民政部办。
一　是年直省府厅州县各级审判厅粗具规模,删订承审事件处分则例,会同法部办。
一　是年颁布新定内外官制,拟订各官事任权限简明表。
一　改刊新品级考。
一　改订京外官革职、降调、降级、罚俸、停升、记过各款切实办法。

## 宣统五年(1913年)　第六年

一　拟订限制各项劳绩章程。
一　酌改各项分发验看办法。
一　是年三科举、贡生员考试一律完竣。核造授职人员已仕、未仕统计表,学堂出身已仕人员统计表。

一　是年设立行政审判院,分别何种案由,该院判决后归本部核办。

## 宣统六年(1914年)　第七年

一　是年试办新定内外官制,详定裁并各官善后章程。
一　删除处分例内与各项新律不符条目,另订画一章程。
一　改定州县等官回避本籍章程,暨在本籍服官限制章程。
一　行查各省原设各项选缺有无今昔不同情形,并专补选缺人员各若干员,令一年内报齐。

## 宣统七年(1915年)　第八年

一　是年变通旗制一律办定,详定满汉官缺归并办法。
一　实行州县等官免回避本籍。
一　统计各省各项选缺共应酌留若干缺,余悉归各督抚拣补。

## 宣统八年(1916年)　第九年

一　是年宣布宪法,确定本部办事权限。
一　是年新定内外官制,一律实行改造职官录,并附刊各种品级俸银公费表。
一　将历年修订四司则例理由撮具大纲奏请钦定,嗣后即在本部设专局派员办理。

## 法部奏统筹司法行政事宜分期办法折并清单[①]

光绪三十四年九月二十九日奉上谕：朕钦奉慈禧端佑康颐昭豫庄诚寿恭钦献崇熙皇太后懿旨，前据宪政编查馆、资政院将议院未开以前逐年应行筹备事宜开单具奏，当经降旨谆谕内外臣工依限举办。单内之民政部、度支部、学部、法部尚多有未尽事宜，若顾此失彼，偏而不全，恐届开设议院之期规模未备，致滋纷扰。著各衙门统限六个月内，照该馆院前奏格式，各就本管事宜以九年应有办法分期胪列奏明，交宪政编查馆会同复核，请旨遵行，以专责成，而杜迁延等因。钦此。

我皇上御极以来，复经迭降明谕，谆谆以国是已定豫备宪政为诰诫。臣等伏读之下，仰见宵旰精勤，迪光前烈，纶音所播，率土同钦。臣部为统辖全国执法之机关，凡司法上之行政事务责任重繁，实于开设议院最关切。近现值宪法大纲宣扬中外，司法一部自应及时筹画预定统一之规。第，念臣部自改定官制之后，新旧兼营，事同创始，既苦于权限之难清而有时扞格，复绌于财政之不逮而无力扩充，以审判甫谋分立，法学尚少专家，新律正待折衷，政俗犹拘故步。臣等朝夕惴惴，深恐以畏难自阻，致蹈因循。屡经督同阖署员司，悉心详议，举凡司法中之行政事宜，有由臣部专司者，亦有与各衙门会商者，均应次第规定，按年筹办，总期阶级分明，循序渐进，冀臻完备。计自三十三年十一月间创设京师各级审判厅以来，其奏请交宪政编查馆核议

---

[①] 原书缺"清"，为与原书目录一致，故增之。

者,有《各级审判厅试办章程》《各省提法司衙门官制》,此外,奏准试办之件,如《京师诉讼状纸简明章程》《司法警察及营翼地方办事章程》,虽规制未尽周详,而奉行尚无阻碍。

兹值六个月内应行奏明九年办法之期,臣等复再四公商,谨求合于中国风化所宜,以进规夫列邦法制之善,拟定各项纲目,分期胪列,并将王大臣等奏定臣部逐年筹备各事均按款注明,一并缮具清单,恭呈御览。仍交宪政编查馆复核,俟奏奉谕旨后,即由臣等遵照督饬各员将一应章程规制妥速编订,按期奏请交核颁行,以收司法独立之效。抑臣等更有请者,各国立宪政体均以三权分立为要义,臣部改制方新,一张一弛之间,岂敢稍存矜张之见?然或因法权所声未容以放弃自安,或因政体攸关又难以简陋自隘,此中踌躇审慎有不能不切恳于君父之前者。臣等惟有随时缕陈,仰乞圣明照察,庶不至顾此失彼,有偏而不全之憾,此尤臣夙图维不敢推诿自误者也。谨奏。宣统元年闰二月二十七日奉旨:著宪政编查馆知道。钦此。

**谨将臣部本管事宜以九年应有办法缮具清单,恭呈御览。**

第一年　光绪三十四年(1908年)

　　京师各级检察厅、高等审判厅、内城地方审判厅、初级审判厅一律成立;修改新刑律(逐年筹备事宜清单原文);规画司法统计事宜;编订法官惩戒章程。

第二年　宣统元年(1909年)

　　筹办京师模范监狱。

　　奏请京师实行法官惩戒章程。

　　筹办各省省城商埠等处各级审判厅(逐年筹备事宜清单原文)。

颁布审判厅试办章程。(光绪三十三年业已具奏请旨交宪政编查馆核议,应俟覆奏奉旨后颁布各省)。

奏请推广诉讼状纸。(诉讼状纸简明章程光绪三十三年业已具奏试办,尚属便民,拟由臣部会同大理院酌定详细章程奏请颁发各省遵行)。

编订法官进级章程、法官补缺轮次表。

详订司法警察职务章程,奏请颁布。

编订监狱规则、监狱官吏惩罚规则。

编订登记章程。(登记所以证明权利之所属,豫防争讼之不清,与民事诉讼最有关系,故拟详细规定)。

**第三年** 宣统二年(1910年)

奏请简放各省提法使。

通行提法司衙门官制。(光绪三十四年业已具奏,是年应通行各省)。

筹办京师外城地方审判检察厅。

奏请颁布登记章程。

奏请颁布监狱规则、监狱官吏惩罚规则。

各省省城及商埠等处各级审判厅限年内一律成立(逐年筹备事宜清单原文)。

奏请直省实行法官惩戒章程。

奏请通行审判厅试办章程。

编订法官考试章程、任用章程、官俸章程。(逐年筹备事宜清单内第二年编订文官考试章程、任用章程、官俸章程,兹因法官须具专门学识,与普通文官有别,其考试任用官俸各章程拟由臣部于是年编订请旨)。

奏请京师实行法官进级章程、法官补缺轮次表。

**第四年** 宣统三年(1911年)

筹办直省府厅州县城治各级审判厅(逐年筹备事宜清单原文)。

奏请颁布法官考试章程、任用章程、官俸章程。

奏请直省实行法官进级章程、法官补缺轮次表。

**第五年** 宣统四年(1912年)

会同民政部度支部奏请京师实行登记章程。

直省府厅州县城治各级审判厅限年内粗具规模(逐年筹备事宜清单原文)。

奏请实行法官考试章程、任用章程、官俸章程。

**第六年** 宣统五年(1913年)

直省府厅州县城治各级审判厅一律成立(逐年筹备事宜清单原文)。

筹办乡镇初级审判厅(逐年筹备事宜清单原文)。

实行新刑律(逐年筹备事宜清单原文)。

**第七年** 宣统六年(1914年)

乡镇初级审判厅限年内粗具规模(逐年筹备事宜清单原文)。

直省通行登记章程,所有登记事宜暂由地方审判厅办理。

**第八年** 宣统七年(1915年)

乡镇初级审判厅一律成立(逐年筹备事宜清单原文)。

直省乡镇登记事宜改归初级审判厅办理。

修改法官进级章程、法官补缺轮次表。(第三、四年所行法官进级章程、法官补缺轮次表、法官与行政官互相升转原为一时权宜之计,宪政成立之后,法官当定为终身官,故拟一律修改)。

**第九年**　宣统八年(1916年)

定法官为终身官。

实行修改后之法官进级章程、法官补缺轮次表。

## ●●农工商部奏筹办度量权衡画一制度并设立制造用器工厂情形折

窃臣部于光绪三十四年八月准内阁会议政务处咨行议覆臣部会同度支部具奏画一度量权衡制度并推行章程一折,奉旨:依议。钦此。

当即督饬局员按照定章切实筹办,惟兹事极繁重,又极琐细,奉行者忌操切,亦忌因循,非臣部与各省合力统筹同时并举不能收效。然非施之有序,持之勿懈,仍不能有功。臣等窃本此意,先将臣部应办之事与各省入手之方分别施行,期于就理。现已粗有端绪,谨撮举纲要,为我皇上陈之。其属在臣部者,非有度量权衡之器不能实行,在昔有部颁法马之旧章,今日即以制造用器为首务。而此项制造必有原器以为准则,必用机器以精密,必设厂所以资工作。中国此事既无大匠,亦少专门。其用机制者,除科学内所用权度外,更属无闻,不能不取法于东西各国。

查各国原器,皆用白金,取其精坚不至变易,其入法国迈当①公会者,并由会中制给母器以为标准。我国虽尚未能入会,然欲求制作之无差,亦必有不磨之原器。已咨行出使法国大臣。在英、法名厂用

---

① 即1875年在法国巴黎成立的国际米制公约组织。"迈当"为法语 mètre(长度单位)音译而来,还有"密达"、"米突"、"米"等译法,现通译为"米"。

白金制造一尺一法马以为原器,并向外洋订购机器以备制造,其设厂处所即在西直门内。臣部实业学堂之后新购地址一区所建厂屋只求敷用,不事美观,现届春融冻释,已在兴工,约六七月内可以竣事。一俟原器械到齐,即可开工制造。计定购原器机器及工厂房屋约共需银六万两,厂中工料一切将来仍可于器价内收回。惟当开厂之初不能不先行筹垫,拟先储备银六万两以资周转,此皆筹办工厂之事。

至度量权衡局,仍附设臣部署内,以免特设一局又多糜费。此臣部现在筹办之情形也。其属于外省者,已照奏定章程,拟由各省派员分赴各处,调查度量权衡旧器酌留一种及各省官衙局所应用官器若干,查明报部,以便预备之两事先行咨商办理。盖人情狃于所习,迹涉更张,必多疑阻,惟先将旧器酌留一种,既不骤强以所难,复不至如以前之错杂行之,既便即全改新器,亦必不难。此在四川早经筹办,故臣部即酌采其意,以为下手之端。现准热河都统覆稍热城衡制已经照办,直隶、吉林、广东等省或委劝业道,或派候补道员,为该省度量权衡局局长,亦在推行。惟官器应用若干,尚多未复,然非官府早树以风声,何能间井相安于日用?仍当由臣部分别咨催,以期迅速。

至臣部定章,犹恐与外省情形不宜,均咨令安筹见复。现惟甘肃略加商榷,他省尚未有违言,此又外省现在筹办之情形也。抑臣等更有请者,度量权衡之事,重在学理,尤重在实行。法国迈当之制,起数于地球子午周四千万分之一,其后推测亦不尽符,因各国已大半通行,遂不复深求其学理,可见力行之效,直可及于外邦,何况施于国内!中国度量权衡之学理,至我圣祖仁皇帝已阐发无遗。特以五方所用,万有不齐,市侩缘以为奸,商民因而受弊。是以画一整齐之法,臣工屡以为言,各国列之商约,我德宗景皇帝勤求民隐,特沛纶音,由臣部与度支部会同厘订。臣等于此事之学理,既一遵圣祖之成谟,于此事之推行，尤钦奉先皇之宝命，敢不毕志经营！实行画一，以副原奏九年之限期，与宪政相足而相成。必须各省一律程功，断不可以或作而或辍，应请旨饬下各将军督抚都统率藩司及劝业道，其未设劝业道之处即责成所派专员，竭力奉行，早收实效，以成圣世大同之治，臣等不胜幸甚。谨奏。宣统元年闰二月二十八日奉旨：著依议。

## ●●学部咨送各省留欧学生现应整顿各事文

专门总务司案呈准欧洲游学生监督呈称：

窃职到欧以来，查得管理留欧学生现有四事亟宜整顿：

一　留欧学生，大学专门发给全费，新派学生尚在学习预备者，每月减去五分之一，久奉钧部咨行在案。职查现在留欧学生情形，其到欧伊始者，须在校外延师预备或进入各国中学校预备自不待言。即其到欧较久，号称进入各大学或专门大校者，往往未必实系按照该校章程考取收入该校为正班生。盖欧洲各国，凡大学校及专门大校，往往有附设之预备学校，或设有预备考入本科之预备班，或另有一种学校并不附属于该校，但为该大校所承认，可由此校考入该大校为正班生者。此三种名目虽不同，然察其性质，正系大学及专门大学预备科，不能径作为大学及专门大校本科正班生。

又，留欧学生除在以上所言各项预备科外，往往并不依大校或该专门大学考试定章及收取章程进入本科为正班生，但购一听讲券，即可在校旁听。此种旁听生不应校内学期考试，亦不能得有学位及毕业文凭，实与大学及专门大校本科正班生程度大有区别。细绎钧部定章，新开学费数目按照大学专门计算等因，自是指言大学专门本科正班生学费，则所谓学习预备者自应包括校外延师及上开各项预备科在内。至旁听生一项，查日本在欧亦有此种学生，惟必在大学卒业得有学士、博士学位以后，更加特别研究，乃就此班。吾国学生并无此种程度，意存取巧，论其成绩，既与本科正班生有别，又非预备进入本科，似非国家遣生求学之意。其预备科诸生，距大校专门卒业期限尚远，若一律照大学或专门大校本科正班生发给全费，则程度浅者既极丰腴，程度高者不能增给，亦无以鼓励诸生向学之心。且职见留欧诸生往往诉称学费不敷，异常艰窘。寻求事实，实属不然，除实在专心向学自知撙节用度者外，往往日诉艰窘、日多浪费。如湖北武生唐豸、罗虔妄制军服，欠缴学金；江南武生高兆华、王裕光名誉不佳，宕欠店帐；此外，以风闻所及，尚有种种浪费及因种种不正行为用种种取巧方法，希图给费情弊。

察此情形，则诸生诉称费绌，自非查得实在并无浪费行为难以置信。向来诸生藉端索款，率以购书置器、延师辅教为言。查外国各校专门参考之书，实验应用之器，甚为完备，无待外求。诸生取用所费无几。预备科程度尚低，所需书器自不必另行置备。即令购置，为数有限，果能节省不急之需，无虞艰窘。至如延师辅教，如程度可入大学专门，自不能以此借口，如其程度未及，自无庸强入大学专门，亟宜循序在中学或预备班修业，以免躐等骤进、自欺欺人之弊。既在中学及预备班，应毋庸另行延师辅教。所有此后各项预备科学生，理应照章实行减成给费。应请由部文咨各省，此后新派留欧学生，务请一律查照办理声明定章。所谓"学习预备"四字，即系包括校外预备及上开各项预备科在内。至此后到欧求学，既领官费，不许为旁听生，以免诸生要求全费，更滋晓渎。至以前所有各项预备科及旁听生，已经领取全费者，可责令陆续进入本科；或系别有事由，应请仍准照旧给费，免与更正。

一　查留欧各生照章应不许改校、改科，尤不许轻易改国。盖因欧洲各国文语不同，纵或兼修，总难听讲，即语言文字两国相同，然既经改国，则改科、改校二者相因，必居其一，见异思迁，决无成效。至于改科则从前认习何项既废半途，新认一门，骤难领受，歧趋旁出，五技终穷。改校则玩时旷学，修业成绩展转稽滞，且学校屡易，术业进退无所稽考，岁糜巨款，几同虚掷。此种情事，实非留学生所应有。

自职到欧以来，有任意改国改科改校者，苟经发觉，必饬令切实陈说事由，从严驳斥，以期恪守定章，免糜帑藏。然诸生多以陈请本省大吏核准为言，藉此支吾，颇难董正，应恳由部文咨各省申明不许改国、改科、改校，以免诸生往来倏忽，毕业无期。

一　诸生学费理宜按期支给，不许预支，亦不许挪借，以免宕欠。然从前各省学生颇多借款，历时愈久，宕借愈多。鄂生积欠至有三万佛郎，一时无法摊扣。经湖广总督核准，俟回国后于服务薪水项下扣还，并饬知不许再借在案。查学生借款，除在入校时须预交全年学费或半年学费为数既巨，不得不核实所需准与借给仍须随即按数扣还外，但能撙节用度，则此外所需每月学费，尽彀开支无由不足。应恳由部文咨各省，照湖北严禁各生借款办法，以后无论如何，除缴学费外，不许预支借款等事，以免诸生任意取求，致生宕欠。

一　查留欧自费生人数众多，程度不齐，请补官费，势难遍给。拟请嗣后，凡自费生在大校或专门大校为旁听者，无论如何不许请给官费。其在各项预备科者，除年齿幼少、精力完足，且资质异常聪敏、修业异常勤奋、成绩异常优美应与特别奖励者外，应一律俟已经考入本科为正班生，或依收取定章入本科已过一学期考试之后，乃准请补官费。亦应请由钧部核准文咨各省查照办理，以免诸生滥竽取巧，竞争官费。

以上四项并由部于文到后从速核定。先行摘要电知各省查照电知职处切饬各生遵照。庶使诸生切实奉行，免滋借口等因。前来查该监督所请官费生不准为旁听生校外，预备与各项预备科均不准给全费、留学生不许改国改校改科、学费不许预支均为切实整顿起见，应准一体照办。其自费生请补官费一节，应按照上年十二月本部奏定补给官费办法，以农、工、医、格致四科为限。其为各大学旁听生及各项预备科者，均不得补官费，以示限制。

惟各项游学生与其严加防范于派遣之后，不如慎行选择于未派之前。本部于光绪三十二年七月初七日奏准遣游学生必须具有中学堂毕业程度，通习外国文字，能直入高等专门学堂者，始予给咨。久经通咨各省遵行在案。况以经费派赴西洋游学，需费甚巨，尤宜慎选真才，庶免虚糜公款。此次该监督所陈在校外预备及为旁听生诸弊，皆由选派之初程度不足所致。亟应申明定章，嗣后选派游学生，必以中学以上毕业，普通学完备，外国文精通，能直接听讲，出洋后能迳入大学专门各校毋庸预备者为断。相应咨行贵督查照办理可也。

## ●●学部奏报分年筹备事宜折

臣部职司教育，大纲分为二端：一曰普通教育，一曰专门教育，为国家根本之计、宪政切要之图。盖立宪政体，期于上下一心，必普通教育实能普及，然后国民之知识道德日进，国民程度因之日高，庶几地方自治、选举议员各事乃能推行尽利，而庶政公诸舆论始无虑别滋弊端，此普通教育所以亟宜筹备者也。立宪之效，必以富强为归，富强之政，断非人才不举。中国大利未兴，百端待理，患在专门之学未精，专门之才太少，若不研究高等之学术，即不能得应用之人才，而富强之图终鲜实济，此专门教育所以亟宜筹备者也。

谨就臣部应行筹办之事以及事关大局各省应同时并举，著按年分条，先行缮具清单恭呈御览。至各直省情形不一，筹备之事有缓急、难易之不同，应由臣部电咨各直省饬司妥速筹议限期报部核定再行开单奏明办理。此外，容有应行办理事宜为臣等一时为尚未筹及者，仍应随时具奏请旨遵行。自此次分年筹备事宜奏定之后，臣部谨当按照年限切实奉行。惟是逐年办理之事日增月益，而臣部款项只有此数，事多财绌，恐有穷于因应之时。拟由臣部随时奏恳天恩饬下部臣疆臣协力筹措，以济要需。是否有当，应请旨饬下宪政编查馆核议施行。谨奏。宣统元年闰月二十八日奉旨：著宪政编查馆知道。钦此。

**谨将臣部分年筹备事宜缮具清单，恭呈御览。**

### 宣统元年（1909年）　预备立宪第二年

颁布简易识字学塾章程。

颁布简易识字课本。

颁布国民必读课本。

颁布视学官章程。

颁布检定两等小学教员及优待教员等项章程。

颁布初等小学各科教科书。

颁布中学堂初级师范学堂教科书审定书目。

颁布女学服色章程。

颁布图书馆章程。

增补学堂管理章程。

编订两等小学堂中学堂教授细目,并行督学局及各省学司派两等小学堂中学堂教员。同时编订某项学堂教员即令编辑某项学堂细目,由该局及各该学司选择善本,限年内送部考核,以备采择。编定各种学科中外名词对照表。择要先编,以后按年接续。

京师筹办分科大学。

京师开办图书馆(附古物保存会)。

京师及各省设简易识字学塾。

各省优级京师范学堂、中等实业学堂、初级师范学堂、各府中学堂未设立者,限本年一律设齐。(优级师范可先设一两科,初级师范学堂可联合两府或三府共设一处,实业学堂或工业或农业或商业可随宜先设其一,其边僻省分不能依限设齐者,该省学司应将不能设齐之缘由申达学部)。

各厅州县及城镇乡推广两等小学堂。

行各省学司整顿已设之各项学堂,均附整顿办法。

行各省督抚饬学司体察该省情形,照后开四项预定分年筹备事宜按年列表(自宣统元年至宣统八年)。附加解说(已设者如何整理扩充、未设者如何次第筹办),限年内送部核定四项列后:

一　师范教育。优级四类先设几类,至第几年设齐初级师范,全省拟设几处,至第几年设齐,以及女子师范保姆讲习所。凡关系师范教育之类,均将办法次第及成立期限并按年推广之法列入表内。以下三项同此。

一　普通教育。小学、中学、女学、蒙养院、半日学堂、简易识字学塾、官话讲习所以及私塾改良风俗改良宣讲所,凡关系普通教育之类。

一 实业教育。各等各项实业学堂,实业教员讲习所,以及艺徒学堂、补习普通之类。

一 专门教育。各项高等学堂、专门学堂、博物馆测候所以及遣派出洋留学生之类。派视学官分查各省学务。二十二省三年遍查一次,某年查某省临时酌定具奏。各省提学使在任满三年者,由学部照章实行考核,或留升或调或实授或撤回,请旨遵行。

编订全国学堂统计表。(自本年起每年编一册通行各省,以资比较)。

编纂学部则例。

## 宣统二年(1910年)　预备立宪第三年

颁布高等小学教科书。

颁布小学中学教授细目。

审定各高等专门学堂所选讲义。

编辑中学堂教科书。

编辑初级师范教科书。

编订官话课本。

编订初级师范学堂教授细目,并行督学局及各省学司派初级师范学堂教员,同时编订由该局及各该学司选择善本,限年内送部考核,以备采择。

编辑女子小学教科书。

编辑女子师范教科书。

改正已发行之各种教科书(以后年年照行)。编辑各种辞典(以后逐年续编)。

颁布检定中学教员及优待教员等项章程。

颁布检定初级师范教员及优待教员等项章程。

实行检定两等小学教员及优待教员等项章程(以后每年续行)。

行各省因城、镇、乡已定之界域,分画学区。

行各省督抚饬学司照学部核准该省所拟分年筹备事目。估计逐年所需经费,应出自国税者若干,应出自地方税者若干。

行各省一律设立存古学堂。

行各省一律开办图书馆。

行各省学司、所有省城初级师范学堂及中小学堂兼学官话。此项课本未经颁布以前,均遵旧章讲读《圣谕广训直解》。

派视学官分查各省学务。

派员查看华侨学堂(间年查看一次),订拟蒙、藏各地方兴学章程。

## 宣统三年(1911年)　预备立宪第四年

京师筹设专门医学堂。

京师筹设专门农业学堂。

颁布中学教科书。

颁布初级师范教科书。

颁布初级师范教授细目。

颁布女子师范教科书。

颁布女子小学教科书。

颁布检查学生体格章程。

颁布官话课本。

京师设立官话传习所。

行各省设立官话传习所。

编译高等专门以上学堂各种科学用书(以后年年接续)。

修定各学堂毕业奖励章程。

实行检定中学教员及优待教员等项章程。

实行检定初级师范教员及优待教员等项章程。

拟订学堂教员列为职官章程。

派视学官分查各省学务(是年查遍第一周)。

## 宣统四年(1912年)　预备立宪第五年

京师筹设专门工业学堂。

京师筹设专门商业学堂。

行各省督抚饬学司,清查全省十五岁以下之幼童人数及已未就学各若干人。(以后年年清查一次,年终报部)

行各省督抚就地方自治经费内划分学务经费。

行各省推广官话传习所。

试行学堂教员列为职官章程。

定选派大学分科毕业生出洋留学章程。

派视学官分查各省学务。

## 宣统五年(1913年)　预备立宪第六年

行各省督抚饬学司确查全省人民识①字义者若干人(以后年年清查一次)。

---

① 原书为"职",应系排版之误。

行各省学司、所有府直隶州厅初级师范学堂及中小学堂兼学官话。

派视学官分查各省学务。

编订中学堂法制课本。

豫算明年学部及京外学务经费（以后年年照行）。

## 宣统六年（1914年）　预备立宪第七年

派视学官分查各省学务（是年查遍第二周）。

奏报全国人民能识字义人数。

续行编纂学部则例。

## 宣统七年（1915年）　预备立宪第八年

颁布强迫教育章程。

京师筹设音乐学堂。

派视学官分查各省学务。

奏报全国人民能识字义人数。

## 宣统八年（1916年）　预备立宪第九年

试行强迫教育章程。

行各省学司所有厅州县中小学兼学官话。是年检定教员章程内加入考问官话一条，初级师范学堂、中学堂、高等小学堂各项考试均加入官话一科。

派视学官分查各省学务（宣统九年查遍第三周，以后每三年遍查一次）。

奏报全国人民能识字义人数。

派员分查蒙、藏、回各地方学务。

## ●●东三省总督徐[①]奏裁撤奉天府司狱各缺片

再,奉省开办模范监狱及建筑工竣各情形,业经先后奏明,奉旨允准,行知在案。惟查新监成立,部定官制,管狱既有专官,该奉天府司狱、承德兴仁两县典史员缺均在议裁之列。所有兴仁县典史,前因兴仁县移设抚顺,推广抚顺地方审判厅,业将该典史一缺先行奏裁。现在承德县旧有一切命盗杂犯,均经移入新监。该府司狱并医学正科暨承德县典史各员缺并无专责,均同虚设,自应查照奏案一并裁撤,以省繁费。至准补奉天府司狱刘柏、承德县典史杨裕民,应各以对品相当之缺另行酌量补用。除咨部立案,并将该司狱典史文卷印信钤记饬由该管府县查明分别存案缴销外,理合附片陈明。谨奏。宣统元年闰二月二十九日奉硃批:该部知道。钦此。

## ●●礼部奏筹备立宪事宜酌拟办法折

前准宪政编查馆、资政院会奏遵拟宪法大纲暨议院选举各法并逐年应行筹备事宜一折,光绪三十四年八月初一日奉上谕:著该馆院将此项清单附于此次所降谕旨之后刊印誊黄,盖用御宝,分发在京各衙门。钦此。

又,九月二十九日奉上谕:前据宪政编查馆、资政院将议院未开以前逐年应行筹备事宜开单具奏,当经降旨谆谕内外臣工,依期举

---

[①] 时任东三省总督为徐世昌。

办。查单开各衙门筹备事宜，系就与开设议院最关切近者而言，非谓未列单内各衙门便可不受责成。如外务部职在考查外事、作养使材，吏部职在变通选法、考核任用，礼部职在修明礼教、移易风俗，陆军部职在巩固国防、振兴军势，农工商部职在提倡实业、保守利权，邮传部职在审度形势、统筹交通，理藩部职在考查藩情、整饬边务，皆与宪政息息相通，理应同时并进。著各衙门统限六个月，按照该馆院前奏格式，各就本管事宜以九年应有办法分期胪列奏明，交宪政编查馆会同覆核，请旨遵行。钦此。

又，十一月二十四日奉上谕：宪政编查馆奏定逐年筹备事宜，关系重要。将来颁布钦定宪法，并颁布召集议员之诏，全视乎此。是以朕登极后，特申诰诫，期以迅速图功，以慰薄海臣民之望。本年应行筹备之处，各衙门著一律按照单开各节迅速举办。钦此。钦遵，各到部。查臣部自更定官制以来，归并太常、光禄、鸿胪三寺，改设典制、祠祭、太常、光禄四司，所奉行者多系循例旧章之事。前因修明礼教，创设礼学馆，延聘顾问，纂修各员详细讨论应沿应革之礼俗制度，事体重大，头绪纷繁，商榷经年，规模甫具。当将筹办情形并酌拟凡例各条，先后奏明在案。

现在筹备立宪事宜，其要旨仍不外臣等前奏应分修书与行政为两事。行政之事分属四司，当与内外各衙门联络一气，潜移默导，董劝兼施，务使习其数者咸明其义，而后教化可蒸为风俗。至于申明法制，斟酌时宜，本秩序之自然，以垂不刊之令典，俾通俗可行宜乎今而不戾乎古，则礼学馆实综其大纲。惟是礼教之行，乃积渐熏陶之功，而非旦夕强迫之事，必户口皆已清查，始可遍行劝导，必教化皆已普及，方能悉就范围。就臣部职掌所及，本年筹备之法，自应先从编书入手。现满汉画一服制，业已奏准施行，所有丧服事宜即须从速编订，至于朝庙典礼为皇室典范，所取材民间冠昏丧祭诸礼，与民法相系，属均应次第编定。拟限于三年内将《通礼》一书赶紧纂辑成编，恭呈钦定。其第四年以后作为颁行礼教之期。查各直省并无董司礼教专官，凡《通礼》内所列纲目关于法制者，须会同民政部、法部通行检察。关于风化者，须会同学部妥订教科，并与资政院及各省谘议局皆有随时咨商签订之事，其事体既属相辅而行，其规画亦当同时并进，应如何分年筹办之处，容臣等详细调查再行奏明请旨办理。谨奏。宣统元年闰二月二十九日奉旨：著宪政编查馆知道。钦此。

大清宣统新法令第三册终

# 第 四 册

## ●●上谕

**上谕**三月十一日　监国摄政王面奉隆裕皇太后懿旨,每年度支部交进年节另款银二十八万两,著自本年起毋庸交进。钦此。

**上谕**三月二十六日　学部奏酌量变通初等小学堂章程,并原有小学简易科酌拟两类办法,以期学徒日多教育渐臻普及缮单呈览一折,所奏尚属切实易行。著各省督抚督率提学使,无论官学私塾,均当遵照此次定章,分别地方情形,切实举办,并随时派员认真考核。嗣后办学官绅如再有因循欺饰不遵章程者,即由学部查明严行参处,务期学校日兴,民智日启,以仰副朝廷敷教牖民之至意。余依议。钦此。

## ●●浙江巡抚增韫①奏增设巡警道折

窃于光绪三十三年五月二十七日奉上谕:各省增设巡警劝业道缺,准由该督抚酌量变通奏明请旨等因。钦此。并由宪政编查馆奏

---

① 增韫,字子固。蒙古镶黄旗人,满清最后一任浙江巡抚。附生出身,光绪三十一年(1905)任奉天府尹,旋署湖北按察使,调直隶按察使,历官直隶布政使等。1908年擢浙江巡抚。有《柞蚕汇志》传世。

定《巡警道官制细则》，咨行到浙。仰见朝廷力图自强、更新内政之至意，钦佩莫名。浙省处陆海之冲，土客杂居，民情浮动，迩来枭氛始戢，伏莽粗平，尤以保卫治安为要义。省城向有警察局，奴才到任后，力加扩充，改为全省警察处，规模业已粗具。

奴才查警务范围甚广，巡警道所管，如巡警、消防、户籍、营缮、卫生诸务，动关民生休戚，非有沈毅恳挚体用兼备之员督率其间，无以专责成而收效果。

奴才于候补及实缺道府中逐加遴选。查有军机处存记道，现任嘉兴府知府杨士燮①，年五十二岁，安徽泗州人。由增贡生报捐主事，光绪四年籤分工部，中式壬午科副贡、戊子科举人，是年保送会典馆协修。十五年（1889年）恭办大婚典礼，保以本部员外郎遇缺即郎补；中式甲午恩科进士，殿试二甲，以本部员外郎即补。二十二年补授员外郎。二十三年考取御史，恭办万寿庆典保俟得御史，后遇有应升之缺开列在前，并加三品衔。二十四年会典成书过半，保俟得四品，后赏换二品顶戴，是年派赴日本考查学务，充横滨总领事官。二十六年题升郎中，是年传补江西道监察御史。二十七年八月坐掌本道，十月捐免历俸截取引见，奉旨：著照例用。钦此。二十八年管理街道事务，六月奉旨：山西副考官著杨士燮去，钦此。二十九年京察一等，补授兵科给事中。三十年十二月奉上谕：山西平阳府知府员缺，著杨士燮补授。钦此。三十一年四月到任。是年因直隶赈捐案内出力，保以道员在任候补。三十二年三月奉上谕：浙江嘉兴府知府著杨士燮调补。钦此。闰五月领凭到浙，委署杭州府知府，十月饬赴

---

① 杨士燮，字味春，安徽泗县人，光绪年间中进士，后以工部员外郎的身份被清廷派往日本考察学务，并担任横滨总领事。回国后，他被授予兵科给事中之职。辛亥革命后，他闭门不出，以遗老自终。

嘉兴府本任。

奴才查该员学识闳通，践履笃实，前充大学堂提调并赴日本考求新政，具有心得，历守剧郡，勤政爱民，萑苻屏息。上年浙江剿办枭匪，派充营务处及清乡提调事宜，指画戎机，调和将士，训练警卒，保卫地方，属邑赖以安堵。经前抚臣冯汝骙胪陈事实，称其识量宏毅，遇事不阿，足为远大之器，请予破格擢用。三十四年四月二十四日奉硃批：著交军机处存记。钦此。现在警务重要，亟待得人而理，合无仰恳天恩俯准，将该员杨士燮试署浙江新设巡警道缺，实于绥靖地方，保安闾阎深有裨益。如蒙俞允，即以现设之全省警务处归并巡警道办理，应设道属各科，查照宪政馆考核巡警道官制暨办事细则，酌量筹办。该员系实缺知府在任，候补道军机处存记之员，衔缺相当，无庸送部引见。一年后察看成绩，可观再行请旨实授。谨奏。宣统元年三月初二日奉硃批：著照所请，该部知道。钦此。

## ●●浙江巡抚增韫奏增设劝业道折

窃于光绪三十三年五月二十七日奉谕旨：各省增设劝业道缺，准由该督抚酌量变通，奏明请题等因。钦此。并准宪政编查馆奏定《直省劝业道官制细则》，咨行到浙。仰见朝廷振兴庶政、力图富强之至意，钦服莫名。伏查劝业道之设，所以提倡全省农工商业及各项交通事务。浙省为东南繁剧之区，襟山带江，物产殷沃，近自汽车发轫轮舶往来，实业交通均渐发达，亟应特设专官以资董率。奴才于本省候补道员内详加遴选，自非熟悉商情，勤求民事，实心实力，劳勚素著之员，未敢轻登荐剡。

兹查有花翎二品衔奏留浙江试用道董元亮，年四十九岁，福建闽县人。由举人拣选知县，国史馆议叙分发省分补用。光绪二十八年前任盛京将军臣增祺奏保，俟得缺后以同知直隶州在任候补。二十九年六月奏留奉天补用。十一月初十日吏部带领引见，奉旨：著照例发往。钦此。三十三年十二月报捐离任，以同知仍留原省试用。三十一年三月奏保免补本班，以知府仍留原省，遇缺尽先补用。是年五月，署理复州知州，八月经前任盛京将军臣赵尔巽奏奖三品顶戴。是年十月，在奉天实官捐案内捐奖，以道员指分江苏试用。三十三年正月奏保二品衔。三十四年二月署理奉天民政司佥事。是年八月，经奴才以新政需才，奏调来浙差委，奉硃批：著照所请，该部知道。钦此。又，于十一月二十一日奏请留于浙江试用，钦奉俞允在案。

奴才查该道器识闳深，才猷儁达，在奉天历有年所，迭经历任盛京将军臣增祺、臣赵尔巽、奉天府府尹臣廷杰奏保，资劳最深。奉省当日俄战后商业雕敝，督臣赵尔巽以该员讲求实业有素，檄委总办商埠局，经营擘画，动协机宜。其在民政司佥事任内，赞画新政，纲举目张。筹设奉省贫民习艺所，尤为井井有条。到浙江后，经奴才派委总文案，遇事谘商，深达大体。浙省预备立宪事宜，该道悉心赞助，次第具举，兼办官银钱局暨谘议局筹办处，与绅界商界均甚浃洽。当此要政待兴，人材难得。如该道董元亮，洵为监司中拔萃之选，合无仰恳天恩俯准以该员试署本省劝业道缺，实于治理有裨。如蒙俞允，该员系奉准留浙试用道员，请署道缺，衔缺相当，毋庸送部引见，一年后由奴才察看，成绩可观，再行奏请补授。其道署各科，查照现定官制，酌量筹设，原有之农工商矿局应即裁并，以节冗费。谨奏。宣统元年三月初二日奉硃批：著照所请，该部知道。钦此。

## ●●吏部奏请将给封限制略予变通折

窃查光绪三十四年十一月初九日钦奉恩诏，经臣部将请封条款奏准通行在案。兹于宣统元年正月二十三、二十九等日恭逢恩诏，内开：内外大小各官，除各以现在品级已得封赠外，著照新衔封赠等因。钦此。应即钦遵办理。查例载，京官准照加级给封，又，八品以下不得逾七品，七品不得逾五品，五、六品不得逾四品，三、四品不得逾二品等语。伏查一品封典，品秩较崇，即三、四品人员，向亦不准保请。并六品、九品官和有加级加衔者，六品得膺四品封、九品得膺七品封，已均晋两级，应仍照定例办理外。其五品、八品和有加级加衔各员所得封典，亦与六品九品人员相等，未免向隅。

臣等公同商酌，拟请将京外五品、八品实任各官，有愿将本年两次封典并为一次请封者，京官照加级，外官照加衔，五品人员准其请至三品封赠，八品人员准其请至六品封赠，似此办理，则恩诏既恭逢三次，而请封亦均晋两阶，愈足以表皇恩之优渥。嗣后循例请封年限不得援以为例，以示限制。其非现任实缺暨不愿并为一次请封者，应各照本例给封，其余各项条款仍查照臣部上年奏准成案办理。如蒙俞允，俟命下之日，由臣部钦遵通行，京外各衙门一体遵照。谨奏。宣统元年三月初三日奉旨：著依议。钦此。

## ●●两江总督端①奏改仪征县旧名等片

再，据江宁布政使樊增祥详据仪征县禀，该县旧名扬子县，又名

---

① 时任两江总督为端方。

仪真县，雍正元年因避圣讳嫌名，改仪征县。现以上一字应避御名，并无可以恭代之字，应请仍复旧名，改为扬子县，所有该县印信并教佐各员钤记均应改换另铸，容饬造呈模册分别咨部，饬司更换。再，江南省城有仪凤门，并拟改为威凤门，以归一律。谨奏。宣统元年三月初四日奉硃批：该部知道。钦此。

## ●●民政部会奏违警律罚例与现行律不能并行各款拟请折衷办理折

窃臣等前奏《违警律》（草案）业经宪政编查馆核议，奏准通行在案。施行以来，尚无窒碍。惟查《违警律》第三十五条第二款载：当众骂詈嘲弄人者，处十圆以下五圆以上之罚金。第三十七条第一款载：加暴行于人未至成伤者，处十五日以下十日以上之拘留或十五圆以下十圆以上之罚金。"又，查现行律载：骂人者，笞一十；殴人不成伤者，笞二十。现行律于詈殴各条处罚甚轻，而此等案件大都置诸不问百不一见，今《违警律》加重拘罚，自系因时制宜之意。诚以詈殴乃讼狱之原，欲谋闾合安谧，势不能不多畀警察以管束之权。若照断罪依新颁律之例，自应以《违警律》所定为准。惟查《违警律》罚例系与《新刑律》（草案）互相衔接。现在《新刑律》尚待考订，一时未能实行，则现行律范围自亦未能遽越。若令警察官署照《违警律》办，而地方官署仍照现行律办，则处理未免两歧。若执此一端，即将现行律所载删除，亦有顾此失彼之虑。

兹拟折衷办法，凡属前二款情形，悉划归警察官署管理，而罚例则暂从现行律。一俟《新刑律》颁布后，再行划一办理。其所犯有关官吏尊长及特别情节罪在徒刑以上者，仍移交地方官署治罪。庶轻重不致失宜，而权限得以清晰。至《违警律》罚金折拘留之法，系以一圆折拘留一日，现行律则罚银一两折作工四日，虽折合日数未免悬殊，而罪质既异，即罚例不必强同，其关于《违警律》者，自可照《违警律》办。此外仍照现行律办，两者并存，似尚不致相妨。以上各款，臣等往复咨商，意见相同。如蒙俞允，即由臣等通行办理。再，此折系民政部主稿，会同修订法律大臣、法部办理，合并声明。谨奏。宣统元年三月初四日奉旨：依议。钦此。

## ●●学部奏大学堂预备科改为高等学堂遴员派充监督折

窃查奏定学堂章程，内载：设高等学堂，令普通中学堂毕业愿求深造者入焉，以教大学豫备科为宗旨。学科分为三类：第一类学科为豫备入经学科、法政科、文学科、商科等，大学者治之；第二类学科为豫备入格致科、大学工科、大学农科，大学者治之；第三类学科为豫备入医科大学者治之，各等语。是高等学堂为专门学术之囊钥，升入大学堂之阶梯，学问已渐深入，规模宜求闳远。自光绪①二十七年钦奉明诏开办京师大学堂，是时教育未兴，大学生徒尚无合格者，故先设大学豫备科。其学科程度与高等学堂学科程度相同，以储堪升分科大学之材。现在豫备科学生业经毕业，分科大学正在筹办，高等学堂所以豫备大学之选，自应迅即设立。现拟暂将大学豫备科地方改设高等学堂，遵照定章分为三类办理考选。中学毕业学生入堂，按照奏章课程肄习，此项学生毕业以后即可升入大学堂肄业。查有现充大

---

① 原书为"诸"，系排版之误。

学豫备科提调翰林院编修商衍瀛，[①]品端学优，办事精细，堪以派充京师高等学堂监督，仍暂统于大学堂，由总监督董理一切，以期衔接一气。如蒙俞允，即由臣部行知大学堂总监督暨高等学堂监督钦遵办理。谨奏。宣统元年三月初六日奉旨：依议。钦此。

## 民政部核定车捐章程 宣统元年（1909年）三月

### 要 目

第一章　总则
第二章　办法
第三章　捐章
第四章　乡车
第五章　罚则
第六章　附则

### 第一章　总则

**第一条**　内外巡警两厅钦遵奏案，酌抽车捐，并编列号数发给牌照，藉资稽考。

**第二条**　开办车捐，头绪纷繁，除稽核收发一切应办事宜概归捐局遴员经理外，所有调查督催各事则责成各区分别办理。

**第三条**　办理车捐，内外城宜同时并举，并先期会衔出示晓谕。

---

[①] 商衍瀛(1869—1960)，字云亭，号蕴汀，广东番禺人。清光绪进士，授翰林院编修，癸卯翰林，清末曾任翰林院侍讲兼京师大学堂预科监督，著名书法家。

## 第二章　办法

**第四条**　下列各项车辆，无论自用、营业，均须赴区报明辆数，领取凭单，持赴捐局，换取牌照钉于指定之处，以备随时查验。

马车牌照钉于车箱之后；轿车牌照钉于右辕外侧；人力车牌照钉于车箱之后；货车牌照钉于右辕外侧；手车牌照钉于车前横梁上；敞棚车牌照钉于右辕外侧。

**第五条**　自用、营业各车牌照格式分为下之两种：
 一　自用车长圆形。
 一　营业车长方形。

**第六条**　编号之法，马车、轿车、人力车、货车、手车、敞棚车各为一类。马车、轿车、人力车、敞棚车又分自用及营业两种。

**第七条**　凡有各项车辆者，经此次钉定牌照之后，如有迁移或易主之时，应赴本管区报明。倘废弃不用，则并应缴还牌照。

**第八条**　官商包月车辆应与自用车一律办理。

**第九条**　各项车辆照章纳捐时，由捐局分别发给季捐执照及月捐执照。其季捐执照应交车夫携带，其月捐执照应粘贴于牌照之侧，以便随时查验。

## 第三章　捐章

**第十条**　凡以下列各种车辆，自用或营业者应照所定捐数按时纳捐：
 一　马车。（自用）季捐洋银六元；（营业）月捐洋银二元。（闰月）递加洋银二元。
 一　轿车。（自用）季捐铜元百八十枚；（营业）月捐铜元六十枚。（闰月）递加铜元六十枚。

一　人力车。(自用)季捐铜元百二十枚;(营业)月捐铜元四十枚。(闰月)递加铜元四十枚。

一　货车。月捐洋银一元,每加一套加捐银一元。

一　手车。月捐铜元六十枚,每加一人或一驴一马拉运者亦均各加捐铜元六十枚。

一　敞棚车。(自用)季捐铜元百二十枚;(营业)月捐铜元四十枚。(闰月)递加铜元四十枚。

第十一条　各项营业车辆每月应按照下列日期纳捐领取执照:

人力车、手车:初一日至初八日;

轿车、敞棚车:初九日至十四日;

马车、货车:十五日至二十日。

第十二条　各种自用车辆于每季之第一月由车主按照第十一条所定收捐日期呈缴捐款,领取执照。

第十三条　凡下列各种车辆,暂时一律免捐。除脚踏车及特别免捐各车外,均须各赴本管区呈明,听候示期烙盖免捐火印:

脚踏车、运水车、推菜手车、推粪手车、推煤手车、推黄土手车、官立公立土车、地排车、售卖食物果品小手车、其它特别免捐之车。

第十四条　各种车辆编列号数,以现查数目为准。其歇业及新添者,则消除或增加其号数。

第十五条　各种车辆遗失牌照,准其呈明原由,恳请补发,但须缴牌照费洋银五角。

## 第四章　乡车

第十六条　四乡车辆,如欲在内外城地面营业,或虽非营业而行使至一个月以上者,应先觅铺保,同赴该管区所报明,领取牌照,按章纳捐。

第十七条　由乡进城车辆,无营业行为者,进城时应先赴该管区所领取凭车,悬挂于车上易见之处,出城时将凭车缴还附近守望所巡警。

第十八条　乡车进城,如系交进官用物品,须由该管官署发给特别证据,并悬挂旗号,以凭查验放行。

## 第五章　罚则

第十九条　各种车辆经发给牌照之后,苟非指明免捐各车及领有凭单乡车,如有不钉牌照者,不准在街上行走停放。违者除追缴捐款外,罚缴一月捐款。

第二十条　凡有各种车辆者,如逾期不缴捐款,除勒令照章办理外,罚缴一月捐款。

第二十一条　凡个人以车辆营业者,应附入车厂或觅切实铺保,否则不准营业。

第二十二条　凡以人力车营业者,除钉牌照外,并应穿所发号坎,违者停止营业。

第二十三条　车夫如有拐物逃逸或不缴捐款之时,应责成车厂或铺保将原人交出,否则令其赔偿。

第二十四条　车辆废弃不用时,如不将牌照缴还者,仍应照常纳捐。

第二十五条　各种车辆牌照,均由官发给,不取分文。如有伪造牌照者,一经查出,处以五十元以上百元以下之罚金。购用伪造牌照者,处以五元以上十元以下之罚金。如无力缴罚款者,每一元折拘留一日。

第二十六条　各种车辆牌照不可通用,如有私自移换避重就轻者(例如领人力车牌照钉于马车之上之类），一经查出，罚缴三个月捐款。

第二十七条　各种车辆牌照不免偶有遗失，如有检拾者赴区呈报。倘隐匿不报，一经查出，罚缴两个月捐款。

第二十八条　凡受罚而不遵缴款者，将车辆扣留，给限饬缴。

### 第六章　附则

第二十九条　此项章程如有应增、应减及应变通办理之处，随时由内外巡警厅申请民政部核定。

## 民政部续经核定车捐章程 宣统元年（1909年）三月

第一条　各国驻京公使及公使之家族随员从者，照章均享特权，所有自用之车查照各国通例一律特别免捐。但公使馆内车辆甚多，是否实为使馆之车，应由区详细调查以防假冒。

第二条　各国驻京军队皆有专用车辆，查照各国军舰享有特权通例，一概特别免捐。

第三条　王公大员府第所用车辆，照各项自用车辆一律办理以昭公允。

第四条　各项特别免捐之车，如各公使等车辆，另制牌照，以示区别。

第五条　各国饭店公车种类不一，均有营业性质，且车主皆系洋商，暂比照洋商铺捐之例一律办理。

第六条　法国商人开设电气车行，前经照会该国公使查禁，嗣据声明系自愿乘坐并不营业，现在开办车捐既系商人自用之车，应按本国人自用车之例一律收捐。

第七条　各项铺户多有自置专用车辆，如粮食店送米麦之车、染房送布之车等类，与各项货车、手车专以之营业者稍有区别，应饬各铺将自制车辆数目、种类呈报本管区所，领取凭单，持赴捐局换给牌照。每货车酌收照费二元，手车酌收照费一元。每年更换一次。

## ●●大理院奏筹备关系立宪事宜折

光绪三十四年九月二十九日内阁奉上谕：钦奉懿旨，前据宪政编查馆、资政院，将议院未开以前逐年应行筹备事宜开单具奏，当经降旨，谆谕内外臣工，依期举办。查单开，各衙门筹备事宜，系就与开设议院最关切近者而言，非谓未列单内之各衙门便可不受责成，逍遥事外等因。钦此。宣统元年闰二月初四日内阁奉上谕：国家设官分职，各有应尽责任。在朝廷豫备立宪，屡降谕旨，不啻三令五申。自此宣谕之后，责成各该部院衙门堂官，举凡应办要政及一切关于豫备立宪各事宜，皆当次第筹划，认真办理等因。钦此。

仰见我皇上光绍前谟，力行宪政。臣等跪聆之下，悚佩莫名。伏思宪政编查馆、资政院奏定逐年应行筹备事宜，臣院未列单内。盖以臣院系遵律司法，执国家已定之典章，判民刑方来之诉讼，其筹备之项，诚不必逐年皆有，而应办事宜有深知其与立宪相关必须筹备者，厥有数端，未敢安于苟简自谢责成，谨就愚忱所及，酌拟办法，为我皇上详陈之。

查立宪国裁判制度，凡地方审判厅以上类分豫审与公判为二端。豫审以秘密为主义，一切调查案证讯问原被，以审判单独制行之，而不许人之旁听。公判以公开为主义，一切质证情节宣告罪名，以审判合议制行之，而不许禁人之旁听。故各国建造法庭，大都气象崇隆，规模宏敞，其大者至能容千人以上，所以系众庶之心，恩耸外人之观听，匪细故也。臣院改设以来，诸务草创，曾经奏请移入工部旧署，就原有之司堂略加修葺，暂就其中分庭审讯。以限于旧有屋宇，一切规制尚未完备，嗣复请将銮舆卫旧署拨归臣院应用，并于接收卫署折内声明嗣后建筑，应俟请有的款另行奏明办理等因。仰邀俞允在案。

窃维法权之尊重，实国体所攸关，形式之完全亦精神所由寄。日本变制之初，首从事于建筑法廨，需费无虑钜万，一时君臣上下震动恪恭，不十余年，各国撤回领事裁判权，遂收司法统一之效。臣院为全国最高审判衙门，自开办至今，日本之游历来华者，入院参观络绎不绝，奉天等省亦复派员来院考查。若犹是因陋就简，苟且目前，不惟无以尊上国之法权，亦恐不足餍中外之视听，倘异日欲自治，其域内侨民或人尚多所籍口。臣等公同商酌，拟博访外国法庭制度，取其适用者，就两署旧基合并沟通，重新建造，凡臣院开庭及豫审各厅事俱一一量为布置。至臣院附设之看守所，仅就工部原大库权宜葺治，亦应于院内另建一区，略仿各国未决监规制，以为京外模范。以上所拟，臣等于统筹出入款项折内谨陈大概。拟俟奉旨后与度支部妥商筹款之法，另行具奏。此建筑法庭及改造看守所之所宜筹备者一也。

环球各国，法学昌明，惟其不耻相师，迺能驯致相胜。审判系专门之学，半由学校养成，半由经验有得。中国改定《新刑律》，范围至广，使不早等用律之人，恐颁布届期，终有徒法不能自行之虑。今法律学堂已渐设立，而审判练习尚须有方。臣等拟就本院慎选合格之员，每年资遣数名，分赴东西各国，在裁判衙署实地练习，专备学成归国施行新律之用。所需各费，亦拟咨商度支部斟酌办理，总视拨款之多寡，定资遣之人数。此练习审判人才之所宜筹备者二也。

新定刑律，义取简赅，非有解释之书不足以资依据。东西各国，凡最高裁判衙门，均刊有《判决录》，所以揭示案由模范，全国法学专家亦得援以诘难，用能研究益精日有进步。查实行《新刑律》，定于宣统五年。臣院拟届时编刻《判决录》分行各省，既资审判之准绳，亦备法家之攻错。所有编纂体例，拟俟《新刑律》宣布后随时奏定。此编定《判决录》之所宜筹备者三也。

以上数端，皆为审判切要之图，亦即宪政应有之义，除编刊《判决录》应俟宣统五年实行《新刑律》再行开办外，至建筑法庭及看守所与遣员出洋实地练习，总须在实行新刑律年限以前办有成绩，方免贻误无形，而事之能否举行，胥视款之有无为断。臣等职守所在，夙夜兢兢，固不敢以多费耗财，亦不敢以畏难省事，总期黾勉图效，月计有余，藉以仰副朝廷慎重宪政、实事求是之至意。谨奏。宣统元年三月初八日奉旨：著会同度支部妥为筹商具奏。钦此。

## ●●大理院奏陈明出入款项拟定办法折并单

据度支部咨称：光绪三十四年十二月二十五日，本部具奏《妥议清理财政办法》原奏第二条内称，在京各衙门，将现在已筹及将来应筹之款，分别情形，或由部直接经收，或由各衙门经收，统由部库收发。各衙门应销款项，暂仍照常支拨，将来随时损益，如实有不敷再由部核定奏明拨补等语。相应咨院拟定办法，赶紧声覆以凭办理等因。

查度支部所云各衙门现在已筹及将来应筹之款，系指入款而言，所云应销款项，系指出款而言。臣院职司审判，专以保持法纪综理讼狱为事，本无可筹之款，每年支应全赖度支部拨给之经费及法部划分之罚余。而臣院事同创设，一切额支活支极力撙节，仍虞不及。将来法庭之建筑，裁判之公开，以及改良看守所应需款项，尚难数计。在宪政系属必要之图，在法权亦无可缓之理。但以揆时度势，有未能旦夕举办者。故仅就目前臣院岁出岁入情形，为我皇上缕晰陈之。

自光绪三十二年九月钦奉懿旨：大理寺著改为大理院，专掌审判。维时臣院接收卷宗，查明该寺常年经费向由户部月拨银五千两，为数甚微，当经奏明截止请由度支部发给银二万两，以为经始之资。计自是年冬间以至三十三年七月，所有员司津贴、杂役工食以及迁移衙署、改造男女看守所并置备器具书籍等项，均取给于此。虽不敷甚钜，未敢再行请款，第就别处设法腾挪，徐图弥补。嗣以各省汇解罚金事关审判，与法部商定每年划归臣院一半，而臣院现审案内罚赎银两亦奏明与法部平分。其赃变一项，则奏请专为臣院恤囚之用，第收数多寡既难预定，亦且缓不济急。后经考查政治馆奏准，给大理院常年办公经费银八万两，由度支部按季给发，自三十三年秋季为始。以后臣院补还借款及一切应用俱就此项开支，计常年所入，只此八万之数，系属的款。而法部分拨一半罚金，三十三年则一万六千九百六十两零，三十四年则三万三千七百一十两零。臣院经收罚赎银两，除分拨法部一半外，三十三年则九百五十四两零，三十四年则三百二十五两零。赃变一项，第三十四年四月变价一次，计银一千四百两零。以上三项所收，多寡不一，为数皆不能预定，此臣院入款之实在情形也。

至臣院常年应销各款，有额支者，有活支者。

额支之中，约分三项。

其一，曰堂司津贴。查环球立宪各国，其于裁判官俸给，每视行政官为独优。考厥理由，则谓裁判官者，国家所赖以维持秩叙而斯民之生命财产系焉者也。其人既有所专任，则宜顾恤其身家；其职既不能他营，自应崇厚其禄位。以中国今日而论，宪政方在筹备，司法权限未经划清，即法学人材亦未为昌盛，诚不能过为优异，故俸给一项仍由度支部照例给予，其应需津贴，臣等第查照各衙门现行章程，减成发给，以资撙节，俟官俸章程奏定时，再行照办。

其二，曰丁役工食。臣院开办之始，以旧日狱卒皂隶流弊滋多，特考取略识文字身体强状者，用之刑民各庭曰庭丁，用之总检察厅及典簿厅曰厅丁，用之男看守所曰所丁，其女犯别为一所另僱妇女看守。忤作、稳婆则由法部调用。茶房更夫则僱民人为之。此项人役均酌量优给工食，使之少赡其身家，庶日后或不至于舞弊。至守卫所门巡逻衙署，前经咨由民政部拨给巡警三十名，即照该部饷章，按月发给。

其三，曰各庭处所饭食。各部设立各司，均定有饭食银两，臣院即仿照办理。惟限于经费所定，银数过微，夏秋早衙尚可勉供一餐，余则依然退食。而推、丞、厅及录事犹未议及，异日酌量情形，仍须筹画。

以上三端，仅就目前支出之数，列入清单，以备核定。

而臣院活支各款，亦约分三项。

其首在于恤囚。男女看守两所收禁现审案内罪犯，少则数十人，多或百名以上，一经羁禁，在各犯虽有应得罪名，而饮食疾病诸宜矜恤。除囚粮一宗业经奏准咨由度支部札仓给放米石外，余如所内灯油、煤炭、盐、菜、药饵以及夏季之凉浆、冬月之衣被，各种应用俱属急需。第收所之罪犯，靡常用款，即难确定。虽臣院罚赎及赃变两项奏明留为恤囚经费，而出入既无定款，即不免有挹注之时。其间有未能划分清楚者，然皆实用实销，未尝有所虚糜也。

其次则办理统计。臣院于光绪三十四年正月间奏明设立统计处，专办臣院现审及覆判各省死罪案件。上年冬间曾经填列表册进呈御览在案。其中办理各员俱就详谳处及各庭司员选派兼充，不另支津贴。惟所需笔墨纸张以及装潢印刷等费,亦属每年应销之款,第创办伊始,多寡尚难预期。现就上年支用数目核算列入。

其次则臣院杂费。如大堂之饭食、岁修之工程,以及巡警之军装、各庭厅所添置器用,并备办要差相验车费等项,在在均属必要之需。从前造报表册均列入杂支项下,此次约略开列名目,其有未能赅备之处,均于此项杂费内开支。

以上三端,臣等亦就从前用过数目酌中定拟,不敢少涉糜滥,此臣院出款之实在情形也。兹据度支部以清理财政,必先统一财权,于具奏后行,令臣院拟定办法。臣等详细酌核,共入款项内,除前经奏准岁发八万两之数系由度支部拨给无庸另议外,其法部经收外省罚金历年系由法部分拨一半。嗣后如将此款归入部库,臣院即按季由度支部支领。如仍由法部收发臣院,亦即照旧划分至臣院。经收现审案内罚赎及赃变银两,拟每年按分两季尽数解交度支部,以备汇核。若臣院出款项内属于额支者,异日国家有均禄之时,自应由度支部另行核议,目前仍拟照数发给。属于活支者,臣等第就历年用款,约略预计,其或实系不敷或别有赢余以及应行损益之处,仍随时咨行度支部,听候核办。

至臣院将来应需之款,则以建筑法庭及改良看守所为大宗。查欧美裁判制度,类分豫审与公判为二端。公判以公开为主义,国人之视听集焉,故各国建筑法庭大都气象规模,极其宏敞,一以尊法权,一以餍观听,非细故也。臣院开办以来,第就工部原有司堂分庭办事,而地基既隘,规制亦卑。观审之汇庶报馆之载笔无地可容,故未能用正式开庭公判。自光绪三十三年奏请将銮舆卫旧署拨归臣院应用,臣等即拟从新建筑。饬令曾经游学外国之司员,周览地势,绘具图式,搏节估计此项工程约略估计需款颇钜。而臣院男女看守所系就工部旧库权宜改设，其监狱制度未为周备，亦应从新修造，饬估此项工程亦属要需。

臣等再四筹度，明知司法机宜关系重要，而臣院并无可支之款。若一委之部库，又恐帑项支绌，难于兼筹，故未敢率行入告。然转瞬宪政成立，此项系属万不可缓之图。容臣等与部臣妥为筹商，俟指有定款，即行请旨办理。此则臣院将来应需之款，此时须先为预筹者也。所有臣院出入款项及拟定办法，谨分别缮具清单，恭呈御览，并请旨饬下度支部汇核。其未经核定之先，暂仍照旧办理。谨奏。宣统元年三月初八日奉旨：依议。钦此。

**谨将臣院出入款项汇缮清单，恭呈御览。**

入　款

一　每年由度支部发给银八万两，此项拟请仍旧发给。

一　每年由法部分拨各省罚金一半，此项每年解到，无定数。据近两年所收，计二三万两不等。此项向由法部经收，历年皆由法部分拨，嗣后如法部将此款归入部库，即按季由度支部支领。如仍由法部收发，即仍向法部均分。

一　每年臣院现审案内经收罚金及赃变银两无定数。此二项拟每年按分两季开具清单，尽数解交度支部。其未经度支部核定以前，照旧办理罚金一项，仍划归法部一半。

出款额支

堂司津贴：正卿每月四百四十两；少卿每月三百六十两；推丞二员，每员每月二百两；推丞上行走一员，每月一百五十两。

详谳处：总核六员，每员每月一百两；总核上行走二员，每员每月八十两;分核六员,每员每月六十两(分核非由推事充当者,每月五十两);分核上行走八员,每员每月三十两(分核上行走有由推事充当者,每月五十两)。其详谳处兼各庭厅差使及各庭厅兼详谳处差使者,均从其优者,给津贴一分,不兼支两差津贴。

刑、民两科六庭:每庭正审二员,每员每月八十两;每庭帮审二员,每员每月六十两(每庭得帮审差使未补推事实缺者每员每月五十两);每庭帮审上行走四员,每员每月二十四两;每庭录供编案二员,每员每月二十四两;每庭帮录供编案一员,每员每月二十两。

典簿厅:总办一员,每月七十两;都典薄一员,每月六十两;帮办二员,每员每月四十两;四股,每股正管股一员,每员每月三十两;每股帮管股四员,每员每月二十四两。

看守所:所长一员,每月七十两;协理一员,每月四十两;所官四员,每员每月三十两;医官一员,每月二十四两;九品录事二员,每员每月十八两。

总检察厅:厅丞,每月二百四十两;检察官六员,每员每月六十两;检察厅行走四员,每员每月二十四两;主簿一员,每月二十四两;九品录事四员,每员每月十八两。

录事:堂录事八品,实缺二员,每员每月二十四两;实缺八品录事十六员,每员每月二十两;实缺九品,录事十二员,每员每月十八两;候补十员,每员每月十二两;额外十员,每员每月十两。

以上计月需银七千九百七十四两。

丁役工食:大堂堂丁二名,每名每月六两;堂茶房二名,每名每月五两五钱;门丁四名,每名每月六两;详谳处丁役二名,每名每月六两;茶房二名,每名每月四两五钱;统计处丁役一名,每月六两;茶房一名,每月四两五钱;刑、民两科六庭庭丁廿五名,每名每月六两;茶房六名,每名每月四两五钱;典簿厅傅钞生二名,每名每月八两;厅丁七名,每名每月六两;茶房二名,每名每月四两五钱;更夫一名,每月四两五钱;马号夫役二名,每名每月四两五钱;杂役三名,每名每月四两;看守公所二名,每名每月四两;看守所丁长三名,每名每月十两;所丁五十名,每名每月七两;女看守四口,每口每月七两;总检察厅厅丁四名,每名每月六两;茶房二名,每名每月四两五钱;仵作二名,每名每月七两;学习仵作一名,每月三两五钱;效力仵作二名,每名每月一两五钱;稳婆二口,每口每月四两;学习稳婆一口,每月一两五钱;巡警三十名,照民政部饷册每月共支银圆一百六十五圆加饷银四十二两;巡警火夫二名,每名每月四两。

以上计月需银八百七十七两银圆一百六十五圆。

饭银(心红、纸张、笔墨、蜡烛、煤水等项均在内,不另支):总检察厅、详谳处、典簿厅,每月各六十两;刑、民两科六庭、看守所、统计处,每月各四十两。

以上计月需银五百两。

### 出款活支

恤囚经费,每月约需银二百两。

统计处奏咨各表册及刷印费,每月约需银五十两。

杂费、大堂饭食、岁修房间、添置器用、巡警军装、大堂心红纸张、夏季凉棚、冬季煤火、相验车辆、备办各项要差、支搭帐棚及路费饭食、值班听事及公所杂用,每月约需银六百两。

以上计月需银八百五十两。

统计出款,竭力撙节,核实动用。每年应需银十二万二千四百十二两,银圆一千九百八十圆,除度支部拨给八万两外,计不敷银四万二千四百十二两、银圆一千九百八十圆，现由罚金项下核计支用。其有闰之年照数加增。

## 农工商部奏筹议推广农林先行拟订章程折并单

光绪三十二年十一月初一日奉上谕：御史赵炳麟奏请推广农林一折。自来足民之道，端在利用厚生，农桑畜牧实为富强之本，我中国地大物博，只以农林要政未能切实讲求，弃利于地未免可惜。著各直省督抚通饬各属详查所管地方官民各荒并气候土宜，限一年内，无论远近，绘图造册，悉数报部，由农工商部详定妥章奏明办理，务使国无旷土，野无游民，以厚风俗，而固邦基。钦此。钦遵，由内阁抄出并原折抄交到部。

原奏内称：中国农林废弛，拟请明谕各督抚通饬府厅州县详查所管地方官荒民荒气候土宜，限一年内，无论远近，各省绘图造册悉数报部，由农工商部详定章程实行。提倡荒者垦之，童者植之，绅商讲求农林者应如何保护，游惰不事生业者应如何强迫，专学如何广立，州县如何责成，一并详议妥章奏明办理等语。恭绎谕旨并参阅原奏所陈各节，自应先从查荒入手，俟各直省图册造齐报部，再由臣等参酌情形详定妥章，奏明办理。当经臣部通咨各将军督抚都统大臣，一体钦遵筹办。去后嗣因限期将届，未据各该省查明声覆，于三十三年九月间通行咨催。十一月间，又奏请饬下各省迅速清查造报，奉旨允准通行，钦遵，各在案。现在又届年余，除奉天、吉林、黑龙江、河南、广西、甘肃六省业经陆续造送外，其余各省仍未据查明声覆到部。

臣等公同筹议，以为农林为天地自然之利，富国裕民动关至计，亟应及时推广以扩利源,而各直省地方辽阔,头绪纷繁,调查履勘致稽时日,自亦实在情形。如俟各省造报完竣,再由臣部订章,未免需时过久,于要政转涉稽迟。兹由臣等督饬司员,就业经送部图册悉心考核,分别钩稽,于各该省查荒情形既已略知梗概,举此例彼,而其余各省亦可约度。大凡自应参酌时宜,于提纲挈领之中筹执简御繁之计,先行厘订专章,俾资遵守。谨拟《推广农林简明章程》二十二条,缮具清单,恭呈御览。如蒙俞允,即由臣部通行各直省将军督抚都统大臣转饬各属,按照此项章程切实兴办。一面仍将应行送部图册赶速造报,以符原案。至于振兴森林造端宏大业,由臣部另订办法奏明筹办合并声明。谨奏。宣统元年三月初九日奉旨:著依议,单并发。钦此。

**谨将推广农林简明章程缮具清单,恭呈御览。**

**第一条** 农林为天地自然之利,钦奉谕旨筹议推广,应酌分办法三等,或官办,或民办,或官民合办。各就地方情形切实妥筹,总以广兴地利曲体民情为宗旨。

**第二条** 筹办农林,自必先从查荒入手,由各该地方官就所属境内履勘清查官荒若干、民荒若干、大段片荒若干、畸零散荒若干、旧熟新荒若干、毗熟夹荒若干,筹定的款或招集绅富量加董劝,先行拟定大概办法,申报该管上司,咨部核夺。

**第三条** 各直省府厅州县暨蒙旗部落,均虑就管辖地方划定区域,编立字号,其荒地荒邱平坦之区则宜辟农田,其荒山、荒陇以及河岸、村角、沙漠、水滩、轨路两旁等处则宜兴林业。

**第四条** 各直省地方情形不一,气候有寒燠之殊,土性有燥湿肥硗之异,辟农田则谷麦杂粮悉听其便,兴林业则松、杉、桑、棉暨各项杂木果树应各就土性所宜分别种植。

**第五条**　自此次清查官民各荒之后,各该地方官应将境内气候土性详晰测验,按照划定区域绘图列表暨现在筹办情形,拟具简明说帖,申报该管上司,咨部备案。

**第六条**　其有大段荒地、荒山地势绵亘跨连数州县地方者,应由该省大吏仿照屯垦办法遴派监司大员筹集的款兴办,以专责成。其余各处散荒则统归地方官筹办。

**第七条**　地方官筹办农林,或酌拨官款兴办,或就地方公款遴委公正殷实绅董经办,或于官股外招集商股按照公司章程作为官民合办,应准其体察情形因势利导,总以境内所有荒地一律垦辟为要义。

**第八条**　凡查出民荒区域,应令业主呈验契据,由地方官盖印某年月日验讫字样,限令一年内开垦种植。逾限不办,即酌定官价收入归官另筹办法。

**第九条**　如有公正殷实绅商招集股款设立公司筹办农林,应准其指定区域承领官荒,收买民荒,由地方官填给印照,准令开办。其有附近农民承领荒地、荒山者,亦一体给照准办。限一年内一律垦种,逾限不办,应即追缴印照注销原案,另行招人承办。

**第十条**　绅商农民承领荒地、荒山有应免缴荒价者,有应酌收放荒经费者,有应毋庸升科者,有应宽予升科年限者,均由该省大吏视道路之远近、地土之肥瘠、垦种之难易、民户之多寡,酌量分等厘定,务以优加体恤、广为招徕为主。

**第十一条**　凡绅商农民认领荒地、荒山,禀办农林地方官,查系公正殷实并无流弊即予准办。所有胥役勒索延搁情弊,一概严禁、埽除。地方官接阅此项禀牍,应随到随办。所有勘丈、绘图、划界、给照暨申报立案,务于十日内办竣,不得逾限稽迟。

第十二条　凡绅商农民集股合资筹办农林,业已办有成效或有赀本不继周转为难,应禀由地方官查明收支帐册并无弊混,而所办成绩实有裨地方公益者,应准其酌拨公款量予补助,仍按年分别摊还。

第十三条　民间兴办农林事宜,或已有成效,或尚在筹办,均应由地方官切实保护。如有刁绅劣衿、势豪地痞、奸胥猾吏从中阻挠侵占,以及蹂躏禾稼砍伐树木等事,一经业主禀报,应即立予究办,按律严惩。

第十四条　绅商农民筹办农林卓著成效者,即应从优奖励,或缮给匾额,或给予功牌奖札,或酌予虚衔顶戴,或按照异常寻常劳绩,咨部汇案奏奖,均由该省大吏视所办成绩,分别等第随时酌核办理。

第十五条　其有无业游民不事耕作者,无论土著客民,均应由地方官查明册籍驱令归农。如果懒惰冥顽不服教令,应即择尤惩办,罚作苦工,为惩一警百之计。

第十六条　劝农必先兴学。各直省省城地方应设农林学堂一所,农林试验场一区。其已设有农业学堂、农事试验者,应将林业事宜增入,务令完密。其府厅州县各乡镇地方,应按区酌设农林讲习所、农林演说会场,授以农林学大意暨一切改良农林各项办法,以期普及。

第十七条　水利为农政根本,推广农林尤应注重水利,所有通沟、筑陂、开渠、浚河、疏塘、凿井以及各项引水器具导水成法均应切实考求。如有发明新理改良旧器者,准其赴地方官衙门呈验试用,著有成效,即行报部给奖。

第十八条　凡与农林相辅者,如蚕桑、畜牧等项事宜,应即一律筹办,以期发达。

第十九条　自此项章程奏定颁布后,各直省地方官应将推广农林事宜列入考成。每年将所管境内荒地总数暨筹办开垦事件、商民领垦事件，规模若何、成绩若何，年终编列表说汇报该管上司咨部，由部分别优劣等差。每届三年，其切实办理者，择尤奏奖，敷衍塞责或并无报告者指名严参。

第二十条　此项章程以开辟荒地为推广农林之计，所订各条意在执简御繁。为提挈纲领起见，各直省情形不同，应由各该省大吏因地制宜，另订详细章程，咨部核夺，总以不背部章为断。

第二十一条　此项章程系就现在情形酌量厘订，将来办有头绪，农业进步或须增损之处，应由本部随时奏明办理。

第二十二条　此项推广农林章程，注重在开辟荒地，酌拟简要办法。至于振兴森林造端宏大，应由本部另订专章奏明筹办。

## ●●邮传部奏天津交通银行裁撤总办归并京行兼理片

再，臣部奏设交通银行，遵照原奏清单，于铁路可通之天津、上海等处，先派定总办，前往开设分行，以资扩充。所有天津分行总办曾经奏派分省补用道刘坦，奉旨允准，钦遵在案。现在总分各行开办年余，诸事经营已有基础。惟京津相距咫尺，营业无难兼顾，谨拟变通办法，以天津交通分行改归总行兼理，不惟节省费用，又以统一事权，实于业务、商情两有裨益。所有原设该分行总办一差即可裁撤。臣等仍督饬总理各员随时稽查，俾免贻误。除原派该分行总办分省补用道刘坦饬令销差另候委用外，理合附片具陈。谨奏。宣统元年三月初九日奉旨：知道了。钦此。

## ●●吏部奏遵议酌减考取小京官年限折

宣统元年闰二月初八日准军机处片交军机大臣钦奉谕旨：御史石长信片奏举贡考取、小京官升转、壅滞可否酌减到部年限请饬部妥定章程等语。著吏部议奏。钦此。钦遵，交出到部。查原奏，内称：现今百度惟新，量才授职，从前旧例屡予变通，故有度越寻常勤能卓著，奏调既罔循资格，升转多不叙年劳，乃举贡考取主事。小京官等职则俱仍旧例，而小京官尤为淹滞。向例七品小京官本无实缺，到部供差便作试俸，三年报满即作实授。又二年始题升额外主事，又三年始以主事留部补用，当日部员无多，原可循资叙补。自各衙门推行新政，奏调诸员行走，数月即奏留候补。而游学生之用部属者，别部即归补用，各项人员时有增加以致愈形壅滞。

近来各部小京官亦间设有实缺，民政部九缺，邮传部十四缺，法部二十八缺，其余各部仍有官无缺。查法部都事司小京官刘润畴业已奏补在案，是各衙门设有小京官缺额者，题补酌补，原未尽限以旧章。其未设有小京官缺额者，必遵旧例俟试俸历俸年限报满后始准题升。额外主事则视游学生之免学习者，既显有轩轾，而视原衙门之有缺额得以题补者，亦不免歧异。似宜详示通则，方为公允。查内阁中书学习一年期满即予奏留，小京官升阶向较中书稍优。可否饬下吏部，凡小京官到部，酌减年限，妥定章程，以一官制等语。查小京官向无额缺，故俸次既满即得坐升，本无所谓淹滞之患。自各部改订新章，始设有小京官，额缺或以笔帖式改补，或以调用人员奏补，其考职之小京官则仍照旧办理。甚至一部之中同为考职人员，或奏补额缺，或仍如旧例，相形见绌遂不免。

如该御史所奏，自应因时变通，以昭公允。臣等公同商酌，现在各部官制既未画一，即补缺办法尚难一致，惟有按照各部现行章程略加厘定。拟请嗣后考职小京官，如签分民政、邮传、法部，设有额缺，各衙门学习三年期满奏留，准与各项人员一同酌量才具及较资补用。补缺后历俸三年，准其题升主事。其未经设有额缺各部，量予缩短年限。查小京官主事均扣学习三年，系属通例，无可核减。惟小京官历俸多系捐免，并无实历俸次之员，应即酌量减免，俟小京官学习期满之日，无庸再扣历俸三年，即准奏请作为额外主事。其游学毕业廷试分部小京官，亦拟请照此办理，以归一律。至奏调人员奏留补缺，仍按照宪政编查馆定章核办，如非正途出身，应照捐纳人员定例补缺后于历俸之外另扣试俸三年，不准捐免，以示区别。庶考职人员不形壅滞，而毕业调用各员亦免陵躐。如蒙俞允，应即咨行各部一体遵照。谨奏。宣统元年三月十三日奉旨：依议。钦此。

## ●●民政部奏各省历年置办巡警军装核销办法折

窃维整顿警政，自以豫筹用款逐年推办为要图，而尤必以销结旧案为入手。臣部前准陆军部片，称光绪三十四年二月十五日具奏巡警军装等项划归民政部核办等因一片，奉旨：依议。钦此。钦遵，行知到部。当经臣部刷印陆军部原奏通行各省一体遵照。并以到部各案辗转移送首尾不能衔接，倘遽予核销，不足以昭慎重。复经通行各省，遵照陆军部奏案，将应归臣部核销之件，无论奏咨各案，凡未奉到部覆者，截至光绪三十三年分为止，汇造详细清册，咨送到部，并将上届准销成案一并抄送等因，各在案。

现在各省报部核销之案未到者，尚在不少。推原其故，实由于压搁益久，造报愈难，即业经造报省分，而于光绪三十四年以后用款亦尚无一定办法，殊非整顿划一实事求是之道。臣等公同商酌，拟援照度支部奏定截清旧案章程，并限以先行立案办法，相应请旨饬下各省将军督抚等遵，将光绪三十三年以前所有置办巡警军装等项未经报部者，据实开造详细清单，限于宣统元年六月以前并案送部核销，毋庸开造细册以期速藏。其自光绪三十四年分以后，所有应行置办巡警军装等项款目，应由各该省考核情形豫算成数每年约需银若干两，先行奏明办理，限文到三个月内一律查明。凡业经奏明立案者，即行咨部备案，其未经立案者，应即补行具奏。一俟销册到部，再由臣部分别销结。俾天下晓然于朝廷锐意更新、破除隔阂欺隐之弊。倘再迟延不报或不肯豫行奏明，臣部定行指名严参，以肃警政而重库款。谨奏。宣统元年三月十四日奉旨：依议。钦此。

## ●●会议政务处奏议覆东督奏酌拟裁并添设改升各缺折

本年二月三十日准军机处钞交东三省总督调任邮传部尚书徐世昌奏酌拟裁并添设各道员缺及改设锦新等道缺，并升兴京厅为兴京府各折片，奉硃批：会议政务处议奏片一件并发。钦此。
伏查奉省联络吉、黑，控引蒙、韩，治内防边，动关紧要，诚非揆度情势、因时制宜，不足以策治安而资备御。原奏称东三省官制于三省各设民政司，而以巡警职掌隶之。嗣因外省皆设巡警道，而奉省巡警业已遍设，故亦请添设巡警道员。现在办理已及两年，渐觉与民政司权限纠纷，转多不便，请仍将该道员缺裁撤等语。窃维官司之设，固贵完全，而监督之权宜求统一，民政为内治之大纲，而巡警为民政之一部。今奉省民政既设专司，可毋庸再设巡警道缺。该督请将奉天巡警道即行裁撤，应即照准，以节縻费而一事权。

原奏以奉省北连蒙古，南界朝鲜，就边防控扼之地为经营巩固之图，因请于昌图府之辽源州添设道员一缺，辖洮南、昌图两府全属，名曰洮昌等处分巡兵备道兼管蒙旗事务。并划东边道东境于兴京之临江县，添设道员一缺，辖长白一府，海龙府全属临江、辑安、通化三县，名曰临长海等处分巡兵备道。盖以奉省幅员辽阔，控驭为难，经营西北必先筹蒙，而洮昌实为咽喉，巩固东南必先备韩，而临长独据要害，当此交涉繁重，边圉空虚，虽历经添设府县各治，而辖地之广仍较内地倍蓰，欲求控制之方，诚宜特设大员，以资坐镇。该督所请添设二道员缺，一以筹蒙，一以防边，均为扼塞形便之处。应如所请办理，所有新设道员原奏拟援吉、黑两省成案，由督抚慎选堪胜人员，奏请试署，亦与东省近例相符，节经照办在案。

又，附片请改奉锦山海关道为锦新等处兵备道兼山海关监督，仍治营口。改东边道为兴凤等处兵备道，仍治安东等因。均为循名核实，并画一全省官制起见，应请一并照准。至请升兴京厅为兴京府，与凤凰厅同受兴凤道管辖一节，伏查兴京为周秦肃慎故地，唐置燕州，明建州卫，我朝以发祥重地，尊为兴京。近复内政外交日形重要，允宜升为府治，以资控制统核。该督所陈应裁、应添、应改、应升各端，具能通筹全局，故因革损益悉合机宜，所有画疆分治置吏添兵建署定俸之处应请饬下该督，妥速布置。其一切未尽事宜，俟新任督臣锡良到东后接洽办理，以收实效。谨奏。宣统元年三月十六日奉旨：著依议。钦此。

## ●●宪政编查馆奏核覆自治研究所章程折并单

本年闰二月十三日准军机处钞交钦奉谕旨：民政部奏遵拟自治研究所章程缮单呈览一折，著宪政编查馆核覆具奏，单并发。钦此。

臣等遵查地方自治之制，虽东西各国一律通行，而溯厥由来，实分二派：有由市府自治而自然发达者，有由国家立宪而渐次推行者。一则因人民本有自治之能力，而日以扩充，故编制易而范围自广；一则欲人民克尽自治之义务而徐为倡导，故施措难而监察亦严。源流既别，法意迥殊。今当中国创行自治之始，皆本朝廷预备立宪而生，臣等前奏履核《城、镇、乡地方自治章程》，首以渊源国权，对待官治，郑重剖析，复举其名义、范围及责重、监督之意，逐一声明，皆所以示研究之指归，定人民之法守。

兹据民政部原奏清单，拟订自治研究所各条内讲授科目即已隐含此意。其余设立次序选送资格等项，亦均简要易行。臣等悉心复核，方今各省人民知识尚稚，财用极艰，此项研究学员，将由省城递及府、厅、州、县依次传习，必使学力稍能深造，经费悉戒虚縻，庶可以免谬说之流传，杜前途之阻碍。谨就原章酌加推阐，共核订为十有四条，缮具清单，恭呈御览。伏候钦定颁行，即由臣馆通咨各省一体遵照办理。谨奏。宣统元年三月十六日奉旨：著依议。钦此。

**谨将核覆自治研究所章程缮具清单，恭呈御览。**

第一条　自治研究所为讲习自治章程造就自治职员而设，应就各省省城及各府、厅、州、县各设一所。

前项所称之"府"，指有直辖地方者而言。以下各条凡称"府"者，均同。

第二条　各省省城自治研究所遵照逐年筹备事宜清单,统限本年年内成立。各府、厅、州、县自治研究所应俟省城第一届听讲员毕业后,即行派赴各属一律设立。

第三条　各省省城自治研究所应由自治筹办处遴派通晓法政人员充任讲员,由讲员内遴派一员为所长。

府、厅、州、县自治研究所所长、讲员,即以听讲毕业员分别派充。

第四条　各省自治研究所,除官设各所作为模范外,其各地方士绅自愿照章设立者,均得呈明该管官批准照办。惟该所所长应由该所公举通晓法政品学优裕士绅一员,呈请自治筹办处核派。

如各地方先经设立者,亦同。

第五条　自治研究所应讲授下列各项科目:

一　奏定宪法纲要;

二　法学通论;

三　现行法制大意;

四　咨议局章程及选举章程;

五　城、镇、乡地方自治章程及选举章程;

六　调查户口章程;

七　其它奏定有关自治及选举各项法律章程;

八　自治筹办处所定各项筹办方法。

第六条　自治研究所讲授宗旨应以恪守奏定地方自治章程不越范围为要义,统由自治筹办处稽察管理,并得查核功课勤惰,酌加激劝。

第七条　省城自治研究所学员应由各府、厅、州、县遴派本地士绅,按届送所听讲,每属每届至少以二人为率。

第八条　各府、厅、州、县自治研究所学员应就该管境内分别城、镇、乡区域遴选本区士绅次第入所听讲，以每区有听讲员为度。

**第九条** 自治研究所应由所将城、镇、乡历办自治各事演为白话刊布宣讲，以资劝导。

**第十条** 自治研究所学员资格以按照地方自治章程得为选民者为限，其无选民资格不得为自治职员者，均无庸入所听讲。

**第十一条** 自治研究所以讲授八个月为毕业期，俟第二届或第三届毕业即行裁撤，其由地方士绅呈准设立各所不在此限。

**第十二条** 省城自治研究所经费应由自治筹办处筹拨，各府、厅、州、县经费由各该地方公款筹办，其选送各员赴省川资由该地方官筹给。

**第十三条** 自治研究所需用讲堂、房舍，应各就原有公所公产、空闲房屋酌量设立，无庸建筑所中一切用款亦不得稍涉糜费。

**第十四条** 自治研究所内详细章程应由自治筹办处酌定通行，以及一切办理情形，均由各省督抚随时咨报民政部存案。

## ●●湖南巡抚岑春蓂奏新设株洲同知改为冲繁要缺折

窃查湖南长沙府属之湘潭县株洲，地当冲要，前因萍醴铁路已达该处，江西萍乡县煤矿悉由此转运装载，凡外洋工师及游历传教之士均由火车不时往来，商贩行旅络绎于途，弹压抚绥关系紧要。经臣奏请，将长沙府督捕水利同知移设该处，名为长沙府株洲抚民同知，所有湘潭县大河以东地方统归管辖。凡关涉路矿及民间命盗词讼案件均由该同知审理解勘，并将湘潭县黄茅驿巡检一并移驻，名为株洲巡检兼管司狱事务声明。该处居民铺户约共三百余家，该同知仍请作为简缺，俟将来粤汉干路通行，再行体察情形酌量奏咨办理。经吏部会议核准咨行，遵照在案。

前于接准部咨后当以株洲为轮轨往来要道，交通事务繁多，长沙府同知移设该处，诸务草创，本任同知谭祖昌恐难胜任，由司饬委在任候补直隶州知州准补鄢县知县李见荃前往署理，以资整饬。臣查株洲地近赣省，为萍醴铁路之所必经，内港轮船亦可直达，自移设同知以来，居民生聚日多。目下粤汉铁路公司业经购地开工，即日分途兴办商务，自更臻繁盛，五方杂处，游手匪类亦多，涠迹其间，弹压地方清理词讼在在均关紧要，非精明强干历练已深之员，难资治理。长沙府同知谭祖昌已于本年二月初四日病故，体察该处现在情形，断非部选初任之员所能胜任。臣督同藩学臬三司详加斟酌，为因时制宜之计，惟有请将长沙府株洲抚民同知改为冲繁要缺，由外拣选题补，庶可为地择人，以昭慎重。惟定例应归部选各缺不准更改，如因今昔情形不同，必须酌改者，应于丞倅牧令缺内改简互换，以符定例等语。

现查湘省丞倅牧令各繁要缺，或处苗疆，或当冲要，均难改简。株洲本系应行添设之缺，只因撙节经费，故请将长沙同知移驻，与原缺改繁者不同。现当变通旧例力求实际之时，应请免其互改，以重地方。据布政使庄赓良、署提学使吴庆坻、按察使陆锺琦会详请奏前来，除咨吏部查照外，理合会同湖广总督臣陈夔龙恭折具陈。谨奏。宣统元年三月十九日奉硃批：吏部知道。钦此。

## ●●邮传部奏核减电局用款折

窃本年二月初八日，臣部具奏裁撤电政局督办片，内声明，用人用款责成总办切实核减等语，业经奉旨允准，并札饬电政局遵照在案。兹据电政局总办候选道周万鹏禀称：查用人一项，电局向章局店设有总办委员一名，报房只由领班兼管，尚属核实。近来各局或有添设会办、帮办、稽查、内外文案名目，均经迭次裁减，省费甚钜。现在应裁之员为数尚少，而电局用款以巡弁、巡丁费用为一大宗。

查原定章程每线路一百里准用巡丁三名，巡弁一名。嗣因各省风气不同，线路逐渐加增，有每百里用巡弁丁五六名，亦有不止五六名者，糜费甚巨，亟应改归划一。拟将旧有巡线成例一概删除，按照各该局现辖线路，酌分单线、双线、三线以上，并沿铁路线，共为四项。单线每百里派工巡二名、工头一名，双线每二百里派工巡五名、工头二名，三线以上每百里派工巡三名、工头一名，其沿铁路之线巡修较便，一律不用巡丁，酌派工头。所有各路工头、工巡，除照常梭巡外，兼办小修工程。如此办理，岁省经费不少，而于线路仍无窒碍等情。臣等查电报线路共长四万五百余里，立杆二十五万余根，而开支巡线费用岁约洋十七万八千余元。今将旧例删除，概照新章办理，只须岁支洋十二万余元，每年计可节省洋五万六千余元，于巡线并无窒碍，于公款不无裨益，自应准其照办。此外用人用款有应行整顿之处，仍由臣等饬令，随时核议，以资撙节。谨奏。宣统元年三月十九日奉旨：知道了。钦此。

## ●●邮传部通饬各路局按季将出入款项遵照部章汇造总册呈部文<sub>宣统元年（1909年）三月</sub>

路政司案呈：各路收支款项例应按月造报，乃查各路局有迟至数月始行造报者，或逾年始报者，迭经本部札催在案。至于款项之钩搭、眉目之混淆，时所不免。现准度支部咨送奏定清理财政章程前来，查该章程第十二条开，在京各衙门所管出入各款，属于光绪三十四年者，应编造详细报告册并附说明书，限至宣统元年年底陆续咨送到部。第十三条开，在京各衙门所管出入款项，属于宣统元年二年者，应按季编订报告册咨送到部。第二十九条开，本章程各项报告册，应分别门类，每类细别为款，每款细别为项，每项细别为目，不得笼统含混。各等语。期限既迫，考成复严。

本部所管四政，以铁路之出入款项为最巨，亟应重申诰诫，免涉稽延。为此通饬各路局，嗣后每月收支款项除仍遵照按月造送外，每季应将该三个月之出入款项遵照度支部新定章程汇造总册，分别类款项目并附以说明书，于次季之第二个月内报部，如春季清册则于五月内到部，夏季清册则于八月内到部，其余以此类推。再由本部复加稽核，查照章程第十一条办理咨送度支部备查。光绪三十四年分收支月册有未经报部者，亦须克期补送，此次通饬之后，所有各项报告清册均须详细分明以便查核。此系奉旨饬办之件，本部考成所在，如再有逾限不报或报不如式者，非有特别情由，定当予以惩处，勿得视为具文。

## ●● 邮传部重订收发电报办法及减价章程（价目表附）[①] 宣统元年（1909年）三月

**第一条** 凡官商寄发明码电报，须于报首写明某处某人收接。即就电报局所刊电报新编（此书可向各局购买）查明逐字号码照数填写法，自上至下，如用洋文报纸，则自左至右，送局照发。假如发报云

---

① 原书为"附后"，为与目录一致，故删去"后"。

北京邮传部云云，除北京字明写外，其余均填写号码。其式如下：北京（六七五五）（〇二七八）（六七五二）。凡欲检"邮"字号码，只须按照新编寻觅邑字部首，挨部寻字，便知"邮"字是（六七五五）码，余均仿此。

第二条　凡欲寄密码电报以防泄漏者，只须寄报之人与收报之人，预约将号码加减或自编密本均无不可。惟住址、姓名不可用暗码，以免无从投递。

第三条　遇有明密电报欲提前先发者，即为加急电报，须出费三倍（每字一角者加作三角），并于报首自加一"急"字（此"急"字亦算一字之费，其费若干照后开价表减收二成）。

第四条　电报中加用点句者，其点即加用（〇〇二七）一码（此一码亦算一字之费，其费若干照后开价表减收二成）。

第五条　所寄之报欲使一无差误，须由收报之局照原报号码传回校对者，报费另加四分之一（如每字洋一角者加作一角二分五厘），并于报前自加一"对"字（此"对"字亦算一字之费，其费若干照后开价表减收二成）。

第六条　所寄之报欲使收报之局报明收报之人何时接到者，除应收报费外，无论中国外洋另加五字之费，报首加一"到"字（此"到"字亦算一字之费，其费若干照后开价表减收二成，惟外洋报不在减收之例）。

第七条　如收报人行踪无定，住址不止一埠，或忽然他往，先期在电局知照，则来电可以探转。惟报费须有人担保，方可照办。

第八条　来报欲分送数人或一人分住数处者，如同在一埠则只收一分报费，但每纸另加抄写费二角，如逾一百字则收四角，逾二百字则收六角，余依此类推。如分送数处而不同在一埠者，即按埠照收报费,不能以一分计算。

第九条　发报人来局属追回原报无须发递者,查明确系本人持有发报局发报收条,或非本人持此收条而有妥人保其实非假冒者,均可照准。如报未发出,即将原报及原费交还并索回原发收条,倘报已发出仍欲发电追回,可续发一报与收报及转报之局注销,前报不代投送,注销后即由该局交邮政局寄一复音。如在转报之局止住,即将原收报费按照止住之局应收报费若干扣出,余赀退还。原发报人如已寄到收报之局,虽将原报注销不送,而原收报费不能退还。至续发之报,仍须照字数先向发报人收费。倘发报人并欲索取回音,则先付回电费,无论何局,止住注销立即电复。

第十条　来电有不解语,须讬原局追问,所有追问及回复各报费须先行照付。譬如追问一字来去,只须付四字之费,如追问二字,则付六字之费(其费若干,照后开价表减收二成)。余依此类推。如果复电到时,查系局中舛误者,应将所收追问及回报费照数缴还原人。

第十一条　所发之电欲候回音,须预付回费若干字,自于报首加一"复"字,并于"复"字下加一已付回费之数码。如预付回费七字者,加以"七"字之类。此二码只算一字收费(其费若干,照后开价表减收二成)。收报局见有此二码暗号,即知已预付回费若干,于送此报时附送"已收回费"若干字,凭单一纸以便寄回,报者照此发寄回电,持凭单连报送局不费分文。如回电字数多于预付回费之数,则由寄回报者将报费按照名出字数补足。如无回电,则收报人可将此凭单还发报原人。向发报之局持此凭单取回原交回费,此单自发报日起,如寄中国境内以一个半月为期,寄外洋各国以三个月为期,逾期均即作废,不递回音,不还原费。倘去报无人接收,即由收报局用四等报知照原局通知寄报人,将预付回费抵作知照之费不再给还。

第十二条　凡所寄电报前途并未收到,应将报费全行缴还者,须由发报局先电询收报局,查实回单,果未签名盖章,亦未交留回单,凭寄报人所执电局收条及收报人写来未曾收到之字据,即全数退费。如发报、收报均在有轮船火车之埠,电线无阻,而送报反迟至火车、轮船到埠之后者,或非因停报时刻及电线断阻等情,无故延搁至七十二点钟以外送到者,亦均退全费。并准发报人随时禀部。除以上所指应行退还全费各节外,平常小误概不还费。惟此项退费,各局须俟本部电政局总管通知稽核科会计科发报、收报两局后,方能列册开除。至于应行退还报费之期,在中国境内以两个月为限,在外国各处以六个月为限。

第十三条　凡寄发显语洋文电报,须用万国电报通用之文。倘寄暗语之电,须用英、法、德、意、荷、蒲、日、拉八国文字,其人名地名不准借作暗语。

第十四条　凡洋文预约电报分为两种:一曰暗语,一曰密语。密语电报系用阿拉伯号码或字母串缀所成而无意义者,惟一报之中号码与字母不能间杂并用。

第十五条　洋文电报不按款式及有错字省文者,均不传递。章程所不及详者,悉照《万国电报通例》办理。

第十六条　洋报用字母拼成者,现照通例,显语洋报以十五个字母为一字,若不止十五字母拼成一字者,作二字算。暗语洋报以十个字母为一字,若不止十个字母拼成一字者,作二字算。密语洋报以五个号码或五个字母为一字,逾则递加。若报内有二三字用点画接连者,仍按字数收费。

第十七条　洋报遇号码或字母截开单写者,各照一字计算,紧要语下用画者,亦算一字之费。

第十八条　洋报遇有分别点画亦算一个号码,遇有号码之后又加一字母者,即系中国"第"字,亦以一个号码收费。

第十九条　华洋文收费价目,另载价目表附列于后。

第二十条　本部为发达电政、便利官商起见,核减报费二成系按所发电报字数合计总数后照原定价目以八折扣之。譬如十元报费交八元,便为十减二之比例,不必每字核算。

第二十一条　自宣统元年正月初一日起,一律照章核减收费。

第二十二条　核减二成报费系专指中国境内往来华洋文电报而言,中国与外洋往来各报不在此例。

第二十三条　中国境内往来电报,无论密码倍费,加急三倍费,译报加一费,并同府五分之费,京师与各省往来加收五分之费,以及校对点句索到回报探转邮送追问应收加字等费,均一律照减。北京、天津、唐山、山海关、北戴河、秦皇岛六处互相往来洋文电报,每字收费洋一角,亦一律照减。惟铁路过线费不在此内。

第二十四条　官报半价,新闻报半价,仍照旧收费,不减二成。

第二十五条　凡一作四等不分明密,照章减二成。

第二十六条　东三省自相往来之报,暂准照该省现行章程办理,出省则按照此次重订新章核收。

第二十七条　沪、福、厦、港四埠往来,照电局与洋公司特定报价,一律照减。

第二十八条　各局收费发给收条,先列原数若干,再另行开列扣实之数若干,重写重算以便稽核。譬如由安徽发浙江电报十字,应收费一元六角,于总数行下书明"一元六角,八折实收一元二角八分"。

余仿此。

第二十九条　各电局如有借名未得文书告白,为词不将告示张贴及躭延日期希图干没,一经查出,严行参办惩处。

第三十条　各处商民人等,如未见各电报局将告示张贴及朦收报费,自宣统元年正月初一日以后,无论商民准其随时禀揭。除将浮收数目找回,并立予惩办外,举发人另给优赏。

第三十一条　本局收发电报,无论中外官商,皆须先收报费后与传递。惟军机大臣、京师各部院、各省将军督抚、出使各国大臣、公务官报,盖有紫花印信为凭者,遵照详定章程送到即发,其报费暂时登册,汇案领款。如此项电报有转由洋公司递至各国者,其费仍应向官随时具领转给。若非以上各衙门,虽系官报,仍一体收取现款。

第三十二条　凡来去电报,各电局不准翻查,以防泄漏。如寄报者因新编未熟,必欲本局代为翻填号码,或收报者因新编未熟,请本局译送,其译费若干,仍照报费另加一成,亦以八折核收。惟未承寄报收报人命令,不得擅译。

第三十三条　收报人住址如距电局在五里以外,须雇人专送者,准收专力洋一角,十里以外准收二角,十五里以外准收二角五分,二十里以外准收三角,二十五里以外准收三角五分,三十里以外准收四角,三十五里以外准收四角五分,四十里以外准收五角,四十五里以外准收五角五分,五十里以外准收六角,五十五里以外准收七角,六十里以外准收八角,六十五里以外准收九角,七十里以外准收一元,七十五里以外准收一元一角,八十里以外准收一元二角,八十五里以外准收一元三角,九十里以外准收一元四角,九十五里以外准收一元五角,一百里以外准收一元六角,外递加五里递加洋一角,均由发报人先行付讫。如在五里以内,报差索取专力及司事擅用专力凭条者,均准立即告知各该电局,并将凭条呈验,即将司事报差驱逐不贷,其有火车、轮船通行之处,按三等水脚来往计算,如低于计里收费,即令由轮路递送,以期迅速。倘来报付有邮票费,于报首加一"邮"字者,即为粘贴邮票,交邮局寄去。如邮票费外付有挂号费,于"邮"字下自加一"挂"字者,即为挂号交邮局寄去。即以邮局收条为回单粘于原来报底之后,以作凭据,此二字亦须算给报费(其费若干,照后开价表减收二成)。

**第三十四条** 报费除各户立折先付存洋外,均须先收现洋再行发报。报费不及一元者,以小洋收付,均照市彼此贴水,以昭公允。

**第三十五条** 电报费向例收取银元。若银元不通行地方,各局用钱折银,展转伸折,每元可得银九钱强,殊属可恨。嗣后除通用银元地方不计外,其不用银元局处,准照每元折合湘平银七钱计算。如有交钱者,只准照铜钱时价折合银数,不得以上海每元值钱若干为辞多收钱文。如有勒索情弊,准各商民人等随时函达本部惩治。

**第三十六条** 寄报者除中国四项官报外,所有来纸系用本局新编四码,或华写,或洋写。连姓名、住址无一洋文及字母洋码夹杂者,均照华报收价。住址、姓名,亦照字算费。

**第三十七条** 寄报者全用洋文字母洋码者,自应照洋报价收费。若报中全用华报四码而姓名、住址用洋文者,仍照洋报价收费。如须过洋公司电线者,应照洋公司之例收费,若用华报四码而夹杂洋文字母及洋码者,照洋报价收费。

**第三十八条** 寄报者交来之报,不论华洋所写之码,如果通身连而不断者,均以五码分为一字,照洋报收价。

**第三十九条** 报纸号码或有涂抹、更注、刀割、挖补等情,应由寄报者签名报纸或加图章,即有差误,与局无涉。

第四十条　商民寄发明电,如有干犯纲纪、妨碍民生等事,及致政府电报而无发报人姓名、住址保证者,或虽有住址保证而有违背字样者,电局概不传递。

第四十一条　收发电报之人,如于四十二日限内欲向局中钞取原电号码者,果系本人或有人保非假冒,方准再予钞录,但照章每张应给钞费洋二角。

第四十二条　报中所载收报人名姓、住址按字计费,寄报者不可吝惜报费、缩减字数、书写不清,以致无从投递。倘有前项情事,应由寄报人签名,报纸、电局不任其咎。如果寄报之人因姓名、住址字数过多与收报者预先商定减字之法,向两处局中挂号注明某字即系某人姓名、住址亦可照送,惟至少以五字为率。至于寄报人姓名载入报中,即须按字收费,挂号无纳费名目,密码电报挂号不另加字(挂号电应收报费,照后开价表减收二成)。

第四十三条　投送电报时,或交收报之本人,或其家属、伙友、同居、司阍之人均无不可(倘收报人预告局中,某报不可交他人代收,则应交付本人)。惟不论何人经收,均须于送报单上亲自签押或盖图章,并书收到时刻,如无人签押盖章即将回单交存其家,电报带回存局守候本人或代理其事者持回单来局领取。倘过四十二日不来领取,即将此报毁弃。

第四十四条　传递电报,一等官报为先,二等加急局报次之,三等加急商报又次之,四等寻常商报又次之,寻常二等局报又次之。至发寄各报,则于每等中各按接到时刻先后为序。

第四十五条　收发电报早以七点钟起,晚以十点钟止。如有紧要一、二等电报过时欲寄者,在无夜班之局,必须预先知照留机临时方可传递。如商家有紧要三等急报待发,虽过时送到,在有夜班之局,应一并收发以便商民。

**第四十六条**　各报底月日号码,及几等、电何处、发寄明码、密码标记俱用华文书写,各商民人等如查得与来电不符,随时禀揭邮寄本部惩办。

## 中国各省往来华文电报每字价目表

宣统元年二月　日

| 发寄何省 | 直隶 | 江苏 | 安徽 | 山东 | 山西 | 河南 | 陕西 | 甘肃 |
|---|---|---|---|---|---|---|---|---|
| 直隶 | 一角 | 一角六 | 一角九 | 一角三 | 一角三 | 一角三 | 一角六 | 一角九 |
| 江苏 | 一角六 | 一角 | 一角三 | 一角三 | 一角九 | 一角六 | 一角九 | 二角二 |
| 安徽 | 一角九 | 一角三 | 一角 | 一角六 | 二角二 | 一角九 | 一角九 | 二角二 |
| 山东 | 一角三 | 一角三 | 一角六 | 一角 | 一角六 | 一角三 | 一角六 | 一角九 |
| 山西 | 一角三 | 一角九 | 二角二 | 一角六 | 一角 | 一角六 | 一角三 | 一角六 |
| 河南 | 一角三 | 一角六 | 一角九 | 一角三 | 一角六 | 一角 | 一角三 | 一角六 |
| 陕西 | 一角六 | 一角九 | 一角九 | 一角六 | 一角三 | 一角三 | 一角 | 一角三 |
| 甘肃 | 一角九 | 二角二 | 二角二 | 一角九 | 一角六 | 一角六 | 一角三 | 一角 |
| 新疆 | 二角二 | 二角五 | 二角五 | 二角二 | 一角九 | 一角九 | 一角六 | 一角三 |
| 福建 | 二角二 | 一角六 | 一角九 | 一角九 | 二角五 | 一角九 | 二角二 | 二角五 |
| 江浙 | 一角九 | 一角三 | 一角六 | 一角六 | 二角二 | 一角九 | 二角二 | 二角五 |
| 江西 | 一角六 | 一角六 | 一角三 | 一角六 | 一角九 | 一角六 | 一角六 | 一角九 |
| 湖北 | 一角六 | 一角六 | 一角六 | 一角六 | 一角六 | 一角三 | 一角六 | 一角六 |
| 湖南 | 一角九 | 二角二 | 一角九 | 一角九 | 一角九 | 一角六 | 一角六 | 一角九 |
| 四川 | 一角九 | 二角二 | 一角九 | 一角九 | 一角九 | 一角六 | 一角六 | 一角九 |
| 广东 | 二角二 | 一角九 | 一角六 | 二角二 | 二角二 | 一角九 | 一角九 | 二角二 |
| 广西 | 二角二 | 二角二 | 一角九 | 二角二 | 二角二 | 一角九 | 一角九 | 二角二 |
| 云南 | 二角五 | 二角五 | 二角五 | 二角五 | 二角五 | 二角二 | 二角二 | 二角五 |
| 贵州 | 二角二 | 二角五 | 二角二 | 二角二 | 二角二 | 一角九 | 一角九 | 二角二 |
| 盛京 | 一角三 | 一角九 | 二角二 | 一角六 | 一角六 | 一角六 | 一角九 | 二角二 |
| 黑龙江 | 一角九 | 二角五 | 二角八 | 二角二 | 二角二 | 二角二 | 二角五 | 二角八 |
| 吉林 | 一角六 | 二角二 | 二角五 | 一角九 | 一角九 | 一角九 | 二角二 | 二角五 |
| 蒙古 | 四角 | 四角 | 四角 | 四角 | 四角 | 四角 | 四角 | 四角 |

续表

| 发寄何省 | 新疆 | 福建 | 浙江 | 江西 | 湖北 | 湖南 | 四川 | 广东 |
|---|---|---|---|---|---|---|---|---|
| 直隶 | 二角二 | 二角二 | 一角九 | 一角九 | 一角六 | 一角九 | 一角九 | 二角二 |
| 江苏 | 二角五 | 一角六 | 一角三 | 一角六 | 一角九 | 二角二 | 二角二 | 一角九 |
| 安徽 | 二角五 | 一角九 | 一角六 | 一角三 | 一角六 | 一角九 | 一角九 | 一角六 |
| 山东 | 二角二 | 一角九 | 一角六 | 一角九 | 一角六 | 一角九 | 一角九 | 二角二 |
| 山西 | 一角九 | 二角五 | 二角二 | 一角九 | 一角六 | 一角九 | 一角九 | 二角二 |
| 河南 | 一角九 | 二角二 | 一角九 | 一角六 | 一角三 | 一角六 | 一角六 | 一角九 |
| 陕西 | 一角六 | 二角二 | 二角二 | 一角六 | 一角三 | 一角六 | 一角六 | 一角九 |
| 甘肃 | 一角三 | 二角五 | 二角五 | 一角九 | 一角六 | 一角九 | 一角九 | 二角二 |
| 新疆 | 一角 | 二角八 | 二角八 | 二角二 | 一角九 | 二角二 | 二角二 | 二角五 |
| 福建 | 二角八 | 一角 | 一角三 | 一角六 | 一角九 | 一角九 | 二角二 | 一角三 |
| 浙江 | 二角八 | 一角三 | 一角 | 一角九 | 二角二 | 二角二 | 二角五 | 一角六 |
| 江西 | 二角二 | 一角六 | 一角九 | 一角 | 一角三 | 一角六 | 一角六 | 一角三 |
| 湖北 | 一角九 | 一角九 | 二角二 | 一角三 | 一角 | 一角三 | 一角三 | 一角六 |
| 湖南 | 二角二 | 一角九 | 二角二 | 一角六 | 一角三 | 一角 | 一角六 | 一角六 |
| 四川 | 二角二 | 二角二 | 二角五 | 一角六 | 一角三 | 一角六 | 一角 | 一角九 |
| 广东 | 二角五 | 一角三 | 一角六 | 一角三 | 一角六 | 一角六 | 一角九 | 一角 |
| 广西 | 二角五 | 一角六 | 一角九 | 一角六 | 一角六 | 一角三 | 一角九 | 一角三 |
| 云南 | 二角八 | 一角九 | 二角二 | 一角九 | 一角九 | 一角六 | 一角六 | 一角六 |
| 贵州 | 二角五 | 二角二 | 二角五 | 一角九 | 一角六 | 一角九 | 一角三 | 一角九 |
| 盛京 | 二角五 | 二角五 | 二角二 | 二角二 | 一角九 | 二角二 | 二角二 | 二角五 |
| 黑龙江 | 一角三 | 二角一 | 二角八 | 二角八 | 二角五 | 二角八 | 二角八 | 三角一 |
| 吉林 | 二角八 | 二角八 | 二角五 | 二角五 | 二角二 | 二角五 | 二角五 | 二角八 |
| 蒙古 | 四角 | 四角 | 四角 | 四角 | 四角 | 四角 | 四角 | 四角 |

续表

| 发寄何省 | 广西 | 云南 | 贵州 | 盛京 | 黑龙江 | 吉林 | 蒙古 |
|---|---|---|---|---|---|---|---|
| 直隶 | 二角二 | 二角五 | 二角二 | 一角三 | 一角九 | 一角六 | 四角 |
| 江苏 | 二角二 | 二角五 | 二角五 | 一角九 | 二角五 | 二角二 | 四角 |
| 安徽 | 一角九 | 二角二 | 二角二 | 二角二 | 二角八 | 二角五 | 四角 |
| 山东 | 二角二 | 二角五 | 二角二 | 一角六 | 二角二 | 一角九 | 四角 |
| 山西 | 二角二 | 二角五 | 二角二 | 一角六 | 二角二 | 一角九 | 四角 |
| 河南 | 一角九 | 二角二 | 一角九 | 一角六 | 二角二 | 一角九 | 四角 |
| 陕西 | 一角九 | 二角二 | 一角九 | 一角九 | 二角五 | 二角二 | 四角 |
| 甘肃 | 二角二 | 二角五 | 二角二 | 二角二 | 二角八 | 二角五 | 四角 |
| 新疆 | 二角五 | 二角八 | 二角五 | 二角五 | 三角一 | 二角八 | 四角 |
| 福建 | 一角六 | 一角九 | 二角二 | 二角五 | 三角一 | 二角八 | 四角 |
| 浙江 | 一角九 | 二角二 | 二角五 | 二角二 | 二角八 | 二角五 | 四角 |
| 江西 | 一角六 | 一角九 | 二角二 | 二角二 | 二角八 | 二角五 | 四角 |
| 湖北 | 一角六 | 一角九 | 一角六 | 一角九 | 二角五 | 二角二 | 四角 |
| 湖南 | 一角三 | 一角六 | 一角九 | 二角二 | 二角八 | 二角五 | 四角 |
| 四川 | 一角九 | 一角六 | 一角三 | 二角二 | 二角八 | 二角五 | 四角 |
| 广东 | 一角三 | 一角六 | 一角九 | 二角五 | 三角一 | 二角八 | 四角 |
| 广西 | 一角 | 一角三 | 一角六 | 二角五 | 三角一 | 二角八 | 四角 |
| 云南 | 一角三 | 一角 | 一角三 | 二角八 | 三角四 | 一角三 | 四角 |
| 贵州 | 一角六 | 一角三 | 一角 | 二角五 | 三角一 | 二角八 | 四角 |
| 盛京 | 二角五 | 二角八 | 二角五 | 一角 | 一角六 | 一角三 | 四角 |
| 黑龙江 | 一角三 | 三角四 | 一角三 | 一角六 | 一角 | 一角三 | 四角 |
| 吉林 | 二角八 | 三角一 | 二角八 | 一角三 | 一角三 | 一角 | 四角 |
| 蒙古 | 四角 | 四角 | 四角 | 四角 | 四角 | 四角 | 一角 |

## 凡　例

同府往来每字收洋五分,各省与北京往来每字加收五分,洋文电报加倍收费,沪、福、厦、港小线往来与洋公司特定报价均系按照旧章办理,因表内不能逐一开列,故附载于此。此表系照历年原定价目开列,自宣统元年正月初一日起,一律照价八折收费,其折减条目及详细办法已见章程内,不赘。

## 会议政务处会奏议覆丁忧汉员投效满员当差酌订章程折并单

本年闰二月初四日内阁奉上谕：礼部议奏满汉服制一折。现当预备立宪，满汉服制一事尤为伦纪攸关，自应统归画一。嗣后内外各衙门丁忧人员，无论满汉，一律离任终制，其有责任重要关系大局势难暂离不能不从权夺情者，应听候特旨遵行。另，片奏丁忧之汉员在外投效、满员在部当差，应如何定章，请饬吏部详议具奏等语。著会议政务处会同吏部议奏。钦此。

臣等公同核议，窃谓守制之事，载在《礼经》，任差之与服官本无二致，而礼部若迟徊有待不敢并议者，当以我朝肇造之初，凡随从入关者武职居多，且人数尚未繁盛，其时若概令终制，则有乏材之虑，故三年之丧定例仅停升转，嗣后百日孝满均令当差，相沿未改。而变更一代国俗则自皇上今日始，惟渐摩服习尚需岁时，礼意精微，尤难户晓。虽功令之严切，终聚讼之纷如。此应酌议者一也。

向来各部院每出一项章程，率断自章程奏定之日分别，以后之案概从新令，而以前之案则仍暂如其旧。今此服制一事，名教所关，既奉明谕施行，但有一日未终丧期者，即一日不能安乎其位。现在京堂大员中尚未服满奏请开缺终制者，业经奉旨分别办理。此外，实缺候补并先经调部行走、调省差委之满汉各员观望徘徊势所不免，亦有经手重要正资得力之员，本系该长官奏明奉旨准其调用有案，若按照此次明谕日期概令同时去职，于事亦尚多窒碍。此应酌议者二也。

旧制外任满员亲丧解官本与汉员一例，其回旗分部只为量予食俸之地，初无官守，即原系在部人员，二十七个月内亦本不准其升补各缺。详绎立法之意，原只以使之习劳勤而资养赡，无如相沿既久，遂多有于丁忧期内膺荐剡而蒙奖擢者，名为停升而实未停升。寖至近年，汉员亦有比照满员留部署缺之案，不只投效各省。绳之以名义，则均难逃责备，参之以时会，则尚有待折衷。此应酌议者三也。

方今躬逢圣天子议礼制度之日，属在满汉臣工同一辅翼修明之不暇，何敢稍持通融之说？顾天下有不可易之理，而要不能无不变之例，即礼部原奏亦称定章程则易，求实行则难。是为万世计，满汉固不当有异同，而为现在计，质文实不能无损益。谨将关于吏部考核之京外满汉丁忧文职人员应行开缺终制及改为署任奏准留差者酌订章程，候旨遵行。至武职丁忧，事同一律，此次礼部原奏虽未将此项丁忧人员请旨饬议，臣等以事关定制，文武皆同。拟请并案议订，是否有当，谨分别缮具清单，恭呈御览。如蒙允准，即由臣等行知京外各衙门，一体遵行。谨奏。宣统元年三月二十四日奉旨：著依议。钦此。

**谨将拟订文职丁忧人员章程缮具清单，恭呈御览。**

计　　开

一　此次自钦奉上谕之日起，凡各部院衙门有以前丁忧尚未服阕人员，应呈明该堂官。实缺者即行开缺，候补者亦即开去乌布，一律饬令遵制离署。其陵寝司员、各处理事同知如有未经服阕者，亦应于吏部文到日，呈明该长官开缺回旗，均俟服满后照例办理。

一　以前丁忧各官先后不一，现值办理京察，各衙门自闰二月二十日起均应停止升转。如所遗之缺尚未补署有人，至京察事毕照常升转之时，该员业已服满起复，应即以原缺令其坐补，仍照例听候验放。遇有应行比较资俸之处,并将钦奉上谕以后起复以前日期扣除。

一 满蒙外任各官丁忧回旗,除佐杂本系俟二十七个月服满后仍以原官候选毋庸议外,其运使道府丞倅州县官例于百日后由该旗带领引见,先回原衙门行走。无原衙门者,挚分各部院衙门行走,俟十月查办时再由吏部带领引见请旨,分别内外用,嗣后此例自应一律作废。惟查外任官员向有劳绩在任候补升阶者,一经丁忧起复,便须归入升阶候补,必俟注销升阶始准以原官归应补班补用,例意苛细,殊未允协。应请嗣后无论满汉人员起复到部,均准以原官分别应选应补及请旨简放得缺后,仍带在任升阶,其自愿归升阶候补者,听。

一 宗室王公及满汉世爵丁忧百日孝满后,有兼差者仍照常当差,有职任者改为署任。至在京各衙门满汉司员以下,各官丁忧开缺,如有经手要差或专门差务,俟百日孝满后,准该管堂官奏留,仍回署当差,其呈请终制者,悉听其便。

一 钦天监满汉各员及天文生,业经该衙门以系属专官奏准免其开缺改为署任,停其升补在案。此外,如太医院满汉各员及医士恩粮生等,并礼部所属之陵寝及太常司赞礼读祝等官,銮舆卫之鸣赞鞭官,或以典礼所关,或以专科肄习,均有碍难骤易生手之处。拟请将以上各项实缺候补食饷各员不分满汉,如遇丁忧,一并照旧,但停升转不开差缺,实缺人员二十七个月内仍均令改为署任,俾昭区别。

一 各衙门满汉笔帖式,职司缮写,官秩较微。拟请无论实缺候补,如遇丁忧均但停升转不开差缺,实缺人员二十七个月内仍改为署任,其录事一项与笔帖式官秩相等,亦请一律办理。如在此次章程未经奏定以前，各衙门有业经开缺遗缺补授有人者，应酌照近年裁缺笔帖式办法，一律作为实缺，仍改为"署任"字样。俟额缺出时，再按原补缺先后以次移补，此内如遇京察年分，向例准保一等人员，嗣后应改由该衙门暂行存记，俟下届服满再行保荐。

一　西南北各路办事章京、库伦新设理刑司员、察哈尔游牧司员，并出洋参赞以下满汉各官，驻扎较远，更替需时，如遇丁忧，其原有底缺者，应先将底缺开去外，所有现充各差应酌照军营带队人员之例，准其留任。如闻讣自愿离差者，听。其虽经派往尚未到差者，不在此例。此外理藩部派出口外满蒙各员，及西藏带往满汉各委员，有与此情事相同者，应由理藩部及驻藏大臣分别具奏。

一　现在实缺京员，服满后补缺班次，新旧衙门多不一律，应请嗣后均照光绪三十二年吏部奏明章程，无论酌题序补各缺，均先尽此项人员请补。如原系额设专缺者，满蒙汉军宗室并准互相借补，俟有本项缺出，即行调还。以上无论借补调还之缺，统不积轮补班次，以示体恤。

一　我朝优恤旗仆，凡在旗丁，半皆仰食于官。故及岁后均以当差为务，又皆聚处京师，与汉人之任便迁籍听其自谋生理者不同。史载明洪武十七年，正月命吏部凡官员丁忧已在职五年，无赃私过犯者，照名秩给半禄，终制在职三年者，给三月全禄。本朝外任丁忧旗员亦有按行走品级给予半俸之制。嗣后京外各满员丁忧离任后，应如何分别等差酌给俸糈之处，请旨饬下变通旗制处，一并详细核议。

一　汉员京外各员丁忧后，例定限制本极详备。嗣后无论满汉，如再有不应投效而投效，不应奏留而奏留者，即由吏部一律照例严核，以符定制。
一 现在办理新政，各项学堂局所林立，需材孔多。嗣后满汉人员丁忧离署后，如有办理学堂局所等事，无庸刻以相绳，但不得仍称委员名目，亦不得以丁忧期内劳绩牵混声叙列名保奖。

## 谨将拟订武职丁忧人员章程缮具清单，恭呈御览。
### 计　开

一 定例，在京八旗大臣官员、在外驻防将军、都统、副都统遇有丧事，均给假百日。俟假满之日，仍回原任。又，提督、总兵、副将丁忧，俱离任回籍守制，服满后，提督总兵自行具折请安候旨简用，副将服满之日起文赴部候补。

谨案：将军、都统、副都统、提镇、副将均系一、二品大员，遇有亲丧，一系离任守制，一系百日销假，事属两歧。拟请嗣后旗营副都统以上，比照绿营副将以上，离任终制，以归画一。城守尉系城大员，应比照副都统，一律离任终制。此项大员如有奉旨留任及改为署任者，应钦遵办理。

一 定例，八旗补用、绿营武职遇有亲丧，于二十七个月内停其升转。其在京八旗及各省驻防并陵寝、地方武职旗员丁忧，遇有应升旗缺，准其一体开列升转。又，参将以下官员，凡遇亲丧，均酌量给假。回籍奔丧，不得过十个月，事毕后回营，素服办事，二十七个月内不行升转各等语。

谨案：旗员补绿营武职者，照绿营丁忧例，停其升转。如补旗营官缺，则不停升转，相提而论，未免参差，此凡旗绿各营参协领、参将以下人员丁忧，均一体给假。治丧百日后改为署理，支食半俸，如有自行呈请终制者，听。其旗营食饷各项官员，应一律停其

升转。(巡防队各官比照绿营官员办理)
一 满汉世爵世职各员,遇有亲丧,仍照旧例,其有职任者改为署任,仍支食职任半俸。
一 勋旧世管公中佐领与世职不同,遇有亲丧,自应改为署任,支食半俸。
一 西北两路将军大臣,遇有亲丧给假,穿孝百日后,素服办事,毋庸开缺。
一 汉侍卫百日后当差,二十七月内停其升转。满侍卫向无停升,明文拟请。请嗣后无论满汉,遇有亲丧,一律停止升转,支食半俸。
一 旗绿各营候补候选丁忧人员,仍照旧例办理。
一 旗营参协领以下、绿营参将以下各官,如准补之后尚未带引以前遇有亲丧,一律开缺另补。其原有底缺者,退回本任作为署理,如底缺准补有人,仍照例准其升署,均支食半俸。
一 军营办事人员,向系遇有父母在旗身故者,自该员父母身故之日起扣算服满,该员回京后止令穿孝百日,毋庸再扣二十七个月,亦毋庸停升。拟请嗣后军务省分,无论旗绿各营,均照此例办理。
一 陆军出身各员,丁忧尚未定有专章,拟请将陆军协都统以上比照提督等官,正参领以下比照参游等官,其在本部当差陆军各项人员并一律照此办理。
一 差官提塘各员,遇有亲丧,例无给假治丧专条。拟请嗣后差官提塘丁忧均准给假百日,穿孝百日后,照旧当差。其有呈请回籍守制者,应即开缺,另行拣补。
一 定制有毋庸变通者,仍拟照旧办理。如有未尽事宜,随时核订。

## 会议政务处会奏议覆御史谢远涵奏吏治窳败请严饬整顿折

光绪三十四年十二月二十三日奉谕旨：御史谢远涵（1873—1950）奏吏治窳败请严饬整顿各折片，著会议政务处会同吏部议奏。钦此。

臣等遵查原奏，缕陈吏治四弊，曰：荐擢太滥；升迁太速；更调太繁；兼差太多。整顿挽回期于循名核实，严定考成，诚多切中时弊之言，并关推行宪政之本，要其归宿，则莫急于详订《文官任用试验章程》及《官俸章程》。此本在奏定逐年筹备事宜之内，为今年年限应办之事。至欲亟求矫正之策，其中有业经施行者，有尚待变通者，谨逐条核议，为我皇上缕晰陈之。

原奏所称荐擢太滥一节。谓变法至今，长官但举故旧士夫，不讳钻营，请订现行章程，凡补官委差，皆须指明其人，咨部存记，三年不许更调，其劣迹昭著，被劾去官，皆反坐举主，予以惩处等语。查新设各署，增官补缺，事属创始，当时录用人员原系一时变通办法，利弊相因，诚所难免。本年正月十七日钦奉谕旨，嗣后各部院堂官及各省督抚奏调各员，均由吏部切实考核，官阶履历相符方准发往等因。是不徒具存记之名，并应加考核之实，已蒙圣明洞鉴。若保举不实及违例保题均有例处专条，劣迹昭著、情弊显然者，亦历有严惩举主之案。至任期久暂，则有宜分别言之者，京员自到署行走，历充乌布，递更阶品，无不历岁经年。外官要缺，始归酌补，均系声明人地相需，期满更调，轮委拔委，各有定章，一律限以三年，转恐多所窒碍。

原奏又称升迁太速一节。谓借破格之名开非分之冀，请定文官任用章程，嗣后奏调咨调人员必具资格考验，尤宜详定积资制限等语。查现行章程，有厘定京外奏调人员，改官一项有考验，外官一项有限制，京官保送一项有严定，截取京察一项均经宪政编查馆先后会同具奏，或由吏部专奏有案，近复奏定切实考核奏调咨调各员办法十条，奉旨允行，系在该御史此折之后，似限制已无可加严。惟在定章以前，业经奏留补缺之员，尚未声明一律办理，此项人员历资较浅，拟请非经俸满及曾历京察以后，不得奏保丞参，似此略加限制，俾得藉成历练远到之才。其任用章程既在宪政筹备之内，自可勿庸再议。

原奏又称更调太繁一节。谓京曹以调部为营谋，外省以权差为调剂，州县规避处分，揣量肥瘠，时常对调，为害不可胜言，请饬删定处分之例，实行均缺之法，外而司道，内而尚侍丞参不轻更调，以专责成等语。查近年调部员额之多，皆由专门人才之少。然亦多在设部之始，未尝见异即迁，旧定处分则例分别公私。私罪无可规避，公罪例准抵销，无所用其规避。将来订定任用考验章程，则凡钱粮命盗处分自不能不变通办理，惟州县揣量肥瘠，在所不免。现在直隶、山东、四川、广西等省已行均缺之法，一俟官俸章程订定实行，自得正本清源之计。至各部丞参内升之阶无多，不患不能久任，新设提学巡警劝业司道各员，均须试署三年，考核殿最亦无轻调之事。至尚侍以上，皆由特简，尤非臣下所能拟议，且查各国亲任大臣，亦无专守一官之制，所请应毋庸议。

原折又称兼差太多一节。谓今之京员数倍于昔，而任事者不过一二，请将各项乌布差使津贴数目填统计表送政务处汇核，逾额即行撤除，有领津贴至三处者交部议处等语。查京师馆、院、局、处，新设既多，需才自众，津贴之多寡不一，差事之繁简亦殊，尽有仅兼一处而数已过优者。要当问其才力之能胜及其廪饩之克称，若必以三处概加严议，转非事理之平。惟兼差过多，如非重要得力之员，自当开除一二。本年正月十七日钦奉谕旨，薪金有多至数处者，由该长官切实裁汰等因。自应钦遵一体办理。至外省差使，名目繁多，向不一一报部。现在宪政编查馆已立统计局，度支部清理财政，内外渐归统一，所有乌布差使，津贴数目自无不咨送查核，似无庸另编统计，转涉纷歧。

要之，杜弊必原其始而行法，尤视其人冒滥在所必除，而要使贤能之竞劝，澄叙贵于以渐，而无取法令之徒繁，庶上收器使之功，下革躁进之习，官常吏治自日形整肃矣。再，此折系会议政务处主稿，会同吏部办理，因往返会商，是以覆奏稍迟，合并声明。谨奏。宣统元年三月二十四日奉旨：知道了。钦此。

## ●●学部咨各省高等学堂外国文语均归划一札饬学司查照文 三月二十六日

专门司案呈案查奏定：高等学堂章程内开，第一类外国语，惟英语必须通习，德语或法语选一种习之；第二类外国语，于英语外，选德语或法语习之，惟有志入格致科大学之化学门，工科大学之电气工学门、采矿冶金学门，农科大学之各门者，必选德语习之；第三类外国语，于德语外，选英语或法语习之，各等因。是凡高等学堂之第一、二类，皆以英语为必习之学科。第三类以德语为必习之学科，又第二类之有志修化学、电气、工学、采矿、冶金学、农科各学者，以英、德二国语必习之学科。文义至为明显。

乃查上年各省解到之学堂一览表，江苏之高等正科设有文科法文班、理科法文班，陕西之高等预科有俄文班及法文班，福建之高等预科有专习日语及专习法语者，山东之高等正科有以法语为主课而兼习英语，仅读英文法程初集者，似此纷歧百出，非特与定章不符，且于将来升入分科大学之际，大有窒碍。

盖分科大学于经科外，共分三十五门。一门之学生，决不能再分数班。而用数种外国语教授，则为高等学堂学生毕业后之升学计，其所习外国文断不能不从分科大学所用之外国文而定。查高等学堂之第一类系预备入经学、法政、文商等科，第二类系预备入格致、工农等科，第三类系预备入医科。是第一类之外国语宜以英语为主科，德语或法语为兼习科；第二类以英语为主科，德语为兼习科；第三类以德语为主科，英语为兼习科。至日语及腊丁语①，可作为随意科。法语第一类外无庸习。俄语则原定高等学堂章程中本无此科，惟近来西北诸省俄事交涉日繁，其预备入法政科大学研究中俄交涉及预备入文科大学之俄国文学门者，自不妨于高等学堂中添习俄语，应将俄语一门亦作为第一类之随意科，第二、三类均无庸习。如此详为厘定，庶几以后，各省高等学堂之外国文归于划一，将来学堂毕业升学可无扞格，而与奏定章程亦可符合。除分咨外，相应咨行贵督查照可也。

## ●●宪政编查馆通咨各驻防等衙门选举议员额数办法文<sub>三月二十日</sub>

本馆奏定谘议局章程第二条：京旗及各省驻防均以所在地为本籍，但旗制未改以前，京旗得于顺直议员定额外暂设专额十名，各省驻防得于该省议员定额外暂设专额一名至三名等语。查外驻防之设，本为昔日因时制宜办法，有全省俱无者，有一省一处者，亦有一省

---

① 现通称为"拉丁语"。

数处者，省既不同，制亦各异。谘议局章程各省驻防一语，本指驻防住所而言，并非合全省数处驻防均只限于三名以内。是各省之驻防，凡将军、都统、副都统、城守尉各定专辖区域者，地方既相隔越，学额亦复旧有。应各查照议员选举章程，学额在十名以内选举议员一名，在二十名以内选举议员二名，在二十名以外选举议员三名办理。庶免误会，而归画一。相应咨行贵衙门查照办理可也。

## ●●学部奏请变通初等小学堂章程折

窃惟初等小学为养成国民道德之初基，开智识谋生计之根本，然欲臻比户可封之盛治，必以易知易从为大端。伏查奏定学堂章程，本有完全科、简易科两种初等小学堂。完全科课程科目，凡修身、读经讲经、中国文学、历史、地理、格致、算术、体操八科，五年毕业。又载，乡民贫瘠之区，师儒稀少，不能不量从简易，以期多设，应另定小学简易科，将来毕业尽可于高等小学堂补习，所缺仍可进于高等小学堂。又载，初等小学堂建造，务期朴实，断不可务为观美，致财力难于筹措及有碍于教育之推行。外国乡村小学率皆简朴迁就，故能村塾林立等语。又载，凡一人出资独力设一小学堂，或家塾招集邻近儿童附就课读人数在三十人以外，又塾师设馆招集儿童在馆授业在三十人以外者，名为初等私立小学，均遵官定章程各等语。

定章本意，初等小学堂所以期设置之完全，小学简易科所以求推行之便利，初等私立小学即将私塾教法包括在内，就深就浅各有所宜，本未尝以详章繁费遍责诸椎鲁之儿童、穷僻之乡里。惟近年以来稽诸各省册报，揆之地方情形，大抵都会城镇设立初等小学堂者尚多，乡僻之区学堂盖寡，即小学简易科亦复寥寥。盖今日州县官尽心教育者实罕其人,但欲袭其外貌,姑设一二学堂涂饰耳目,足以搪塞上司之文檄而止,并不详解定章分别劝导。而绅士往往但就现有学费任意开支,亦不复为节用求实之计,村儒不绎奏章,籍口观望,以致私塾义学蒙馆之类亦遂日少,子弟坐废。职此之由,必应及时筹画,力图扩充。

一年以来,臣等多方考求,详加筹酌,大抵小学之少,固由于官绅之不力,而其所藉为口实者约有数端,如经费多则立学甚难,课程繁则师资不易,读经卷帙太多不能成诵,国文时刻太少不能勤习。以上各节,其流弊固亦不可不防,自不能不量为变通。谨拟将初等小学教育分为三种:

一曰初等小学堂,为学堂统系之原始,异日升入各学之初阶,其课程必求完备,将来升学之时可以程度适合。惟从前奏定初等小学堂课程分为修身、读经讲经、中国文学、历史、地理、格致、算术、体操八科,民间往往以科目过多,师资难得,经费难筹,坐是因循疑沮,有误时机,小学教育未能普及之故。此其一端。

现拟酌量省并,约为五科:曰修身,曰读经讲经,曰中国文学,曰算术,曰体操。其历史、地理、格致三科,则编入文学读本内教之,并附入乐歌一科,手工图画仍作为随意科目,以存其旧。似此酌量省并之后,课程并不繁难,学生四五十人一人可以遍授,不必多聘教员,则经费自然节省,兴办较易为力。其读经一科,原授《孝经》、《论语》、《学》、《庸》①、《孟子》及《礼记》(节本),但有讲解诵习,不令学生默写背诵。

现在体察中国学生情形,兼博访日本学堂办法,其学科中亦多须

---

① 《学》,即《大学》。《庸》,即《中庸》。

熟读成诵之科，拟将读经一科定为讲解、背诵、回讲、默写四项，不得缺一。惟原定各经卷帙较多，未便一律责以成诵，因《学》、《庸》理解高深，《孟子》篇幅太长，恐其记忆较难，现拟专授《孝经》、《论语》及《礼记》（节本）三经，缓授《学》、《庸》、《孟子》，将来并入高等小学堂教之。盖多读而不成诵，不如少读而成诵，于诵习经训较有实际。其国文一科，原定授课时刻每星期四小时，不敷教授，现拟将国文一科钟点格外加多，较旧章约增数倍，当不致有荒经蔑古道丧文敝之虑。至授课时刻原定每星期三十小时，现拟自第二年为始一律改为三十六小时，星期以半日温习旧课，半日休息，暑假年假酌量各省地方情形量予缩短，仍以五年毕业。此将初等小学堂章程酌加改定之大概情形也。

一曰小学简易科，所以辅初等小学堂之不足，课程较简，经费更省。凡地方瘠苦、公私款项无多，不能多设初等小学堂者，以及民间自立私塾教其子弟，不能仿照初等小学办理者，准其设立小学简易科。其必修课程约为三门，曰修身读经，曰中国文学，曰算术。其体操一科，学堂设在城镇者，亦列为必修科目，学堂设在乡村者，现因体操教员缺乏，暂作为随意科目。手工图画亦作为随意科，与初等小学堂一律办理。惟是小民力有不齐，因之就学年限不能预定，拟分为两类：一类程度较深定为四年毕业，一类程度略浅定为三年毕业。听民间自为忖度，择其力所能至者入焉。授课时刻、放假日期与初等小学堂相同。惟年限略短。其学生毕业之后欲再求深造者，所缺功课可于高等小学堂补习之，即无力深求者亦可藉为正德厚生之资。此将小学简易科又分为两类之办法也。

似此区为三类酌量变通，有初等完全小学堂，示以准的。又有两类小学简易科为之辅助。课本现已次第颁行，教授亦应较易。富庶之区固可以力求美备，即僻陋地方亦得量其力所能至，择办两类小学简易科。无论寺庙、民家、场圃、村舍皆可为学，无论举、贡、生、监及学问较浅之寒儒，既有颁发课本照此讲授，皆可为师。当不至再诿于财力不继，师资难得，致碍教育前途。如此则官立、公立小学堂之外，私塾日多，识字之人日众，庶几可冀有教育普及之一日矣。谨将此次改定初等小学堂肄业年限，学科课程授课程授课表，暨酌拟两类小学简易科肄业年限，学科课程授课时刻表，分别缮具清单，恭呈御览。如蒙俞允，即由臣部咨行各省，自奉到部文之日以后，一律遵照此次奏定章程办理。

抑臣等更有请者，小学普及教育实为根本切要之图，不可稍缓，拟恳明降谕旨，饬令各省督抚率提学司按照臣部奏定章程，酌量地方情形，无论官学、私塾均当遵照此次定章，切实举办，并随时派员认真考核。嗣后办学官绅如有因循欺饰不遵章程者，应由臣部查明，严行参处，务期学校日兴，民智日启，以仰副朝廷敷教牖民之至意。谨奏。宣统元年三月二十六日奉上谕，已录卷首。

**谨将初等小学堂完全科学科程度授课时刻清单，恭呈御览。**[①]

| 第一年 ||||
|---|---|---|---|
| 学科 | 程度 | 课本 | 每星期钟点 |
| 修身 | 但有标目及图画，文字从略。最初数课专就在学堂而言，其后皆就日用起居教诲之择其浅近易行者，言之特详。 | 部颁初等修身教科书第一、二册，已经颁行。 | 二 |

---

① 为清晰起见，现将该清单制成表格形式。

| 学科 | 程度 | 课本 | 每星期钟点 |
|---|---|---|---|
| 国文 | 由单字单句以进于短文，始注重于识字，继注重于分别虚实等字之用法。所选教材不出日用习见事物之外。书法及联字并授之。 | 部颁初等国文教科书第一二册，已经颁行。 | 一八 |
| 算术 | 数目之名、实物计数、二十以下之算术、书法、记数法、加减。 | 部颁初等算术教科书第一、二册，已经颁行。 | 六 |
| 体操 | 专重游戏，以活泼学生之兴趣为主，兼授排队及进行法，为体操之准备。 | 部颁初等体操教授书，已经颁行。 | 四 |
|  |  |  | 加随意科者减二小时。 |
| 合计 |  |  | 三〇 |

### 第二年

| 学科 | 程度 | 课本 | 每星期钟点 |
|---|---|---|---|
| 修身 | 全用史事人物为教材，间证以浅显切当之格言，每课字数三四十字为限，余同前年。 | 部颁初等修身教科书第三、四册，已经编成。 | 二 |
| 国文 | 文字之浅深长短较第一年稍进，更注重造句之法，所选教材不出本国固有事物之外。书法。联字。作文。 | 部颁初等国文教科书第三、四册，已经颁行。 | 二四 |
| 算术 | 百以下之算数、书法、记数法、加减乘除。 | 部颁初等算术教科书第三、四册，已经编成。 | 六 |

| 体操 | 兼授游戏及简易之徒手体操,约游戏居三之二,体操居三之一。 | 部颁初等体操教授书,正在编辑。 | 四 |
|---|---|---|---|
| | | | 加随意科者减二小时。 |
| 合　　计 ||| 三六 |

| 第三年 ||||
|---|---|---|---|
| 学科 | 程度 | 课本 | 每星期钟点 |
| 修身 | 每课字数以五六十字为限,于日用起居之外,并讲谋生及子弟臣民应尽之职。余同前年。 | 部颁初等修身教科书第五、六册,正在编辑。 | 二 |
| 读经讲经 | 讲解、背诵、默写、回讲,四事不可缺一。 | 《孝经》、《论语》。 | 一二 |
| 国文 | 文字之浅深长短较第二年稍进,所选教材以本国为主,而略及外国最著之事物,然不过十之一二。余同前年。 | 部颁初等国文教科书第五、六册,正在编辑。 | 一二 |
| 算术 | 常用之加减乘除。 | 部颁初等算术教科书第五、六册,正在编辑。 | 六 |
| 体操 | 同前学年。 | 部颁初等体操教授书,正在编辑。 | 四 |
| | | | 加随意科者减二小时。 |
| 合　　计 ||| 三六 |

## 第四年

| 学科 | 程度 | 课本 | 每星期钟点 |
| --- | --- | --- | --- |
| 修身 | | 国民必读上卷,正在编辑。 | 二 |
| 读经讲经 | 讲解、背诵、默写、回讲,四事不可缺一。 | 《论语》、《礼记》(节本) | 一二 |
| 国文 | 文字较第三年稍进,更注重于短篇文法,所选教材渐及国民应用之智识。书法。作文。 | 部颁初等国文教科书第七八册,正在编辑。 | 一二 |
| 算术 | 通用之加减乘除、小数之书法、记数法。 | 部颁初等算术教科书第七、八册,正在编辑。 | 六 |
| 体操 | 游戏与体操相间练习,约各居其半。 | 部颁初等体操教授书,正在编辑。 | 四 |
| | | | 加随意科者减二小时。 |
| 合 计 | | | 三六 |

## 第五年

| 学科 | 程度 | 课本 | 每星期钟点 |
| --- | --- | --- | --- |
| 修身 | | 国民必读下卷,正在编辑。 | 二 |
| 读经讲经 | 讲解、背诵、默写、回讲,四事不可缺一。 | 《礼记》(节本) | 一二 |

| 国文 | 文字较第四年更进,总括前此所授各科之教材,并为加详。俾学者得统一之智识,尤注重于国民教育,冀毕业后于应有之道德智识皆可略备。余同前年。 | 部颁初等国文教科书第九、十册,正在编辑。 | 一二 |
| --- | --- | --- | --- |
| 算术 | 通用之加减乘除,简易之小数。 | 部颁初等算术教科书第九、十册,正在编辑 | 六 |
| 体操 | 渐重普通体操,约体操居三之二,游戏居三之一。 | 部颁初等体操教授书,正在编辑。 | 四 |
|  |  |  | 加随意科者减二小时。 |
| 合　　计 ||| 三六 |

## 谨将四年级小学简易科学科程度授课时刻清单恭呈御览。

| 第一年 ||||
| --- | --- | --- | --- |
| 学科 | 程度 | 课本 | 每星期钟点 |
| 修身 | 但有标目及图画,文字从略,最初数课专就在学堂而言,其后皆就日用起居教诲之择其浅近易行者,言之特详。 | 部颁初等修身教科书第一、二册,已经颁行。 | 三 |
| 国文 |  | 简易识字课本,正在编辑。 | 一八 |
| 算术 | 珠算,记数法,加减。 | 部颁珠算教科书,正在编辑。 | 六 |

| 体操 | 专重游戏,以活泼学生之兴趣为主,兼授排队及进行法为体操之准备。 | 部颁初等体操教授书,已经颁行。 | 三 |
|---|---|---|---|
|  |  |  | 不教体操者并入国文课内。 |
| 合　　计 ||| 三〇 |

## 第二年

| 学科 | 程度 | 课本 | 每星期钟点 |
|---|---|---|---|
| 修身 | 全用史事人物为教材,间证以浅显切当之格言,每课字数以三四十字为限,下学期教授《国民必读》课本。 | 部颁初等修身教科书第三册、国民必读课本,正在编辑。 | 四 |
| 国文 |  | 简易识字课本,正在编辑 | 二二 |
| 算术 | 珠算,加减乘除。 | 部颁珠算教科书,正在编辑。 | 六 |
| 体操 | 兼授游戏及简易之徒手体操,约游戏居三之二,体操居三之一。 | 部颁初等体操教授书,正在编辑。 | 四 |
|  |  |  | 不教体操者并入国文课内。 |
| 合　　计 ||| 三六 |

| 第三年 |||| 
|---|---|---|---|
| 学科 | 程度 | 课本 | 每星期钟点 |
| 修身 |  | 国民必读课本，正在编辑。 | 四 |
| 国文 |  | 简易识字课本，正在编辑。 | 二二 |
| 算术 | 笔算，书法，记数法，加减乘除。 | 择讲部颁初等笔算教科书第一、二、三、四册，正在编辑。 | 六 |
| 体操 | 同前学年。 | 部颁初等体操教授书，正在编辑。 | 四 |
|  |  |  | 不教体操者并入国文课内。 |
| 合　　计 ||| 三六 |

| 第四年 ||||
|---|---|---|---|
| 学科 | 程度 | 课本 | 每星期钟点 |
| 修身 | 讲解、背诵、默写、回讲，四事不可缺一。 | 《孝经》、《论语》 | 一二 |
| 国文 |  | 部颁初等国文教科书第七、八册。 | 一四 |
| 算术 | 常用通用之加减乘除，笔算。 | 择讲部颁初等算学教科书第五、六、七册。 | 六 |

| 体操 | 游戏与体操相间练习，约各居其半。 | 部颁初等体操教授书，正在编辑。 | 四 |
|---|---|---|---|
|  |  |  | 不教体操者并入国文课内。 |
| 合　　计 |  |  | 三六 |

## 谨将三年级小学简易科学科程度授课时刻清单恭呈御览。

| 第一年 ||||
|---|---|---|---|
| 学科 | 程度 | 课本 | 每星期钟点 |
| 修身 | 但有标目及图画，文字从略，最初数课专就在学堂而言，其后皆就日用起居教诲之择其浅近易行者，言之特详。 | 部颁初等修身教科书第一、二册，已经颁行。 | 三 |
| 国文 |  | 简易识字课本，正在编辑。 | 一八 |
| 算术 | 珠算，记数法，加减。 | 部颁珠算教科书，正在编辑。 | 六 |
| 体操 | 专重游戏以活泼学生兴趣为主，兼授排队及进行法，为体操之准备。 | 部颁初等体操教授书，已经颁行。 | 三 |
|  |  |  | 不教体操者并入国文课内。 |
| 合　　计 |||三〇 |

## 第二年

| 学科 | 程度 | 课本 | 每星期钟点 |
| --- | --- | --- | --- |
| 修身 | 全用史事人物为教材，间证以浅显切当之格言，每课字数约以三四十字为限，下学期授国民必读课本。 | 部颁初等修身教科书第三册，国民必读课本，正在编辑。 | 四 |
| 国文 |  | 简易识字课本，正在编辑。 | 二二 |
| 算术 | 珠算，加减乘除。 | 部颁珠算教科书，正在编辑。 | 六 |
| 体操 | 兼授游戏及简易之徒手体操，约游戏居三之二，体操居三之一。 | 部颁初等体操教授书，正在编辑。 | 四 |
|  |  |  | 不教体操者并入国文课内。 |
| 合　计 |  |  | 三六 |

## 第三年

| 学科 | 程度 | 课本 | 每星期钟点 |
| --- | --- | --- | --- |
| 修身 |  | 国民必读课本，正在编辑。 | 四 |
| 国文 | 同前学年。 |  | 二二 |
| 算术 | 笔算，书法，记数法，加减乘除。 | 择讲部颁初等小学笔算教科书第一、二、三、四册。 | 六 |

| | | | |
|---|---|---|---|
| 体操 | 同前学年。 | 部颁初等体操教授书,正在编辑。 | 四 |
| | | | 不教体操者并入国文课内。 |
| 合 计 | | | 三六 |

谨将初等小学完全科暨三四年简易科所设随意科程度授课时刻清单恭呈御览。

| 第一年 ||||
|---|---|---|---|
| 学科 | 程度 | 课本 | 每星期钟点 |
| 手工 | 授排板、刺豆、搏土、折纸等法,各类相间练习。 | 部颁初等手工教授书,已经颁行。 | 一 |
| 图画 | 点线诸法,结合诸角形,物体略状。 | 部颁初等图画教科书,已经颁行。 | 一 |
| 乐歌 | | 部颁初等乐歌教授书,已经颁行。 | 一 |

| 第二年 ||||
|---|---|---|---|
| 学科 | 程度 | 课本 | 每星期钟点 |
| 手工 | 同前学年。 | 部颁初等手工教授书,已经颁行。 | 一 |

| 图画 | 画最简易之物体,并授以运笔大意。 | 部颁初等图画教科书,已经颁行。 | 一 |
| --- | --- | --- | --- |
| 乐歌 |  | 部颁初等乐歌教授书,已经颁行。 | 一 |

### 第三年

| 学科 | 程度 | 课本 | 每星期钟点 |
| --- | --- | --- | --- |
| 手工 | 授捻纸、结纽、抟土等法,自本年始,渐授以几何学之知识,且教之绘图。 | 部颁初等手工教授书,已经颁行。 | 一 |
| 图画 | 同前学年。 | 部颁初等图画教科书,正在编辑。 | 一 |
| 乐歌 |  | 部颁初等乐歌教授书,已经颁行。 | 一 |

### 第四年

| 学科 | 程度 | 课本 | 每星期钟点 |
| --- | --- | --- | --- |
| 手工 | 授订书、凿纸等法,余同前学年。 | 部颁初等手工教授书,已经颁行。 | 一 |
| 图画 | 习练布局、结构、分疏密法,兼示以运笔意趣。 | 部颁初等图画教科书,正在编辑。 | 一 |
| 乐歌 |  | 部颁初等乐歌教授书,已经颁行。 | 一 |

### 第五年

| 学科 | 程度 | 课本 | 每星期钟点 |
| --- | --- | --- | --- |
| 手工 | 授凿纸,糊纸等法。 | 部颁初等手工教授书,已经颁行。 | 一 |
| 图画 | 简易之动植物及风景人物,并摹绘我国山水实迹,启其爱国心。 | 部颁初等图画教科书,正在编辑。 | 一 |
| 乐歌 | | 部颁初等乐歌教授书,已经颁行。 | 一 |

## ●●学部奏变通中学堂课程分为文科实科折并单

窃维治民之道,不外教养。故学术因之有文学与实业之异,特是教、养两端分之,则各专一门以致精,合之则循环相济以为用。小学堂之宗旨,在养其人伦之道德,启其普通之知识,不论其长成以后或习文学,或习实业,皆须以小学立其基,此不能分者也。至中学堂之宗旨,年齿已长,趣向已分,或令其博通古今以储治国安民之用,或令其研精艺术以收厚生利用之功,于是文科与实科分焉。驯至升入大学,任以职官,而其学业各有注重,其成绩自各有专长。

伏查从前奏定中学堂课程,凡分修身、读经讲经、中国文学、外国语、历史、地理、算学、博物、物理化学、法制理①财、图画、体操十二门②,五年毕业,普通学科大略皆备。果使教者善教,学者善学,五年

---

① 原书为"程",应系排版之误。
② 物理、化学、法制、理财本应各为一门课程,但前后均明确为"十二门"课程,故在此似乎应合并称物理化学、法制理财。

毕业之后，其不再升学之学生于普通智识道德当足应用。惟学生毕业有志升学者，其所志既有殊异，而所升之学堂亦有文科实科之不同。以分科大学言之，则经科、法政、文学科，皆文科也；格致科、农科、工科、医科，皆实科也。商科课程略与法科相似，实业之近于文科者也。以高等专门学堂言之，高等学堂之第一类，优级师范学堂之第一、二类，高等法政学堂，高等商业学堂，方言学堂，亦与文科为近；高等学堂之第二、三类，优级师范学堂之第三、四类，高等农业学堂，高等工业学堂，高等商船学堂，亦与实科为近。学文科者当求文学之精深，学实科者尤期科学之纯熟。中国文学既难加以科学，又极繁重，果能于五年之内二者兼通，岂非甚善。无如近日体察各省情形，学生资性既殊，志趣亦异，沈潜者于实科课程为宜，高明者于文科学问为近，此关于天授者也。志在从政者则于文科致力为勤，志在谋生者则于实科用功较切，此因于人事者也。本此数因，遂生差异。

窃查近日考试各省中学堂学生毕业分数，或文学优于科学，或科学优于文学，则以平日用功有畸重畸轻之故。至若天资颖异，各科俱优，则一堂不过数人，未可以常例绳之也。昔宋臣胡瑗①之设教湖州也，经义治事，分斋授业，其子弟成就最多。近世德国学术号为极盛，考其中学堂之制，文科实科则系分堂肄习。近来言者条陈学务，亦颇有以文、实分科教授为言者。臣等公同商酌，筹度再三，远稽湖学良规，近采德国成法，揆诸学堂之情形，实以文、实分科为便。盖与其于升学之时多所迁就，何如于入堂之始早为区分？与其蹈爱博不专之讥，何如收用志不纷之效？

拟将中学堂分为文科、实科，其课程仍照奏定章程十二门，分门

---

① 胡瑗(993—1059)，字翼之，泰州海陵人。北宋著名学者、教育家、思想家，与孙复、石介并称为"宋初三先生"。祖籍陕西安定堡，故学者称其为安定先生。胡瑗集教育理论、教育实践和教学改革于一身，开宋代理学先河，被王安石誉为"天下豪杰魁"。

教授，惟于十二门之中就文科、实科之主要，权其轻重缓急，各分主课通习二类。文科以读经讲经、中国文学、外国语、历史、地理为主课，而以修身、算学、博物、理化、法制理财、图画、体操为通习；实科以外国语、算学、物理化学、博物为主课，而以修身、读经讲经、中国文学、历史、地理、图画、手工、法制理财、体操为通习。主课各门授课时刻较多，通习各门较少，皆以五年毕业。学生入学之初，令其分科肄习，则心志专一，程功自易，时日宽纡，所得较深。将来有志升学者，本其所学，再求精深，可以收一气贯注之效。且文科主课之外，仍以算学等科扩其知识，实科主课之外仍以读经等科培其本根，即令毕业之后不再深求，而于普通之道德知识实已完全无缺，不至有偏宕固陋之流弊。且于主课内所学甚深，则将来谋生更易，为无力升学之学生计之，当亦甚便利也。似此酌量变通，于教育前途不无裨益。

谨将文、实两科学科程度分别缮具清单，恭呈御览。如蒙俞允，即由臣部行知各省，一体遵行。自奉到部文之日以后，凡开办中学堂暨已设之中学堂内添招学生，即照此次奏定文实分科办法，于一堂之内分设两科，认真教授，以广裁成，而期实效。谨奏。宣统元年三月二十六日奉旨：著依议。钦此。

**谨将中学堂文科一类应习之学科程度、授课时刻缮单恭呈御览。**

| 第一年 |||
| --- | --- | --- |
| 学科 | 程度 | 每星期钟点 |
| 读经讲经 | 《春秋左氏传》，每日约二百字读，性稍逊者读节本亦可 | 一〇 |

| | | |
|---|---|---|
| 中国文学 | 读文,作文,习字 | 七 |
| 外国语 | 读法,会话,习字,文法 | 六 |
| 历史 | 中国史 | 三 |
| 地理 | 中国地理 | 三 |
| (以上主课) | | |
| 学科 | 程度 | 每星期钟点 |
| 修身 | 摘讲五种遗规,读有益风化之古诗歌 | 一 |
| 算学 | 算术 | 三 |
| 博物 | 植物学 | 一 |
| 体操 | 柔软体操,兵式体操 | 二 |
| (以上通习) | | |
| 合计 | | 三六 |

| 第二年 |||
|---|---|---|
| 学科 | 程度 | 每星期钟点 |
| 读经讲经 | 同前学年 | 一〇 |
| 中国文学 | 同前学年 | 七 |
| 外国语 | 同前学年 | 六 |
| 历史 | 同前学年 | 三 |
| 地理 | 同前学年 | 三 |
| (以上主课) | | |

| 学科 | 程度 | 每星期钟点 |
|---|---|---|
| 修身 | 同前学年 | 一 |
| 算学 | 算术代数 | 三 |
| 博物 | 动物学 | 一 |
| 体操 | 同前学年 | 二 |
| （以上通习） | | |
| 合计 | | 三六 |

| 第三年 |||
|---|---|---|
| 学科 | 程度 | 每星期钟点 |
| 读经讲经 | 同前学年 | 一〇 |
| 中国文学 | 同前学年 | 六 |
| 外国语 | 同前学年，加译解、作文 | 六 |
| 历史 | 中国史及亚洲各国史 | 三 |
| 地理 | 外国地理 | 二 |
| （以上主课） | | |
| 学科 | 程度 | 每星期钟点 |
| 修身 | 同前学年 | 一 |
| 算学 | 代数，几何 | 三 |
| 理化 | 物理 | 二 |
| 法制 | 法制大意 | 一 |
| 体操 | 同前学年 | 二 |

| | | |
|---|---|---|
| （以上通习） | | |
| 合计 | | 三六 |

| 第四年 |||
|---|---|---|
| 学科 | 程度 | 每星期钟点 |
| 读经讲经 | 《周礼》（节诵本） | 一〇 |
| 中国文学 | 同前学年 | 六 |
| 外国语 | 同前学年 | 六 |
| 历史 | 外国历史 | 三 |
| 地理 | 同前学年 | 二 |
| （以上主课） | | |
| 学科 | 程度 | 每星期钟点 |
| 修身 | 同前学年 | 一 |
| 算学 | 同前学年 | 三 |
| 理化 | 物理，化学 | 二 |
| 法制理财 | 法制大意，理财通论 | 一 |
| 体操 | 同前学年 | 二 |
| （以上通习） | | |
| 合计 | | 三六 |

| 第五年 |||
|---|---|---|
| 学科 | 程度 | 每星期钟点 |

| | | |
|---|---|---|
| 读经讲经 | 《易经》 | 一〇 |
| 中国文学 | 同前学年 | 六 |
| 外国语 | 同前学年 | 六 |
| 历史 | 同前学年 | 三 |
| 地理 | 同前学年 | 二 |
| (以上主课) | | |
| 学科 | 程度 | 每星期钟点 |
| 修身 | 同前学年 | 一 |
| 算学 | 代数,几何,三角 | 三 |
| 理化 | 化学 | 二 |
| 理财 | 理财通论 | 一 |
| 体操 | 同前学年 | 二 |
| (以上通习) | | |
| 合计 | | 三六 |

外国语一科或以英语,或以德语为主。惟各省情形不同,间有宜习他国语言者,应由该省提学司体察酌定,报部核准。

乐歌乃古人弦诵之遗,各国皆有此科,应列为随意科目,择五七言古诗歌,词旨雅正、音节谐和、足以发舒志气、涵养性情、篇幅不甚长者,于一星期内酌加一、二小时教之。

**谨将中学堂实科一类应习之学科、程度、授课时刻缮单,恭呈御览。**

| 第一年 |||
|---|---|---|
| 学科 | 程度 | 每星期钟点 |
| 外国语 | 读法,会话,文法习字 | 一〇 |
| 算学 | 算术 | 六 |
| 博物 | 植物,动物,动植物实验 | 六 |
| (以上主课) | | |
| 学科 | 程度 | 每星期钟点 |
| 修身 | 摘讲五种遗规,读有益风化之古诗歌 | 一 |
| 读经讲经 | 《春秋左氏传》节本,每日约二百字 | 三 |
| 中国文学 | 习字,读文,作文 | 三 |
| 历史 | 中国历史 | 一 |
| 地理 | 中国地理 | 一 |
| 图画 | 自在画,用器画 | 二 |
| 手工 | 应用木工 | 一 |
| 体操 | 柔软体操,兵式体操 | 二 |
| (以上通习) | | |
| 合计 | | 三六 |

| 第二年 |||
|---|---|---|
| 学科 | 程度 | 每星期钟点 |
| 外国语 | 同前学年 | 一〇 |

| 算学 | 代数,几何 | 六 |
|---|---|---|
| 博物 | 矿物,生理卫生学,矿物实验 | 六 |
| (以上主课) | | |
| 学科 | 程度 | 每星期钟点 |
| 修身 | 同前学年 | 一 |
| 读经讲经 | 同前学年 | 三 |
| 中国文学 | 同前学年 | 三 |
| 历史 | 同前学年 | 一 |
| 地理 | 同前学年 | 一 |
| 图画 | 同前学年 | 二 |
| 手工 | 同前学年 | 一 |
| 体操 | 同前学年 | 二 |
| (以上通习) | | |
| 合计 | | 三六 |

| 第三年 |||
|---|---|---|
| 学科 | 程度 | 每星期钟点 |
| 外国语 | 同前学年 | 八 |
| 算学 | 同前学年 | 六 |
| 物理 | 物理学,物理实验 | 八 |
| (以上主课) | | |
| 学科 | 程度 | 每星期钟点 |

| | | |
|---|---|---|
| 修身 | 同前学年 | 一 |
| 读经讲经 | 同前学年 | 三 |
| 中国文学 | 同前学年 | 三 |
| 历史 | 同前学年 | 一 |
| 地理 | 同前学年 | 一 |
| 图画 | 同前学年 | 二 |
| 手工 | 同前学年 | 一 |
| 体操 | 同前学年 | 二 |
| （以上通习） | | |
| 合计 | | 三六 |

| 第四年 | | |
|---|---|---|
| 学科 | 程度 | 每星期钟点 |
| 外国语 | 同前学年 | 八 |
| 算学 | 三角，解析几何 | 六 |
| 化学 | 无机化学，有机化学，化学实验 | 八 |
| （以上主课） | | |
| 学科 | 程度 | 每星期钟点 |
| 修身 | 同前学年 | 一 |
| 读经讲经 | 同前学年 | 三 |
| 中国文学 | 同前学年 | 三 |
| 历史 | 外国历史 | 一 |

| 地理 | 外国地理 | 一 |
|---|---|---|
| 图画 | 同前学年 | 二 |
| 法制理财 | 法制大意 | 一 |
| 体操 | 同前学年 | 二 |
| （以上通习） | | |
| 合计 | | 三六 |

| 第五年 |||
|---|---|---|
| 学科 | 程度 | 每星期钟点 |
| 外国语 | 同前学年 | 八 |
| 算学 | 解析几何,微积初步 | 六 |
| 化学 | 有机化学,化学定性定量分析法,矿物化学,化学实验 | 八 |
| （以上主课） | | |
| 学科 | 程度 | 每星期钟点 |
| 修身 | 同前学年 | 一 |
| 读经讲经 | 同前学年 | 三 |
| 中国文学 | 同前学年 | 三 |
| 历史 | 同前学年 | 一 |
| 地理 | 同前学年 | 一 |
| 图画 | 同前学年 | 二 |
| 法制理财 | 理财通论 | 一 |

| 体操 | 同前学年 | 二 |
|---|---|---|
| （以上通习） | | |
| 合计 | | 三六 |

外国语一科或以英语，或以德语为主，惟各省情形不同间有宜习他国语言者，应由该省提学司体察酌定报部核准。

乐歌乃古人弦诵之遗，各国皆有此科，应列为随意科目，择五七言古诗歌，词旨雅正、音节谐和、足以发舒志气、涵养性情、篇幅不甚长者，于一星期内酌加一二小时教之。

## ●●东三省总督徐世昌奏增改厅县分划疆界折

窃惟奉省州县，自庚子以后增析已多，然仍有边郡广袤，夙为遁薮，蒙荒新垦，亟望民官。或海岛孤悬，未定地方之管辖；或商埠重要，犹无行政之机关；以及井地不均，经界未正，均应衰多益寡，以垂久远之经。臣莅东两年，悉心规画，谨将奉省增治改治并一切划界事宜，敬为我皇上缕陈之。

一曰海龙府析设厅治。海龙东南与吉省、蒙、江毗按，森林丛密，从前本系鲜围，间有山田。当光绪四年（1878年）全行放垦，乃庚子变乱民居焚掠殆尽，嗣厅升为府，西北设西丰、西安、东平等县，独东南一带犹多伏莽逃户，畏沮不归。臣拟于距府一百里之大肚川设一直隶厅，以资招抚。查海龙共三十六社，析其东南八社，而以窝集河、一统河为府厅之界，该厅全境在辉发江之南，拟名曰辉南直隶厅，即拟遴员试办此辉南厅设治之实在情形也。

一曰洮南府添设县治。洮南东北本科尔沁右翼，图什业图王蒙旗。光绪三十二年始行丈放圈放之地，纵四百二十里，横四十里，曾于南北规定两城基，北曰醴泉，南曰开化。南段地瘠，犹多未放；北段地沃，垦户渐稠。醴泉镇在府东北一百八十里，蒙疆僻远，劫夺时闻，商民亟望设官，以资卫护。臣拟先于该镇设一县治，即名曰醴泉县，仍隶洮南府统属，业已派员试办，此醴泉县设治之实在情形也。

一曰营口改为直隶厅。奉省商埠以营口为最，轮轨四通，该埠分属海城、盖平，自开口岸以来，只有海防同知藉资弹压。近年各国领事麇集，交涉益繁，亟应设立审判厅，以为收回法权地步。惟该埠虽驻有海关一道，而与民未亲，又分隶海城、盖平两县，而距营皆远。臣拟改海防厅为直隶厅，不但新政便于设施，且法官亦无虞孤立，司法行政相辅而行，裨益地方，良非浅鲜。惟该厅向无辖地，拟析海、盖附近营口之地划归厅治，海界自大石桥迤西北以达于盘山厅之大洼车站，盖界亦自大石桥迤西南以达于泥河海口。海城全境共计十九乡，归厅治者三乡。盖平全境共计十七乡，归厅治者一乡。该厅重在商埠，辖地无取乎太多。此营口厅改治之实在情形也。

一曰鹿岛收隶庄河厅。查鹿岛在凤庄以南，孤悬海中，周围可三十里，土著约九十余户，多仰渔业为生。前明崇祯初年，即有居民，曾属金州管辖，嗣后声教莫及，海盗蹂躏，靡所依归。旧年虽绘入凤属地图，从未编查户口，倘不收隶版图，深恐竟同化外。臣檄东边道，就近查勘，据称该岛人民均由大孤山积年转徙。大孤山者，庄河厅所辖之巡检分司也。该岛距凤治二百里，距庄治一百四十里，而距大孤山仅二十五里。拟即收归庄辖，并饬该厅加意保护。此鹿岛收隶庄河之实在情形也。

此外，专为画界者，则又有四：

一先办设治而后清省界。长白增设府治，臣前已奏明在案。该府为边防最要之地,绵蕞经营,西接临江,割治长生、庆生二保,东南地滨鸭绿天然水道,界线皆易分明。惟北跨龙冈,与吉林、桦甸、蒙江接壤,该地人烟稀少,林莽丛深,界限自来未清,此时不厘正,疆封以后管理地段,转恐互相推诿。臣前后据试办各员禀报,复与吉林抚臣往返咨商,拟由红旗河经荒沟,掌白河、上下两江口,历循汤河、宝马川,抵三岔子之正岔,定为奉、吉两省之界。南可据长白之后盾,北无碍蒙桦之幅员。此长白府与吉林划界之实在情形也。

一已经移治而更定县界。臣前奏准兴仁移驻抚顺并改县名,旋因距抚顺八里之千金寨向有日人采煤矿,事多交涉,不能不设立审判厅,复移县驻千金寨地,与抚顺附近,似可无庸易名。惟抚顺路记防御各官已裁其旧管之正红厢蓝各一旗厢红半旗,地属兴京者,现距抚顺较近,拟划归抚顺即,以旗界为界。其承德县东从前析属兴仁者,现距抚顺较远,以附省数屯,仍划归承德。拟北自碾盘沟,经白台子,南至杨木林子,定为承、抚两县新界。此抚兴承划界之实在情形也。

一地势不足,划西界以补东界。临江县者,滨鸭绿江之要区。该县以东,长生、庆生二保既割属长白,左臂不足以展舒,且全境皆山,以之筹备边防,深虞棘手。臣拟析通化以东德生一保,划归临江,即以保界为界。该保民稠地沃,堪补临境之偏枯。此临通划界之实在情形也。

一地势不均,划东界以补西界。锦西厅者,本析锦县西境而设,地与热河之朝阳接壤,盗匪来去无常,故设治之初注重边防,地亩之多寡肥硗未遑计。及查锦县升科之地,几二百万亩,而锦西厅升科之地,才三十余万亩,厅境大半硗确。近来创办新政,竭蹶异常。臣拟割锦县西偏一地方,纵约六十里,横约十五里,划归锦西,北自女儿河,中循铁路南,顺七里河以至海口定为厅县新界。所辖地段于锦县无大妨损,而裨益于锦西之处甚多。此锦西厅锦县划界之实在情形也。

　　以上数端，经臣督饬，民政司张元奇或便道考查，或派员勘划，臣覆加核夺，莫不酌夫民情地势之宜，堪以正经界而垂久远。除绘图咨部外，理合汇案具奏。伏乞圣鉴，敕部立案施行。谨奏。宣统元年三月二十七日奉硃批：该部知道。钦此。

## ●●农工商部奏酌拟振兴林业办法折

　　窃维林业之利，为实业一大端，东西各国皆极力经营。其森林种类有所谓帝室林、国有林、公有林、私有林、社寺林、部分林者，名目甚繁。而究其为用，则不过供用林、保安林二者而已。不禁采伐者谓之供用，所以供国家与人民之用而为森林直接之利益也。禁采伐者谓之保安，大概于可防风灾、飞砂之处，则禁之；可防湍流潮水之处，则禁之；可防砂土崩坏、雪石颓坠之处，则禁之；可养水源之处，则禁之；可为航路目标之处，则禁之；可供公众卫生之处，则禁之；可为名区风景之处，则禁之。皆所以保国家与人民之安，而为森林之间接利益也。

　　各国为此二种利益之故，不仅设官立局，又为特布森林法律，特设森林警察，防之至密，而护之至周，其重视林业也如此。我国古无林业之称，然山虞林衡载在《周礼》，稽其职掌与其禁令，揆之各国，大略同焉。特自阡陌之制，开山泽之禁弛，取之无节，养之不时，于是场圃之师仅谈瓜果，田舍之妇但话桑麻，而濯濯童山遂无复过问者矣。顾其时，制作简陋，工艺未兴，材木之用苟焉取给而已。若夫林业可以保安，其学理既未发明，故上下均无由注意，至今日则不然矣。臣就最近之调查而论，以言乎供用，则东三省多松、桦、榆、柞；湖南、江西多松、杉、樟、枏；安徽、江南、浙江多松、杉、桦；陕西、四川、云南、贵州多杉、樟、桐、漆；广西多樟、桂、花梨、紫檀。直隶、承德多松，而浙江、安徽、江西又多楮，湖南更多①竹。天然之产不可谓不富。

而近年各处营造铁路所需之枕木，以及建筑屋宇所需之洋松，大都取之外洋。据海关洋木进口税则计之，五六年来递有增加。以税计值，一二年内洋木之输入我国者，每岁必在千万以上，则森林之不足供用可见矣。以言乎保安，则全国之中，森林较盛者，惟东三省。而历来未有水旱疫疠之奇灾，雨水常匀，年岁常熟者，亦惟东三省。自近来中日木植公司之约成，已有旦旦而伐之势矣。其余各省则皆无茂林丛薮，以宣地气，养水源，消炭气，故北方多旱多河患，而南方多疫。近年以来，江北、湖南水患尤多，皆于森林关系甚巨，则森林之不足以保安又可见矣。

臣部于光绪三十一年曾通咨各省，一律讲求种植，并派员前往长白山一带调查森林，复于会同邮传部遵议铁路条陈折内奏明，通行各省，饬属课种，各在案。现在报部有案者，如奉天设有森林学堂、种树公所，吉林设有木植公司，黑龙江设有试办木植局，热河奏有筹办林业情形，喀喇沁设有林业公司，直隶、江苏、福建等省设有树艺公司，山西设有农林学堂，要皆造端伊始，未能遍及。此外，未经咨报省分尚复不少，盖林业为利甚溥，而收效甚迟。若国家无整齐画一之章程，官府无切实营办之责任，而全恃民人自为之能力，则森林之成立必永永无期。

臣等再四思维，公同商酌，拟一面由臣部分咨出使各国大臣，调取各国森林专章，一面由臣部遴选熟习农务之员，就近派往日本考查造林之法，并拟请旨饬下各省将军督抚将所辖境内适于造林之区域与固有天产之森林限期详细查明，备具图说，咨报臣部。然后再由臣

---

① 原书为"外"，应系排版之误。

部妥订森林专章，奏明请旨颁行，俾资遵守。庶几外取众长，条例可期于完美；内详形势，督率不至于无方，于林业前途不无裨益。谨奏。宣统元年三月二十九日奉旨：著依议。钦此。

## ●●邮传部奏议覆晋抚宝棻御史徐定超等奏运煤减价办法折

本年二月十一日，军机处片交钦奉谕旨：御史徐定超奏请减运煤车费一片，著邮传部知道。钦此。

闰二月初七日，内阁抄出山西巡抚宝棻奏晋省煤矿运费请援案核减一折，奉硃批：邮传部议奏。钦此。钦遵到部，自应并案议覆。

查徐定超原奏内称：河南彰德、直隶磁州一带，产煤极旺，以火车运费极巨，行销不畅，火车每辆运煤二十五吨，由磁州彰德至汉至京运费约在百元左右，以运价之重，致内地矿产不能畅达。应请核实删减此项运价，仿照临城唐山煤矿，运费均减五成之例等语。宝棻原奏内称：晋矿各路运费过巨，正太为尤甚，平定煤矿由矿井运至屯栈，每吨所费不及三元，自阳泉由火车运至石家庄再运天津统计运费需二百元上下，每吨核计成本十二元有零。津地行售之唐山煤仅售洋九元上下。若因运费过巨致售价昂贵，与唐山等煤相形见绌，晋矿恐无发达之机。仰恳敕下邮传部核议，准将各路运费照唐山临城减收五成之例，一律核减等语。

臣部详加考察，彰德、磁州之间向有安阳六河沟一矿，系矿商编修顾瑗等所办，前曾据该商等呈请减价，徐定超所称当即指此。按照原奏，其意在运销汉口、北京。宝棻原奏泛指晋煤，其意则在运销天津。臣部详悉通筹，凡属经商类，皆欲减轻成本，煤炭一项关系新兴实业,尤应特与维持。惟路矿相辅而行,欲求两利之方,宜有兼全之道,况铁路所得运价即是国家帑项,屡奉诏旨,认真稽核,臣部何敢轻率从事?兹谨汇集向来成例,参合彼己情形,分别酌拟办法,敢为我皇上缕晰陈之。

查铁路系子母商业,其订定运价,均按各国通例,以本路每年支出经费及拔本还息之数为比例,并非意为增减,否则暗中亏折从何取偿?京汉一路,前据禀称,去年支出行车修养还息及比公司二成酬费,每吨每法里摊费银元一分四厘二七。京奉一路,前据禀称,去年支出行车修养还息,每吨每英里摊费银元一分二厘五。正太一路,兹据禀称,路峻则所拖车辆减半,路短则所摊总费不轻,去年支出行车修养还息每吨每法里摊费银元四分二厘五。按照经商规则,京汉每吨每法里最少收银元一分四厘二七,京奉每吨每英里最少收银元一分二厘五,正太每吨每法里最少收银元四分二厘五,方敷支销。而应还借本,尚不与焉。此铁路以支款比较核定运价之通例也。至京汉,向定运煤价章每吨每法里短运者收银元一分三厘,长运者收银元六厘,另每车公费六元。京奉,每吨每英里收银元一分七厘五。正太,每吨每法里烟煤收银元三分,硬煤收银元三分二厘,另每车公费分别六元五元四元计。山西硬煤由阳泉运津,每二十吨运公费约一百七十三元。烟煤运津,每廿吨连公费约一百六十八元,尚不及山西抚臣原奏二百元之数。因各路以支款比较核定运价,各有不同,故运费亦有差别,要以保全成本为主。此向来三路所收运费实数也。

光绪三十一年,北洋大臣与比公司议定华洋合办临城煤矿合同,烟煤专车运价每吨每英里银元一分,每车公费银元三元,临城售煤与京汉照原价七五折算给。嗣临城与京汉另订整车运价,在七十五法里以内计每吨每法里银元一分二厘五,在七十六法里至一百五十法里则银元九厘,在一百五十一法里至三百法里则银元七厘五毫,在三百一法里至五百五十法里则银元六厘,在五百五十一法里至九百法里则银元五厘,在九百法里以外则银元四厘五毫。系分远近逐节算价,均每车公费四元,售煤与京汉亦照原价七五折算给。光绪三十一年,京奉局与唐山煤矿订立合同,烟煤运费,在五十英里以内每吨每英里银元一分五厘,在一百五十英里以内则银元一分二厘,在一百五十英里以外则银元一分一厘。唐山售煤与京奉,则唐山高块每吨煤价六元,林西高块每吨五元,唐山煤末每吨三元二角五分,林西煤末每吨三元,较之市间唐山煤价高块每吨十一元一角五分,煤末六元九角,约计仅得五折,是减少唐山临城运价之故。实由煤斤为铁路养命之源,向须与各大矿预行订购,以便按期供给,每年为数至巨。今唐山临城既减售价,则铁路省费实属不赀,故允酌减两矿运费以昭平允。综计铁路因减售价所得之益,尚远过于唐山临城因减运价所得之益,其非损路益矿可知。且唐山临城运费亦并未减至五成之多,两奏所称自均系传闻之误,此唐山临城运价,并非减收五成及路矿交换利益之情形也。

惟是铁路系营业性质,各路自应悉心算度,为保全成本之谋。矿政乃裕国良图,臣部亦应全局统筹为浚发利源之计。上年臣部曾经迭次商之直隶、山西、河南督抚臣,减免煤斤厘税,并严饬各路禁止员役需索,复为各煤商广开岔道,租设栈房。又因京汉、正太轨道宽窄不同,运煤换车,商人既有起卸之费,又多耗失之虞,因饬正太另造新式活轴煤车廿辆,可由窄轨驶入宽轨,计费十六万佛郎。凡此,无非利商起见。

钦奉前因当饬据铁路总局长妥商各路拟议减价办法前来臣部覆加察核。原奏欲令六河沟之煤畅销北京、汉口,晋煤畅销天津,皆系距产地较远之区，是必运愈远者，减愈多，然后行销愈广，矿利愈深。因参酌临城唐山运价而损益之，一拟六河沟烟煤由京汉装运者，其运费比临城整车价略减。不论装车多少，七十五法里以内每吨每法里收银元一分二厘五，自七十六法里至一百五十法里每吨每法里收银元九厘，自一百五十一法里至三百法里每吨每法里收银元六厘六毫五，自三百一法里至五百五十法里每吨每法里收银元六厘，自五百五十一法里至九百法里每吨每法里收银元五厘，至九百法里以外每吨每法里收银元四厘五毫。系分远近逐节算价，均每车公费六元。年终照临城例，不给回费。遇五、六、七、八等月，京汉输运稀少之时，如以专车煤末运汉，另行议减。

至交换利益一节，六河沟售煤与京汉，前经商定，煤块照原价每吨减一元，煤末每吨减七角，不过合八三八折，不及临城唐山售价之贱，交换利益之深也。一拟山西烟煤由正太运到石家庄再装京汉车往他处，每日装十六车者，正太路照寻常价目，每银元百元减二十一元。硬煤由正太运到石家庄再装京汉车往他处者，不论装车多少，正太路照寻常价目，每银元百元减十五元，公费照旧，分别六元、五元、四元。其余在正太沿途及抵石家庄后不转入京汉者，运费仍旧，每车公费分别五元、四元、三元。俟正太进款稍增，支款摊轻，再行议减运费。一拟京汉路所收山西烟煤硬煤运价公费与六河沟煤一律，一拟京奉路所收山西烟煤硬煤运价与唐山煤一律，均由正太代收，以免他处影射。

以上各节，大致系照唐山临城办理，于煤商一面所益已多，体察情形实已减无可减。惟是临城售与铁路之煤价，只七五折，唐山价只五折，而六河沟售价则八三八折。山西烟煤虽出井不多，售价向无折扣，硬煤本不合汽车机厂之用，只为烘暖炊爨所需，各路所用硬煤不及烟煤百分之一，其售价能否减折，应由矿商与各路酌议，此时尚难强定是。铁路给各煤商之益与唐山临城大致略同，而各煤给铁路之益较唐山临城相去尚远，虽未至损上益下，究未能挹彼注兹。特苟为各路力所能胜，即亦无庸铢锱计较，此酌拟运煤减价之大纲也。

以上各节，系属路矿兼权为目前权宜之办法。查外洋铁路，运傤煤斤矿质，本与运货不同，百货产销靡常，且需刻期运到。而机开矿井出数既可约计，运至口岸，销数亦可预定，往往与汽车公司订定合同，或按季或按月代输若干吨，用车若干辆，铁路即以其余力闲时为之搭挂专放，为期不迫，亦不迂滞，视行车之便利，为分配之多寡，故养路所需之薪工煤价摊计于此项，运傤之成本为数甚微，所谓多中取利，实为营业最要关键。倘将来六河沟山西各煤矿出产渐丰，销路畅旺，自应仿照西法，准与订立合同，按期包运，庶养路之费以积少而成多，即开矿诸商亦本轻而易展，维持路矿非此无由。

抑臣等更有进者，华商开采煤矿亏折者多，远不及洋商经营之善。推原其故，盖有数因：资本缺乏，遇工艰之矿未及获利先已停工，一也；机械不完，工作迟缓，虚糜利息，加重成本，二也；爱惜小费，不知于各埠多设行栈，广事招徕，小有挫失，辄行退缩，三也；消息迟滞，不能迅赴事机，知识短浅无以支持艰巨，四也；此四者为致败之总因，即华商之通病。苟非速图迁变，即使运价锐减，而出井之成本已重，市场之销路又疲，不足与于竞争，即难免乎劣败。则今日振兴矿务，尤须于运费之外，更谋改良之策，应由农工商部随时晓谕，维持藉资兴起。

总之，矿政为今日要图，臣部总司交通，自应就力所能为，勉求协助，且车价减则销路畅，转运多则进款增，相为循环，理至明显，大利所在，何假代谋？今为有裨各矿之故，业将各路运价切实核减，至售与铁路煤价并不强令按照唐山临城办理，以恤商艰。如蒙俞允，臣部当即钦遵转饬各路遵照办理。谨奏。宣统元年三月二十九日奉旨：著依议。钦此。

## ●●又奏各处煤斤税厘重叠阻碍运输请饬各督抚切实裁减片

再，开矿成本以厘税运价及出井各项费用为大宗，欲图矿产畅销，应设法减轻各费。铁路减收运价，臣部已于本日议覆山西抚臣宝棻、御史徐定超请减费折内详晰奏陈。至税厘重叠阻碍运输，实较之减价加增为害尤甚，此次徐定超原奏即以煤斤厘税过重为言，内称有出井税，有学堂捐，又有沿途税关剥削滋多等语。查山西巡抚宝棻奏请免出井出口煤税一折，钦奉硃批：著照所请，该部知道。钦此。皇恩广大，薄海同钦。

夫铁路行车有费，修养有费，拔本还息有费，尚不惜切实议减。而各处税厘重叠，阻碍运输。上年十一月，据山西巡抚电称，将外运之出井税并入出境捐并收，照章出井出境捐税每车应抽钱三千六百文，因减收三千文等语。此次奏请免出井口煤税，未知是否指此三千文而言。又，晋煤由晋运津，获鹿县每车收捐银元四元，直豫货捐，天津关税厘金每车可收银元九元。又本年二月直隶新增琉璃河货捐局，西山硬煤因此停运数日，捐税愈繁，于振兴煤矿之本意愈形凿枘。应请敕下沿路各督抚分别切实裁减，以维商务，实与路矿均有裨益。谨奏。宣统元年三月二十九日奉旨：著依议。钦此。

大清宣统新法令第四册终

# 第 五 册

## ●●谕旨

**上谕**四月初六日　度支部奏各省财政宜统归藩司以资综核而专责成一折。各省财政头绪纷繁，自非统一事权，不足以资整理。嗣后各省出纳款目，除盐、粮关各司道经管各项按月造册送藩司或度支使查核外，其余关涉财政一切局所，著各该督抚体察情形，予限一年，次第裁撤，统归藩司或度支使经管，所有款项由司库存储分别支领，即由各督抚督饬该藩司等将全省财政通盘筹画，认真整顿，仍著度支部随时考核，分别劝惩，以副综核名实之至意。钦此。

**上谕**四月初九日　贝勒载涛等奏遵拟王公等佩带爵章式样一折。所拟尚属周妥，著即由该专司训练大臣等制造呈览，嗣后凡王公世爵入军队者，一律由该大臣等遵照此制发给佩带，以示区别品级之意。钦此。

**上谕**四月三十日　本年二月二十四日，曾经明降谕旨，将禁烟要政分别禁吸禁种等项，各分权限，剀切宣谕。乃朕闻京城各衙门送验人员多系散官末秩，其充当要差者多未送验，且有戒而复食者，显系有瞻徇敷衍之弊。查禁烟之举，必以禁吸为第一要义。而禁吸尤以查禁官员为要义。现在各省奏报禁种情形，或已全数禁绝，或请缩短年限办理，尚属认真。然使土药绝迹，而吸食者不减，则专嗜洋药，瘾毒愈深，耗财愈多，为害愈巨，于卫生足民之道仍有未合。著责成禁烟大臣咨行京外各衙门，切实考查调验，不得稍有瞻顾。其外省文武职官学堂，并责成督抚暨该管将军都统及各项该管官员师长一体确查严禁。总之，禁吸禁种，相辅而行，京外该管各衙门均须懔遵。叠次谕旨，各顾责成实力奉行，如办理不力者，朝廷必予以惩处。钦此。

**上谕**五月初六日　前以预备立宪，系奉先朝明谕，朕御极后，复行申谕内外大小臣工，共体此意，翊赞新猷，毋得摭拾浮言淆乱聪明。乃陕甘总督升允前奏，请来京面陈事宜，当经电谕，尽可由折电奏陈。原以新政繁巨，不厌详求，内外大臣如有所见，不妨随时条陈，以资采择。兹据该督奏陈立宪利弊并即恳请开缺，迹近负气，殊属非是，本应予以严惩。姑念该督久任封圻，尚无大过，著照所请，即行开缺。钦此。

**上谕**五月十六日　前奉先朝谕旨，农林要政著各省督抚饬属详查所管地方官民各荒并气候土宜，限一年内绘图造册报部，并迭次饬令各省兴办工艺实业，原以农工均为富民要图，办理刻不容缓。现在时阅两年，奏报尚属无几，著农工商部再行严催各省督抚，将以上应办农林工艺各项事宜迅速分别举办，毋再因循悠忽，用副朝廷振兴实业、念切民生之至意。钦此。

**谕旨**五月十八日　御史萧丙炎片奏，办理新政务当节省经费，所有收支数目不得由外笼统奏销，须一律详细造册报部考核等语。著度支部知道。钦此。

## ●●法部会奏库伦添设理刑司员仿照热河变通章程办理折

宣统元年闰二月初九日，内阁抄出库伦办事大臣延祉等奏库伦刑案日多，拟请添设理刑司员专司其事以免参差一折，初八日奉硃批：著照所请，该部知道。钦此。钦遵，抄出到部。

查原奏内称：库伦章京等未谙刑律，是以复核各案挂漏殊多，拟照热河都统办法，添设理刑司员一员，法部于正途候补人员拣选熟习例案数员，由理藩部带领引见，奉旨圈出后，由部发给勘合乌拉票，赴库专理刑名。其差限资俸以及差满甄别奖留均仿照理藩部司员笔帖式，等满届时，查看核实办理。该司员既不兼他项差使，自应优给薪水，藉以养廉，拟按月筹给薪水银一百两各等语。业经奉旨允准，自应遵照办理。

惟查该大臣原奏既称拟照热河办法添设司员，又称由法部拣选数员由理藩部带引，差满仿照理藩部司员笔帖式办理等因。前后两歧，似于热河办法未能深悉。查《理藩部则例》内开：热河都统衙门理事司员三年更换，遇有缺出，先期由该员呈请该管都统备文报部，由部于司员内拣选拟定正陪，出具考语保送吏部，由吏部带领引见等语。历经办理在案。又查法部于光绪三十三年十月二十六日奏变通热河司员章程折内声明：热河地方冲要，蒙民交涉之件日益繁多，嗣后不分正途捐纳劳绩，择其熟习例案者，拟定正陪，照章咨送吏部带领引见。且该员等承乏边隅，供差清苦，办理一切奏咨案件以及秋审事宜，在在皆关紧要，三年差满其劳绩诚有足多者，因仿照从前提牢官期满移咨吏部遇缺具题补授之例，一体奖叙。当经奉旨：依议。钦此。钦遵，亦在案。

今库伦系添设理刑司员，与热河事同一律，拟即专照该大臣原奏所称将库伦理刑司员一员查照热河章程办理，任满时如果得力，即由库伦办事大臣咨行法部照章奖叙，俾资鼓舞。至该大臣奏称按月筹给司员薪水银一百两，亦应如所奏筹给，以示体恤。如蒙俞允，臣等即行文库伦办事大臣，并由法部拟定正陪，咨送吏部办理，以符定章。再，此折系法部主稿会同理藩部办理，合并声明。谨奏。宣统元年四月初三日奉旨：依议。钦此。

## ●●税务大臣奏开办税务学堂折并清单

### 要　目

第一章　总纲

第二章　课程

第三章　入学及退学

第四章　考试及毕业

第五章　放假及告假

第六章　职员

附则

窃臣等自奉命督理税务以来，日以整顿税关为急务。溯自各口通商新关递设，其时以事关国际贸易总司税务聘用洋员，而各关办事华员大率略涉西文，未能深造。前年亚东关始一用华员充当税司，实为设关以来仅见之事。无他，税务本属专科，既难得相当人员，自不能不借才异地。查日本明治初年，凡举办一事，皆先行设立学堂，招徒课授，用能人才辈出，庶政咸理，其明效大验较然。可睹年来商埠广辟，榷政日繁，不得不及时预备筦榷人员，为树木树人之计。臣等一再筹商整顿税关，自以设立税务学堂为先务，当于去年秋间出示，由京师及江汉、江海、闽海、粤海等关，分别招考。汇由臣处录定，计取入本科学生三十六名，补习科学生十名。先就臣处旁屋略加修葺，暂作斋舍。派臣处第一股帮办，分省补用，知府陈銮为该学堂总办，其余教员、办事员并分别聘用，已于去年秋冬之间陆续入堂肄业。

谨酌拟章程三十八条缮具清单，恭呈御览。该学堂本科学生定四年毕业，嗣后仍逐年添招补习班，以便赓续教授，总期广植通才，俾足供税关任用。每次毕业由臣处给与毕业文凭，派往各关当差，其优等学生及教员办事员，俟临时酌量情形奏明援例请奖。臣等为预备税关人员起见。谨奏。宣统元年四月初三日奉旨：依议。钦此。

**谨拟税务学堂章程缮具清单，恭呈御览。**

## 第一章　总纲

**第一条**　学堂为税科专门，以造就各关办事人才为宗旨。学生以深通中外文字，研究理财商律条约及关于各项税务学问为成效，尤以敦品励行通晓伦理诸书为进修之实践。

**第二条**　本学堂管理教育等章，悉照学部定章参酌本学堂情形核实办理。

**第三条**　本学堂学生分本科、补习科。本科分四年级，以四年为毕业。补习科所授课程，皆本科基础之学，以备每年考补本科之用，一经升补，即为本科生。

**第四条**　本学堂开办第一年，考取学生三十六名为本科班，五十名为补习科班。以后每年本科班递升学年一级，所遗本科第一年学额准先由补习科生考补。凡程度及格者,遇缺推升。不及格者,仍留原科再习,其不足额数由外招考插补。至补习科生,每年应行续招多寡,视届时该科班缺额若干为衡,以期补足。原定五十名之数,统俟本科期满毕业方能给予毕业文凭,认为本堂毕业生。

第五条　本学堂本科学生以年在十六岁至二十二岁,经各省中学堂及中学堂同等学堂毕业,其中英文造诣较深、品行端正、体质坚实者为合格,由本堂考试录取方能入学。

第六条　本学堂补习科学生,以年在十四岁至二十岁,经各省中学堂及中学堂同等学堂毕业,品端体健者为合格,由本堂考试录取方能入学。

第七条　本学堂创办伊始,查现在各省中学堂及中学堂同等学堂毕业学生人数无多,一时万难如额选补,以故开办时招考章程不得不略事变通。凡经中学毕业或与中学毕业有相当程度者,亦从权考取,一俟将来各省中学堂及中学堂同等学堂毕业人数充足,再按第五第六两条办理,以符定章而归划一。

第八条　本科学生饭食、寄宿,及所需教科书籍、笔墨等项,概由本学堂暂行备给,惟不另给津贴。

第九条　补习科学生每名每年酌收费用龙银一百元(学费三十元、膳费五十元、体操衣靴费二十元)。分两次缴纳,于入学时先缴一次,嗣后于年暑假后开学前分次缴齐。其在本学堂寄宿者,每年另纳寄宿舍费龙银十元(寄宿学生以离堂路远者为限),均须如期一律清缴,方准随班上课。

## 第二章　课程

第十条　本科应授学科程度及每星期钟点列下:

## 第一年

| 汉文学科 | 程度 | 每星期钟点 |
|---|---|---|
| 人伦道德 | 摘讲宋、元、明、国朝诸儒学案 | 一 |
| 中国文学 | 选读《古文渊鉴》及《历代名臣奏议》兼作文 | 六 |
| 历　史 | 中国史 | 二 |
| 英文学科 | 程度 | 每星期钟点 |
| 英　文 | 会话,译解,作文,信函 | 十二 |
| 算　学 | 捷算术 | 三 |
| 地　理 | 中国商业地理 | 二 |
| 法　学 | 法学通论及民法 | 三 |
| 理财学 | 理财通论 | 三 |
| 物理及博物 | 物理 | 一 |
| 历　史 | 普通历史及商业历史 | 二 |
| 体　操 | 柔软体操 | 三 |
| 合　计 |  | 三十八 |

## 第二年

| 汉文学科 | 程度 | 每星期钟点 |
|---|---|---|
| 人伦道德 | 摘讲宋、元、明、国朝诸儒学案 | 一 |
| 中国文学 | 选读《古文渊鉴》及《历代名臣奏议》兼作文 | 四 |
| 历　史 | 中国史 | 一 |
| 条　约 | 普通条约及通商条约 | 二 |
| 英文学科 | 程度 | 每星期钟点 |
| 英　文 | 会话,译解,作文,信函 | 十一 |
| 算　学 | 捷算术 | 二 |
| 地　理 | 各国商业地理 | 二 |
| 法　学 | 商法 | 二 |
| 理财学 | 商业理财政策 | 二 |

| 物理及博物 | 卫生 | 一 |
| --- | --- | --- |
| 商业学 | 各国商业历史及国际商业政策 | 三 |
| 外国语 | （俄、法、德、日，每生派习其一）会话 | 四 |
| 体　操 | 器具体操 | 三 |
| 合　计 |  | 三十八 |

## 第三年

| 汉文学科 | 程度 | 每星期钟点 |
| --- | --- | --- |
| 人伦道德 | 摘讲宋、元、明、国朝诸儒学案 | 一 |
| 中国文学 | 选读《古文渊鉴》及《历代名臣奏议》兼作公牍 | 四 |
| 历　史 | 中国史 | 一 |
| 条　约 | 通商条约，约章成案 | 二 |

| 英文学科 | 程度 | 每星期钟点 |
| --- | --- | --- |
| 英　文 | 会话，译解，作文，摘由，公文 | 十 |
| 算　学 | 捷算术，各国度量衡制度考 | 三 |
| 法　学 | 国际公法及国际私法 | 三 |
| 理财学 | 财政学通论及租税原论各论 | 三 |
| 货币学 | 各国货币制度考 | 二 |
| 商业学 | 外国贸易论及保险论 | 二 |
| 外国语 | （俄、法、德、日，每生派习其一）会话 | 四 |
| 体　操 | 器具体操 | 三 |
| 合　计 |  | 三十八 |

## 第四年

| 汉文学科 | 程度 | 每星期钟点 |
| --- | --- | --- |
| 人伦道德 | 摘讲宋、元、明、国朝诸儒学案 | 一 |
| 中国文学 | 选读《古文渊鉴》兼历代名臣奏议兼作公牍 | 三 |
| 条　约 | 通商条约，约章成案 | 一 |

| 英文学科 | 程　度 | 每星期钟点 |
| --- | --- | --- |

| | | |
|---|---|---|
| 英　文 | 译解，作文，摘由，公文 | 十 |
| 算　学 | 算税捷术，各国金银价比较 | 三 |
| 关税学 | 各国税制度及仓库 | 四 |
| 税　章 | 中国税章及外国税章 | 一 |
| 商品学 | 中国商品及外国商品 | 三 |
| 簿记学 | 普通簿记及税关簿记 | 三 |
| 统计学 | 各国商业统计 | 二 |
| 外国语 | （俄、法、德、日，每生派习其一）译 | 四 |
| 体　操 | 器具体操 | 三 |
| 合　计 | | 三十八 |

补习科应授学科程度及每星期钟点列下：

| 汉文学科 | 程　度 | 每星期钟点 |
|---|---|---|
| 人伦道德 | 摘讲宋、元、明、国朝诸儒学案 | 三 |
| 中国文学 | 选读《古文渊鉴》及《历代名臣奏议》兼作文 | 六 |
| 历　史 | 中国史 | 二 |
| 英文学科 | 程　　度 | 每星期钟点 |
| 英　文 | 译解，会话，读法，文法，作文 | 十二 |
| 算　学 | 算术，代数，几何 | 七 |
| 地　理 | 各国地理 | 三 |
| 物理及博物 | 物理 | 二 |
| 体　操 | 柔软体操 | 三 |
| 合　计 | | 三十八 |

## 第三章　入学及退学

**第十一条**　本学堂学生，凡经考试录取者，均须于进学半月前由本人亲自来堂或到考试各关填写志愿书，并偕同保人亲来学堂或各关署面立保,结保其身家清白品行端正,于毕业后五年之内由税务处差遣。如本科学生有中途辍学及毕业后不听差遣者,均向原保人追缴膳资学费。

第十二条　考试录取入堂肄业后,如与考取入堂时程度不符,即行扣除另补。

第十三条　本科学生有遇以下情事者,由学堂查明后令其退学,仍分别追缴费用:

　　一　品行不端者;

　　二　荒废学业者;

　　三　两次年终考试不及格者;

　　四　沾染嗜好者;

　　五　记大过三次者。

第十四条　补习科学生如犯第十三条情事,经学堂查明退学者,所有已缴学膳费概不给还。

## 第四章　考试及毕业

第十五条　学生考试分四项:曰临时考试,曰学期考试,曰年终考试,曰毕业考试。

第十六条　临时考试由各教员就所讲学科随时命题考试;学期考试每年于暑假前举行,由本学堂总办提调会同各教员汇集全班学生考试,以分数之多寡定名次之高下;学生入堂后第一次考试为甄别考,如分数不及四成者,即行退学。

第十七条　年终考试每年一次,由总办提调会同各教员于年假前举行,以分数在五成上为及格,来岁开学即升学年一级;不及五成者为不合格，仍留原级再习，下届年终考试再不及格者退学。

第十八条　毕业考试，届期由税务处按照学生历年所习各种学科分门试验合格者给以毕业文凭，量才派差，并届时酌量情形援例请奖。其不及格者留堂，再习一年复行考试，按等办理。

第十九条　税务学堂教员、办事员如办理得力，届时由税务处酌量情形奏明援例请奖。

## 第五章　放假及告假

第二十条　本学堂放假日期比照学部奏定章程，恭逢万寿圣节及先师诞日，行庆祝礼后放假一日，端午、中秋及星期日各放假一日。

第二十一条　本学堂年假、暑假日期比照学部奏定章程，每年正月二十日开学至小暑节散学，立秋后六日开学至十二月十五日散学，约计两次放假合七十日。

第二十二条　本学堂每日有一定课程，学生入堂后不得无故告假，以免旷课。

第二十三条　学生如有不得已事须请假数点钟者，应将缘由禀明提调，俟允准后方得出堂。

第二十四条　学生告假应照本堂定章按课扣分。

## 第六章　职员

第二十五条　本学堂设总办一员，提调一员，总教习一员，教习八员（俟增添新班再行酌量添聘），斋务委员一员，庶务委员一员，医官一员，文案官一员，会计官一员，司事二名，司书二名。

第二十六条　总办由税务处奏派，提调总教习由税务处遴员派充，其余各员由总办拟选，呈由税务处核准委派。

第二十七条　总办总理全堂一切事宜,随时禀明税务处办理。

第二十八条　提调帮同总办管理全堂事宜,有商订课程、考查学生、整理庶务之责。

第二十九条　总教习管理全堂课程,稽核各教员教法,商定功课,遇事商承总办核夺施行。

第三十条　教习按照定章分任教授各种科学,无论中外教习,均当随时与总办提调并总教习商定教法。

第三十一条　斋务委员管理斋舍堂室事务,稽察学生品行,记录功过勤惰,及经理学生入学退学考试一切事宜。

第三十二条　庶务委员专司全堂庶务,凡修建房舍、购置器物、查点库储、约束夫役等事皆其专责。

第三十三条　医官专掌诊视各员生疾病并经理堂中卫生事宜。

第三十四条　文案官专掌往来文牍及会议时记录等事,并兼管图书馆事务。

第三十五条　会计官专掌本学堂经费出纳,并补习科学生收缴学膳费用等事。

第三十六条　司事帮同料理一切庶务。

第三十七条　司书专任钞录印刷等事。

## 附　　则

第三十八条　本学堂所有学生规则、讲堂规则、斋合规则及其余一切规条,均由总办另行妥拟,呈明税务处核定施行。

## ●●度支部奏各省财政统归藩司综核折

窃维理财之道，经纬万端，而事权必归统一。唐以度支使领两税，宋以转运使隶三司，内外相维，古今并重。国初定制，各省设布政使司掌一省钱谷之出纳，以达于户部，职掌本自分明。自咸丰军兴以后，筹捐筹饷，事属创行，于是厘金军需善后支应报销等类皆另行设局派员管理。迨举办新政，名目益繁，始但取便于一时，积久遂成为故事，虽或兼派藩司综理，而署衔画诺，徒拥虚名，责任既分，事权益紊，且多一局所即多一分糜费，于事体则为骈拇，于财用则为漏卮。近数十年来，各省财政之纷糅，大都由此。

方今朝廷整饬百度，又以清理财政为立宪之初基，责成所在，京外相同。苟各省无总汇之区，臣部何以定考成之法？现在各省均设立清理财政局，以藩司或度支使为总办，责成至为重要。然该局之职任在于核订章程调查款目，以为预算决算之预备，并无直接行政之权。至于综库藏之出入，权岁计之盈虚，自非统一财权难期整理。臣部正在筹议办法，间适据护理云贵督臣沈秉堃电称：欲廓清积弊，确定预算，非统一财政机关划清权限力专责成不为功。极言各省财政往往特设局所，另委专员，藩司虽居会核之名，并无察销之实。至运关盐粮各司道，各有专司，财权尤非藩司所能过问等语。其所论列，均系实在情形。臣等一再筹思，各省财政头绪纷繁，必须一面清理，一面统一，则条理较易分明，而机关乃益臻完备。拟请将各省出纳款目，除盐粮关各司道经管各项按月造册送藩司或度支使查核外，其余关涉财政一切局所，均次第裁撤，统归藩司或度支使经管，所有款项由司库存储分别支领。庶几若纲在纲，各省既易于清厘，臣部亦便于稽核。如蒙俞允，拟请饬下各省督抚转饬该司等一体遵照办理。

方今时事多艰，财力奇窘，全赖内外官吏化除畛域，顾全大局。藩司度支司职在理财。裁撤各局之后，事权既无纷出，责成自有专归，务当实心任事，将全省财政通盘筹画，认真整顿，仍由臣部随时考核，分别劝惩，以收综核名实之效。臣等为统一各省财政俾专责成起见。谨奏。宣统元年四月初六日奉上谕，已录卷首。

## ●●度支部奏遵设币制调查局并请暂铸通用银币折

宣统元年闰二月初五日，军机大臣钦奉谕旨：会议政务处奏遵议币制重要，宜策万全，请饬部设局调查一折，著依议等因。钦此。钦遵，钞交到部。

查原奏内称：前奏币制一折，兼采各督抚臣覆奏各节折衷核议。惟因成色持论各殊，未敢遽定。钦奉上谕：计期分年，务将通国银币通归画一等因。仰见朝廷慎重币制，贵通行于久远，不责效于一时。兹据度支部奏陈，铸造推行画一三端，仍以成色分两，多所窒碍为言。伏查币制通病，成色高则患私销，成色低又患私铸，故前代诸臣孔觊、叶适等皆有不惜铜爱工之论，银铜虽异，理自相通。

考日本改革币制，尝由大藏大臣设立币制，调查局会议至三十余次，成书至两巨册，迨其决议施行，新旧引换之际，犹复几经困难，始克有成。现在度支部清理各省财政，正在设局派员，加由部分别调查以为入手办法，似属一举两得。臣等公同核议，币制深奥，必须博采群言，庶可折衷一是。拟仍请旨饬由度支部设立币制调查局，宽予限期，详加考察，俾得广征专家通筹全局，再行确定方法奏明办理等语。

臣等伏查，本年正月十四日，臣部具奏币制重要宜策万全一折。当以新定银币成色分量于铸造推行画一三端尚多窒碍，奏请饬下会议政务处再行妥议。兹据该处议覆，以币制深奥，请由臣部设局调查，奏蒙允准，臣部遵即设立币制调查局，遴派人员妥筹开办。其各省调查即由清理财政正副监理官就近详悉查考，报部备核。窃维币制一端，关系至巨，学理既极精深，事实又多繁赜。此次设局调查，凡于国家财政之情形，民间生计之程度，各省市面之习惯，世界金融之消息，均须逐一研求，悉心体察。即各国现行币制及其改革成法亦必详稽博考，以便取资。其最要者，尤在妥筹画一办法。

臣等自应督饬局员，将如何预备推行一切方法详细筹拟，另行奏明，切实办理。惟是开局伊始，币制尚待调查，而民生日用所需不可一日无易中之品。光绪三十三年三月，臣部奏请试铸通用银币，原以铜币充斥，必须有银币以相权，因势利导，取便流通。兹于调查币制之时，为暂济民用之计，可否仍照前奏试铸通用银币成色分量，一如其旧，作为暂时通用之币。如蒙俞允，臣部即将此项通用银币饬厂铸造，俾官民即可一律行用。谨奏。宣统元年四月初六日奉旨：著依议。钦此。

## ●●学部奏酌拟变通游学毕业生廷试事宜折

窃查光绪三十三年十二月，臣部会同宪政编查馆具奏《游学毕业生廷试章程》，内开经义题目一道，恭候钦命。科学题目，由阅卷大臣先期在内阁每门各拟二题，恭候钦定等语。曾于上年遵办在案。惟查内阁地方时有吏役往来，出入关防难期严密。且本年应试之人数倍于前，若在内阁拟题，难保无漏泄之弊。臣等斟酌再四，嗣后此项廷试，其经义及科学题目均拟奏请钦命，以昭慎重。至阅卷大臣及襄校官向例因须拟题，故先期奏请简派。现在廷试题目既均系奏请钦命，无庸阅卷大臣等恭拟，似可改于考试第二日再由臣部奏请简派该大臣等，于是日听宣后，即赴文华殿阅卷，于次日黎明将试卷进呈御览。

又，襄校官一项，上届系照大学分科，每科各请简一员。惟查此项廷试，本应以中国文为重，其各种科学已于上年经臣部分门考试，此次只须就各科中之总纲要义命题，不必再试专门深造之学，则襄校官一项似可无须分科请简，拟改为按应试者所习之外国文字于英、法、德、日四国文各请简襄校官一员，如此量为变通，则试题既无虞漏泄，阅卷亦益臻严密，似较原定章程愈为妥协。至监试御史及弥封受卷收掌等官，仍先期奏请钦派，于考试之日入内，将事以免迟误。谨奏。宣统元年四月初七日奉旨：著依议。钦此。

# ●●农工商部奏顺直官绅筹设京师蚕业讲习所请饬各省仿办折

窃臣部于宣统元年二月十五日，据顺直官绅前湖南岳州府知府魏震等呈称，邀集同乡绅耆捐资兴办北方蚕业。现于京师宣武门内二龙坑地方购地一区建筑校舍，延聘女教习，采取东西各国蚕业新理，招考女生，分科教授，二年毕业，以为京畿传习蚕业之先导，名曰京师蚕业讲习所。并由浙省购取湖桑万株，雇觅桑工来京试种，果于地脉相宜，自当陆续推广，开办经费约需一万余金，同乡量力认捐，现已集有成数，谨将一切办法禀明立案，并请拨款补助，以维久远等情前来。

臣等伏查，蚕桑本业关系衣被之源，近畿一带如蓟易安平等州县，俗习蚕绩,民资利赖。京师为四方观听所系,从前顺天府设有蚕桑局,稍资劝导,收效未宏。近来风气渐开,纺织桑麻各局厂日有增置,而本源所在,究以考求蚕业为基础。该官绅等深念本图,邀集同志,捐资购地筹设京师蚕业讲习所,允足提倡实业,启导新机,自应准予立案,并由臣部每年拨给经费银三千两,俾资补助。惟京师首善之区,虽已倡办有人,风声克树,而各直省地多遗利,亦应同筹兴作,以为厚生敦俗之谋。拟请饬下各省将军督抚体察地方情形,酌量仿办,其业经设有蚕桑局所省分,迅将现在办法规章详细咨部察核立案,实于本富要图不无裨益。谨奏,宣统元年四月初十日奉旨:著依议。钦此。

## ●●吏部奏道员卓异拟请咨军机处注册片

再,臣部核办卓异道府州县等官,得有卓异于未经升任以前请咨赴引,由臣部带领引见,向以准其卓异加一级,仍注册回任候升拟旨。光绪三十四年十月,臣等以卓异人员有实在政绩可考,变通办理,奏请府州县各官卓异引见奉旨后,各以应升实在官阶注册候升奉旨允行,遵办在案。惟道员一项,应升官缺皆由特旨简放,该员等所得候升之案,仅在臣部注册,未免虚有其名,不足以资鼓励,拟请嗣后道员得有卓异之案引见时,臣部以准其卓异加一级回任以应升之缺升用拟旨,俟奉旨后咨行军机处注册,俾核名实而劝循良。谨奏。宣统元年四月十四日奉旨:依议。钦此。

## ●●民政部奏考试厅区人员分别汰留折

宣统元年正月二十一日,臣部具奏酌改厅区制度并限定额缺一折,奉旨:依议。钦此。嗣于二月十三日具奏遵旨陈明核实整顿办法一折,内声明:督饬内外两厅,按照奏定各节,次第实行及遴派部员通晓警学者署理佥事各缺,并定期传集厅集有无差缺各员一律考试,试毕由臣等分别等差,优等者留厅任用,中等者参照吏部奏定《裁缺司员笔帖式改用章程》分别安插,下等者开缺各等语在案。数月以来,臣等节经督饬厅丞署佥事等,将内外两厅实缺警官及各项调用人员分期考试,计考列优等之王式桢等六十一员,考列中等之宝增等二百五十一员。

臣等当即按照先后奏章详定去留办法。凡曾经在学堂毕业此次考试又列优等者,如原系实缺或奏署警官即行留厅照旧任用,或量予升擢,其未经补缺并未经奏署人员,先行派充乌布,仍按底官,俟有相当缺出,再行查照吏部定章酌量补用。其考试虽列优等而未经在学堂毕业者,系实缺或奏署警官仍令照旧供职,系未经补缺并未经奏署人员暂令试署各项乌布,统由臣部所辖高等巡警学堂按名发给讲义,俾资补习,俟毕业后再行分别升擢补用。至考列中等各员,除平素在厅当差实系得力者,准由两厅厅丞出具切实考语,酌保数员实缺者暂不开缺,未经补缺者暂留试用外,其余各员实缺者应即作为裁缺。未经补缺者,应即开去行走名目,一律停止薪水,饬令离厅。所有裁缺人员前经奏准,参照吏部奏定《裁缺司员笔帖式改用章程》,分别安插,自应遵照办理。

查光绪三十一年十二月十五日,巡警部奏变通工巡局旧章改设官制折内单开,分厅知事位正五品视郎中六品,警官视主事七八品,警官视小京官及各部司务等语。嗣改民政部于三十三年正月二十二日具奏厘定官制折内,复经声明五品警官视员外郎一节,均先后钦奉谕旨,允准在案。除分厅知事各缺业经奏明裁撤,所有裁缺各知事应由臣部酌量改补外，其此次作为裁缺之五、六、七、八、九品警官，拟请比照裁缺员外郎主事小京官部司务及笔帖式改用外官办法，各按品级分别改外。如蒙俞允，即由臣等咨行吏部办理，如此分别去留，于限制员额之中仍寓体恤群情之意，庶可专职任而广造就。其现在派出差使各员，如有不称委任之处，一经臣等查明，必当随时惩处，以昭核实。除造具各员履历清册咨送吏部立案外，再，原设内城中左右三分厅、外城左右二分厅现已裁撤，所有由礼部领出内外城巡警分厅印信五颗，应即咨部销毁。合并声明。谨奏。宣统元年四月十五日奉旨：依议。钦此。

## ●●民政部奏改定消防队习艺所警官缺额折

窃查臣部所辖之消防队习艺所，创办均已数年，渐著成效。各员缺额，除消防队总理暨习艺所监督均由臣部人员内遴派奏明兼充、习艺所员外郎主事各缺已设定额外，其消防队所设之二大队二处及军乐队人员暨习艺所所设之五处二科人员，向均系借补内城巡警总厅警官之缺。现在两厅额缺既经厘定，该二处亦应另设专缺以免向隅。臣等公同商酌，拟于消防队设五品警官三缺，六、七品警官各六缺，八、九品警官各八缺，习艺所设五品警官二缺，六、七品警官各三缺，八、九品警官各四缺。由臣等于该队该所各项人员内，择其办事勤奋学识较优者，陆续请补。如无当选人员，任缺勿滥，其一切升转截取等项均按照《巡警厅警官章程》办理。其从前借补缺额，即可划还警厅。如此量为分设，该队该所人员既各有专缺升转，而与警厅缺额亦可界限分明，实于公务不无裨益。如蒙俞允，即由臣部咨行吏部，查照钦遵。嗣后如有变通之处，仍由臣部随时奏明办理。谨奏。宣统元年四月十五日奉旨：依议。钦此。

## ●●会议政务处奏议覆前东三省总督徐世昌等奏吉省添改民官酌裁旗缺折

本年闰二月十九日，东三省总督徐世昌等奏吉省地方辽阔治理难周拟请援案添改民官酌裁旗缺缮单具奏一折，奉硃批：会议政务处议奏，单并发。钦此。

窃惟保邦必先制治，建官乃可兴甿。吉林居东省之上腴，为王迹所肇始，实当金源上京会宁府暨海兰呼尔哈诸路故地，幅员辽阔，历代建置省并州邑甚多，虽难一一深考，而按其山川方位犹可推寻。我朝初，以军府之规兼旗民之治，政尚清简，往往千里一官。今自分立行省以来，草莱日辟，铁轨四通，内政外交日形重要，自非详细规画因时制宜不足以策治安而固边圉。原奏所称边省与内地情形不同，内省重在治民，以户口之繁庶为准，边地重在守土，以地方之冲要为衡，诚为切合时势之论。所拟请于该省东南东北两路各设兵备道一缺，一驻珲城，管理珲春延吉绥芬一带边务并珲春关税交涉事宜；一驻三姓，管理依兰密山临江一带边务并依兰等处关税交涉事宜，与前设之西路兵备道并加参领衔，以资控制。镇抚边陲，最为扼要，应准如拟办理。又请添改府厅州县各缺，计升改之缺，在西路曰伊通直隶州、榆树直隶厅，北路曰双城府、宾州府、临江府、滨江厅、富锦县，东路曰绥芬府、穆棱县，南路曰延吉府、和龙县，中路曰五常府，共十有二缺。添设之缺，在西路曰舒兰县，北路曰阿城县、桦川县、勃利县、绥远州、东路曰饶河县、宝清州、临湖县、东宁厅，南路曰珲春厅、汪清县，中路曰额穆县，亦共十有二缺。而宝清一州、舒兰、阿城、勃利、饶河四县，仍拟暂从缓设。

臣等详加复核，所拟措置各节，俱系详于边要、略于腹里，急于冲繁、缓于简僻，后先轻重，深合机宜，其府厅皆自治，地方州县皆直接公署，兼用隋唐郡县之制，以剧易分等级，而不仅以大小相监临，核与奉天、黑龙江省迭次议准成案相符。又请将大通县移治方正泡，绥芬府移治宁古塔，亦为整理经界起见，应请一并准如所请办理。所有原设珲春、三姓、宁古塔、伯都、讷阿勒、楚喀等处地方副都统缺，现既添设民官，旗户案件地粮统归管理，自应并照江省成案，裁撤各该副都统缺，以一事权。其协领以下各缺，除先将富克锦地方一缺裁撤外，余各暂仍旧制，专理旗务。

至以上新设地方官缺，俱关紧要，应如何拣员补署，或先派设治委员，以及画界分治，招垦设防，并刊发关防，建葺城署，核给俸廉，增设佐治等官，一切未尽事宜应请饬下新任督臣锡良会同该抚详慎筹议，另行分别奏咨办理，期收实效。再，此折系议覆臣徐世昌在东三省总督任内具奏之件，是以未经列衔，合并陈明。谨奏。宣统元年四月十五日奉旨：著依议。钦此。

## ●●学部奏游学毕业生廷试录用中书拟准其改就知县小京官折

光绪三十三年十二月二十日，宪政编查馆会同臣部奏准《游学毕业生廷试录用章程》，内开：凡经学部考验列最优等、廷试列一等者，请赏给翰林院编修或检讨；经学部考验列最优等、廷试列二等者，请赏给翰林院庶吉士，俟三年期满，由掌院学士奏请，分别授职；经学部考验列最优等、廷试列三等者，与经学部考验列优等廷试列一等者，均请赏给主事；经学部考验列优等、廷试列二等者，与经学部考验列中等、廷试列一等者，均请赏给内阁中书；经学部考验列优等、廷试列三等者，请赏给知县，分省即用；经学部考验列中等、廷试列二等者，请赏给七品小京官；经学部考验列中等、廷试列三等者，请赏给知县，分省试用，等语。本届廷试自应遵照定章办理。

惟查内阁中书一项，额缺无多，而本年廷试各生照章应以中书用者有二十七名之多，该生等到阁以后非第补缺无期，且终年除值宿数次之外，别无所事，是虽有录用之名，而实置之闲散，似非鼓励人才之道。查从前殿试后所用主事中书，本准其改就知县，进士馆毕业考列最优等、优等者亦准其比照，考列中等者改就知县。方今内而各部、外而各省，需用新政人才皆苦不足，而本届廷试各生，照章应以主事小京官知县用者转不甚多，以之分发各部各省，为数尤属无几。臣等公同商酌，所有应以中书用之各生，其自愿降就他职者，拟准其呈请，吏部改为小京官分发各部或改为知县分发各省即用，仍照廷试录用班次，一体叙补，似于兴办新政，鼓励人才之道，两有裨益。如蒙俞允，俟奉旨录用后，即由臣部咨行吏部，遵照办理。谨奏。宣统元年四月十七日奉旨：著依议。钦此。

## ●●法部奏议覆御史吴纬炳奏寻常盗犯请一律照例解勘折

宣统元年正月十六日，军机大臣钦奉谕旨：御史吴纬炳奏寻常盗犯请一律照例解勘等语，著法部议奏。钦此。当将原奏抄交到部。查阅原奏，内称：近来各省州县，视教养为迂谈，不清盗贼之源，盗风因以日炽，追案发饬缉，而著名剧盗类多漏网，其就获者半皆伙盗。

检查旧例,本以入室搜赃者为法无可贷,拟斩;在外把风接赃者为情有可原,拟遣。咸丰初年,军务倥偬,始将把风接赃等犯同处死刑,原系辟以止辟之意,军事平定后,此例仍复沿用。

光绪二十四年(1898年)钦奉孝钦显皇后懿旨:向来各衙门办理强劫盗犯俱系不分首从,自属照律办理。惟从前犹分别"法无可贷"、"情尚可原"两层,应如何网开一面,稍施法外之仁,著军机大臣会同三法司妥议具奏。钦此。大哉圣谟,仁至义尽。嗣经礼亲王世铎等会议以强劫之案临时不行及事后分赃者均分别减拟,并非概予骈诛,声明除现有军务省分及实系土匪马贼会匪游勇暂准就地正法外,其余寻常之案,一律规复旧制解勘等情奏覆。

第,懿旨内所指之"情尚可原",系旧例拟遣续改斩决之犯,并非指临时不行者而言。然改定重决已历五十余年,徒齐以刑,盗仍未熄,可见弭盗在教养,不在严刑也。同治初年给事中王宪成、国子监司业孙诒经先后奏请规复拟遣旧例,皆格于部议。近年凌迟、枭首等刑已由法律大臣奏奉谕旨删除,而前因军务改重之法,仍未改复,似不足以示区别而广皇仁。自应分别案情,凡首盗把风及伙盗执持火器金刃在盗所要路把风者,应请仍照例拟斩,其伙盗听嘱瞭望徒手把风与在外接赃各犯其情不无可原,应请均照旧例拟遣等因。奏奉谕旨,交臣部议奏。

臣等查"强盗得财不分首从皆斩"之文,原系前明旧律,较诸唐、宋、元惩治强盗之法,仍计赃数多寡及有无杀伤分别拟断者,科罪独严。我朝定鼎之初,权用重典,故于此项律文因仍未改。追康熙年间,海宇敉平,几至刑措,五十四年(1715年)钦奉谕旨:凡强盗重案,著大学士会同三法司,将此内造意为首及杀伤人者于各本案内一二人正法,余均照例减等发遣。钦此。雍正五年(1727年)经九卿定议,分别"法所难宥"、"情有可原"二项。随于乾隆八年(1743年)纂入例册,内载:强盗重案,除杀人、放火、奸人妻女、打劫牢狱、仓库、干系城池衙门并积至百人以上,及响马强盗、江洋大盗、老瓜贼均仍照定例遵行外,其余盗劫之案,各该督抚严行究审,将"法所难宥"及"情有可原"者一一分别于疏内叙明,大学士会同三法司详议,将"法所难宥"者正法,"情有可原"者发遣。

嗣于二十六年(1761年),大学士会同臣部议覆两江督臣尹继善条奏,又于例内载明:寻常盗劫未经伤人之伙犯,如曾经转纠党羽、执火持械、涂脸入室、助势搜赃、架押事主、逃路到案、诬扳良民并行劫已至二次,及滨海沿江行劫过船搜赃者,一经得财,俱拟斩立决,不得以"情有可原"声请。其止在外瞭望、接递财物、并未入室过船搜赃并被人诱胁随行上盗,或行劫止此一次并无凶恶情状者,仍以"情有可原"免死发遣新疆给官兵为奴。节经改定续纂在案。

是强盗本律,虽应不分首从悉拟斩决而原情减等改拟发遣,既出列圣法外之仁,即为盛世祥刑之典。至咸丰初年,逆匪窜扰,盗风甚炽,臣部深恐法轻易犯,复会同王大臣等议,将盗劫之案,仍依定律俱拟斩立决。其中把风接赃之犯亦属同恶相济,应照为首之犯一律问拟,不得以"情有可原"量为末减等因。于同治九年(1870年)奏准定例通行,即将前例删除。推原改订之由,自以军务烦兴,不得不重加惩儆,而当时剿办土匪,复定有就地正法章程,自此各省相沿趋于简便,即寻常盗案,尝有不待审转覆勘概行就地惩办者。光绪七、八年间,迭据言官奏请,规复旧例,当由臣部议饬各省先停就地正法,以便逐渐推行。嗣据先后覆奏,不曰游勇马贼根除未净,即称盐枭会匪奸宄潜滋。究之严刑虽所以逞奸,而徒法亦终难弭盗。司马迁云:法网之密,奸伪萌起。斯语盖洞见痕结也。

夫刑法之用，与世运为转移。现在各省军务久已肃清，举凡讲求实业振兴教育等事，亦多次第实行。而宪政初基，尤以改良监狱，设所习艺，以进规司法独立之故，是盗源可冀渐清，即盗风无难少息。溯自光绪三十一年以来，所有反逆、缘坐、凌迟、枭首诸重刑，均奉特旨悉予删除，此外减轻之法，不独戏误擅杀及可矜人犯一律随案改为流徒，即强奸发冢情节稍轻之案，亦经臣等仰体恩纶，奏准援赦酌缓。若独于强盗伙犯仍一体依律问拟，是以军兴改重之法久施诸旧例可原之人，实不足以示钦恤而昭平允。

兹据该御史奏请，分别案情，仍照旧例定拟，系为慎刑狱重民命起见。惟所称首盗、把风、及伙盗、执持火器金刃在盗所要路把风者，仍照例拟斩等语。查首盗为纠劫之人，虽自认把风，岂能宽其为首之罪？盗所本行劫之地，若一经上盗，即应科以入室之条，至在外把风、伙盗如有执持火器金刃者，其情既属凶暴，其罪即无可原，自应于宽典之中酌加限制。惟何者为"要路"，何者"非要路"，此间最难区别。若先时不能确定斯临案易涉纷歧。

臣等公同商酌，拟请嗣后京外问刑衙门审办寻常盗劫之案，除起意为首，与拒捕各犯有犯杀伤，及未经伤人之伙盗，如曾经转纠党羽入室过船搜赃，或行劫已至二次，并执持火器金刃在外把风，情形凶暴者，一经得财均仍照定例定章办理外，其止听嘱在外瞭望接递财物并未入室过船搜赃，及实系被胁同行尚非甘心为盗，或听纠止此一次并无执持火器金刃情凶势恶者，均系旧例情有可原之犯，应一并免死减等发遣新疆酌拨种地当差。如地方有司有心姑息，曲为开脱不研者，该督抚即据实奏参，交部严加议处。如此量为区分，似于规复成宪之中，仍不失严惩匪类之意。如蒙俞允，应由臣部咨行修订法律大臣纂入现行例内，俾资引用。其臣部未经核覆各案，如实有情节可原者,亦即照新章办理。

该御史原奏又称,《盗犯就地正法章程》本属一时权宜,现在各省并无军务,所有寻常盗案一律照律解勘,以昭核实等语。查"就地正法章程"节,经臣部迭次奏明通饬停止,诚恐各该省狃于积习,复以辖境不靖,未能悉复旧制为言,而地方官惮于解勘,乐从简易,其有不问供词妄拿充数,仇扳刑逼,良莠不分。州县但愿考成,督抚仅凭禀报,推其所极,流弊安穷?应如该御史所奏,嗣后各省拿获盗案,除东三省为根本重地现尚剿办胡匪,以及各省实系土匪、马贼、会匪、游勇、啸聚薮泽抗拒官兵形同叛逆者,仍照光绪二十四年(1898年)臣部奏定通行暂准就地正法随时具奏备录供招咨部查核外,其余寻常盗案均应一律照例解由该管上司覆勘。倘距省窵远地方,长途虑有疏失,亦可酌照《秋审事例》将人犯解赴该管巡道讯明,详由督抚分别具奏,不得仍援"就地正法章程"先行处决。庶案犯情节轻重,臣部亦得据咨核办,而刑章益形矜慎矣。恭俟命下臣部即行文大理院、各省督抚、将军、顺天府尹一体钦遵办理。

再,盗案章程向由王大臣大学士会同臣部核办,此次系奉特旨交臣部议奏,应否饬下政务处复核,以昭详慎之处,恭候钦定。谨奏。宣统元年四月十九日奉旨:著会议政务处议复具奏。钦此。

## ●●吏部奏酌拟汉员改授都统副都统荫生仍照汉例并从二品以下改掣各项折并清单

查定例,汉文武官荫生,按品级正从授职,满文武官荫生,不分正从授职。又,汉荫生引见,以内用、外用两项拟旨;满荫生引见,以文职侍卫旗员等项用拟旨。不独满荫生无外用之例，即文职用法亦与汉例不同。现在恭逢皇上登极，恩诏所有满汉品官例得给荫者，业经臣部暨陆军部先后奏准给荫在案。惟查光绪三十二年以后，汉员一体简授旗缺，其现任都统副都统所得荫生，若亦照满例办理，于事不无窒碍。臣等公同商酌，拟请原系尚书侍郎改授升授者，都统即照汉尚书例，副都统即照汉侍郎例，其三品以下京堂监司升授之副都统，则照汉正二品例，仍均以内用、外用拟旨。恭候钦定。又，在京府寺等衙门，近年已多裁改，所有从前内用文职用之员例配各签除满员业经厘定专章，暨汉正二品应掣各项尚敷分配外，其从二品应得之光禄寺署正一项，应按照现在官制以从六品官统掣，正从三品应荫之七品各官亦应酌量以七八品等官分别改掣添掣，俾广登进。谨另缮清单恭呈御览，如蒙俞允，即由臣部通饬遵照。再，汉四品荫生，例以州吏目县主簿两项掣用，向不引见拟旨，应仍照旧办理，合并声明。谨奏。宣统元年四月二十四日奉旨：依议。钦此。

## 谨将现拟酌订汉荫生内外用应得各项缮具清单，恭呈御览。

计　　开

内用旧例

正一品：员外郎，各部尚书，都察院都御史，各省总督同。

从一品：主事，各部侍郎，各省巡抚同。

正二品：主事、都察院经历、京府通判，以上均请照旧。

从二品：光禄寺署正，查此缺现已裁撤，拟改以礼部礼器库簿正、大理院典簿掣用。

正三品：中书科中书，大理寺评事，太常寺博士，通政司经历，太常寺典簿。以上①五项除中书科中书外，其余四项均已裁撤，拟改以中书科中书，并民政部、法部、邮传部额设七品小京官，礼部礼器库典簿、大理院主簿挈用。

从三品：光禄寺典簿，銮舆卫经历，詹事府主簿，京府经历。以上四项，除銮舆卫经历、京府经历外，其余二项均已裁撤，拟改以銮舆卫经历、京府经历并部司务挈用。

外用旧例

正一品：同知。

从一品：知州。

正从二品：通判。

正从三品：知县。

以上均请照旧。

## ●●吏部奏议覆御史崇兴等奏休致永不叙用人员请申明旧制片

再，御史崇兴等片称休致永不叙用之员定例綦严，恭引同治元年（1862年）十一月二十四日上谕及光绪三十三年五月初三日上谕，以此项人员近复纷纷运动开复，请旨严申历朝旧制，以杜钻营滥进之弊等因。钦奉谕旨，交议到部。臣等查此两项人员，均在十三条不准捐复降捐之列，亦不准滥入军营奏保开复，故同治元年圣训具载。

臣部例章惟休致一项，类因老疾被参者居多。伏读雍正十年（1732年）谕旨：向来大计，参劾官员，除贪酷发审外，其余著送部引

---

① 原书为"下"，应系排版之误。

见。嗣后特参文武官员比照大计之例，如浮躁不及等款者，亦著送部引见，永著为例。钦此。又，乾隆十四年（1749年）谕旨：朕思病废之员，非有劣迹可比，嗣后此等人员即照六法内年老有疾之例，勒令休致。如该员不甘废弃，情愿来京引见，该督抚给咨送部引见。钦此。又，定例：督抚随时参劾人员，但指称阘冗、懈弛、平庸、怠玩及老病等款并未声叙劣迹者，如本员情愿来京引见，准其呈明该督抚给咨送部等语。是则此项人员如不甘废弃自可请咨赴部听候带引，定例至为圆密，毋庸臣等再议。

至永不叙用人员，诚如穆宗圣训：终身摈弃，以示惩儆，自不能纤毫宽假。惟臣等伏查近年成案，此项人员请销去"永不叙用"字样后，再保开复，屡奉特旨允行。其故有二：一则教案牵涉，多因公获咎之人；一则行省初开，疆臣有不拘文法之请，朝廷因时通变，未尝不曲予优容。至光绪三十三年上谕重申前禁。臣部奉行成例，并无毫发通融。惟是信赏必罚，权固操之朝廷，观过知仁，事或权其轻重。近来督抚举劾，出以公慎者固多，而任于意气者亦所或有。况永不叙用一项，初无余罪可言，即休致人员亦准请咨赴部，彼遣戍释回尚多奏保开复者，以彼例此，似非情理之平。臣等平心论事，此项人员若不稍予以自新之路，罪在一时，废至毕世，殊失朝廷宽大之恩。是以再三商酌，不得不稍从宽典，拟请嗣后永不叙用人员，必须军务省分始准奏调奏留，仍将该员履历清册作何差委详细报部立案，至少须在五年以上得有异常劳绩，仅准专折奏保，销去"永不叙用"字样。再当差三年，方准保奏开复。如日后犯有赃污劣迹，即将原保督抚大臣照滥举匪人例议处。惟有军务省分该员确有战功，则不拘定五年之限，以昭激励，庶于变通之中仍杜钻营之弊。谨奏。宣统元年四月二十四日奉旨：依议。钦此。

## ●●东三省总督锡良奏请裁奉天左右参赞员缺折

窃维官吏之建置,固贵因时以制宜,尤必循名以核实。东省现设奉天左参赞一员、右参赞一员,按照原奏章程,左参赞领承宣厅事,办理全省机要事件,右参赞领谘议厅事,核议全省章制法令。推原设官之意,系因总督将来须移驻长春,而以左、右参赞改为东三省参赞,专受钦差大臣节制,同驻长春。故吉、江两省但设文案而不设参赞。现在度支奇绌,移驻之议骤难实行,而两厅所管事务强半为文案之事,揆诸东三省官制,既未能自为一律。即查上年总司核定王大臣奏颁各直省官制通则,亦无设立参赞之名。大官太多,新政所病。拟请将左、右参赞与承宣、谘议两厅一并裁撤,将来总督移驻长春再行酌量添设。其两厅应办事件,遵照官制通则改设幕僚分科办理。似此则事归简易,职务并无丛胜之虞,而官制亦较齐壹。如蒙俞允,现署奉天左参赞梁如浩本任系外务部右丞,应请旨饬令回京供职,奉天右参赞钱能训系由民政部左丞,简授今职应如何录用之处,恭候圣裁。除咨部外。谨奏。宣统元年四月二十五日奉硃批:梁如浩、钱能训均回京当差。余照所请办理,该部知道。钦此。

## ●●度支部会奏议覆江督奏遵办禁烟各节并筹拟情形折

军机处交出宣统元年三月初四日两江总督端方奏遵办禁烟各节并筹拟情形一折,奉硃批:该衙门详慎妥议具奏。钦此。钦遵到部。

原奏内称:禁烟禁种为我国家自行主权之事,特以禁吸一层,人之流品不齐,不得不异其设施而需之时日。本年设立两江禁烟公所,现在编户验药各章程、烟店吸户各牌照已饬次第审议刊发,复将先设之江南查验官员戒烟所归并其中。办理之法:于官员之有瘾者,一经觉察随时调所查验,勒限戒断;其学堂、军队中人,随时分派委员严密稽查,遇有沾染此习者,学堂则无论师生,军队则无论官长兵目,均立时黜惩;商民之沾此嗜好者,饬由各地方官绅董及里长人等分别劝导,并由公所采择良方,广制善药,分别售送。约计吸烟以下流社会为最多,其上、中社会中人究属有限。自迭奉谕旨申禁以来,旧吸烟人之日少,与新吸烟人之绝无,则可断言者也。

禁种一节,本省举行最早,调查三十三年徐属种烟地亩,已减十之六七。近据徐州道府先后来电,饬查各属已无种烟之区,苏属地方种烟者不过一、二州县,亩数无多,禁绝较易。皖省因上年匪乱,禁种较迟,亦已电商安徽巡抚,臣从严饬禁。惟皖、豫、山东禁种较迟,拟令各省统以一年为限,限满不准再种罂粟,并严定赏罚章程。所谓三年试行期内当切实施行者,此也。

原议洋药五万一千箱之定额,系准印度出口总数而言,其实在进入中国口岸者,尚无此数。查各国于南洋各岛,无不以专卖为禁烟政策。顷者,英使馆参赞李智著论亦谓中国禁烟非专卖不能实行。惟专卖必先专买,拟请设立总分公司,招集华股,官督商办,每年进口洋药均归总公司一手收买,照常完税。总公司设于京师或在通商便利之地,分公司各设于省会之地,每一分公司附设制炼场一所,专炼烟膏。另设发卖所于各州县,开办以后,洋药逐年递减,吸烟人数亦随之而减,至十年而一律肃清。公司入款除开销费用及商人股息各项外,盈余之款酌提数成归商,其余概以入官作为报效,禁烟与集款两不相妨。所谓三年试行期内当切实预定者,此也。

至此项税厘抵补一事,如能采用前议,即可以专卖盈余之所获,另款存储专供抵补之用等语。臣等伏查此次禁烟,英国政府允许分年减运,各国亦多乐为协助,此机不可坐失。无论如何为难,务必内外协力,通筹依限禁净,庶可答友邦之美意,而我国亦可祛沉痼而蹈康和。惟必于一年内尽禁土药,专卖洋药,则有未易轻为举办者,谨为皇上详晰陈之:

一　洋药与土药,味之厚薄,瘾之轻重,迥不相同。东南各省虽吸洋药者多,而吸土药者亦不少。且现在未经戒烟之人皆系下流社会,若必尽令吸土药者改吸洋药,为害更烈。

二　现在各省禁种罂粟,洋、土药价均已奇涨,若议专卖洋药,其价之增长将何所底止?

三　洋药不仅来自印度,现筹专卖,设有私运稽查,亦恐不易。

四　西北各省向无洋药输入,能尽禁种土药,则吸食即可因以净绝。所筹洋药专卖不过为东南各省而设,惟西北各省既可令骤断吸食,岂东南各省独不可骤断吸食乎?一禁一不禁,亦非办法。

五　若认真禁止吸食,则吸烟之人必锐减,按照现定洋药之数包买,每年余剩之药将何所用之?

凡此窒碍诸端,前于两江总督电请专卖洋药,经臣等逐加驳诘,兹该督复奏申前请,而于以上所指各节并未陈明办法,诚恐施行不易,实属难以照准。至禁种各省土药一节,查光绪三十二年八月初三日钦奉谕旨:定限十年以内,将洋、土药之害一律革除净尽等因。钦此。嗣政务处奏定逐年递减,于是洋药进口由外务部商定,自西历一千九百零八年正月起,即中历三十三年之十二月为实行递减运数之期,十年减尽。其各省土药亦由度支部奏定分年分省禁种办法。江苏、安徽、河南、云南、福建、黑龙江等六省,限自光绪三十四年下半年起全行禁种。奉天、吉林、直隶、山东、江西、浙江、湖北、湖南、新疆、广东、广西等十一省,限自宣统元年下半年起全行禁种。陕西、甘肃、四川、贵州四省,递年减种十分之二以上,限至第五年全行禁种。山西一省随时察看情形,勒限禁绝。现山东、山西两省亦提前全行禁种。臣部复恐其禁种不力,奏派候补四品京堂帮办土药统税事务方硕辅前往江南、安徽、河南、山东、山西等省切实履勘,其福建、云南、黑龙江等省由各该督抚自行派员周历查勘,据实奏报。倘皆依限严禁,综计江南等十八省,至宣统二年十一月试行期满,当已禁种净尽。四川等省亦遵限分年递减,不待十年即可全国禁净。

惟禁烟办法,其先贵有预备,其继尤贵能持久,民之以种烟为生者,其利数倍于杂粮。此次各省禁种,无非迫于禁令之森严,有抗违者立将烟苗铲除,并非民别有所利甘舍此而不为也。倘此后查禁稍懈,难保已罢种者不复轻为尝试。臣等公同酌核,拟请旨饬下,奉天、吉林、黑龙江、直隶、江苏、安徽、山东、山西、河南、新疆、福建、浙江、江西、湖北、湖南、广东、广西、云南等省各督抚均限至宣统元年年底止,一律禁种净尽。嗣后按年派员切实查勘,不准再有私种。并请饬下陕西、甘肃、四川、贵州等省督抚督饬所属,递年减种,限至宣统五年止,一律禁种净尽。如未届限,能将全省种烟地亩勒禁全行改种粮食,准将该管官分别奏奖。如届限仍查有私种情事,立将该管官从严撤参。如此办法,自光绪三十二年八月起至宣统五年,计此七年之内,当可实行禁净。尚余三年作为查察隐漏、筹画善后未尽事宜,庶几未届年限,早绝根株,以收令出惟行之效。再,此折系度支部主稿会同禁烟王大臣外务部具奏,合并声明。谨奏。宣统元年四月二十六日奉旨:依议。钦此。

## ●●中瑞通商条约

大清国大皇帝、大瑞典国大君主因欲坚定两国诚实永久之睦谊及推广两国通商事宜，决意订立友睦通商行船条约。是以大清国大皇帝特派外务部左侍郎联芳为全权大臣，大瑞典国大君主特派驻扎中华钦差大臣倭伦白为全权大臣，各将所奉全权文凭校阅，俱属妥善，议定各条如下：

**第一款** 大清国大皇帝、大瑞典国大君主，及两国人民，应如从前永远和好，益加亲睦，所有彼此两国侨居人民身命财产均应互相保护。

**第二款** 大瑞典国大君主可任便派一秉权大员驻扎北京，大清国大皇帝可任便派一秉权大员驻扎瑞典国都城。彼此所派大员，均应照各国公例，得享一切权利并优例及应豁免利益，并照相待最优之国，所派相等大员一体接待享受。其本员及眷属随员人等并公署住处及来往公文书信等件，均不得扰犯擅动。凡欲选用役员使丁通译人及仆婢随从等，均准随意雇募，毫无阻挡。

大瑞典国大君主所派大员，凡有呈递国书，或代递大瑞典国大君主致大清国大皇帝之书，即可随时觐见。大清国大皇帝所派大员凡有呈递国书，或代递大清国大皇帝致大瑞典国大君主之书，亦一律办理。两国接待彼此所派大员之礼仪，均应按照平等之国所用者，俾两国彼此均不失体统。所有来往交函，瑞官所发者应以英文作为正义，华官所发者应以汉文作为正义。

**第三款** 大瑞典国大君主酌视瑞典国利益相关情形，可设立总领事、领事、副领事及代理领事驻扎中国已开或日后所开各通商地方。

大清国大皇帝亦可酌视中国利益相关情形，设立总领事、领事、副领事及代理领事驻扎瑞典国现准及日后准别国领事驻扎之处。各领事等官，彼此两国官员均应以合宜之礼相待。其各领事应得分位职权及优例豁免利益，均照驻扎国现时或日后相待最优之国相等官员一律享受。惟此等领事官奉派到任之日，应由驻扎该国京都之大臣知照该国外部，即由外部允以按照公例发给认许文凭，交发此项文凭均不收费。如该领事官办事违背公例，彼此均可将认许文凭收回。

其两国未派领事官驻扎之处，可各请友邦之领事官代为料理，凡无领事之处，两国地方官均应视订约国之人民得享本约之利益。

**第四款** 中国人民准赴瑞典国各处地方往来运货贸易，瑞典国人民准赴中国已开或日后所开各通商地方往来运货贸易。两国人民均准按照现行律例暨给与最优待国人民之优例。在以上各地方从事商业工艺制作，及别项合例事业，赁买各项房屋为居住贸易之用及租典地段起造房屋礼拜堂坟茔医院，并准雇用该处人民办理合例事务，地方官不加禁阻。其一切优例豁免利益，两国均照现在及将来给与最优待国之人民一律无异。

**第五款** 凡瑞典货物运进中国或他国货物由瑞典人民运进中国者，又瑞典人民贩卖中国货物运出外洋，或由中国运往瑞典者，应纳进出口税，悉照中国与各国现在及将来所订之各税则及税则章程办理。所输之进出口税比相待最优国之人民运进出口相同，货物所输之税不得加多或有殊异。其禁止进出口及应免税各货物，亦照中国与各国现在及将来所订税则章程一律办理。瑞典人民欲将运入中国之货进售内地，除纳进口税外，愿一次纳子口税以免沿途征收，及入内地采买中国土货以备运出外洋，除纳出口税外，愿一次纳子口税，以抵沿途税厘，均可照中国与各国现行章程办理。所纳之子口税不得比最优待国之人民所纳者或有加多。其货物由此通商口岸运彼通商口岸，或在通商口岸暂存关栈，或已进口之货复运出口，均照中国与各国现在通行章程或日后续议新章一律办理。

凡中国货物运进瑞典国，或他国货物由中国人民运进瑞典国，听纳进口税，比最优待国之人民所纳者不得加多或有殊异，中国通商各口官员，凡有严防偷漏税课之法任凭相度机宜设法办理。

第六款　瑞典国商船准赴中国已开或日后所开各通商口岸运货贸易，并准赴中国已准各国商船行驶之内港及准停泊之沿江各处卸载货物，客商惟须悉照中国订定之各国通商章程办理。如瑞典船违章驶入中国未准通商之口岸，及未准行驶停泊之内港或在沿海沿江各处私做买卖，任从中国将船货一并罚充入官。

中国商船亦可赴瑞典国准别国商船行驶停泊之各港口往来贸易卸载货客。彼此两国商船均照最优待国之商船一律相待。

两国商船在彼此各口岸，均可自雇船只剥运货客，并雇觅引水之人带领进口出口，应纳船钞暨别项规费悉照彼此两国现行章程办理，不得过于最优待之国各船所纳之数。如此国船只在彼国沿海地方碰坏搁浅，地方官须立即设法救护搭客水手人等，与相待最优国之船只搭客水手一律无异。倘因船只损坏或遇别项事故逼觅避难之时，不论何处，准其驶进附近各口暂泊，毋庸交纳船钞。其所载货物如因修船起卸并不出售，报明海关查察，毋庸纳税。

第七款　两国船只平时彼此任听在开通各口往来贸易。倘遇此国与别国战争之时，因此禁阻敌人船只入口，此国仍准彼国船只照旧任便入口贸易，不得损害并贩运货物来往。开战国之通商地方悉照中立国之例，所有中立旗号不得稍有侵犯。惟中立旗号不得用以保护敌人所雇用船只载运兵弁，亦不得使敌人船只违例挂用此等旗号私运货物入口，倘有船只犯此禁令，任听此国将船货罚办入官。

第八款　中瑞两国兵船如先由此国告知彼国，准其驶入彼此向准他国兵船驶入之各口，并与最优待国之兵船一律相待。凡购买煤水食物或应修理船只，该口地方官应妥为照料。各兵船进出口时免纳一切税项，其兵船统带官可与该口地方长官平行接待。

第九款　瑞典人民准其持照前往中国内地各处游历，执照由瑞典领事发给，由中国地方官盖印。经过地方如饬交出执照，应随时呈验无讹放行。所有雇用车船人夫牲口装运行李货物，可听自便。如查无执照或有不法情事，应送交最近领事官惩办，沿途止可拘禁不可凌虐。执照自发给之日起以十二个月为限，若无执照进内地者，罚银不过三百两之数。惟在通商口岸有出外游玩地，不过华百里，期不过五日者，无庸请照船上水手人等不在此例。中国人民在瑞典国境内可以任便前往各处游历，惟必须安分遵守该国法律章程。

第十款　凡瑞典人被瑞典人或被他国人控告，均归瑞典妥派官吏讯断，与中国官员无涉。惟中国现正改良律例及审判各事宜，兹特订明：一俟各国均允弃其治外法权，瑞典国亦必照办。两国人民遇有因负欠钱债及争财产物件涉讼之案，皆由被告所属之官员公平讯断，均应照最优待国人民控告相同案件之办法一律办理。如两国人民有被控犯罪各案，由被告所属之官员审讯，审出真罪，各照本国法律惩办，均应照最优待国人民控告相同案件之办法一律办理。

第十一款　瑞典人在中国犯罪或逃亡负债者，潜往中国内地或潜匿中国人民房屋内或船上以避捕传，一经瑞典领事照请，中国官即将该犯交出；中国人在中国犯罪或逃亡负债者潜匿在中国之瑞典人民所住房屋或中国水面瑞典船上，一经中国官照请，瑞典官即将该犯交出，均不得庇纵揩留。

第十二款　耶稣、天主两等基督教宗旨原为劝人行善，凡欲人施诸己者，亦必如是施于人，所有安分习教传教人等均不得因奉教致受欺侮凌虐。凡有遵照教规，无论中国、瑞典人民，安分守教传教者，毋得因此稍被骚扰。华民自愿奉基督教，毫无限止。惟入教与未入教之华民，均系中国子民，自应一律遵守中国律例，敬重官长，和睦相处。凡入教者，于未入教以前或入教后如有犯法，不得因身已入教，遂免追究。凡华民应纳各项例定捐税，入教者亦不得免纳，惟抽捐为酬神赛会等举起见而与基督教相违背者，不得向入教之民抽取。各教士均不得干预中国官员治理华民之权，中国官员亦不得歧视入教不入教者，须照律秉公办理，使两等人民相安度日。瑞典教会准在中国各处租赁及永租房屋地基作为教会公产，以传专教之用，俟地方官查明地契妥当盖印后，即准该教士自行建造合宜房屋，以行善事。

第十三款　中瑞两国原有条约未经因立本条约更改者，兹特声明仍旧照行，并声明，凡两国允许有约各国政府或官员人民于通商行船及所有关于商业工艺应享一切优例豁免，保护各利益，无论其现已允与或将来允与，彼此两国政府或官员人民均一体享受，完全无缺。将来两国均可任便各与邻近之国订立关于边界商务之条约。又，两国如有给与他国利益之处，系立有专条者，彼此均须将专条一体遵守，或另订专条，方准同沾所给他国之利益。

第十四款　凡中国与有约各国商允通行照办之事件及公共遵守之规则章程，与本约条款不相违背，事属可行者，两国亦一律照办遵守。

第十五款　本约条款彼此两国若欲修改，自本约互换之日起以十年为限,期满须于六个月之内先行知照。若彼此未于六个月内声明修改,则本约仍照旧施行,复俟十年再行修改。以后均照此限办理。

**第十六款** 俟大清国大皇帝、大瑞典国大君主各将此约批准互换后,必须敬谨收藏。大清国大皇帝批准原册应存于瑞典京城外部,大瑞典国大君主批准原册应存于中国北京外务部。并将此约于批准互换后,彼此立即宣布,俾两国官员人民周知遵守。

**第十七款** 本条约用汉文、瑞文、英文缮妥署名为定。惟为防以后有所辩论起见,两国全权大臣订明,如将来汉文与瑞文有参差不符,均以英文为准本。条约奉大清国大皇帝、大瑞典国大君主批准后,在北京互换,其互换日期自署名之日起至迟不逾一年。为此,两国全权大臣将汉、瑞、英文约本各二分署名盖印,以昭信守。

光绪三十四年六月初四日(西历一千九百八年七月初二日)

订于北京

大清国钦命全权大臣外务部左侍郎联、大瑞典国钦差驻扎中华便宜行事全权大臣倭,各奉本国政府训谕,将后开增加之款,于本日签押附入光绪三十四年六月初四日,即西历一千九百零八年七月二号在北京议订签押之《中瑞条约》。

**增加条款** 缔约两国兹订明本约第四款所载断不于业经给与或将来给与最优待各国之人民各种利益外,另以无论何项利益给与在中国之瑞典人民或在瑞典之中国人民。

宣统元年四月初六日

(西历一千九百零九年五月二十四号)订立

大清国钦命全权大臣外务部左侍郎联、大瑞典国钦差驻扎中华便宜行事全权大臣倭,为会同互换约本事,兹将所奉大清国大皇帝陛下、大瑞典国大君主陛下批准,光绪三十四年六月初四日(西历一千九百八年七月初二日)在北京订立签押之《中瑞通商条约》,彼此会同核对无讹,即于本日互换讫。为此,缮立互换文凭,署名盖印,以昭信守,须至文凭者。

宣统元年四月二十七日<br>(西历一千九百九年六月十四日)<br>在北京立

## ●●学部奏高等实业豫科改照中等实业功课教授并限制中等实业毕业改就官职片

再,定章实业学堂分高等、中等、初等三级,中等、初等所以裕谋生之知识,以多设为宜,高等所以造专门之人才,以完备为贵。各省现已设立之高等实业学堂,其由豫科毕业升入本科之学生,所习功课均应遵照定章切实教授,以符名实,不得因毕生系由豫科升入意为迁就。若学生程度实有不及,应即改照定章中等实业学堂功课教授,不得讬名高等致嫌速化而少成效。其高等实业学堂招选在戊申六月以前之豫科学生,未经臣部核准升入本科者,均应改照中等实业学堂功课,按年教授,毕业后再行升入高等本科,以免躐进。至《中等实业学堂奖励章程》所载,考列最优等,作为拔贡升入高等实业学堂肄业;不愿升入者,以州判分省补用,即不能作为拔贡考列优等者作为优贡升入高等实业学堂肄业;不愿升入者,以府经分省补用,即不能作为优贡考列中等者作为岁贡升入高等实业学堂肄业;不愿升入者,以主簿分省补用,即不能作为岁贡等语。历经臣部遵办在案。

惟近查各处中等实业学堂毕业生,率皆呈请改就官职,不愿升学。若一律允许，深恐高等实业学堂因无升入之学生不能成立，似应略示限制。拟嗣后凡中等实业学堂毕业生，年在二十五岁以下者，均应就升学奖励，不准改就官职，庶有以资深造而兴实业。如蒙俞允，即由臣都通行各省遵照办理。谨奏。宣统元年四月二十七日奉旨：依议。钦此。

## ●●湖广总督陈夔龙奏请将左营游击孙有庆移驻荆门等片

再，湖北绿营副参游都守各缺，经臣酌量裁留，奏准在案。查裁撤各缺内有荆门营游击一缺，该管汛防归荆门营中军守备专管；又裁湖北提标左营中军守备一缺，该管汛防归左营游击专管。当时原奏本以就近责成，暂免纷更起见。现臣复加察核，荆门营所管汛地幅员辽阔，水陆交冲，为襄汉之枢纽，仅留荆门守备尚不足以资镇慑。查湖北提标左营游击驻扎南漳县，汛防较简，且距提督驻所甚近，易于控制，应请将提标左营游击孙有庆移驻荆门，以重操防。该游击既经移扎，所有前裁之提标左营守备瑞芳应仍饬留驻南漳，以资治理。荆门既有游击驻扎，则荆门营守备一缺自应裁撤，前奏以尽先守备欧继贤拟补之案应请饬部撤销。如此一转移间实于地方防务深有裨益。且此次改定所裁缺数仍与前奏相符，相应请旨饬部更正立案，以昭核实。谨奏。宣统元年四月二十七日奉硃批：该部知道。钦此。

## ●●步军统领衙门奏变通五营制兵片

再，查奴才步军统领衙门所属巡捕五营，原设马战制兵一万名，嗣因屡经裁并只存五千名,合中营现有兵一千五百名(内分马兵五百四十名、战兵八百六十名、简差战兵一百名),南营现有兵一千二百五十名(内分马兵五百二十名、战兵六百三十名、简差战兵一百名),北营现有兵七百五十名(内分马兵三百二十名、战兵三百三十名、简差战兵一百名),左营现有兵八百名(内分马兵三百二十名、战兵三百八十名、简差战兵一百名),右营现有兵七百名(内分马兵三百名、战兵三百名、简差战兵一百名),分布各营汛缉捕当差。

查五营地面差务繁简不同,原设兵数随之亦异,惟是今日情形大非昔比,有不得不稍加变通,量为分布者。查京营所属地面,计周五百余里,京城以外分隶中、北、左、右四营,地方辽阔,巡逻已觉难周,现有兵额之数已减原额之半,弹压缉捕势难遍及。而民政部巡警一时既不能推广四郊,度支部库款支绌,势亦难规复旧制。

再四思维,惟有将差务较简兵数较多之处量与分拨,以资镇摄。除中营兵额虽较四营为最,而所属地面有园庭多处均应派兵守卫,所有该营原设制兵勿庸分拨外,查南营所属地面,即外城七门以内,自民政部设立外城巡警总厅设官分区添练巡警两千数百名,计所增约四倍当年五城练勇之数,逐渐分布南营制兵差务遂日简于前。拟请由南营兵丁内拨出兵丁三百七十五名,分拨北、左、右三营一转移间计每营有马兵三百六十五名,战兵四百十名。如此量为变通,于营汛补务,殊多裨益。谨奏。宣统元年四月二十八日奉旨:依议。钦此。

# ●●宪政编查馆奏考核京外各衙门第一届筹办宪政并胪陈第二届筹办情形折

窃臣等于上年十二月十一日会奏考核专科章程,内开九年筹备事宜，钦遵懿旨，责成内外臣工每届六个月将筹办成绩胪列奏闻，并咨报宪政编查馆查核。应自光绪三十四年八月起至十二月底止为第一届，以后每年六月底暨十二月底各为一届，限每年二月内及八月内各具奏咨报一次，俟报到臣馆后，查核所办是否核实，于每年四月内及十月内务分别殿最、汇奏一次。又，章程内开京外各衙门于应行筹备事宜，如有逾限不办或阳奉阴违或有名无实，即由馆指名据实奏参，如办理稍有未协，由馆分别奏咨指令更正等语。

臣等伏维朝廷特设考核专科之意，原欲以稽考成绩分别殿最，以儆因循惕玩之习，而收克期进取之功。上年八月初一日钦奉懿旨：该王大臣等若敢扶同讳饰贻误国事，朝廷亦决不宽贷等因。钦此。臣等责任所在，惟有破除情面，认真考察，以期无负朝廷励精图治之心。现届第一届考核殿最分别汇奏之期，谨督率臣馆考核专科各员，详加检核所有上年八月起至十二月底止第一届限内京外各衙门应办各事，如设立变通旗制处、颁布城镇乡地方自治章程、调查户口章程及清理财政章程，应由军机处宪政编查馆暨民政度支等部分别筹办者均已遵限奏明请旨，办理在案。至学部编辑简易识字暨国民必读各课本，修订法律大臣与法部修改新刑律，修订法律大臣编订民律、商律、刑事民事诉讼律等法典，各省督抚筹办谘议局，照清单内本非限于第一届内应行颁布成立之事，现已各据奏咨，正在分别举办，各项尚与限期无误。

惟新疆抚臣联魁，以谘议局选举一节施之新疆人民，品类既异，尚乏合选举资格之人，勉强行之亦恐成效难睹，酌拟变通办法，具折奏陈，奉旨：该衙门知道。钦此。钦遵在案。

臣等查该抚所拟办法，官绅并用，慎选派委，新省地处极边，情形既与内地不同，自当从权试办，一面再由臣馆行催该抚臣将应办事宜于三年内急为筹备，届举行第二次选举之期即应如期照办，以应九年实行预备之诏。

以上皆京外各衙门第一届筹办宪政成绩经臣馆考核之实在情形也。至第二年应行筹办各事，现虽未至考核之期，臣等谨照考核专科原奏，先事督催之恉。但就已见诸奏报者，参以见闻，比较得失，谨为我皇上略陈之。度支部调查各省岁出入总数，现已分别简派、奏派正副监理官分往各省，风声所树，可望渐次清厘。修订法律大臣颁布《法院编制法》，已将草案咨送臣馆复核。其各省谘议局选举一项，均已遵照开办。但查选举章程，原定正月十五日为初选期，三月十五日为复选期，去岁各省纷纷咨称时期太迫，必须展限，当皆声明不误九月初一日开局之期。其时核计各省初选举正在筹办。惟江苏一省能于三月十五日行复选举，所有议员如数举齐，江苏事繁地广，独能遵照奏章按期复选，使各议员得以余闲为议案之预备，实为两江督臣端方、江苏抚臣陈启泰督率有方之证。广西抚臣张鸣岐专以办理选举为州县之考成，融县知县殷有鉴至以办理疲缓奏参革职，而筹备事项且将清单所载提前办理，最为切实认真。

又，查各省筹办城、镇、乡地方自治设立自治研究所一项，虽前后奏咨有十一省，而成立于三年前者，则惟直隶；成立于民政部颁发章程之先者，则惟奉天、吉林、山东、江苏、安徽、湖北、两广等省。又，查各省调查岁出入总数一项，虽奏咨设局者已有十一省，而惟山东抚臣袁树勋为较有核实办法。又，查各省、厅、州、县巡警限年内粗具规模一项，咨报者仅有六省，各省筹办省城及商埠等各级审判厅一项，咨报者仅有四省，其早经开办则惟直隶、奉天。以臣等闻见所及，该两省审判立于州县之外，不独断结迅速，人民称便，即教民外人，遇有诉讼，亦多照章陈诉，就我范围，尚无窒碍。以上谨就内外之见诸奏报者而言，其未咨报应行筹备之部院及各直省，亦拟由臣馆分别咨催，以慰宸廑。统俟第二期考核一并区别殿最奏明办理。

惟臣等犹有不能已于言者。查筹备宪政头绪既繁，程限踵接，固宜如期举办，尤贵核实图功，若徒涂饰，目前一奏塞责，纵令依限成立，仍非朝廷注重宪政再三诰诫之心。此次第一届应行筹备事宜，既据京外各衙门奏报兴办，尤望部臣疆臣行之以实心，持之以毅力，庶几名实相符，始终无间，以仰副圣主实事求是之意，俯慰四海喁喁望治之情。至臣馆职司考察，尤属责无旁贷，嗣后除京外各衙门按期奏报之件再由臣馆汇核具奏外，其有办理未尽允协者，应照考核定章分别奏咨指令更正，并拟由臣等不时选派妥员分赴各省抽查实在情形，核其与奏章是否相符，据实奏陈，请旨办理，以促进步而求实际。谨奏。宣统元年四月二十九日奉旨：著依议。钦此。

## ●●民政部札发核定违警律内未载之现犯抗传及损毁追偿办法文附总厅详文

据内城巡警总厅申请，核定《违警律》内未载之现犯抗传及损毁追偿办法等情。查现犯抗传及损毁追偿之案，系为执行警律时常有之事，亟应核定办法，以便遵守。嗣后遇有现犯《违警律》应行传案之人，审系确有抗拒情状者，即由巡警厅局按《违警律》各本条加二等罚办；其有擅殴巡警者，无论已未成伤，仍一律送交审判厅，按律审办；至犯本律内损毁官私器物者，无论故误，除按各本条处罚外，仍照律例一律验数追偿。用昭整饬合行札饬仰遵照可也。

内城巡警总厅为申请事，窃查《违警律》总例第二条，内载：本律所不载者，不得比附援引等语。又，上年遵奉部札内开：《违警律》如有疑义，须随时申明本部，以本部解释所定者为准，庶免纷歧等语。

本总厅自办理违警以来，征验事实，详参法意，有本律虽无明文尚应援据现行律例以定办法者，举其最要，约有二端：

一　现犯抗传应否加重也。查《大清律例》内载：凡犯罪拒捕者，各于本罪上加二等。《违警律》于现犯本律各款者，定有迳行传案之文，而于现犯抗传者，未经定有办法，揣立法之意，以为违警事属细微，本可依律罚办，如果抗传即同拒捕，已入刑法范围，自应各按刑律分别治罪，故本律不设规定。惟《违警律》既与刑律分离，此项抗传人犯虽应按律加等，而本罪究系违警，拟请于《新刑律》未经颁布以前，暂由巡警厅区参照《大清律例》（罪人拒捕律）。于违警现犯应行传案之人，审系确有抗拒情状者，即按《违警律》各本条加二等罚办。其有擅殴巡警，无论已未成伤及至折伤以上者，仍一律送交审判，按律惩办，以重警政而尊法权。

一　损毁器物应否追偿也。查《大清律例》，内载：弃毁官私器物者，计赃准窃盗论，各坐罪追偿等语。此项人犯虽有故毁误毁之分，而官物则无论故误皆坐罪追偿并科，私物则仅认毁者偿而不坐，是损伤赔偿实为坐罪外应有办法。惟查《违警律》第二十七条第八款、第二十八条第三款、第二十九条第二款、第三十条第二款、第三十二条第一二款、第四十条第一款、第四十三条第一款规定事项，虽违警分类性质各有不同，而其为损毁官私器物则一，应否验数追偿，本条俱未设规定，判断之际，殊觉困难。若听其坐而不偿财，官私财产损失必多，亦与刑律法例不合。盖损毁器物，轻者入于违警，重者入于刑律，第能执此以定违犯程度之区别，而不能执此以定偿与不当之区别。事苟应偿，虽轻于纤忽，法固未便从宽；事不应偿，即重于泰岳，法亦未便从刻。嗣后遇有损毁器物之各项违警人犯，拟请遵照《大清律例》，无论官私，无论故误，除按本律各条处罚外，一律验数追偿，俾饬法理之平。

以上皆《违警律》固有之疑义，且为施行中常有之事实，既无明文，不便援引，可否照拟办理之处，理合备文申请，宪部迅饬，参议厅核议，呈堂核定通行。

## ●●理藩部奏遵议蒙古汗王等呈递丹书克年限请饬查定拟折

内阁抄出乌里雅苏台将军堃岫等奏蒙古汗王等与哲布尊丹巴呼图克图呈递丹书克，拟请遇有事故准其照案遣员呈递等因一折，于宣统元年三月二十四日奉硃批：理藩部议奏。钦此。钦遵，抄出到部。查原奏内称：哲布尊丹巴呼图克图近年来传令丹书克期限无定，若不酌定办法，恐又事涉两歧，拟请嗣后该汗王等如有无故推托不到者，仍由该管将军大臣等查明奏参，如实有事故不能分身，准其照案呈明，派员前往呈递，庶重职守而恤蒙情等语。

臣等查蒙古王公等与哲布尊丹巴呼图克图呈递丹书克年限，臣部例无明文，各部落亦未报过，每届几年呈递丹书克一次，无从酌定期限。相应请旨饬下，该将军将从前四部落与哲布尊丹巴呼图克图呈递丹书克系几年一次查明，咨送臣部，以凭比较拟定。谨奏。宣统元年五月初一日奉旨：依议。钦此。

## ●●会议政务处奏核覆法部议覆御史吴纬炳奏寻常盗犯请一律照例解勘折

本年四月十九日，军机大臣钦奉谕旨：法部奏议覆御史吴纬炳奏寻常盗犯请一律照例解勘一折，著会议政务处核覆具奏。钦此。钦遵，钞交到处。臣等伏查，古今刑典世为重轻，要在协乎情法之中而已。旧律强盗得财不分首从皆斩，雍正年间始分别"法无可宥"、"情有可原"二项，减等改遣，凡以矫前明旧律之过严，昭盛世祥刑之至化。嗣以军兴盗炽，议将伙盗把风接赃之犯按照为首一律问拟，并有各省就地正法章程，原系辟以止辟之意。现军务既已戡平，刑法宜从宽大。况值预备立宪之际，法律监狱均经次第改良，则旧例原情之典允当亟行规复。

该部原奏称寻常盗劫之案，除起意为首，与拒捕各犯有犯杀伤，及未经伤人之伙盗如曾经转纠党羽入室过船搜赃，或行劫已至二次并执持火器金刃在外把风情形凶暴者，一经得财均仍照定章定例办理外，其止听嘱在外瞭望接递财物，并未入室过船搜赃，及实系被胁同行尚非甘心为盗，或听纠止此一次，并无执持火器金刃情凶势恶者，均系旧例情有可原之犯，应一并免死减等发遣新疆酌拨种地当差。似此分别办理，洵足以合时宜而彰成宪，应请准如所奏，由部咨行修订法律大臣纂入现行例内，俾资引用。现有未经核覆各案，如实有情节可原者，亦即按照新章办理，以广皇仁。

至就地正法章程，本出一时权宜，早经由部奏明通行停止。兹据该部奏称：除东三省根本重地现尚剿办胡匪，以及各省实系土匪马贼会匪游勇啸聚薮泽抗拒官兵形同叛逆者，仍照光绪二十四年（1898年）通行暂准就地正法外，其余寻常盗案均应一律解由该管上司覆勘，傥距省窎远地方酌照《秋审事例》，将人犯解赴该管巡道讯明详由督抚分别具奏等语。似此分别勘办，实于慎重刑章之中兼寓体恤州县之意。惟查各省州县距该管巡道驻扎地方远近不一，现复拟裁守巡道缺，若必概令解道，恐于事实仍多窒碍。臣等公同商酌，除直隶厅州盗犯均令解道覆勘外,其余距省城及该管道较远州县并准解赴该管知府覆勘详办,以昭详慎而归简易。如蒙俞允,应请饬下该部一体通行,钦遵办理。谨奏。宣统元年五月初九日奉旨:著依议。钦此。

## ●●宪政编查馆会奏议覆桂抚张鸣岐奏议裁冗员折

三月十九日,准军机处钞交广西巡抚张鸣岐(1875—1945)奏筹办新定官制议裁从前冗员一折,奉硃批:该衙门议奏,单并发。钦此。原奏内称:今欲增有用之官,以专责成,宜先去无用之官,以节浮费。督同三司详加体察,查有柳州府通判、郁林州州判、布按经历、各府经历知事、各土州土县所设之州同州判吏目典史、龙胜厅之龙胜司巡检等三十缺,均属闲曹,一无责任,拟先行裁撤。此外,佐贰杂职等缺,目下府州县佐治官猝难照章遍设,该佐贰杂职等,或任分防,或典监狱,与请裁各缺之毫无责任者不同,拟俟设立佐治员时,再行逐渐裁改等语。

查现在推行新政,重在核实,设一官须得一官之用,自不容有闲冗者厕列其闲。原奏所称欲增有用之官,先去无用之官者,洵不为无见。查阅原奏拟裁冗员,约分为两项:

一为同城之首领佐杂等缺。该员等原有职掌久属名存实亡,不独通判州判等佐治虚有其文,即布按府经历各省向未议裁者,其应办之事非另延幕友襄理,即改派委员分司,以致事多隔膜,官等赘旒,既难以历练人材,且不免染成惰废。是以光绪三十三年五月总司核定官制,王大臣有汰旧设新之奏,近年广东、湖南请裁同知以下佐贰等缺,均经奉准有案。该省拟裁各缺情事,正属相符。此裁撤同城闲冗首领佐杂各缺之属可行者也。

一为土州县之州同州判等官。定例土官多设汉员佐治,当时固别有深意。惟查光绪三十三年十一月该抚奏酌拟造就土官办法折内声明,各属土官以就学毕业优等承袭其已病故及因案撤任之土忠州知州等二十三员缺,均分别停止承袭,不准回任,暂由汉员弹压等语。是现在该省土州县既有汉员弹压,与旧日情形不同,原设佐贰等官之闲冗无事,亦与柳州通判等相等,去之无损于丝毫,留之或转多牵掣。且原奏本拟裁汰旧官改设新官,将来土州佐治汉员自须体察情形,及时设立,以资维系,亦不致有偏重土官之虑。此拟裁土州县佐贰等缺之属可行者也。

臣等公同商酌,原单请裁之广西布政司经历,按察司经历,柳州府通判,郁林直隶州州判,桂林、平乐、梧州、浔州、南宁、柳州、庆远、泗城八府经历,太平、镇安两府知事,龙胜厅龙胜司巡检,忠州、南丹、江州、万承、龙英、太平、思州七土州州同,凭祥、向武两土州州判,思陵、结伦、都结、都康、下雷五土州吏目,忻城、土县典史,共三十缺,拟准一律裁撤。此外该省佐贰杂职等缺,应如原奏所请,俟将来议设佐治员时,再行逐渐裁撤,以期官无闲冗,事有责成。

原奏又称,裁缺人员内有升阶者,拟准分别请咨引见验看归入升班补用,及愿补还官职与无升阶各员一并归裁缺补用孤缺并准借补各节。吏部查此次广西所请裁撤布政司经历等共三十缺,既经宪政编查馆议准,所有裁缺各员内如有捐保各项升阶,应令该抚给咨赴部分别办理,其仍愿补还官职暨并无升阶者,各以对品相当缺分归于裁缺,即用班内照例请补,至裁撤孤缺人员亦应以对品之缺即行借补,俾免向隅。原奏又称裁缺节存廉俸等费,请尽数留充筹办审判厅之用一节，度支部查此次该省裁撤各缺，既经宪政编查馆吏部议准，所有节存廉俸等费据称尽数留充筹办审判厅之用，自应准如所奏办理。惟每年节存廉俸等费若干，审判厅应用若干，均未声叙，应令广西巡抚迅即查明，专案报部，以凭稽考。

所有臣等遵旨议覆张鸣岐奏请裁冗员各缘由谨缮折会陈，再，此折系宪政编查馆主稿会同吏部度支部办理合并声明。谨奏。宣统元年五月十二日奉旨：著依议。钦此。

## ●●学部恭录谕旨通咨各省变通学制施行办法文宣统元年（1909年）五月十五日

宣统元年三月二十六日奉上谕：学部奏酌量变通《初等小学堂章程》并原有小学简易科，酌拟两类办法以期学徒日多、教育渐臻普及缮单呈览一折，所奏尚属切实易行，著各省督抚督率提学使，无论官学私塾，均当遵照此次定章，分别地方情形，切实举办，并随时派员认真考核，嗣后办学官绅。如再有因循欺饰不遵章程者，即由学部查明严行参处，务期学校日兴，民智日启，以仰副朝廷敷教牖民之至意。余依议。钦此。

又，本部奏变通中学堂课程分为文科、实科一折，奉旨：依议。钦此。钦遵到部。查新旧学制迭更之际，必筹变通尽利之方，始收整齐画一之效。此次更定学制，自奉到谕旨之日起，所有中学堂及初等各小学堂，添招学生均应遵照新章，切实办理，其从前原有班次应仍照旧章接续教授，不得中途易辙，致启纷歧。至中学划分文、实两科，期在分途并进，各具专长，藉收树人之效。应由该提学使司酌量地方情形，熟筹办法。如财力充裕，教员完备，则一堂之内文、实两科不妨并设。惟学生原习文科者不得改进实科,原习实科者不得改入文科,以归划一。如或财力不足,教员缺乏,可即变通专设一文科或专设一实科,但期核实,不务虚名。惟全省之内文、实两途不得过于偏重,致有顾此失彼之虞。统限文到三个月内,由该提学司将筹定通省中小学办理情形详细咨部,以凭考核。相应咨行查照转饬所属学堂提学使司遵办可也。

## ●●度支部奏整顿各省田房税契抵补洋土药税厘折并清单[①]

窃维禁烟实行以来,臣部请以盐斤加价暨举办印花税两项抵补洋、土药税厘短绌之款,均经先后奏明在案。本年二月二十四日内阁奉上谕:洋、土药税厘,关系军饷大宗,近据度支部奏请,酌加各省盐价以为抵补之策,当经允行。惟盐斤加价,合计不过四五百万两,不敷尚多。其抵补税厘一事,责之度支部悉心擘画。此时筹款诚艰,要当权其利害轻重,多方筹集,迅速举行。各省督抚如有抵补良策,亦著奏陈备采等因。钦此。钦遵,抄出到部。

臣等伏查前项税厘,为数甚巨,盐斤加价一项不敷尚多,既在圣明洞鉴之中。印花税甫经举办,一时亦难集成巨款。自应恪遵谕旨,多方筹集,以为抵补之计。第,此际财力支绌,苦无长策,惟各省田房税契一事,现在亟须整顿,尚属有益于国无损于民,为筹款之一法。查例载,置买田地房屋价银每两纳税三分,各省遵行已久。近数年来因洋款之增加与新政之选举,各该督抚纷纷奏请,于是买契之税有加

---

[①] 原书缺"清",为与原书目录一致,故增之。

至四分五厘者、五分者、六分六厘者，典契之税有按买税减半者，亦有与买税一律者，收数既不画一，办法又复纷歧。现当清理财政之时，税契一项未便，任令各省自为风气，此其亟须整顿者也。且此项税收究系取之多财有力之家，与贫民生计无碍，不妨酌量加多，定为通行之税则。查湖北省于本年二月间援照四川章程，从其多数奏明买价一两收税九分，湖南省于本年正月间奏明典当田房收税六分。经臣部核覆行知，各在案。

兹拟厘定税则，凡各省买契，无论旗籍、民籍，一律征税九分，典契一律征税六分。其前由此项税收内支用之款，应即如数划还各省，并准于加收项下扣提一成，以为办公经费。此外，尽数存储，听候部拨专为抵补洋、土药税厘之用。议者谓事属加征，恐系害多利少。殊不知力能典买产业者，必不吝此区区之费，且无典买之事，官吏即无从过问，是于舆情为不扰。各省若实力奉行，办理得宜，亦可积成巨款，是于公帑为有益。

臣等再三筹画，尚属可行，谨拟章程二十条另缮清单恭呈御览。如蒙俞允，即由臣部行知各省将军督抚都统左右翼顺天府遵照。惟臣部所拟章程不过举其纲要，仍应由各督抚察酌该省情形转饬所属妥慎办理，务期款集而民不扰，以仰副朝廷利用厚生之至意。谨奏。宣统元年五月十六日奉旨：依议。钦此。

## 谨将酌加契税试办章程二十条恭呈御览。

**第一条** 例载置买田房价银每两纳税三分，近年各省纷纷奏请加增。诚以税契一项，系取之有力之家，与贫民生计无碍，应通行各省。即照湖北本年二月间奏定章程，买价一两一律收税九分，此外丝毫不准多收。

第二条　典当田房,应一律征收典税。惟各省有按买税减半征收者,有与买税一律征收者,毫无区别。固非持平之道,太相悬殊,又开取巧之端。查湖南省于本年正月间奏定典当田房收税六分,适得此次加收买税三分之二,应通行各省。即照湖南奏定章程,典价一两一律收税六分,此外丝毫不准多收。

第三条　此次所定买契收税九分,典契收税六分,所有各省向征数目,即在其内。如直隶买税向收正税三分,耗银三厘,学费一分六厘五毫,计共四分九厘五毫,此次再加收四分五毫,合成九分之数。直隶典税向收一分六厘五毫,学费八厘,计共二分四厘五毫,此次再加收三分五厘五毫,合成六分之数。其余各省以此类推。

第四条　安徽典契系照买税一律收正税六分,耗银六厘及四厘八毫、四厘五毫不等。此次典契既定为收税六分,该省自应一律遵守,所有向收六厘、四厘八毫、四厘五毫不等耗银,应一概删除,以免歧异。

第五条　此次新章奏定后,由各省迅速举办。各省奉到部文即将奏定章程刊刻刷印,到处张贴,俾众周知。限于文到两个月内一律实行,此后所有典买田房即照新章纳税,并由各省将开办日期报部立案。

第六条　民间置买田房多有过户而不税契者,新章实行以后,应由地方官严行禁止所有从前白契。如照新章补税,概不追究既往,以杜讼端。至稽查漏契之法,各省情形不同,应由各该地方官详慎酌办,不得稍涉扰累。

第七条　投税期限例定一年。惟各省现行章程有限二十日者,有限一个月者,有限两个月者,有限六个月者,虽系因地制宜,而办法终属参差。现拟变通旧例酌中定期,凡民间置买田房于立契之后统限六个月内呈明纳税，以归一律。

第八条　各省现行税契章程有用官纸者，有用契尾者，有用户管及执照者，应暂准照旧。将来臣部造纸厂印刷局成立后，由臣部酌定官板契纸条款样式印发通行，所有各省现行契尾户管执照以及各省官纸即一律停止行用。

第九条　契尾户管执照，各省所收经费多寡不同，即官纸一项收费亦不一律，应暂准仍旧。将来臣部官板契纸发行，应酌中定价，颁给各省。所有各省契尾户管执照官纸等项所收经费，即一律停止征收。其向来在契尾户管执照官纸所收经费项下提支款目，仍由臣部酌量拨给。

第十条　民间交纳契税有完银者，有折钱者，各省与各省不同一省之中，此处与彼处不同，应暂仍其旧。其每银一两折收钱若干千，并准照该省现办章程办理。

第十一条　民间田房凡先典后买者，准于买契税内扣还原纳之典税，以免重征。

第十二条　税契向归州县经征，去年九月间，川督奏设经征局，税契一项改由该局经征。近据奏称，成效大著，上年冬季税契收数已达五十万两。惟本年四月间，臣部奏明各省局所，均须次第裁撤，则该省设立之经征分局自应统隶于藩司。至各省能否一律照办之处，应由各督抚体察情形酌量办理。

第十三条　各省抽收田房买税典税，多系备拨要需。其附收款目，以及加收火耗经费等项，亦系行政及办公必需之款，均应在九分买税、六分典税内分别拨还。如直隶买税内应拨还该省正耗学费银四分九厘五毫，典税内应拨还该省典税学费银二分四厘五毫，其余各省以此类推。

**第十四条** 此次加收契税,除各该省额征各款不计外,每加征一分应扣提一厘,以为经征官吏办公之用。

**第十五条** 此次所收买税典税,除拨还本省额款及扣提公费外,其余应另款存储,听候部拨,不得擅行动用。

**第十六条** 自本章程实行之日起,至本年年底止,所有买税典税收支数目应专案造报。其买税典税并应分晰开列,以清眉目。

**第十七条** 各省契税长征,应比照政务处奏定厘税保奖章程,分别给奖,以资鼓励。仍由各该省,将每年某处向征收数若干逐一造册咨部立案,并将经征衔名、年月随案报明,不得笼统含混。

**第十八条** 此次新章,各省均应实力奉行。如有不肖官吏借端扰民,及或侵蚀中饱,违章浮收,即由各该督抚等指名严参,从重究办。

**第十九条** 凡此次章程所未规定者,均照各该省现行章程办理。

**第二十条** 此次系试办章程,如有未尽事宜,应由本部随时增订,以臻完密。

## ●●学部奏拟选科举举人及优拔贡入经科大学肄业片

再,臣部准大学堂总监督刘廷琛(1867—1932)咨开大学各分科业经奏明开办,其学生以高等毕业为合格。现值开办之初,学生尚未足额,志愿入经科者较少。查各省科举举人多系积学之士,请电咨各省遴选经明行修,具有根柢之科举举人保送来堂,以备肄业经科大学之选等情前来。臣等查光绪三十四年四月臣部奏准各学堂考选章程,内开:分科大学,大学选科,非高等学堂大学豫科毕业学生及与高等学堂程度相等之学堂毕业生,不得考升等语。原为整齐学制,豫防蹰等起见。

惟经科大学所以研究中国本有之学问，自近年学堂改章以来，后生初学大率皆喜新厌故，相习成风驯驯乎有荒经蔑古之患。若明习科学而又研究经学者甚难，其选诚恐大学经科一项几无合格升等之人，实于世教学风大有关系。惟从前科举时，举人虽未由高等学堂毕业，而治经有年，学有根柢者，尚不乏人，以之升入经科大学，更求深造，庶几坠绪不绝，多得通经致用之才。至拔贡、优贡两项，皆系中学较深之士，与举人事同一律，自应一并选送。

拟即如该总监督所请，分咨各省，将从前科举时举人并拔贡、优贡共三项，查其经学根柢素深者，考选送京，以备到京后由臣部覆加考试，升入大学堂经学分科之选。谨奏。宣统元年五月十七日奉旨：依议。钦此。

## ●●邮传部奏统筹添设护路巡警片

再，查铁路向章应由本路专设巡警管理，该路界内弹压看守等事本与地方所设警兵有缉捕专责者权限攸分。然铁路巡警果能布置周密防患未然，则界内窃毁之案自可减少，而地方缉捕之事亦不至加繁。现在官办各路所设巡警，惟京奉一路向由北洋调派巡兵约共一千余名，其京汉一路南北两段直鄂拨有练军护军巡防等队，中段专赖汴省所设铁路巡警营分站驻扎。而该路专设之巡警则只一百余名，其余各路警兵，多或百余名，少仅数十名，且往往沿用弹压巡查护勇等名目。事权既未归一，责任又复不专。人少路长，不敷分布。推其因陋就简之由，原为节用省费之故，不知铁路机件价值昂贵，遗失购补为费已多。万一生出危险，伤害人命，损坏车辆，则抚恤之费既巨，修理之费尤繁。

臣等通盘计画，与其惩治于事后，不如防护于事先，是铁路多设巡警，费尚有限，而保全路务利在无形，得失相权，其理甚显。臣等拟即察酌情形，将此项护路巡警统筹添设，并将弹压巡查护勇等名目一律更正，以期统一而符名实。即商办已成之路，亦当由臣部随时体察，商筹办理，务令路政益臻完密。臣等思患预防，并为地方官吏辅助联络起见，是否有当，理合附片具陈。谨奏。宣统元年五月二十日奉旨：著该部妥定章程咨商，有路各省切实办理。钦此。

## ●●邮传部奏匪徒窃毁铁路要件请明定治罪专条及承缉处分折

窃维铁路之设，上便军国，下利商民。其行驶之利便专恃轨件之完全，故自铁轨枕木以至道钉之类，无论件数大小，一有缺失患即随之，危险所关，良非浅鲜。第，轨件敷设绵长，沿路愚民每乘防范不及之处，任意窃毁，就官办各路而论，此项案件时有所闻，商办各路尤属难免。凡遇此案，叠经臣部咨行该管督抚严饬地方文武缉拿追赃，纵获一二确凿口供，以无治罪明文仅予枷责了事。而地方官吏亦因例无考成，不免敷衍。当此新律尚未实行，设不暂照现行法律明定治罪专条与承缉处分，何足以示创惩而资整顿？

查前大学士臣李鸿章于光绪十八年（1892年）在直隶总督任内，曾以匪徒窃毁电报杆线请定治罪专条承缉处分，并声明电线事同驿递，非寻常官物无关要事者，比若照盗毁官物科罪计赃罪，止杖责不足蔽辜，即商电杆线系奏明设立，亦应一体维持，奏请部议，嗣经刑部议，以窃毁电报杆线不论官电商电是窃是毁不计杆数，均比依驿站马夫递交公文事干军情机密沈匿例分别科罪追赔。至聚众拔毁逞凶拒捕情节重大，仍察看情形分别首从，照土匪滋事从严重惩，不得复拘成例。其该管地方文武职官应得处分，亦经吏部兵部会议分别按照定例比拟，先后奏明。奉旨：依议。钦此。钦遵，通行办理在案。

窃以电报关系传信事务，铁路关系运输机宜，于国政均关重要。路轨被窃，致出危险，轻则损坏货物，重必伤害人命，似比窃毁电线仅碍传报受害尤多。且有所窃尚微，所害甚巨，亦非寻常盗毁官物计赃科罪之例足以比附。相应请旨饬下法部，凡属窃毁铁路铁轨枕木道钉及关行车一切重要机件之罪犯，暂照奏定窃毁电报杆线比拟治罪专条定议，通饬遵办。至失察及承缉之地方官应得处分，分别重轻，并请由吏部陆军部从严议定。俾有责成，庶杜后患。惟现已修订新律，所有窃毁铁路及电报轮船邮政等罪应由修律大臣订入新律，俟奏定颁行后，再照新律办理。又，商办铁路均系奏准建筑，其总协理各员亦皆由部奏派，事关公益，非一人私产可比，应与官办各路一体保护。谨奏。宣统元年五月二十日奉旨：著该部议奏。钦此。

## ●●农工商部奏筹议农林工艺要政历年办理情形并拟大概办法折

宣统元年五月十六日内阁奉上谕：前奉先朝谕旨，农林要政，著各督抚饬属详查所管地方官民各荒并气候土宜，限一年内绘图造册报部，并迭次饬令。各省兴办工艺实业，原以农工均为富民要图，办理刻不容缓，现在时阅两年，奏报尚属无几。著农工商部再行严催各省督抚，将以上应办农林工艺各项事宜迅速分别举办，毋再因循悠忽，用副朝廷振兴实业、念切民生之至意。钦此。圣谟广远，钦服莫名。

伏查推广农林事宜，臣部于光绪三十二年十一月间奉到谕旨，遵即通咨各省一律筹办。嗣于三十三年九月间通行咨催，十一月间又专折奏催，旋据奉天、吉林、黑龙江、河南、广西、甘肃等省陆续造送图册。臣部详加考核，先行拟订《推广农林简明章程》二十二条，于本年三月间奏请饬下各省一律兴办。又，另订《振兴森林办法》，先后奏奉谕旨允准通行各将军督抚都统大臣一体钦遵办理在案。臣部开办以来，首以整顿农业广辟利源为要义。光绪二十九年十月间即有请旨通饬各省振兴农务之奏，嗣后迭经区别土性调查物产，遴员分往各省考察土货，履勘林业。并令各直省商务议员统筹办法，先后奏办农事试验场以资研究，奏订农会章程以示标准，而于各省绅商之禀办农业公司者莫不优加奖劝，量予维持。

比年以来，风气渐开，其各省所办农林事宜，业经报部有案者，奉天则有农事试验场、农业讲习所、天一垦务公司、森林学堂，吉林、黑龙江则有农事试验场、实业学堂、瑞丰农务公司，直隶则有高等农业学堂、农事试验场、营田垦务所、正定林业公所，热河则有喀喇沁林业公司，山东、山西则有农林学堂、农事试验场、林业试验场，江苏则有实业学堂、农事试验场、海赣、通海、溧阳各垦牧公司，茅麓、茂达、吉金各树艺公司，安徽则有垦牧树艺局、贵池垦牧公司，江西则有农事试验场、实业学堂、树德垦牧公司，浙江则有高等农业学堂、永裕垦务公司，福建则有农事试验场、顺昌垦务公司，河南则有农事试验场、实业社会，陕西、甘肃则有农业学堂、农事试验场，湖北则有高等农业学堂，广东广西则有农业学堂、琼崖垦矿公司、普生农牧公司、振华垦务公司，四川则有农业学堂，贵州则有农林学堂。或培植通才以资任使，或扶持商力以广招徕，通力合筹，渐有起色。而直隶、甘肃、江西、河南等省，均经臣部奏设农务总会，直隶之长垣、怀安、高阳，江苏之泰州、宝应、甘泉、扬州、无锡、通州，安徽之霍山、盱眙、天长，福建之建宁、漳州、福安等处，均经臣部核准，设立农务分会。俾农民知共图公益，即为地方立自治初基。此臣部历年办理农林之情形也。

至于工艺一项，为广兴制造、改良土货之要图。臣部亦历经悉心规画，先后奏办工艺局、高等实业学堂、艺徒学堂、劝工陈列所、女子绣工科，经营缔造，树之风声，建首善于京师示通国之模范。旋于光绪三十一年二月间，订定工艺调查表式，通行各省饬属如式填报。三十二年四月间，议准请旨饬下各省广设工艺厂，仿造机器。三十三年五月间，通行各省，推广实业学堂。三十四年七月间，议准选派满汉子弟出洋学习工艺。均经通行各省一律筹办在案。

其各省所办工艺事宜，业经报部有案者，直隶、吉林、四川、河南等处均设有工业学堂，京师、奉天、甘肃、热河、察哈尔、新疆、荆州、广州等处均设有工艺厂，京师、天津、荆州等处均设有女工厂。而纺纱、织布各公司之报部立案者，四十余家。织呢、制革、造纸、制磁、玻璃、砖瓦、洋灰、火柴、水泥各公司之报部立案者，共三十余家。类能广设专科整理实业，杜漏卮之外溢，扩土货之行销。此臣部历年办理工艺之情形也。

现在钦奉明谕，以农工要政责成臣部严催各省督抚迅速举办，亟应钦遵办理。拟即通行各省转饬所属地方官，按照臣部奏定农林章程，切实筹办绘图列表拟定办法，限期申报该管上司咨部核夺，仍按年将所管境内垦荒事务汇报该管上司列入考成，分别优劣等差，咨部备案。每届三年由部择尤奏奖，以示鼓励。一面通饬广设工艺局厂，集合工业研究会、工艺传习所广为传授，务期普及，仍按照部颁工艺调查表式随时填报备案。其有各省绅商等筹集赀本兴办农林工艺各项公司者，臣部即咨行各督抚饬属妥为保护，力与维持。办有成效者，按照奏定奖励公司章程，随时分等奏奖，以示优异。除俟各省造报到部再行陆续奏陈外，谨奏。宣统元年五月二十日奉旨：著依议。钦此。

大清宣统新法令第五册终

# 补　遗

## 续第二册

## ●●北洋大臣袁咨送外务部天津勘定日本正续租界图册文并清单<sub>光绪三十二年(1906年)四月</sub>

前据原办天津租界候补道钱镕禀称：窃职道于光绪二十七年，蒙前全权大臣李札委办理天津日本国租界事务，遵查日本租界于光绪二十四年经升任海关李道岷琛与日本驻津领事郑永昌订立合同十四条，又续立款目九条，未及开办，即遭拳匪之乱。联军到津，日本武官将租界接连之地，迤北占至南门城壕，西至南门外大道之西十八丈，南至海光寺边门（即将海光寺旧基占为陆军驻扎之地）。日本武官正欲乘天津未曾交还，藉兵力以多占地亩，且其所占沿河之地正在马家口繁盛之区，旧订合同沿河头等之地，每亩租价银七百两。

是时外人意气方盛，职道以只身周旋其间，自念不能抗者，势有可凭者理。乃于会晤日本领事伊集院彦吉之始，首论文明之国以信义为先，并说以续占之地太多，市面过宽，气势散漫，于商务未为有益。该领事深明大义，即允开办租界准照原订合同给发地价，续占之地亦允让还十之六七，但不得将让还之地日后租于他国。议定展拓之地，作为推广租界。界内除开马路用地外，准民照常执业，不得无故侵占，均于续立合同载明。前与升任海关唐道绍仪联衔禀陈在案。正租界内原有居民二百余户，安土重迁，初尚迟廻观望，经委员等再三开导，随即陆续领价迁让。正租界共地一千余亩，先租用近河一半之地，计四百九十二亩有零，发租价银八万三千余两，后路之地用时再行查丈给价。推广界内只租用马路三条，内靠北顺水沟马路为居民用水车路必经，因商定中日共出地价修费作为公共马路，综计租用马路地二十九亩四分零，发租价银九千九百九十八两零。兵燹后，地户间有外出未归者，所发地价于去春始一律完竣。职道又调奉当差，理合将经办日本正续租界绘具图说并分晰造具地亩价银细数总数清册具禀呈送察核，请咨送外务部存案，实为公便等情。到本大臣据此除批示外，相应将清册图说咨呈贵部，谨请查照。

附录：日本租借天津正租界各等地亩办法清单

**一等一段**

高地：戎吉顺等三十七户，共地二十六亩八分六厘九毫六丝，（每亩七百两），合银一万八千八百零八两七钱二分。

平地：王宇清等三十二户，共地二十六亩四分四厘七毫五丝，（每亩三百七十两），合银九千七百八十五两五钱七分五厘。

洼地：杭富吉一户，共地三分六厘八毫一丝，（每亩二百五十两），合银九十二两零二分五厘。

坑地：刘长祥等十三户，共地十五亩五分九厘零九丝，（每亩一百五十两），合银二千三百三十八两六钱三分五厘。

**一等二段**

平地：张泰亨等二十四户，共地三十亩零一分五厘零七丝，（每亩三百三十两），合银九千九百四十九两七钱三分一厘。

洼地：赵敏义等四户，共地五亩一分二厘零八丝，（每亩二百十两），合银一千零七十五两三钱六分八厘。

坑地：李云章等二十二户，共地三十亩零五分四厘二毫六丝，（每亩一百二十两），合银三千六百六十五两一钱一分二厘。

**一等三段**

高地：孔永庆等十户，共地十亩零零七厘二毫七丝，（每亩三百三十两），合银三千三百二十三两九钱九分一厘。

平地：吴荫堂等二十六户，共地十三亩零二厘七毫三丝，（每亩三百两），合银三千九百零八两一钱九分。

洼地：鲁玉山等五户，共地四亩九分三厘五毫九丝，（每亩一百七十两），合银八百三十九两一钱零三厘。

坑地：戎吉顺等十二户，共地三十九亩二分九厘七毫六丝，（每亩一百两），合银三千九百二十九两七钱六分。

二等一段

高地：张祥和等三户，共地三分八厘六毫七丝，（每亩三百两），合银一百十六两零一分。

平地：朱士端等四户，共地七亩零五厘四毫二丝，（每亩二百五十两），合银一千七百六十三两五钱五分。

洼地：李云章等十户，共地十二亩二分三厘零七丝，（每亩一百三十两），合银一千五百八十九两九钱九分一厘。

坑地：兴基公司等十五户，共地五十二亩四分六厘五毫五丝，（每亩八十两），合银四千一百九十七两二钱四分。

二等二段

平地：沈芳舟等二户，共地三亩七分三厘七毫，（每亩二百十两），合银七百八十四两七钱七分。

洼地：钟福成等七户，共地十九亩六分三厘三毫四丝，（每亩一百二十两），合银二千三百五十六两零八厘。

坑地：戎吉顺等十四户，共地三十九亩八分八厘三毫九丝，（每亩七十两），合银二千七百九十一两八钱七分三厘。

二等三段

平地：詹炳生等九户，共地十二亩二分九厘九毫二丝，（每亩一百八十两），合银二千二百十三两八钱五分六厘。

洼地：济生社等十二户，共地十八亩五分七厘九毫九丝，（每亩一百两），合银一千八百五十七两九钱九分。

坑地：张友松等十七户，共地二十七亩五分五厘二毫九丝，（每亩六十两），合银一千六百五十三两一钱七分四厘。

三等一段

平地：张祥和等十二户，共地八亩二分八厘零四丝，（每亩一百五十两），合银一千二百四十二两零六分。

洼地：济生社等十二户，共地二十四亩五分四厘零三丝，（每亩八十两），合银一千九百六十三两二钱二分四厘。

坑地：张友松等二十户，共地二十二亩五分九厘六毫五丝，（每亩五十两），合银一千一百二十九两八钱二分五厘。

三等二段

洼地：魏鸿滨一户，共地六分一厘九毫七丝，（每亩六十两），合银三十七两一钱八分二厘。

三等三段

平地：魏鸿滨一户，共地七亩三分四厘六毫五丝，（每亩七十两），合银五百十四两二钱五分五厘。

洼地：魏鸿滨一户，共地一亩一分六厘九毫四丝，（每亩五十两），合银五十八两四钱七分。

四等一段

平地：魏鸿滨一户，共地一厘八毫七丝，（每亩六十两），合银一两一钱二分二厘。

洼地：冯子才等二户，共地一亩七分一厘四毫六丝，（每亩四十两),合银六十八两五钱八分四厘。

**四等二段**

洼地:魏鸿滨等二户,共地二十二亩一分九厘一毫五丝,(每亩三十五两),合银七百七十六两七钱零二厘。

**四等三段**

洼地:李子筹等二户,共地七亩四分六厘七毫五丝,(每亩三十两),合银二百二十两零二分五厘。

以上统共正租界各等地四百九十二亩一分九厘二毫二丝,共计地价银八万三千零五十六两一钱二分一厘。

附录:日本推广天津续租界各等地亩办法清单

**沿河马路**(南从朝鲜公所起,北至闸口止)

**一等一段**

高地:松竹堂等十五户,共地四亩九分九厘三毫六丝,(每亩七百两),合银三千四百九十五两五钱二分。

**旭街马路**(从旧东南城角水沟边起,南至日本正租界止)

**一等二段**

平地:厉坛寺等四十七户,共地七亩九分九厘二毫四丝,(每亩三百三十两),合银二千六百三十七两四钱九分二厘。

洼地:赵敏义,四厘四毫二丝,(每亩二百十两),合银九两二钱八分二厘。

坑地:赵敏义,四分二厘六毫二丝,(每亩一百二十两),合银五十一两一钱四分四厘。

**一等三段**

高地:曹鉴秋等二户,共地五分七厘七毫五丝,(每亩三百三十两),合银一百九十两零五钱七分五厘。

平地：利津公司等五户，共地三亩二分二厘六毫三丝，（每亩三百两），合银九百六十七两八钱九分。

洼地：张小山等四户，共地一亩九分八厘六毫，（每亩一百七十两），合银三百三十七两六钱二分。

坑地：康七等六户，共地六亩零二厘六毫九丝，（每亩一百两），合银六百零二两六钱九分。

以上旭街马路共计各等地二十亩零二分七厘九毫五丝，计价银四千七百九十六两六钱九分三厘。

**顺水沟马路**（从沿河闸口起至东南城角止，为中日公共马路，此系一半之数。）

一等一段

高地：崔雁清等四户，共地六分六厘，（每亩七百两），合银四百六十二两。

平地：夏时行等二十二户，共地二亩五分二厘三毫，（每亩三百七十两），合银九百三十三两五钱一分。

一等二段

平地：邱逢九等四户，共地八分九厘一毫二丝，（每亩三百三十两），合银二百九十四两四钱二分六厘。

坑地：存余堂等二户，共地一分三厘九毫七丝，（每亩一百二十两），合银十六两七钱六分四厘。

以上顺水沟马路共计各等地四亩二分一厘四毫九丝，计价银一千七百零六两七钱。

统共各等地二十九亩四分八厘八毫，计价银九千九百九十八两九钱一分三厘。

## ●●北洋大臣袁咨送外务部天津勘定俄国租界图册文并清单 光绪三十二年（1906年）四月

前据原办天津租界候补道钱镰禀称：窃职道于光绪二十七年三月初八日奉前全权大臣李札饬以天津河东地方增设俄国通商市场，已经拟订合同，奏奉硃批：允准。兹准俄国驻京格大臣照会内开和约第二款载委员勘定天津俄国租界并明定界限，请拣派委员以办此事。札委职道驰赴天津，会同俄国派出之员，查照合同界址逐一查勘，秉公画定，其英俄互争地段，务令彼此让出迁改，以弭争端等因。奉此，其时联军据守天津，兵戈满地，职道既奉委派，不敢畏难，遂即驰赴天津，会同俄领事珀佩，至河东地方逐细查勘。其所定界址早经立有石柱，上自贺家胡同起，下至田家庄比国所占租界为止，东至铁路，西至海河，界内所包有京津铁路车站货厂、开平矿务局煤栈、武备学堂地基。

又，有英俄争执铁路旁地一段，通计占地五六千亩。职道当与珀领事辩论："贵国商务无多，何必占此大地？"珀领事谓："此地系本国武官踹定，已将地图寄回本国，外部不能再改。"遂与商议租地价值及拆屋经费。该领事又谓："地系战争所得，不能给价。"职道以居民遭此变乱，家业荡然，只此栖身之地，而又攫而取之，恐文明之国必不出此。辩论再三，该领事始允给付价值，议定车站货厂不入租界，矿务局归公司自办，武备学堂地基及英俄争执之地提出另议，各洋人已买之地仍归各洋人执业。其余之地分作五等，头等地租价每亩一百八十两，坑地减银四十五两；二等地每亩租界八十两，坑地减银二十两；

三等地每亩租价四十两,坑地减银十五两;三等地先行租用,四等、五等之地俟用时再定价值,房屋分别估价,拆让坟墓议给迁费。经禀陈前北洋大臣李批准照办,遂即会同珀领事出示,立限三个月内各花户到局指丈地亩,领取租价,逾期将地充公。孰知各花户妄听谣传,在限到局领文者,不及一半,其余类多观望。

适有旗人郑锡忠吉勒通阿执持价买楠贝子府天津河东地契,向俄领事府领取地价。职道亦奉前北洋大臣李札饬,准楠贝子府移请查理祖遗河东地亩,饬即议拟详办。职道查得光绪十二年有旗人郑锡忠吉勒通阿价买楠贝子府旧产,天津河东季家楼等处地九百多亩,曾于光绪十五六年到津向各住户收取地租,各地户抗不承认,旗人控官未能得直,案悬未结。职道查验楠送到地册,乾隆四十九年(1785年)实有分受天津河东地九顷有零,不过年久失迷,辗转为人盗卖,以册载方向,核计与俄界头二等地名位吻合。旧主不能不认内岳俊所买地三十余亩自认地为旗产,地价以七成归吉郑,以三成归现业户。此外头二等地,除居民早经报丈者准付全价外,其迁延不报者,照示限例应充公罚价一半付与吉郑,其一半地价仍准现业户报领。禀蒙前北洋大臣李批准照办,总计头一、二、三等共租用地七百六十七亩零,计发地价银五万八千一百二十六两有奇。

又,界内拆砖房一百十二间半,每间八十两,合银九千两;灰房一百零六间,每间给银五十两,合银五千三百两;草房三百九十五间,每间二十七两,合银一万零六百六十五两;又,搬家费每户十两,计三百零三户,合银三千零三十五两。统共发房价、搬费银二万八千两。至上年冬间,陆续一律发给,只存张荣轩三等地十五亩八分七厘零七丝,地价银六百三十四两八钱二分八厘,与马栋阿稍有纠葛,未领,已另文移交现任关道存储。

又，界内有盐坨地，上下两段，原奏不入租界之内，后因俄公使屡向前全权大臣李再三恳请让给租用，当派职道向长芦商人商办，该商人等因盐无堆积之地为难，适海河裁湾取直，上段挂甲寺工程告竣，新开河两岸有空地，堪作盐坨之用，当经职道禀蒙宪台饬派运司覆勘合用。遂定议将坨地一并出租，统计坨地、席地、坑地、滩地一百九十六亩三分六厘七毫五丝，共地价四万三千六百零二两八钱五分。又，拆屋十七间，价银七百九十两，共银四万四千三百九十二两八钱五分，当即如数移交前长芦汪运司收讫。

职道现因奏调奉天当差，所有俄租界事已经料理清楚，理合绘具四至图说造具地亩房屋清册禀请察核，并请咨送外务部存案。再，英俄争执之地，亦经津海关税务司德璀琳查明调处了结，合并声明等情。到本大臣据此除批示外，相应将清册图说咨呈贵部谨请查照。

**附录**：俄国租借天津河东租界各等房地办法清单

**界址**：上自贺家胡同起，与义大利国租界相连，下至田庄止，与比利时国租界相连。东至铁路旁，西至海河沿。

**等级**：界内地分五等。上自贺家胡同起，南至铁路货厂外十五弓止，东自铁路石墙外马路边起，西至旧有药王庙街西十丈为止，为头等地。自十丈外西至盐坨，南至货厂外十五弓止，为二等上段地；自铁路货厂下起，至矿务局右首石墙边止，东至铁路旁，西至海河沿，为二等下段地。自矿务局左首石墙起，下至田庄世昌洋行煤油栈边止，东至人行大路，西至海河沿，为三等地。在围子门以内，东至铁路旁，西至人行大路，为四等地。在围子门以外，东至铁路旁，西至人行大路，为五等地。沿边皆立有俄国租界石柱为识，议明先租用头二等、三等之地，四等、五等之地暂时不租，用时再议租价。

头等地一百零八亩一分三厘一毫三丝，计：

平地，一百零三亩四分二厘三毫八丝五忽，每亩行平银一百八十两，合银一万八千六百一十六两二钱九分三厘；

坑地，四亩七分零七毫四丝五忽，每亩行平银一百三十五两，合银六百三十五两五氏零五厘七毫五丝。

二等地二百五①十八亩二分三厘九毫六丝二忽，计：

平地，二百四十二亩四分五厘八毫六丝五忽，每亩行平银八十两，合银一万九千三百九十六两六钱九分二厘；

坑地，十五亩七分八厘零九丝七忽，每亩行平银六十两，合银九百四十六两八钱五分八厘二毫。

三等平地，三百三十八亩二分六厘九毫二丝，每亩行平银四十两，合银一万三千五百三十两零七钱六分八厘。

积庆堂陈平地，六十二亩五分，每亩行平银八十两，合银五千两。

**房屋**：头二等地内自经兵燹，所存房屋计砖房一百一十二间半，每间给价行平银八十两，合银九千两；灰房一百零六间，每间五十两合银，五千三百两；草房三百九十五间，每间二十七两，合银一万零六百六十五两；共住户三百零三户，每户给搬费银十两，合银三千零三十五两，共付银二万八千两。

**盐坨**：二等沿河地，内有盐坨上下两段，原议不入租界，因俄公使必欲租用，劝令长芦盐商一并让给。因坨地有修筑之费，故地价比前加增，计坨地一百二十九亩二分，每亩行平银三百两，合银三万八千七百两。席地四十亩零六分四厘，每亩行平银八十两，合银三千二百五十一两二钱。坑地十四亩五分二厘，每亩六十两，合银八百七十一两二钱。河滩地十二亩零零七毫五丝，每亩六十两，合银七百二十两零

---

① 原书为"二"，应系排版之误。

四钱五分。砖房六间,每间八十两,合银四百八十两;灰房一间,每间五十两,合银五十两;草房十间,每间二十六两,合银二百六十两。共付银四万四千三百九十二两八钱五分。统共租用地九百六十三亩五分七毫六丝二忽,连拆屋搬家等费,共发给银十三万零五百八十两九钱六分六厘九毫五丝。

## ●●学部咨各省外人在内地设学无庸立案学生概不给奖文 光绪三十二年(1906年)八月

普通司兼办专门、实业两司案呈照得:教育为富强之基,一国有一国之国民,即一国有一国之教育,匪惟民情国俗各有不同,即教育宗旨亦实有不能强合之处。现今振兴学务,各省地方筹建学堂,责无旁贷,亟应及时增设。俾士民得有向学之所。至外国人在内地设立学堂,奏定章程并无允许之文,除已设各学堂暂听设立无庸立案外,嗣后如有外国人呈请在内地开设学堂者,亦均无庸立案,所有学生概不给予奖励。除分咨外,相应咨行贵督查照行知提学使司办理可也。

## ●●盛京将军赵尔巽奏续行查明奉省应添设厅县分防各治折

窃奴才前以奉省荒地日辟,交涉日繁,相距较远之有司未能兼顾,奏请添设法库门等厅县各治,并声明此外如有应行设治之处续行奏咨等情。钦奉硃批:著照所请,该部知道。钦此。钦遵在案。兹复详加体察,尚有应行设治者数处:

一　岫岩州属庄河地方为滨海要区,附近各岛均与联属,近接金州,时虑莠民勾结外匪为患,且距州三百余里,鞭长莫及,声势难施,会首乡团动辄把持滋事,非添设同知一员就近管理不可,应即名曰庄河厅抚民同知,平时则化导抚绥,遇事则弹压惩办,且于兴学巡警各要政亦得督率绅董次第经营,以期化民成俗。另于石城岛设立分防巡检一员,名曰庄河厅石城岛巡检,俾得巡缉奸宄,以辅该厅之不逮。

一 广宁县属盘蛇驿,距城较远,现办垦荒,词讼日繁,先经奴才奏设裁判委员一员,声明饬将应行画界安官设治之处禀候核办在案。旋据该委员查覆前来应将牧全厂全境及厂南各村屯并归管理设为厅治。查该原名盘山,应即名曰盘山厅抚民通判,以便审理词讼命盗案件,征收钱粮,俾专责成而免贻误。其裁判委员即行裁汰。

一 辽阳州属本溪湖附近一带,毗连兴京、凤凰两厅,属境万山重迭,路径纷歧,最易藏垢纳污,为盗贼渊薮,应另设知县一员,划辽阳兴凤三州厅地面并归管辖,名曰本溪县,俾得就近控制清乡缉匪劝学牖民,以期治理有裨。究以何处设为治所相宜,应俟地界划清再行定夺。

一 柳河县属样子哨,地方距县百里,为东北边界市镇,商贾辐辏,行旅通衢。东与吉省属境毗连,向为盗贼出没之区。论其衡要,本应设立县治。惟户口较少,暂设分防巡检一员,名曰柳河样子哨巡检,畀以巡兵专司缉捕弹压地面,以佐该县之不及。

以上各处系因地方紧要,不得不先设民官及分防之员,以期端治本而清盗源。现时外省官制尚未颁定,是以未拟归何处管辖。一俟奉到奏准通行,再当分别遵照改定,合并声明。一面由奴才先行委员发给经费,分往试办并刊刻木质条记以便办公钤用。统俟试办就绪,再行奏请饬部分别筹给关防印信，俾照信守。其未尽事宜续再奏咨办理。谨奏。光绪三十二年十月日奉硃批：该部知道。钦此。

## ●●都察院奏各省京控案应将承审人衔名报部折

窃维治国之道，莫重于安民。安民之方，莫先于清讼。查《京控章程》，自嘉庆十五年（1810年）十二月特旨另定，凡未结案件每年由都察院咨催两次奏参两次定例不可谓不严，光绪九年（1883年）八月十二日光禄寺少卿延茂以京控案件审结迟延条奏，二十年四月二十六日都察院以清理京控案件奏请，先后钦奉明旨，严行申饬在案。乃日久玩生，奉行故事。近年京控案件未尝不照例揭参，迨吏部咨查承审人员衔名，各省督抚必多方开脱，不送部议处，玩延无忌，拖累极多。甚至原告者瘐死狱中，承审者一词未问，案外生案，冤上加冤。

臣等在院睹此情形，实为茕弱小民痛哭也。拟请明颁谕旨，布告各省，凡由都察院奏交咨交各案件，三月之内该督抚必将承审查办之司道委员各衔名一律开单，咨交都察院查核。倘有逾限或受贿埋冤者，即由都察院奏参惩处。若三月之内督抚不将衔名送院，即将该督抚奏参，请旨办理。如此则纲纪整饬，疲玩者有所儆畏，而庶狱可期清厘。臣等亦知民情诪张，良莠不一，然实究虚坐，律有专条，任意搁延，国法何在？昔曹刿论战，以小大之狱，虽不能察，必以情，为忠可以一战，乃知人君治国安民，于清理庶狱未可忽也。臣等在都察院经理京控案件，目睹各省审结迟延，未敢缄默。谨合词具折历陈。谨奏。光绪三十四年十二月十一日奉上谕，已录光绪新法令卷首。

## ●●贵州巡抚庞鸿书奏请将粮储道贵西道裁改为巡抚警劝业两道折

窃警察为宪政之机关,实业为富强之基础,苟不建官设署以综理而督率之,则巡警虽分为行政、卫生、司法三部,事业虽区为农务、工务、商务三端,俾之各司其事,又各派总办以董其成。然差局每同传舍,各员亦鲜固志,终无成效之可期。况黔为山国,民杂苗蛮,杼柚久已告空,俗尚素安简陋,巡警、劝业两道各设专员,尤为当务之急。恭读光绪三十年五月二十七日谕旨:现在物力维艰,凡各项差缺有应行裁汰归并者,著各督抚破除情面认真厘剔,奏明裁并以节虚縻。又,于三十三年五月二十七日奉旨:各省应增设巡警、劝业道缺,准由督抚奏明请旨,各等因。钦此。仰见朝廷综核名实、力图振兴之至意。

臣督同司道竭力筹办财源,只此欲谋其新必汰其旧,惟有斟酌请裁道缺,以资挹注而利推行。查贵州向设三道,驻省城者为粮储兵备道,驻古州厅城者为分巡贵东兵备道,驻毕节县城者为分巡贵西兵备道。就新订官制而论,兵备各道固应酌留,就贵州地势而论,古州逼近湘、粤山深箐密、犬牙交错之地,即盗匪出没之乡。该道兼辖黎都镇思铜思六府及松桃等处,多属苗疆,言语衣服自为风气,抚驭失当,蠢动时虞。昔设大员于此,慑下游之伏莽,巩省治之屏藩,殆有深意,非可轻议裁撤者也。若贵西道缺虽辖有安兴大遵,各属事务较简,责任即轻,巡防缉捕诸务又有威宁总兵为之坐镇,不虞空虚,照例勘转之案件类皆画诺之具文。拟请将该道缺裁撤,腾出每年养廉银二千两,津贴银六千两,书吏纸张工食等项充作巡警道署经费,该道所辖之安兴大遵四府仓库钱粮则径隶布政司查考,刑名等事径隶按察司核转,以昭简便。此裁撤贵西道巡警道缺之情形也。

至省城粮储道缺,虽兼有兵备字样,究属虚名,所管兵米义仓等事,向系会同布政司办理,此外无所事事,本在应裁之列。今拟归布政司专管,援照陕西、湖北、湖南、山东裁撤粮道成案,请旨裁撤。腾出每年养廉银二千两,津贴银六千两,并书吏纸张工食等项改作劝业道署经费。凡粮储道所辖之贵平石仁四属仓库钱粮事件,应改归布政司考查,刑民词讼案件应改归按察司核办,较隶于同城之粮储道省事多矣。此裁撤粮储道缺增设劝业道缺之情形也。

如是一转移间,于警察、实业两有裨益,于各属例转案件亦能偏废。臣系为筹款艰难,移缓就急起见,如蒙俞允,臣再督饬司道在省城之内,相度合宜基址建设巡警道衙门,并将粮储道署改为劝业道衙门。其现设之巡警总局即改为巡警公所,农工商总局改为劝业公所,均如学务公所之制,以期事必征实,款无浮滥。除分咨各部并饬司查明未尽事宜,随时奏咨外。谨奏。光绪三十四年四月十四日奉硃批:著照所请,该部知道。钦此。

## ●●陕西巡抚恩寿奏请改盐巡道为巡警道折

窃查前准考察政治馆咨光绪三十三年五月二十七日具奏续订官折一折,钦奉谕旨允准,录印原奏清单,咨行到陕。当经转行藩学臬三司核议去后,兹据布政使颜锺骥等详称,遵查原奏续订官制以增改司道为要,各直省除按察司改为提法司外,应就省会增设巡警道、劝业道各一员,以管全省警政、实业诸务等因。当此预备立宪之初,行政机关理宜及早设施,力求整顿。惟恭绎谕旨暨原奏意义,增改各有所宜，若职司紧要既无可裁之员，而察度情形一时有不能并设之势，自不得不妥议酌量变通办理。

查陕省自裁粮道后，现存道员四缺：一陕安道，界连川楚，民教事烦；一延榆绥地道，处边要，抚驭尤殷；一潼商道，晋豫交冲，东南门户，且均分任兵备，镇摄攸资；一凤邠西干廊道，驻扎省垣兼理盐法水利。以上四缺，按诸地方情形，皆在不可裁撤之列。此外，如议新增，则又困于财力，一时不及兼营。

窃以巡警为地方自治之基，现在陕省警政规模略具，未尽推行。若不议设专官，不能提纲挈领，无以振各属之精神。查盐巡道一缺，公务虽繁，类多照例详转，且近在省垣，事易就理，拟请将盐巡道缺改为巡警道仍兼理盐法水利。凡全省巡警、消防、户籍、营缮、卫生各事，均归专管。其设属分科治事，应俟奉到部颁细则，再行核办。

至于劝业道，查泰西各项实业，必先有普通之知识，然后进业于专门。陕省风气迟开，近年研求实业于省会，筹设农工商矿总局，即以劝兴工艺、推广种植、取炼石油等事属之。此外，凡有关实业者，节经由局通饬各属切实调查，正在次第劝办，竟业未能刻期。拟将此项道缺暂请缓设，仍由该局督饬各属认真催办，俟实业见有成效，再请增设专官等情。详请奏咨前来，奴才覆加察核。窃维设官分职，原贵因时制宜，而核实循名尤必先其所急。巡警为民政之权舆，现值举办地方自治，稽查劝导尤不可疏，于预备宪政前途亟有关系。惟陕省财政支绌百倍他省，奴才与该司等一再筹商，增益虽有未能，而治理诚不可缓。该司等拟将盐巡道改为巡警道，诚为今日切要之图。查警务向归臬司，督办该司为刑名总汇之区，事烦不及兼顾。今议改归道员专理，一转移间，费不增而事毕举，于地方既大有裨益，且与谕旨体察情形、酌量变通之意亦复相符。

合无仰恳天恩，俯念陕省地方重要，准将盐巡道改为巡警道仍兼理盐法水利各事，庶几推崇官制而专一责成矣。如蒙俞允，应详饬部另铸陕西巡警道兼管盐法水利之关防一颗。俟发到日，再将旧用关防缴销。至劝业道一缺，应请暂行缓设。查陕省现设有农工商矿总局，凡一切兴业劝工之事正在调查，皆由该局经理。事简易行，暂可节省经费。一俟各项实业办有端倪，再行请设专官，以符原议。所有拟请改盐巡道为巡警道暨缓设劝业道各缘由，除分咨查照外，理合会同陕甘总督臣升允恭折具陈。谨奏。光绪三十四年四月二十四日奉朱批：著照所请，该部知道。钦此。

## ●●吏部度支部会奏更订直省南米二参展限折

吏部查臣部处分则例内开：一各省催征南米通作十分核算，如有未完，初参州县官，欠不及一分者罚俸三个月，一分以上者罚俸六个月，二分以上者住俸，三分以上者降二级留任，四分以上者降三级留任，五分、六分以上者革职留任。俱令戴罪催征，再限一年征完。完日开复，违限不完即加倍议处。若三限不完，照二参例再加倍议处。又，湖广省应征南秋等米奏销时如有未完，照地丁钱粮初参之例，题参议处，再限三个月征完。如限满仍有未完，亦照地丁钱粮一年限满不完之例，按其未完分数予以实降离任，即欠不及一分者亦照地丁未完一分之例议处，各等语。

度支部查臣部则例内开：各省额征本折南秋粮米应于年内全完，至次年五月奏销时如有未完，照例题参，仍勒限三个月全数征完，原参官准其开复，限满不完即照地丁钱粮一年限满之例，按照分数分别参处等语。详核两部则例，一则湖广重而各直省独轻，一则通指各省而言。现当修订法律之时，自未便稍涉两歧。查各省南秋等米，关系军食，自系同一紧要。臣等往返片商，拟请各直省额征南秋等米均比照湖广省之例，概照地丁处分。惟地丁二参旧例，定限一年，嗣因期限稍促，复经臣等部会同奏请展限一年。若南米二参限期仅止三月，亦恐窒碍难行，应请比照地丁现行新章，一律准其展限。如蒙俞允，凡未经到部及业已到部尚未覆奏之件，均照此次奏定新章办理。再，此折由吏部主稿会同度支部办理，合并声明。光绪三十四年十二月　日，谨奏。奉旨：依议。钦此。

## ●●崇文门监督奏厘定税则恳请立案折

窃奴才等仰承恩命督理崇文门税务，业将接办日期奏报在案。三月以来，督率委员认真稽征，既不敢过事苛求，亦不敢故为宽大，虽比较略有增益，而细加体察有尚宜酌量变通者。溯自光绪二十七年崇文门税则删改重订迄今，已逾七载，货或昔无而今有，物乃日异而月新。盖物有贵贱，视乎供求，税之重轻定于估值。奴才衙门所定商税则例，不过十取其一，而日久奉行，不免互有轩轾。如皮货、药材有较之往日价增倍蓰，而征税仍如常者。洋货昂贵者多难免影射报贱之弊，从前运自洋商值百抽三，运自华商值百抽五，彼时分别办理，其中具有权衡。惟商人较及锱铢，恒有假牌包运，因是而税项反绌者。又，如日食青菜等物，多系穷民负贩，藉以营生，而向章亦复收税，虽云积少成多，究属征及琐细。

奴才等再四思维，凡此种种情形，均须亟为变计。现将华商之税改为值百抽三，以及日食青菜等税一律豁免，用示体恤。如华南仍有假牌包运等情弊，则必从严罚惩。其余货税有应照旧则增加者，当饬传集行商与之反复审论，酌中厘定，俾其踊跃输将，总期有益国课而仍不拂商情,从此税务或可日有起色。此后如再有应行增改之处,仍当察酌情形奏明办理。奴才等忝司榷政,苟使税课稍裕,决不敢存畏难见好之心。谨奏。光绪三十四年十一月二十四日奉旨:度支部知道。钦此。

大清宣统新法令第五[①]册终

---

① 原书为"六",应系排版之误。

# 补 遗

## 续第五册①

## ●●外务部咨南北洋美国卡奈及学会派宴文士测量中国磁石所运器具应准援案免税文

光绪三十二年（1906年）三月

光绪三十二年二月二十九日，准美国柔大臣照称接准厦门署领事官文，称现经美国卡奈及学会所属之地理磁学局特派宴文士为观测员，测量中国磁石吸引理，其应用之机器等件将运至厦，当经本署领事请海关官员准其将所应用之测量机器等进口免税。该关覆以除经外务部批允后方准免税等情。本大臣想贵国政府定愿其所拟测量磁石之举与有功成，因此举与中外各国均有增识见之益，是以请转饬该关准其将应用一切之器具免税进口，并出入他口亦均概行免税等因，前来本部。查德国博士贺格尔游历东亚一带，带有各仪器以备考查格物，曾经于三十年三月十九日咨行于进出口时均准免税在案，此次美国卡奈及学会特派宴文士测量中国磁石吸引理，其所运一切器具等件系为测量磁石之用，自应于进出口时均准免其纳税查验放行。除照覆美国柔大臣外，相应咨行贵大臣查照转饬各关道遵照可也。

---

① 原书无此标题，为统一起见，故增之。

## ●●税务处咨各埠私运军火应照章严禁分别充公文 光绪三十二年(1906年)八月

光绪三十二年八月初二日,准外务部咨称准南洋大臣咨军火一项,例禁綦严,无论中外商民,如有违禁私运者,均应照章罚办。风闻近日沿江沿海各口岸,时有洋商私运军火情事,现虽查无实据,诚恐事非无因。近年教案迭出,半由于会匪构衅,而会匪所恃以无恐者,实惟军火是项。军火难保不由于奸商贪利,私售通同接济。应请通饬各关道及饬令总税务司转饬各关税务司,一体严密查拏等因。咨请核办前来查此事,现已由本处通行各关道及札饬总税务司转饬各关税务司于所管各关口严密稽查,如过有华洋商民违禁私运军火进口,即照章将该货充公,仍分别惩办,无稍疏虞,并令将办理情形一面具覆本处查核,以防隐患而保治安。相应抄录札文咨行贵大臣查照可也。

## ●●署黑龙江将军程咨外务部齐齐哈尔华俄道胜银行租地建屋拟订合同抄呈备案文附合同 光绪三十二年(1906年)九月

案据江省华俄道胜银行总管林真别尔格来署声称,银行赁住民房诸多不便,请将仓房地基指给一段,以便自行兴造等情。本署将军查道胜银行内有中国股本,与别项洋商不同,所请指地盖房等情势难峻拒。惟仓房已为俄外部官占去其半,下余一半不能再许该银行盖房。于其间当饬交涉局总理黑水厅同知郑丞国华妥向商办,去后兹据该丞禀称，林真别尔格意谓银行事关重要，必须附近中俄衙署，方足以昭慎重，如不能指给仓房之地，即须将将军衙门迤西之民房卖与银行，二者必居其一等语。经该丞反复磋商，历数月之久，始议定于新建之黑水厅同知衙门左近指给该银行空地一段，许其自行建造，并拟订合同八条，禀覆前来本署。将军覆加查核，该丞指给道胜银行之地基与官商均无妨碍，所定合同亦尚妥协，当即饬令于合同上盖用该厅关防，以凭遵守。除咨商部查照外，理合照录合同备文咨呈，为此合咨大部，谨请鉴核备案可也。

**附录：齐齐哈尔华俄道胜银行租地建屋合同**

兹因光绪三十二年八月初一日，即俄一千九百零六年九月第五号，驻齐齐哈尔城华俄道胜银行请由黑水厅禀明将军程准，于土城南门外新放街基区域之内，租给相当地方一段，为该行建筑房屋之用，所有彼此订定一切规则条列于后。

第一条　银行所租地段系在土城南门外新放街基黑水厅衙门之路南，计南北长三十沙申（合华工部尺二十丈），东西长六十沙申（合华工部尺四十丈），共计华尺八百方丈，声明此段区域之内准该银行就中建筑，不得转租他人，其管辖权亦不得越此段区域以外。

第二条　齐齐哈尔省土城南门外新放街基专为振兴华民工商业发达起见，并非开作商埠，亦非各国租界，因道胜银行内先有中国股本，所以准其租地建房，此后无论何国洋商不得援以为例。

第三条　该行建筑需用沙土石块，不得于最近地方挖取，致碍他人营造。

第四条　该银行所租街基，中国国家并不索要押租。由定立合同签字日起，该银行愿接华尺每丈方每年缴租赋俄钱一卢布，共计华尺八百丈方，每年共应缴俄钱八百卢布，其款于每年华十二月初一日呈缴黑水厅衙门。

**第五条** 该银行所建房屋订明，光绪三十二年八月初一日即俄历一千九百零六年九月五号，本合同画押之日起，以三十年为限。限满如中国国家需用此地，即可索回，但须按照该银行盖房所用款项，由交涉局或黑水厅与银行执事人，各邀华俄商界中之公正人一二名估价，禀由将军备款接收，作为中国国家公产。如一时无公正俄人可请，亦可由本城商会之代表华商，居中估价，该银行已允认可。如中国国家并不亟用此地，该银行愿意展租三十年，届时如本城街基值钱，黑水厅应有增租之权，可与该银行另行商定合同。

**第六条** 该银行如未到限满或因事故歇业回国，所遗房舍亦查照第五条章程办理。

**第七条** 该银行既在华商街内，应归本省巡警局承认保护，所有路灯修道及有关卫生一切花费应与华商一律认摊。又，门前修理通水沟渠，该银行不得阻止。

**第八条** 该银行所用华人，如有违背中国章程或被人告发之事，黑水厅得有拘传审判之权，银行不得禁阻。

以上八条彼此认许，校正无讹。以华、俄文书写四分，以一分呈送将军备案，余黑水厅及道胜分行各自存留一分，其第四分存省城交涉总局。若将来遇有辨[①]论之事，以华文为主。再，该合同四分，每分照约应请驻省外部官签字，以为之证。

华历光绪三十二年八月初一日

---

① 辨通"辩"。

俄历一千九百零六年九月第五号
大清国总办黑龙江全省交涉试署黑水厅抚民府郑
大俄国驻齐齐哈尔省城华俄道胜银行执事人林真别尔格

## ●●北洋大臣袁咨各省订购军火须预领准单方能起运文<sub>光绪三十二年(1906年)十月</sub>

据津海关道梁敦彦详称：窃照各省订购各洋行军火等项，往往各该处并不行文知照，亦不请领准单，竟将军火堆存河干，或仅由承办洋行代为请给专照，当其进口之时，多不知系何省订购之物，似此漫无稽查，殊不足以昭慎重。兹职道拟定办法，嗣后无论何省订购某洋行军火要件，应由各该洋行禀明该处，预为行文知照，请领准单，俟军火到津，方能起卸上岸。倘不预先行文知照，不请准单，或临时各该洋行赴道请领准单，或军火到沪请电致放行，一概不准卸岸，皆由原船装运出口，以杜影射而肃禁令。

除函致新关税务司通饬各洋行遵照外，理合具文详请查核通咨各省将军督抚宪饬属遵照实为公便等情。到本大臣据此，除批查前因各处路矿工程需用火药等项，应由总办华员查明，究系何项工程所用，应用若干，禀由本大臣核明批准，方准购运，如系外省路矿工程需用，亦应禀由本省督抚核准，咨明本大臣札行关道准运始可准其进口，业经批饬该道妥订限制章程详覆分咨在案。据详各情，查各省订购各洋行军火等项事同一律，自应照案预为行文知照请发准单方准起岸，以昭慎重，候通咨各省将军督抚查照办理饬属遵照等因。印发并分咨外，相应咨明贵部堂请烦查照办理。

# 附分类目录[1]

(自第一册至第五册止,惟补遗目录不列在内)

**上谕** 己酉正月至五月十八日

**宪政** 册

  宪政编查馆通行各省刊印答复询问谘议局章程分咨备考文   一

  宪政编查馆咨各省调查事件应随时编订送馆不必待

    统计表式文   一

  宪政编查馆奏拟定民政财政统计表式酌举例要折   二

   又奏定统计表总例   二

   又奏定民政统计表式解说上   二

   又奏定民政统计表式解说下   二

   又奏定财政统计表式举要   二

   又奏定财政统计表式解说上   二

   又奏定财政统计表式解说下   二

  邮传部奏遵将应办要政分别按年筹备折并清单   三

  农工商部奏厘订筹备事宜分年列表呈览折附表   三

  民政部奏遵拟逐年筹备事宜折并清单   三

  吏部奏妥议筹备事宜折并清单   三

---

[1] 此分类目录,原书排置于第六册之首,现将其调至第一卷(一至五册)末,作为附录部分。

| | |
|---|---|
| 法部奏统筹司法行政事宜分期办法折并清单 | 三 |
| 学部奏报分年筹备事宜折 | 三 |
| 礼部奏筹备立宪事宜酌拟办法折 | 三 |
| 大理院奏筹备关系立宪事宜折 | 四 |
| 宪政编查馆奏核覆自治研究所章程折并清单 | 四 |
| 宪政编查馆通咨各驻防等衙门选举议员额数办法文 | 四 |
| 宪政编查馆奏考核京外各衙门第一届筹办宪政并胪陈第二届筹办情形折 | 五 |

## 官制

| | |
|---|---|
| 东三省总督徐世昌署理黑龙江巡抚周树模奏江省续设道府厅县酌拟设治章程折（并清单） | 一 |
| 东三省总督徐世昌奏请裁去抚顺县典史缺等片 | 一 |
| 陕西巡抚恩寿奏遵设劝业道折 | 一 |
| 东三省总督徐世昌奏酌核奉天官制详陈办理情形折 | 二 |
| 吏部会奏议覆湖南茶陵州州判等缺裁撤折 | 三 |
| 东三省总督徐奏裁撤奉天府司狱各缺片 | 三 |
| 浙江巡抚增韫奏增设巡警道折 | 四 |
| 浙江巡抚增韫奏增设劝业道折 | 四 |
| 会议政务处奏议覆东督奏酌拟裁并添设改升各缺折 | 四 |
| 湖南巡抚岑春蓂奏新设株州同知改为冲繁要缺折 | 四 |
| 东三省总督徐世昌奏增改厅县分划疆界折 | 四 |
| 民政部奏改定消防队习艺所警官缺额折 | 五 |
| 会议政务处奏议覆前东三省总督徐世昌奏吉省添改民官酌裁旗缺折 | 五 |
| 东三省总督锡良奏请裁奉天左右参赞员缺折 | 五 |

湖广总督陈夔龙奏请将左营游击孙有庆移驻荆门等片 五
宪政编查馆会奏议覆桂抚张鸣岐奏议裁冗员折 五

# 任用

吏部奏酌拟誊录期满奖叙办法折并清单 一
吏部奏定考核劳绩保举办法片 一
陆军部咨送绿营裁缺人员插补章程 一
吏部奏请推广部属签分办法折 一
吏部奏酌拟考核调用人员切实办法折并清单 一
民政部奏酌拟司员补缺轮次章程折并清单 一
军机处奏章京保送京察请准照额计算等片 三
度支部会奏议覆御史饶芝祥奏改奖移奖弊混滋深酌拟办法折 三
礼部奏丁忧汉员在外投效满员在部当差请饬部详议定章折 三
热河都统廷杰奏遵议围场防御变通补缺章程折 三
吏部奏请将给封限制略予变通折 四
大理院奏陈明出入款项拟定办法折并清单 四
吏部奏遵酌议减考取小京官年限折 四
会议政务处会奏议覆丁忧汉员投效满员当差酌订章程折并清单 四
会议政务处会奏议覆御吏谢远涵奏吏治窳败请严饬整顿折 四
法部会奏库伦添设理刑司员仿照热河变通章程办理折 五
吏部奏道员卓异拟请咨军机处注册片 五
民政部奏考试厅区人员分别汰留折 五
学部奏游学毕业生廷试录用中书拟准其改就知县小京官折 五
吏部奏酌拟汉员改授都统副都统荫生仍照汉例并从二品以下改掣各项折并清单 五

| | |
|---|---|
| 吏部奏议覆御史崇兴等奏休致永不叙用人员请申明旧制片 | 五 |
| 学部奏高等实业豫科改照中等实业功课教授并限制中等实业毕业改就官职片 | 五 |

## 外交

| | |
|---|---|
| 中越交界禁止匪党章程 | 一 |
| 哈尔滨[1]中俄协约预定大纲条款附件二 | 一 |
| 中瑞通商条约 | 五 |

## 民政

| | |
|---|---|
| 民政部奏整顿京师内外城警政酌改厅区制度等折并清单 | 一 |
| 民政部暂定京师调查户口规则 | 一 |
| 又户口管理规则 | 一 |
| 又调查户口执行法 | 一 |
| 又调查户口员官长警遵守规则 | 一 |
| 又户口调查总簿填载式 | 一 |
| 又户口异动簿填载式 | 一 |
| 宪政编查馆奏遵旨议覆国籍条例折并清单 | 三 |
| 禁烟大臣奏续拟禁烟办法折并清单 | 三 |
| 民政部会奏违警律罚例与现行律不能并行各款拟请折衷办理折 | 四 |
| 民政部核定车捐章程 | 四 |
| 民政部续经核定车捐章程 | 四 |
| 度支部会奏议覆江督奏遵办禁烟各节并筹拟情形折 | 五 |
| 民政部札发核定违警律内未载之现犯抗传及损毁追 | |

---

[1] 原书为"宾",为与前文一致,故改之。

| | |
|---|---|
| 偿办法文附总厅详文 | 五 |

## 财政

| | |
|---|---|
| 度支部奏各省旧案拟请截清年分勒限开单报销折 | 一 |
| 度支部奏酌拟清理财政处各项章程折并清单 | 二 |
| 会议政务处奏议覆度支部奏币制重要宜策万全折 | 三 |
| 度支部会奏核覆科布多办事大臣奏阿尔泰岁收哈萨克租马数目折 | 三 |
| 度支部奏印花票制成请颁发各省试办折 | 三 |
| 邮传部奏天津交通银行裁撤总办归并京行兼理片 | 四 |
| 民政部奏各省历年置办巡警军装核销办法折 | 四 |
| 邮传部奏议覆晋抚宝棻御史徐定超等奏运煤减价办法折 | 四 |
| 又奏各处煤斤税厘重叠阻碍运输请饬各督抚切实裁减片 | 四 |
| 度支部奏各省财政统归藩司综核折 | 五 |
| 度支部奏遵设币制调查局并请暂铸通用银币折 | 五 |
| 度支部奏整顿各省田房税契抵补洋土药税厘折并清单 | 五 |

## 教育

| | |
|---|---|
| 度支部会奏设立财政学堂酌拟章程折并清单 | 一 |
| 学部奏酌拟出洋学习完全师范毕业奖励折 | 二 |
| 宪政编查馆奏遵设贵胄法政学堂拟订章程折并清单 | 三 |
| 学部咨送各省留欧学生现应整顿各事文 | 三 |
| 学部奏大学堂预备科改为高等学堂遴员派充监督折 | 四 |
| 学部咨各省高等学堂外国文语均归划一札饬学司查照文 | 四 |
| 学部奏请变通初等小学堂章程折 | 四 |
| 学部奏变通中学堂课程分为文科实科折并清单 | 四 |
| 税务大臣奏开办税务学堂折并清单 | 五 |
| 学部奏酌拟变通游学毕业生廷试事宜折 | 五 |
| 学部恭录谕旨通咨各省变通学制施行办法文 | 五 |

学部奏拟选科举举人及优拔贡入经科大学肄业片　　五

## 军政
　　　陆军部奏定禁卫军营制饷章折　　一
　　　陆军部奏随扈官兵应须马匹改折银两免由牧场调取片　　一
　　　陆军部奏拟添设未成镇各协副执法官等员缺折　　三
　　　湖广总督陈夔龙奏酌裁绿营将备分别移并汛防折并清单　　三
　　　步军统领衙门奏变通五营制兵片　　五

## 司法
　　　大理院奏清厘旗地控案酌拟分别办法折　　一
　　　法部会奏议覆东督奏吉省拟设检验学习所改作
　　　　作为检验吏给予出身折　　二
　　　法部奏地方审判厅内增设民刑两庭折　　三
　　　库伦办事大臣延祉等奏库伦刑案日多拟请添设理刑司员折　　三
　　　法部奏拟建京师模范监狱折　　三
　　　法部奏议覆御史吴纬炳奏寻常盗犯请一律照例解勘折　　五
　　　会议政务处奏核覆法部议覆御史吴纬炳奏寻常盗犯请
　　　　一律照例解勘折　　五

## 实业
　　　农工商部咨各省仿办改种美棉蓝靛并收养山蚕文　　一
　　　农工商部咨各省铁路夹种榆树文　　一
　　　农工商部奏筹办度量权衡画一制度并设立制造用器工
　　　　厂情形折　　三
　　　农工商部奏筹拟推广农林先行拟订章程折并单　　四
　　　农工商部奏酌拟振兴林业办法折　　四
　　　农工商部奏顺直官绅筹设京师蚕业讲习所请饬各省仿办折　　五
　　　农工商部奏筹议农林工艺要政历年办理情形并拟大概

办法折　　　　　　　　　　　　　　　　　五

## 交通
邮传部奏核减电局用款折　　　　　　　　　　四

邮传部通饬各路局按季将出入款项遵照部章汇造总册呈部文　　四

邮传部重订收发电报办法及减价章程价目表附　　　四

邮传部奏统筹添设护路巡警片　　　　　　　　五

邮传部奏匪徒窃毁铁路要件请明定治罪专条及承缉处分折　　五

## 典礼
礼部奏拟改职司署门字样折　　　　　　　　　一

礼部奏酌拟变通保送举贡折　　　　　　　　　一

农工商部奏厦门贡燕扰累恳恩豁免折　　　　　一

礼部会奏遵议御史贵秀等奏陪祀参差不齐请严定处分折　　一

礼部会奏议覆御史俾寿奏请严定朝贺行礼章程折　　一

河南巡抚吴重熹奏拟改县名折　　　　　　　　二

礼部奏遵议满汉服制折　　　　　　　　　　　三

礼部奏礼学开馆酌拟凡例进呈等折并清单　　　三

两江总督端奏改仪征县旧名等片　　　　　　　四

# 藩务
理藩部奏遵议蒙古汗王等呈递丹书克年限请饬查定拟折　　五

# 统计
陆军部奏催前经调查统计事件并拟发统计报告表式折　　三